Tenzin Palmo

Weibliche Weisheit vom Dach der Welt

Tenzin Palmo

Weibliche Weisheit vom Dach der Welt

Belehrungen über praktischen Buddhismus

Transformation

Ins Deutsche übertragen von Thomas Roth

arbor
Arbor Verlag
Freiamt im Schwarzwald

Titel der amerikanischen Originalausgabe:
„Reflections on a Mountain Lake, Teachings on Practical Buddhism“

4. Auflage 2009

Titelfoto: © Angus McDonald, 2002
Lektorat: Eva Bachmann
Druck und Bindung: Westermann, Zwickau

Dieses Buch wurde auf 100% Altpapier gedruckt und ist alterungsbeständig.
Weitere Informationen über unser Umweltengagement
finden Sie unter www.arbor-verlag.de/umwelt.

www.arbor-verlag.de

ISBN 978-3-936855-04-3

Inhalt

Vorwort

Dieses Buch entstand aus einer Reihe von Vorträgen, die ich 1996/97 in den USA und 1998 in Australien hielt. Diese Vorträge wurden aufgenommen, später transkribiert und für die Veröffentlichung bearbeitet.

Wenn ich eingeladen werde, einen Vortrag zu halten, ist es mir oft am liebsten, wenn der Gastgeber ein Thema auswählt, über das ich dann aus dem Stegreif spreche. Diese „Offenheit“ erlaubt es mir, mich auf das anwesende Publikum einzustellen, und macht zudem die Diskussion lebendiger. Sie bringt es aber auch mit sich, dass ein solcher Vortrag keine erschöpfende Analyse des diskutierten Themas darstellt, sondern lediglich die zu diesem Zeitpunkt wichtig erscheinenden Punkte beleuchtet.

Natürlich lassen sich dabei Wiederholungen nicht vermeiden. Sie wurden dort beibehalten, wo es schien, dass ein Punkt bekräftigt werden sollte, oder sie Teil der Erklärung selbst sind.

Die Art oder Natur des Publikums, das sich Dharmabelehrungen anhört, unterscheidet sich sehr zwischen Ost und West. Im Osten sind es Mönche und Nonnen, sozusagen die Profis, die das Gros der Zuhörer ausmachen. Im Westen besteht die Mehrzahl der Zuhörer aus Laien, die zwar oft ein ernsthaftes und aufrichtiges Interesse am Dharma haben, aber relativ wenig Zeit für formelle Praxis. In beiden Fällen muss die Perspektive des Vortrags den Bedürfnissen der Zuhörer angepasst werden.

In diesem Buch habe ich versucht, die Dinge auf eine Art und Weise zu präsentieren, die auf die Sache bezogen und nützlich ist, also nicht nur von akademischem Interesse oder derart exklusiv, dass sie im täglichen Leben nicht anwendbar ist. Ich gebrauche deshalb auch die Alltagssprache, weil ich die Belehrungen jedermann zugänglich machen möchte – man braucht dazu nicht von höherer Intelligenz zu sein. Der Buddha selbst verwendete die herkömmliche Sprache seiner Zeit, um technische Bedeutungen auszudrücken. Das Wort „Skandha" zum Beispiel, übersetzt „Aggregat" oder „psycho-physische Komponente", bedeutet wörtlich ein „Haufen" von etwas. Er verwendete alltägliche Beispiele und Geschichten, um die Bedeutung seiner Belehrungen zu erklären. Es gibt also keinen Grund, den Dharma als unklar oder schwierig zu durchdringen zu bezeichnen.

Ohne die hingebungsvollen Bemühungen vieler Freunde und Helfer wäre dieses Buch niemals entstanden. Der einfachste Teil lag bei mir, die ich nur plaudernd vor freundlichem Publikum zu sitzen hatte. Dann kam der langwierige und anspruchsvolle Teil – diese unzählige Stunden 0 kohärente Ordnung zu bringen. Nach vielen Wochen unermüdlicher Arbeit war diese Aufgabe bewältigt. Meine Dankbarkeit und meine Begeisterung sind unermesslich. Danken muss ich der Ehrenwerten Tenzin Wangmo, die die Transkription der australischen Bänder organisierte, ausgeführt von Sonia Davies, Christina Peebles, Jennie Beswick und Wangmo (Whitethorn). Die amerikanischen Bänder wurden mit großem Fleiß und großer Hingabe von Arya Aham (Francesca Jenkins) transkribiert. Mein aufrichtiger Dank gilt auch den Herausgebern bei Snow Lion, die das vollständige Manuskript durchgesehen und viele wertvolle Vorschläge gemacht haben. Allen voran schulde ich Pauline Westwood meinen tief empfundenen Dank. Sie half nicht nur bei der Transkription, sondern übernahm auch die beschwerliche Aufgabe des Auswählens und Bearbeitens. Diese Buch ist also ebenso das Ergebnis der Arbeit der erwähnten Personen wie das meiner Worte. All den genannten und all denen, deren Name hier nicht erscheint, sage ich ein von Herzen kommendes Danke.

I
Eine westliche Yogini

Mir wurde gesagt, ich solle über meine Erfahrungen im Retreat sprechen. Das ist eigentlich das, worüber ich am wenigsten sprechen möchte! Ich weiß nicht, was Sie wissen wollen, also beginne ich damit, zu beschreiben, wie es überhaupt dazu kam, dass ich ins Retreat ging. Lassen Sie mich vorn beginnen und sehen, wohin uns das führt. Ich wurde während des Krieges in England geboren und wuchs in London auf. Meine Mutter war Spiritistin und jeden Mittwochabend wurden bei uns zu Hause Séancen abgehalten. Mit umherfliegenden Tischen und allem, was dazugehört. Für diese Erfahrungen bin ich sehr dankbar, denn sie führten dazu, dass ich bereits in jungen Jahren an eine Kontinuität des Bewusstseins nach dem Tod glaubte. Tatsächlich war der Tod ein regelmäßig wiederkehrendes Konversationsthema in meiner Familie, sodass ich niemals Angst vor ihm hatte oder einen Vorbehalt dagegen. Ich vermute, dass ich täglich auf die eine oder andere Weise an den Tod denke. Das Gewahrsein des Todes gibt dem Leben große Bedeutung.

Als Kind glaubte ich, dass wir alle von Natur aus vollkommen seien, dass unser ursprünglicher Zustand Vollkommenheit sei und wir hier seien, um herauszufinden, wer wir wirklich sind. Ich glaubte, dass wir immer wieder und wieder zurückkehren müssen, bis wir unsere ursprüngliche, vollkommene Natur offen gelegt haben. Die Frage für mich war: „Wie werden wir vollkommen?" Ich erörterte diese Frage mit vielen Leuten, von denen ich glaubte, sie müssten es wissen, beispielsweise Lehrer und Priester. Ich fragte sogar die Geister-Führer während einer Séance. Jedermann schien auf die gleiche Art und Weise zu antworten. Es hieß immer: „Nun, du musst gut sein" oder „Du musst gütig sein". Aber obwohl ich noch ein kleines Kind war, erinnere ich mich daran, gedacht zu haben: „Ja, natürlich, aber das ist nicht alles." Natürlich müssen die Leute gut und gütig sein. Ich kannte jedoch Leute, die zwar sehr gut und sehr gütig waren und trotzdem nicht vollkommen. Gut und gütig zu sein war die Grundlage, aber da gab es noch mehr. Ich wusste jedoch nicht was. Meine ganze Pubertät hindurch suchte ich nach Antworten auf diese Fragen: „Wie werden wir vollkommen? Was bedeutet Vollkommenheit? Wonach suche ich?" Ich versuchte es mit verschiedenen Religionen. Ich erinnere mich daran, mit diversen Priestern und Vikaren über Religion diskutiert zu haben. Meine Schwägerin war Jüdin und ich diskutierte mit ihr über Gott. Mit ungefähr dreizehn versuchte ich den Koran zu lesen, kam aber nicht sehr weit. Mein Problem war, dass all diese Religionen mit der Vorstellung von einer Seele und der Beziehung dieser Seele zu ihrem Schöpfer begannen. Der Pfad oder Weg, der dargelegt wurde, war ein Pfad der Ergebenheit, ein Pfad der Seele, die ihren Schöpfer außerhalb ihrer selbst suchte. Für mich hatte das keinerlei Bedeutung. Soweit es mich betraf, war Gott eine Art höher gestellter Weihnachtsmann.

Mit achtzehn begann ich mich für den Existentialismus zu interessieren und las Sartre und Camus. Zu dieser Zeit arbeitete ich in einer Bibliothek und fand eines Tages ein kleines Buch mit dem Titel *Der unerschütterte Geist*. Ich mochte den Titel. Es war von einem englischen Journalisten und beschrieb dessen Zeit in Thailand. Es enthielt die Grundlagen des Buddhismus – die Vier Edlen Wahrheiten, den Edlen Achtfachen Pfad, die Drei Prinzipien der Existenz und ähnliche Dinge. Ich erinnere mich deutlich daran, was für eine Offenbarung es war, festzustellen, dass es den vollkommenen Pfad bereits gab und dass er all die Dinge einschloss, an die ich bereits glaubte. Sich vorzustellen, dass es eine Religion gab, die all dies lehrte, war wahrlich unglaublich für mich! Für all die anderen Religionen, die ich kennen gelernt hatte, war eine Gottheit unabdingbare Voraussetzung. Im Gegensatz dazu war der Buddhismus ein Pfad, der nach innen führte, ein Pfad, der die Vorstellung eines Schöpfers oder Gottes völlig überflüssig machte. Als ich das Buch halb gelesen hatte, sagte ich zu meiner Mutter: „Ich bin Buddhistin." Und sie sagte: „Das ist schön, Liebes. Lies das Buch zu Ende, und dann erzählst du mir alles darüber." Sechs Monate später wurde auch sie Buddhistin.

Da war ich also, in London. All die Bücher, die ich las, sagten immer wieder, dass es für die Praxis wichtig sei, frei von Begierde zu sein. Also gab ich meine Kleider weg. Ich hörte auf, Make-up zu tragen, und machte mit meinem Freund Schluss. Ich begann in einem gelben Kostüm, ähnlich einer griechischen Tunika, herumzulaufen. Das kam meiner Vorstellung einer Robe am nächsten. Und ich trug schwarze Strümpfe. Ich sollte vielleicht an dieser Stelle bemerken, dass ich bis zu diesem Zeitpunkt noch keine anderen Buddhisten getroffen hatte.

Meine Mutter war überaus geduldig. Sie sagte kein Wort. Nach etwa sechs Monaten dachte ich: „Ich sollte vielleicht andere Buddhisten finden. Ich kann ja nicht die Einzige sein." Also suchte ich im Telefonbuch unter dem Eintrag „Buddhist" und stieß auf die Buddhistische Gesellschaft. Schließlich ging ich dorthin und musste feststellen, dass die Buddhisten nicht in griechischen Tuniken herumliefen. Hier waren Buddhisten, die sich schon viel länger damit beschäftigten und tatsächlich normale Kleidung trugen! Die Frauen schminkten sich sogar und trugen hohe Absätze! Ich sagte dann zu meiner Mutter, wie schade es doch war, dass ich alle meine Kleider weggegeben hatte. Woraufhin sie mir den Schlüssel zu meinem Kleiderschrank gab und sagte: „Geh und schau mal da hinein." Ich öffnete die Tür und alle meine Kleider waren da!

Zu dieser Zeit war ich eine strikte Anhängerin des Theravada und war sehr eng mit dem singhalesischen Vihara in London verbunden. Ich liebte die Klarheit des Theravada, ja ich liebte eigentlich alles daran. Natürlich hat die Art und Weise, wie Theravada im Westen gelehrt wird, wenig mit dem zu tun, was sich in den Ländern des Theravada abspielt. Dort sieht man ein völlig anderes Bild. Im Westen gibt es wenig Ritual und wenig Hingabe. Alles ist sehr logisch und klar, und ein Hauptaugenmerk liegt auf der Meditation. Das gefiel mir sehr gut. Das Einzige, was mir daran nicht gefiel, war das Konzept des Arhat. Irgendwie erschienen mir diese Arhats kalt und das bereitete mir Sorgen, denn das Erlangen von Arhatschaft war wohl das Ziel dieses Pfades. Ich erinnere mich daran, dass ich also in meinem Bett lag und mir Sorgen machte, da ich mich ja auf diesem Pfad befand. Ich war mir nicht sicher, ob es mir gefiel, wohin dieser Pfad mich führte. Ich fragte mich sogar, ob ich überhaupt auf dem richtigen Pfad sei.

Wann auch immer ich an den Buddha dachte, weinte ich Tränen der Hingabe. Ich liebte den Buddha und wollte wie er sein. Ich wollte nicht wie diese Arhats sein. Dann, eines Tages, las ich etwas über Bodhisattvas und dachte: „Aha!" Das war es, was ich sein wollte. Hier fand ich das Element des Mitgefühls, das ich bei den Arhats vermisste. Mir gefiel der Gedanke, dass wir den Pfad nicht nur zu unserem eigenen Wohle beschreiten, sondern auch zum Wohle anderer. Ich dachte: „Das ist es, was ich will. Ich will ein Bodhisattva sein." Es waren die frühen Sechziger und in diesen Tagen waren die meisten Buddhisten in London Theravadin. Ebenfalls weit verbreitet zu jener Zeit war ein Phänomen, das man als „Humphries' Zen" bezeichnen könnte. Ich beziehe mich natürlich auf Christmas Humphries. Er hatte seine eigene Form des Zen entwickelt, die mit nichts vergleichbar war. Wenn Zenmeister sein Zentrum in London besuchten, wurden sie zum Schweigen verdammt. Christmas Humphries hielt in der Regel einen sehr langen Vortrag, wandte sich dann an den Zenmeister und fragte: „Nun, möchten Sie etwas sagen?" Normalerweise erwiderten diese: „Ich glaube, Sie haben bereits alles gesagt" und schwiegen dann. Das waren also die beiden Formen von Buddhismus, die zu jener Zeit „erhältlich" waren: Humphries' Zen und Theravada. Damals betrachtete man den tibetischen Buddhismus als wenig mehr als eine Form von degeneriertem Schamanismus, schwarzer Magie und seltsamen sexuellen Riten – eigentlich galt er überhaupt nicht als Buddhismus. Niemand wollte damit in Verbindung gebracht werden. Man bezeichnete das Ganze als Lamaismus. Wie auch immer, es erschien mir sehr kompliziert und ritualisiert und ich hatte an alldem keinerlei Interesse.

Mir war, als sei ich bereits eine Ewigkeit mit dem buddhistischen Milieu vertraut, obwohl es in Wirklichkeit nicht mehr als ein Jahr gewesen sein kann. Das lag wohl daran, dass so viel in mir vorging. Eines Tages las ich einen generellen Überblick über den Buddhismus und am Ende des Buches fand ich ein kurzes Kapitel über den tibetischen Buddhismus. Es beschrieb seine vier Traditionen oder Lehrrichtungen: die Nyingmapa, die Sakyapa, die Kagyüpa und die Gelugpa. Als ich das Wort „Kagyüpa“ las, sagte eine Stimme in mir: „Du bist eine Kagyüpa.“ Ich sagte: „Was ist eine Kagyüpa?“ Und die ‚Stimme‘ antwortete: „Das ist egal. Du bist eine Kagyüpa!“ Eine gewisse Niedergeschlagenheit machte sich breit und ich dachte: „O nein. Das Leben war so einfach, und jetzt schau, was passiert ist.“ Also ging ich zu der einzigen Person, von der mir bekannt war, dass sie etwas über den tibetischen Buddhismus wusste (sonderlich viel war es nicht), und sagte zu ihr: „Ich glaube, ich bin eine Kagyüpa.“ Sie erwiderte: „Oh, hast du Milarepa gelesen?“ Und ich antwortete: „Wer ist Milarepa?“ Sie gab mir die Übersetzung von Milarepas Biographie von Evans-Wentz. Ich nahm das Buch mit, las es und mein Geist schlug tausend Purzelbäume. Nie zuvor hatte ich Derartiges gelesen. Am Ende wusste ich, dass ich tatsächlich eine Kagyüpa war.

Mir wurde klar, dass ich einen Lehrer finden musste. Ich las viele Texte und bemerkte, dass zwar immer von Mönchen die Rede war, aber nie von Nonnen. Das begann mich allmählich ein wenig zu bedrücken. Dann hörte ich eines Tages von einem Kagyüpa-Nonnenkloster in Indien, in einem Ort namens Dalhousie. Also schrieb ich an Freda Bedi, die Organisatorin. Sie war Engländerin und ein ganz außergewöhnlicher Mensch. Sie war mit einem Inder verheiratet, den sie an der Oxford University kennen gelernt hatte, hatte circa dreißig Jahre in Indien gelebt und war Mitglied der indischen Befreiungsbewegung gewesen. Obwohl sie Engländerin war, wurde sie von den Briten inhaftiert. Nachdem Indien die Unabhängigkeit erlangt hatte, arbeitete sie für die indische Regierung. Sie war gut befreundet mit Nehru und Frau Gandhi. Sie wurde geschickt, um den tibetischen Flüchtlingen zu helfen, und kam schließlich nach Dalhousie, wo sie eine Schule für junge inkarnierte Lamas und ein Nonnenkloster gründete. Ich schrieb ihr und fragte, ob ich kommen und mit ihr arbeiten könnte.

In der Zwischenzeit hatte ich in England einige tibetische Lamas kennen gelernt. Ich arbeitete an der School for Oriental and African Studies, wo man mir gestattete, Tibetisch zu studieren. Unter den Lamas war ein junger Tulku namens Chögyam Trungpa, der zusammen mit Akong Rinpoche gekommen war. Beide studierten in Oxford. In den Jahren 1962/63 waren in England nur sehr wenige Menschen am tibetischen Buddhismus interessiert. Wann auch immer wir Trungpa trafen, fragten wir ihn: „Wann können wir uns wieder treffen?“, woraufhin er immer antwortete: „Nächstes Wochenende.“ Am einen Wochenende kam er zu uns und am nächsten Wochenende fuhren wir zu ihm. Er hatte nur sehr wenige Freunde. Eines Tages sagte er: „Du wirst das wahrscheinlich schwer glauben können, aber in Tibet war ich ein ziemlich hoher Lama, und ich hätte niemals geglaubt, dass es einmal so weit kommen würde, aber – kann ich dich bitte Meditation lehren? Ich muss wenigstens einen Schüler haben.“ Also sagte ich: „Sicher, warum nicht?“

Ich hatte nach wie vor die Absicht, nach Indien zu reisen, und er bestärkte mich darin. Also reiste ich 1964, ich war zwanzig Jahre alt, mit dem Schiff nach Indien. Es war eine sehr angenehme Reise. Ich reiste nach Dalhousie und arbeitete für Freda Bedi in der Young Lamas Home School. Dort traf ich zum ersten Mal Lama Söpa, einen der jungen Tulkus, die dort lebten. Ich lebte im Nonnenkloster und arbeitete als Sekretärin für Freda Bedi. Eines Tages erhielten wir einen Brief, in dem es um handgemachtes tibetisches Papier ging. Man wollte von uns wissen, ob wir einen Markt dafür finden könnten. Unterschrieben war der Brief von einem „Khamtrul Rinpoche“. Sowie ich diesen Namen las, entstand spontanes Vertrauen in mir, so wie man es in den Büchern liest. Am nächsten Tag fragte ich Freda Bedi, wer dieser Khamtrul Rinpoche sei. Sie erwiderte: „Er ist ein hoher Drugpa-Kagyü-Lama. Tatsächlich ist er der Lama, auf den wir warten.“

Mir war bekannt, dass wir auf einen Lama warteten, für den wir ein kleines Haus gemietet hatten. Wir erwarteten ihn im Sommer. Ich sagte: „Er ist ein Kagyüpa“, und sie sagte: „Ja.“ Ich sagte: „Dann kann ich Zuflucht bei ihm nehmen“, und sie sagte: „Aber ja, er ist ein wundervoller Lama. Wenn er kommt, musst du ihn fragen.“ Das war Anfang Mai. Wir warteten den ganzen Mai und wir warteten den ganzen Juni. Am letzten Tag des Juni, meinem einundzwanzigsten Geburtstag, gab einer der Lamas eine Langlebensinitiation, weil Vollmondtag war. Das Telefon klingelte und Freda Bedi nahm das Gespräch an. Als sie den

Hörer auflegte, sagte sie: „Dein bestes Geburtstagsgeschenk ist gerade unten an der Busstation angekommen." Ich war erfreut und erschrocken zugleich. Endlich war mein Lama gekommen! Ich rannte zurück zum Nonnenkloster, zog ein langes tibetisches Kleid an und besorgte eine Katha, einen langen weißen Opferschal. Dann rannte ich zu dem Haus, das wir für ihn gemietet hatten, um Bescheid zu geben, dass Rinpoche angekommen war und man es vorbereiten solle. Als ich zur Schule zurückkam, war er bereits dort. Ich erinnere mich daran, wie ich fast in den Raum kroch. Ich war viel zu schüchtern, um ihn anzusehen. Ich hatte keinerlei Vorstellung davon, wie er wohl war; ich hatte noch nicht einmal ein Foto von ihm gesehen. War er alt? War er jung? War er dick? War er dünn? Ich hatte keine Ahnung. Alles, was ich sah, war der Saum seiner Robe und seine braunen Schuhe. Ich verbeugte mich vor diesen braunen Schuhen und setzte mich hin.

Freda Bedi sagte: „Das ist Soundso und sie ist Mitglied der buddhistischen Gesellschaft." Ich sagte zu ihr: „Sag ihm, dass ich bei ihm Zuflucht nehmen möchte." Also fuhr sie fort: „Ach ja, und sie möchte bei Ihnen Zuflucht nehmen." Rinpoche sagte: „Natürlich", mit einer Stimme, die zu sagen schien: „Natürlich möchte sie Zuflucht nehmen. Was sonst könnte sie wohl wollen?" Als ich ihn mit dieser Stimme „Natürlich" sagen hörte, sah ich zu ihm auf und sah ihn zum ersten Mal. Als ich ihn ansah, schienen zwei Dinge gleichzeitig zu passieren. Zum einen war da ein Gefühl des Wiedererkennens, wie das Zusammentreffen mit einem alten Freund, den man lange Zeit nicht gesehen hat. Gleichzeitig schien es, als ob sich mein Innerstes nach außen gekehrt hätte.

Das war es. Freda Bedi war sehr gütig. Sie schickte mich jeden Tag zu Rinpoche, um während seines Aufenthalts als seine Sekretärin zu fungieren. Eines Tages sagte ich zu ihm: „Ich möchte gern Nonne werden." Wieder entgegnete er: „Natürlich." Aber er sagte, dass er mich nicht an Ort und Stelle ordinieren könne. Stattdessen erklärte er: „Ich möchte dich in mein Kloster mitnehmen." Etwa drei Wochen später reisten wir zu seinem Kloster und ich empfing dort meine erste Ordination. Ich besuchte auch Seine Heiligkeit Sakya Trizin und reiste dann nach Thailand. Als ich ungefähr sechs Monate später zurückkehrte, waren Khamtrul Rinpoche und seine Mönche nach Dalhousie umgezogen.

Rinpoche war das Oberhaupt einer Gruppe von etwa achtzig Mönchen und dreihundert bis vierhundert Laien. Er organisierte sie zu einer Art Handwerksgemeinschaft. Er selbst war ein wundervoller Künstler, Maler und Poet und die ganze Gemeinschaft war sehr begabt. Sie hatten wunderbare Thangkamaler in ihren Reihen, sie stellten schöne Teppiche her und produzierten die erstaunlichsten Holzschnitzereien. Die Gemeinschaft ist nach wie vor bekannt für ihr künstlerisches Talent. Als sie nach Dalhousie umzogen, begleitete ich meinen Lama als seine Sekretärin. Und ich unterrichtete die jungen Mönche in Englisch. Wenn ich zurückblicke, war es doch eine sehr segensreiche Zeit, denn ich war täglich mit meinem Lama und allen anderen Tulkus und Yogis zusammen. Gleichzeitig war es wohl auch die schmerzlichste Zeit meines Lebens, denn ich war die einzige Nonne und für gewöhnlich der einzige Westler in diesem Kloster von etwa achtzig Mönchen. Ich war wirklich einsam. Ich konnte nicht mit ihnen leben, ich konnte nicht mit ihnen essen, ich konnte nicht mit ihnen studieren, ich konnte keine Rituale mit ihnen zusammen ausführen. Ich war kein Laie, aber ich war auch kein Mönch, und für eine Nonne gab es einfach keinen Platz in dieser Gesellschaft.

Alles wäre viel einfacher gewesen, wenn ich ein Mann wäre, denn dann hätte ich mit Rinpoche leben können und es hätte keinerlei Probleme gegeben. Aber da ich eine Frau bin, wussten sie nicht so recht, was sie mit mir anfangen sollten. Einmal sagte Rinpoche zu mir: „Früher konnte ich dich immer in meiner Nähe haben. Aber in diesem Leben hast du die Gestalt einer Frau angenommen. Ich versuche mein Bestes, aber ich kann dich nicht für immer in meiner Nähe behalten, es wäre zu schwierig." Er tat sicherlich alles, was ihm möglich war. Nach weiteren sechs Jahren zog die Gemeinschaft nach Tashi Jong um, ihrem gegenwärtigen Standort. Tashi Jong liegt im Kangratal, ungefähr drei Stunden von Dharamsala entfernt. Etwa drei Monate nach diesem Umzug sagte Khamtrul Rinpoche zu mir: „Jetzt ist es Zeit für dich wegzugehen, um zu praktizieren." Ich schlug vor, nach Nepal zu gehen, aber Rinpoche sagte: „Nepal ist nicht so gut. Du solltest nach Lahul gehen."

Lahul ist ein Tal im Himalaya auf einer Höhe von etwa 3800 bis 4200 Meter. Der Himalaya formt einen langen Gebirgskamm, der sich über den gesamten Norden Indiens erstreckt. Auf der einen Seite dieser Berge liegt Tibet, auf der anderen Seite Indien. Lahul ist eines der vielen kleinen Täler im Himalaya, die zwar geographisch zu Indien gehören, dessen Kultur und Religion jedoch tibetisch sind. Es liegt zwischen Manali und Ladakh und ist gut acht Monate im Jahr durch starke Schneefälle vom übrigen Indien abgeschnitten. Auf beiden Seiten des Tals befinden sich sehr hohe Pässe, die mitunter acht Monate am Stück durch Schneemassen versperrt sind. Damals gab es dort kein Telefon oder andere Mittel der Fernverbindung. Meistenteils gab es auch keine Elektrizität. Und manchmal gab es wochenlang keine Post. Die Inder, die dort stationiert sind, betrachten es ein wenig wie Sibirien und verabscheuen es wegen seiner absoluten Abgeschiedenheit. Aber für jemanden, der ins Retreat gehen möchte, ist es perfekt.

Als ich dort ankam, wohnte ich zunächst in einem kleinen Kagyüpakloster. Es gab einen Tempel am Berg und oberhalb davon kleine separate Häuser. Sie hatten flache Dächer und waren innen wie außen mit Schlamm verputzt, wie tibetische Häuser. Nach der Sitte in Lahul teilten sich Mönche und Nonnen das Kloster, was mir sehr gefiel. Natürlich befanden sich die Mönche im Tempel und führten die Rituale aus, während die Nonnen in der Küche waren und kochten. Ich schloss mich den Mönchen an. Ich stellte sicher, dass ich bei den Ritualen immer ganz vorn mit dabei war, denn ich war nicht nach Lahul gekommen, um kochen zu lernen! Ich hatte ein kleines Haus innerhalb des Klosterkomplexes. Es war sehr angenehm dort. Es war eine kleine Gemeinschaft und alle waren sehr freundlich. Die Lahulis sind sehr gesellige Leute, und wann immer etwas zu erledigen ist, zum Beispiel Spinnen, kommen sie zusammen und arbeiten als Gemeinschaft. Man trifft sich reihum im Haus des einen, dann des anderen, wo auch das Essen bereitgestellt wird, und alle arbeiten zusammen. Das ist zwar sehr schön, aber für jemanden, der ein Retreat machen möchte, eine große Ablenkung. Als ich dort ankam, sagte eine der Nonnen zu mir: „Nun Liebes, natürlich wirst du zwanzig Teller und zwanzig Tassen brauchen." Ich erwiderte: „Zwanzig Teller und zwanzig Tassen, wozu?" Sie erklärte: „Im Winter kommen wir oft zusammen und feiern Partys. Und wir sind nun mal zwanzig." Also sagte ich: „Im Winter gehe ich ins Retreat. Und selbst wenn ich eine Party gebe, könnt ihr alle eure eigenen Teller und Tassen mitbringen." Als der Winter kam, ging ich also ins Retreat, aber ich war die Einzige.

Es ist sehr kalt dort, aber sehr angenehm, wenn die Sonne scheint. Nach jedem Schneefall muss jeder den Schnee von den Dächern räumen, die aus gestampftem Lehm gemacht sind. Wenn die Dächer dann trocken sind, sitzt man darauf und unterhält sich, indem man sich gegenseitig zuruft. Inmitten von alldem saß ich und versuchte meine Mantras zu rezitieren. Der Ort war nicht wirklich geeignet für ein Retreat. Eines Tages zog auch noch ein junger Mönch in den Raum über mir ein. Das war in etwa so, als sei ein wilder Yak dort eingezogen. Also entschied ich mich auszuziehen und mir etwas Ruhigeres zu suchen. Oberhalb des Klosters begann ich nach einem Stück Land zu suchen, um mir dort ein Retreathaus zu bauen. Lahul wird im Tibetischen Karsha Khandro Ling genannt, was so viel bedeutet wie Lahul – Land der Dakinis. Einer der heiligen Berge von Vajrayogini und Chakrasamvara befindet sich dort. Viele Lamas hatten mir bestätigt, dass immer noch Dakinis dort leben. Heutzutage sieht man sie nicht so oft, aber sie sind definitiv da.

Es ist eine sehr heilige Gegend, und ich konnte wirklich fühlen, dass mir die Dakinis nahe waren. Ich stieg also zu einer Stelle oberhalb des Tempels auf, um nach einem Ort zu schauen, an dem ich bleiben könnte, und sagte zu den Dakinis: „Nun, wenn ihr mir einen Ort findet, an dem ich ein Retreat machen kann, verspreche ich, ernsthaft zu versuchen zu praktizieren." Dann hatte ich dieses enorme Gefühl von: „Ja, wir haben dich gehört. Wir werden dir helfen!" Das ganze Projekt machte mich damals sehr froh. Ich stieg den Berg hinab, überzeugt, dass alles in Ordnung gehen würde. Am nächsten Morgen ging ich zu einer der Nonnen und erzählte ihr von meiner Idee, oberhalb des Tempels ein Retreathaus zu bauen. Sie sagte: „Wie kannst du ein Haus bauen? Um ein Haus zu bauen, braucht man Geld, und du hast kein Geld. Warum lebst du nicht in einer Höhle?" Ich erwiderte: „Wie du weißt, gibt es in Lahul nur sehr wenige Höhlen. Dort, wo es Höhlen gibt, gibt es kein Wasser. Dort, wo es Wasser gibt, sind zu viele Leute." „Ja, das ist wahr", antwortete sie, „so haben wir immer gesagt. Aber letzte Nacht habe ich mich daran erinnert, dass eine der alten Nonnen einmal eine Höhle oben am Berg erwähnt hat. Davor ist eine Wiese und es gibt Bäume und eine Quelle. Ich selbst habe diesen Ort nie gesehen, aber diese alte Nonne hat ihn gefunden.“ Also sagte ich: „In Ordnung, dann lass uns gehen und danach suchen.“

Wir mussten die alte Nonne mitnehmen - sie war ungefähr achtzig! Aber glücklicherweise war sie agil wie eine Bergziege. Also ging es bergauf, der Klostervorsteher, einige der Mönche, ein paar Nonnen, die alte Nonne und ich. Während wir aufstiegen, sagte sie immer wieder: „Nein, nein, nein, hier kannst du nicht bleiben. Es ist viel zu weit vom Kloster entfernt. Wir müssen schon den Rauch aus deinem Schornstein sehen können!“ Denn wenn sie einige Tage keinen Rauch sähen, wüssten sie, dass ich zum Beispiel krank sei, und sie würden jemanden schicken, um nach dem Rechten zu sehen. Ich ließ mich allerdings nicht von diesem Argument überzeugen, denn einmal war ich im Kloster wirklich einige Tage sehr krank und niemand kam, um nach mir zu sehen. Ein anderes Mal war ich bei bester Gesundheit und machte wie jeden Tag mein Feuer, und doch kamen gleich zwei Leute und sagten: „Wir haben ein paar Tage keinen Rauch aus deinem Kamin gesehen. Ist alles in Ordnung?“ Also wusste ich, dass dieses System keinesfalls unfehlbar war!

Schließlich kamen wir bei der Höhle an, etwa eine Stunde vom Kloster entfernt. Um ehrlich zu sein, war es eigentlich keine Höhle. Eher eine Art Überhang. Einige Jahre zuvor hatten einige der Dorfbewohner so viel Erdreich darunter ausgehoben, dass man darin stehen konnte, und den Bereich davor abgetragen, geplättet und mit Steinen verstärkt. Dann hatten sie eine Mauer davor gebaut und dort den Sommer bei ihren Herden verbracht. Alle Steine waren noch da. Es war sozusagen bezugsfertig. Ich sagte: „Das ist es. Hier werde ich bleiben.“ Alle protestierten. „Nein, nein, nein, hier kannst du nicht bleiben. Es ist zu hoch. Niemand lebt in dieser Höhe. Du wirst erfrieren.“ Ich argumentierte: „Höhlen sind wärmer als Häuser, also werde ich schon nicht erfrieren.“ Aber sie bestanden darauf und sagten: „Du kannst hier nicht leben. Es ist zu einsam. Leute werden kommen und dich berauben.“ Ich erinnerte sie daran, dass es in Lahul keine Diebe gibt.

Das mussten sie bestätigen. Und tatsächlich brach in der ganzen Zeit, die ich dort verbrachte, niemals jemand ein, selbst dann nicht, wenn ich die Tür offen ließ. Ab und zu kam jemand vorbei, aber niemals nahm irgendjemand etwas weg. Dann sagten sie: „Männer aus dem Armeelager werden kommen und dich vergewaltigen." Woraufhin ich erwiderte: „Wenn die hier oben ankommen, werden sie zu erschöpft dazu sein. Also werde ich sie einladen, sich hinzusetzen und einen Tee zu trinken. Darüber mache ich mir keine Sorgen." Dann sagten sie, oder zumindest glaubte ich das: „Schlangen werden kommen." Das tibetische Wort für Schlange ist *Drul*. Ich sagte: „Schlangen machen mir nichts aus, ich mag Schlangen", was der Wahrheit entspricht. Alle schauten mich unheimlich beeindruckt an, als ich dies sagte. Später jedoch dachte ich: „Augenblick mal, es gibt keine Schlangen in Lahul." Dann wurde mir klar, dass sie gar nicht Drul gesagt hatten, sondern *Trul*, was so viel wie ‚Geister' bedeutet. Also dachten sie, dass ich gesagt hatte: „Geister machen mir nichts aus, ich mag Geister." Das beeindruckte sie alle dermaßen, dass sie einstimmig sagten: „Nun gut, dann kannst du bleiben."

Kurz darauf kamen einige der Mönche und ein paar Maurer aus dem Dorf und bauten die Mauer ab. Sie bauten Fenster ein und eine Tür und teilten die Höhle in zwei Räume auf, sodass ich einen Lagerraum hatte und einen Raum, in dem ich wohnen konnte. Dann wurde die Mauer wieder aufgebaut und die Nonnen und ich verputzten das Ganze sowohl von innen wie von außen. Alles wurde auf einmal erledigt, inklusive dem Bau einer Meditationskiste und des Schreins. Die Gesamtkosten beliefen sich auf zweihundert Rupien. Ich lebte zwölf Jahre dort. Das Preis-Leistungs-Verhältnis war also sehr gut!

Im Winter schneite es, was bedeutete, dass sechs Monate lang niemand vorbeikommen konnte. Das war ein immenser Zeitraum, in dem ich mir sicher sein konnte, nicht unterbrochen zu werden. In einem strengen Retreat soll man niemanden treffen, der sich nicht auch im Retreat befindet. Aber weil es hier so einsam und abgeschieden war, konnte ich trotz strengen Rückzugs selbst am Tag nach draußen gehen. Im Kloster war dies nur gegen Mitternacht möglich, da dies die einzige ‚Tageszeit' war, an der ich sicher sein konnte, niemanden zu treffen. Das gestaltete sich mitunter sehr schwierig, zum Beispiel bei tiefem Schnee mit einer Laterne in der einen und einer Dose Wasser in der anderen

Hand. In der Höhle hatte ich solche Probleme nicht. Im Winter kam ich zu Wasser, indem ich einfach den Schnee schmolz. Ich konnte im Freien sitzen, ohne mir Sorgen machen zu müssen, dass jemand kommen und mich sehen könnte. Der Geist wird sehr viel ‚weiter', wenn man nach draußen blicken und die Bäume, die Berge in der Ferne und die endlose Weite des Himmels sehen kann.

Etwa einen Kilometer entfernt befand sich eine wunderschöne kleine Quelle. Im Sommer legte ich vor der Höhle einen kleinen Garten an und pflanzte Kartoffeln und Steckrüben. Steckrüben sind sehr gut, da man sowohl das Kraut als auch die Wurzel verwenden kann. Ich schnitt sie auf und trocknete sie für den Winter, die Zeit, in der gar nichts wuchs. Sobald es zu schneien begann, war es damit vorbei. Dummerweise hatte ich nicht an Streichhölzer gedacht. Ich musste die kurzen Sommer damit verbringen, mich auf die langen Winter vorzubereiten.

Viele Tiere trieben sich um die Höhle herum. Morgens sah ich ihre Huf- und Pfotenabdrücke überall im Schnee. Einmal sah ich sogar den Abdruck eines Schneeleoparden. Den Leoparden selbst habe ich nicht gesehen, aber seine Abdrücke, von denen ich eine Zeichnung anfertigte. Diese zeigte ich später einigen Zoologen, die zweifelsfrei bestätigten, dass es sich um einen Schneeleoparden handelte, da nur dieser ebendiese typische Spur hinterlässt. Ich fand den Abdruck auf meiner Fensterbank. Der Leopard hatte offensichtlich einen Blick ins Innere geworfen. Es gab auch Wölfe. Ich liebe Wölfe. Einmal, während ich im Freien saß, kam eine Gruppe von fünf Wölfen vorbei. Sie standen einfach nur da und schauten mich an, völlig friedlich, und ich schaute zurück. Sie blieben ein paar Minuten, und nachdem der Anführer mir einen weiteren friedlichen Blick zugeworfen hatte, trottete er davon, gefolgt von den anderen. Manchmal saßen sie oberhalb meiner Höhle und heulten stundenlang.

Für gewöhnlich verbrachte ich die langen Winter im Retreat. Im Sommer war ich normalerweise nicht im Retreat, sondern traf Vorbereitungen für den Winter. Im Herbst ging ich dann nach Tashi Jong hinunter, um meinen Lama zu sehen, ihm zu berichten, was ich gemacht hatte, und um weitere Anweisungen und Belehrungen von ihm zu erhalten. Während der letzten drei Jahre dort machte ich ein Drei-Jahres-

Retreat. Während dieser Zeit habe ich die Höhle natürlich überhaupt nicht verlassen. Ich hatte einen ‚Lahuli-Bruder', der mir während dieser Zeit meine Lebensmittel brachte. In einem Jahr brachte er sechs Monate lang gar nichts. Das war eine ziemlich interessante Erfahrung!

Ich war dort oben sehr glücklich. Manchmal fragte ich mich: „Wenn du sonst wo in der Welt sein könntest, wo wärst du am liebsten?" Ich wählte immer meine Höhle. Dann fragte ich mich: „Wenn du sonst etwas tun könntest in der Welt, was würdest du am liebsten tun?" Und die Antwort war, ich würde am liebsten in dieser Höhle meine Praxis ausführen. Es war also eine gute Zeit für mich. Wenn ich zurückblicke, bin ich zutiefst dankbar, dass ich die Möglichkeit hatte, dort praktizieren zu können, denn Lahul ist so ein wundervolles Tal. Zum einen ist Lahul von den Dakinis gesegnet, zum anderen sind die Lahulis so ehrliche Menschen. Sie sind nicht aggressiv. Selbst wenn sie betrunken sind, werden sie bestenfalls etwas sentimental oder rührselig. Sie weinen und sagen: „Oh, wie ich doch mein Leben verschwendet habe. Wäre ich nur Mönch geworden und hätte ich nur den Dharma studiert." Sie sind überhaupt nicht gewalttätig, wie zum Beispiel die Khampas. Sie ziehen nicht das Messer und beginnen keine Messerstecherei. In alter Zeit war es tatsächlich so, dass diese Leute ihre Schätze vergruben und flüchteten, als die plündernden Mongolen kamen. Wenn die Mongolen verschwunden waren, kamen sie aus ihren Verstecken, gruben alles wieder aus und fuhren mit ihrem Leben fort. Sie sind sehr friedliche Leute, die es vorzogen, nicht zu kämpfen. Während all der Zeit, die ich dort verbrachte, hatte ich keinerlei Probleme mit den Einheimischen. Das ist schon eine ganze Menge für eine Frau, die in solcher Abgeschiedenheit lebt. Jeder wusste, dass ich dort war. Wenn überhaupt irgendwelche Männer vorbeikamen, dann weil der alte Abhi einen Yak verloren hatte. „Hast du den Yak gesehen?", hieß es oder: „Uns sind drei Schafe abhanden gekommen. Hast du sie gesehen?" Das war alles. Im übrigen Indien, oder sogar im Westen, könnte man nicht allein in einer solchen Einsamkeit leben und sich dabei so zuversichtlich und sicher fühlen.

Die Erfahrung der Einsamkeit war sehr lohnend, denn ich musste lernen, mit allem, was passierte, selbst fertig zu werden, seien es innere oder äußere Probleme. Wenn man in solcher Abgeschiedenheit lebt, kann man nicht einmal zum Telefon greifen und einen Techniker kommen lassen oder sich mit seinem besten Freund oder seiner besten Freundin austauschen. Man kann auch nicht den Fernseher einschalten, um sich abzulenken. Im Winter kann man noch nicht einmal einen Spaziergang machen. Was auch immer passiert, man sitzt einfach da und muss sich damit beschäftigen! Diese Zeit half mir, inneren Einfallsreichtum und Selbstvertrauen zu entwickeln. Ich lernte, dass es nicht nötig war, ständig zu jemand anderem zu laufen, um meine Probleme zu lösen. Das war für mich sehr nützlich, denn ich hatte mich immer für ungeschickt und wenig begabt gehalten und hatte mich deswegen immer schnell an andere um Hilfe und Rat gewandt.

In jenen Jahren, in denen ich also mit allem selbst fertig werden musste, lernte ich nicht nur, wie man Mauern verputzt, Holz hackt und alle möglichen anderen praktischen Dinge tut, sondern auch, wie man sich mit seinem Geist auseinander setzt. Ich lernte, wie er arbeitet und funktioniert. Ich hatte unendlich viel Zeit, frei von äußeren Ablenkungen, in der ich einfach nur beobachten konnte, wie der Geist funktioniert, wie Gedanken und Emotionen entstehen, wie wir uns damit identifizieren, wie wir uns davon ent-identifiziert, und man lernte, wie man alle Gedanken und Emotionen in den Raum hinein auflöst. Ich war sehr glücklich, die Möglichkeit dazu gehabt zu haben. Ich blicke zurück auf jene Zeit als eine der lernintensivsten Perioden meines Lebens.

Am Ende meines Drei-Jahres-Retreats hatte ich vierundzwanzig Jahre in Indien verbracht, und ich hatte das Gefühl, es sei an der Zeit, die Verbindung mit dem Westen wiederherzustellen. Ich musste westliche Kultur erneut schätzen lernen und wieder ausgraben, was man wohl meine westlichen Wurzeln nennen könnte. Aber ich hatte keine Ahnung, wohin ich gehen sollte. Manche Leute sagten: „Komm nach Amerika." Andere sagten: „Komm zurück nach England." Wieder andere schlugen Australien vor. Nichts schien richtig. Ich fragte mich selbst: „Nun, wohin möchtest du gehen?" Aber es gab keine Antwort. Es gab keinen bestimmten Ort, an den es mich zog. Aber ich fühlte, dass es an der Zeit war, irgendwo anders hinzugehen. Dann schrieben mir Freunde, ein amerikanisches Paar, das ich in Indien kennen gelernt hatte und das in Europa herumgereist war: „Wir haben den perfekten Ort gefunden. Komm nach Italien – nach Assisi." Und ich dachte: „Das ist es. Assisi." Italien schien nach Indien ein logischer Schritt. Es ist Indien sehr ähnlich. Die Bürokratie, das Postsystem, diese generelle Atmosphäre des ‚Nichts funktioniert wirklich'. Ich fühlte mich dort sofort ganz zu Hause.

Assisi ist ein wunderbarer Ort. Es ist der Geburtsort und die Heimat des heiligen Franziskus und hat eine sehr spirituelle Atmosphäre. Es gibt diverse mit Indien verbundene Gruppen in den Hügeln um Assisi, es gibt drei Ashrams und eine Schule für indische Musik. All unsere Freunde dort waren auf irgendeine Art und Weise auf einer spirituellen Reise, egal ob hinduistisch, buddhistisch oder christlich. Natürlich ist Assisi auch die Heimat der Franziskaner, einem wunderbaren Orden. Trotz des Kommerzes und der Touristen, von denen es dort nur so wimmelt, hat Assisi eine sehr spezielle und kraftvolle spirituelle Qualität, ebenso wie dies in Bodhgaya der Fall ist. Viele Menschen machten dort tiefgründige spirituelle Erfahrungen, selbst solche, die nur als Touristen kamen. Ein solcher Ort ist auch Assisi.

Ich blieb dort und widmete mich verschiedenen Dingen. Einige Male reiste ich zurück nach Asien. Dann, 1992, baten mich die Lamas meines Klosters, ein Nonnenkloster zu errichten. Khamtrul Rinpoche war 1980 verstorben. Aber davor hatte er einige Male zu mir gesagt: „Ich will, dass du ein Nonnenkloster errichtest." Damals gab es keinerlei Möglichkeit, ein solches Projekt auch nur zu beginnen. Jetzt jedoch, als die Tulkus von Tashi Jong sagten: „Wir wollen wirklich ein Nonnenkloster hier errichten, bitte nimm das in die Hand", dachte ich: „Jawohl, jetzt ist die Zeit gekommen." Und das ist es im Grunde, was ich seither tue. Das Nonnenkloster wird eine sehr spezielle Tradition wiederaufleben lassen, die durch Milarepas Schüler Rechungpa fortgeführt wurde. Diese Tradition ist sehr weitläufig und tiefgründig, dennoch hat sie einen besonderen Zweig für Frauen. In Tibet gab es weibliche Praktizierende, die unter dem Namen *Togdenma* bekannt waren. Es waren Yoginis, spezielle Nonnen, die in Höhlen hoch oben in den Bergen lebten und sich dort auf diese Praktiken konzentrierten. Unglücklicherweise scheinen sie seit der chinesischen Übernahme verschwunden zu sein. Heute gibt es dort noch zwei Lamas, die diese Tradition hochhalten. Wenn wir das Nonnenkloster aufgebaut haben, werden wir unter denen, die zum Studieren ins Kloster kommen, geeignete Nonnen aussuchen, und diesen wird dann Gelegenheit gegeben, diese Praktiken zu erlernen. Wenn wir nicht bald etwas tun, wird es zu spät sein. Diese Praktiken müssen von einer Person an die andere weitergegeben werden, wie eine Flamme. Wenn die Flamme einmal erlischt, ist es zu spät. Man kann sie nicht mehr weitergeben. Es ist das, was mündliche Überlieferung genannt wird. Wenn diese beiden alten Lamas sterben, ohne ihre Überlieferung weitergegeben zu haben, dann wird sie für immer verloren sein. Neben dem Nonnenkloster wird es auch ein internationales Retreatzentrum für Frauen geben, sodass Frauen aus der ganzen Welt kommen und unter geeigneten Bedingungen meditieren können. Männer werden natürlich auch willkommen sein – im Gästehaus. Ich hoffe, dass die Nonnen in der Zukunft auch selbst lehren werden. In den letzten Jahren habe ich viele Teile der Welt bereist, um internationale Unterstützung für dieses Projekt zu sammeln.

Fragen

Haben Sie die Geister am Ende wirklich gemocht?

Tenzin Palmo: Ja, denn ich hatte meinen Lama über all die Probleme, vor denen die Leute im Dorf mich gewarnt hatten, wie etwa Soldaten, die mich vergewaltigen würden, und Räuber und Geister, befragt und er sagte daraufhin: „Über alles andere kann ich nichts sagen, aber ich bin sicher, es wird keine bösen Geister geben." Wenn also irgendetwas Merkwürdiges passierte, dachte ich: „Es ist in Ordnung. Es gibt hier keine bösen Geister, also macht es nichts." Mein Geist fabrizierte keine Ängste, denn ich hatte die Sicherheit, dass, egal was sich einstellen mochte, es von guter Natur sein würde.

Es scheint, als wären Sie mit Sicherheit und Klarheit gesegnet worden. Ich bin sehr an einer Nervenstörung interessiert, die *Lung* genannt wird, die manche Menschen im Retreat bekommen können und die sich im Speziellen in Form von Zweifeln und Panik manifestiert. Haben Sie dazu einige Ratschläge?

Als ich mich auf mein Drei-Jahres-Retreat vorbereitete, ging ich zu einem tibetischen Arzt in Dharamsala und sagte: „Ich möchte ein langes Retreat machen. Ich denke, ich bin gesund, aber bitte prüfen Sie einmal meine Pulse, um zu sehen, ob da etwas Latentes vorhanden ist." Also schaute er nach und sagte: „Nein, alles in Ordnung. Du bist ein wenig schwach", was ich wusste, „aber sonst ist alles in Ordnung. Allerdings bekommen fast alle Westler, die ins Retreat gehen, Lung-Probleme. Also werde ich dir etwas Lung-Medizin mitgeben." Ich nahm diese Medizin also mit, habe sie aber nie gebraucht. Die Leute bekommen Lung-Probleme, weil sie sich zu sehr anstrengen. Sie stecken sich unmögliche Ziele und orientieren sich am Ideal des perfekten Praktizierenden. Und dann bringen sie sich an den Rand ihrer Leistungsfähigkeit oder darüber hinaus. Die tibetische Art und Weise zu praktizieren unterstützt dies sogar, denn sie bietet eine ungeheure Anzahl von Rezitationen, die man ausführen kann. Hunderttausende, ja sogar Millionen – und wenn man aus dem Retreat herauskommt, ist die erste Frage oft: „Wie viele Mantras hast du rezitiert?" Nicht etwa: „Wie gut hast du sie rezitiert?" Oder: „Was für Erfahrungen hast du gemacht?" Nein, die Frage lautet: „Wie viele?" Das vermittelt einem die Vorstellung, dass man immer mehr und mehr tun und alles absolut perfekt sein muss. All dies kann eine große Anspannung hervorrufen, die dann oft zu Lung-Problemen führt.

Wir müssen also lernen, uns zu entspannen, unseren Geist weit zu machen und ihn dabei klar zu halten. Auf diese Art und Weise können wir unsere Praxis mit einem Gefühl der Offenheit beginnen und nicht als ein vor lauter Spannung hartes Etwas. Wenn man am Anfang verspannt ist, wird man immer verspannter, je mehr Praxis man versucht auszuführen. Es ist ein heimtückischer Kreislauf. Wenn man erst einmal ein Lung-Problem hat, wird man extrem verspannt und verkrampft. Und man bekommt das Lung-Problem, weil man verspannt und verkrampft ist. Daher ist es wichtig, am Anfang etwas lockerer zu beginnen und zunächst nicht zu viel zu tun. Es verhält sich genau wie mit körperlichem Training. Wenn man gleich mit zu viel beginnt, kann man sich leicht verletzen oder Schaden zufügen. Wenn man sich langsam daran gewöhnt, kann man sich nach und nach steigern, so lange, bis man ständig damit beschäftigt ist, aber all dies immer mit einem entspannten Geist. Dann, am Ende, sollte man langsam wieder reduzieren, sodass man seinem Körper keinen Schock zufügt, wenn man das Retreat beendet. Es ist also sehr wichtig, den Geist entspannt zu halten, selbst während er wachsam ist. Ein entspannter Geist heißt nicht ein schläfriger Geist. Den Geist entspannt zu halten heißt, ihn offen und weit zu halten, aber ohne sich dabei so anzustrengen, dass man mit den Zähnen knirscht. Ich finde es immer sehr schade, wenn ich von Leuten höre, die ins Retreat gingen und nicht gesagt bekamen, wie man den Geist in dieser Offenheit verweilen lässt. Longchen Rabjam spricht sehr viel darüber. Er spricht darüber, wie man den Geist nicht einfach überallhin gehen lässt, wo er hinmöchte, sondern ihn innerhalb gewisser Grenzen zu halten, ohne jedoch diesen entspannten Zustand aufzugeben. Wenn man allerdings bereits ein Lung-Problem entwickelt hat, ist es natürlich dafür zu spät. Das Einzige, was einem dann zu tun bleibt, ist, einen sonnigen Strand zu finden und sich dort hinzulegen.

Ein Retreat sollte eine Freude sein und keine Qual. Es sollte eine Freude sein, denn wenn der Geist von dem, was er tut, erfreut ist, dann beteiligt er sich am Geschehen und wird eins mit der Praxis. Wenn man den Geist zu sehr antreibt, dann wird er starr und weist die Praxis zurück, was wiederum zu einem Konflikt führt. Und eben dieser Konflikt ist es, der dieses Lung-Problem entstehen lässt. Wir müssen unsere eigenen Grenzen kennen und verstehen und wir müssen Mitgefühl mit uns selbst haben. Dann müssen wir lernen, unseren Geist als einen Verbündeten zu nutzen, sodass er die Praxis mit Freude ausführt. Daher ist es von größter Wichtigkeit, uns nicht über unsere Kapazität hinaus anzutreiben. Wir sollten unsere Sitzungen beenden, bevor wir müde werden. Denn wenn wir sie beenden, während unser Geist sich noch an der Erfahrung erfreut, dann wird er sich erinnern: „Das hat Spaß gemacht.“ Beim nächsten Mal wird er deshalb sehr enthusiastisch sein. Auf der anderen Seite, wenn wir uns bis zur Erschöpfung antreiben, bis zu dem Punkt, an dem der Geist sich sagt: „Genug", dann ist es das, woran er sich erinnert. Der Geist erinnert sich daran, dass er sich gelangweilt hat und müde wurde, und wird beim nächsten Mal, wenn wir uns hinsetzen, Widerstand leisten. Wenn wir jedoch die Unterstützung unseres Geistes haben und der Geist Freude hat an dem, was er tut, dann gibt es keinerlei Möglichkeit, ein Lung-Problem zu entwickeln. Dieses Problem stellt sich nur ein, wenn ein Konflikt vorhanden ist.

Was passierte, als Ihre Vorräte sechs Monate lang nicht geliefert wurden?

Ich wurde sehr dünn. Ich begann alles zu rationieren. Im Grunde aß ich bereits nur einmal am Tag und die Portionen wurden dann immer kleiner und kleiner. Milarepa sagte einmal, dass er immer darum betete, allein in einer Höhle zu sterben, und von ganzem Herzen sprach ich dasselbe Gebet. Einmal hatten wir einen gewaltigen Schneesturm, der sieben Tage und Nächte lang ununterbrochen wütete. Die ganze Höhle war in undurchdringliche Dunkelheit getaucht. Wenn ich das Fenster öffnete, war da nichts als eine Wand aus Eis. Wenn ich die Tür öffnete, war da ebenfalls nichts als Eis, und ich war in diesem winzigen Raum, ohne Möglichkeit, ins Freie zu gelangen. Ich dachte: „Das war's dann wohl." Also legte ich meine kleinen Dütsi-Pillen zurecht, die man im Augenblick des Todes einnehmen soll. Sie waren dort, bereit für den letzten Atemzug, den ich tun sollte. Ich war mir sicher, dass die Luft schon um einiges dünner geworden war und ich bereits immer tiefere Atemzüge tat. Von ganzem Herzen betete ich zu meinem Lama. In diesem Augenblick verstand ich, dass das einzig Wichtige, das Einzige, was wirklich zählt, der Lama ist. Was hatte ich für eine Hingabe!

Wenn ich heute darauf zurückblicke, bin ich immer wieder sehr erstaunt. Ich war überhaupt nicht klaustrophobisch. Ich war völlig ruhig. Ich hatte mich vollkommen mit meinem Schicksal abgefunden. Es war in Ordnung so. Natürlich weiß ich nicht, wie es gewesen wäre, wenn ich wirklich durch die Erfahrung des Sterbens gegangen wäre, aber so weit war ich in Ordnung. Dann hörte ich Rinpoches Stimme in mir, die mir sagte: „Grabe dich hinaus." Zum Glück ging die Tür nach innen auf, sonst hätte ich wohl nicht allzu viel ausrichten können. Zuerst benutzte ich eine Schaufel. Ich musste den Schnee nach drinnen bringen, eine andere Möglichkeit gab es nicht. Dazu benutzte ich den Deckel eines Kochtopfs. Ich grub also einen Tunnel, wobei ich auf Händen und Knien kroch. Wenn ich hinter mich blickte, war alles schwarz, und wenn ich vor mich blickte, war alles schwarz, aber ich sah dieses winzige Loch. Als ich schließlich ins Freie gelangte, musste ich feststellen, dass der Schneesturm unvermindert tobte. Ich kroch wieder nach drinnen und der Tunnel füllte sich erneut mit Schnee. Das Ganze machte ich drei Mal. Es dauerte etwa ein bis zwei Stunden, sich ins Freie zu graben.

Beim dritten Mal gelangte ich schließlich ganz ins Freie und schaute mich um. Da waren keine Bäume. Es war nichts zu sehen. Alles war einfach nur weiß. Meine Gebetsfahnen, die ich ziemlich hoch aufgehängt hatte, waren verschwunden. Keine Höhle. Nichts. Dann sah ich Hubschrauber, die über mich hinwegflogen, und dachte: „Oh, vielleicht hat jemand Hubschrauberflüge organisiert, um das schöne Lahul im Schnee zu bewundern." Erst später erfuhr ich, dass einige Dörfer völlig zerstört worden und etwa zweihundert Menschen ums Leben gekommen waren. Die Hubschrauber flogen die Verwundeten aus und brachten Vorräte. Aber zu diesem Zeitpunkt hatte ich keine Ahnung von alldem. Die Häuser der Lahulis haben sehr dicke Mauern und sind zwei oder drei Stockwerke hoch. Oft haben sie zehn oder zwölf sehr große Räume. Ein jedes Haus ist eine Burg. Und doch wurden viele dieser Häuser von Lawinen zerstört. Ich verbrachte Wochen damit, den Schnee wegzuräumen. Ich wurde schneeblind, aber ich habe überlebt, um davon zu berichten.

Was war Ihrer Meinung nach die stärkste Meditation oder Reflexion, die Sie fortan inspirierte?

Ich weiß es wirklich nicht, es ist schwer zu sagen. Ich bedurfte keiner besonderen Inspiration, um im Retreat zu bleiben. Ich war im Retreat, weil es mir das Wundervollste schien, was ich überhaupt tun konnte. Allerdings erinnere ich mich an einen Frühling, als meine Höhle während der Schneeschmelze völlig überschwemmt war. Es war Mai, der Boden war nicht mehr gefroren, und es schneite und schneite. Das bedeutete wiederum, dass der Schnee das Dach durchdringen konnte, da kein Eis mehr vorhanden war, um ihn daran zu hindern. Es tropfte überall hinein und all meine Sachen waren klatschnass. Zur gleichen Zeit hatte ich eine Erkältung oder etwas Ähnliches. Ich erinnere mich daran, dass ich mich ausgesprochen unwohl fühlte. Ich dachte: „Jawohl, sie hatten Recht mit dem, was sie mir über das Leben in Höhlen erzählten. Wer will schon in dieser fürchterlichen Nässe leben?" Es war kalt und unerträglich und es schneite nach wie vor. Dann dachte ich plötzlich: „Suchst du immer noch nach Freude in *Samsara*? Ständig hoffen wir, dass sich alles so angenehm wie möglich gestaltet, und wir befürchten, dass dies nicht der Fall sein wird. Hat der Buddha da nicht etwas über *Duhkha* gesagt?" Und plötzlich wurde mir klar: „Es macht nichts. Es macht wirklich keinen Unterschied. *Samsara* ist *Duhkha*. Da gibt es also keinerlei Problem. Warum Freude erwarten? Wenn Freude da ist, ist sie da. Wenn keine Freude da ist, was erwartest du? Es macht wirklich keinen Unterschied." Als ich dies von ganzem Herzen empfand, fiel die ganze Last von Hoffnung und Furcht einfach von mir ab. In diesem Augenblick lösten sich alle Gedanken auf und es machte keinerlei Unterschied mehr. Das war eine enorme Erleichterung. Ich fühlte mich dem Buddha gegenüber so dankbar, denn ich hatte realisiert, dass es tatsächlich wahr ist: *Samsara* ist *Duhkha*. Na und? Was erwarten wir eigentlich? Warum machen wir so ein Geschrei, wenn es uns schlecht geht, wenn wir leiden? Es macht keinen Unterschied, man macht einfach weiter.

Diese Zeit war ein unglaublicher Segen für mich. Mich in einer Situation zu befinden, in der ich unendlich viel Zeit und Raum hatte, mich meiner Praxis zu widmen, in der ich von Leuten umgeben war, die Verständnis dafür hatten, in der meine Gesundheit gut war und in der Probleme, welcher Art auch immer, völlig irrelevant waren. Es war eine große Freude. Ich hatte dabei auch das Gefühl, nach den Wünschen meines Lamas zu handeln, die Linie aufrechtzuerhalten und so weiter. Und ich dachte, dass es genau das war, was ich gerade tun sollte, und dass es eine Methode war, um schließlich auch irgendwann anderen Wesen zu nützen.

Später, nachdem ich das Retreat verlassen hatte, suchte ich den Dalai Lama auf. Eines der Dinge, die ich ihn zu fragen beabsichtigte, war, ob ich dabei helfen sollte, ein Nonnenkloster im Westen zu errichten, oder ob ich wieder ins Retreat gehen sollte. Ich war mir sicher, dass er sagen würde: „Oh, nach achtzehn Jahren Praktizierens solltest du natürlich ein Nonnenkloster errichten helfen. Wo bleibt dein Bodhichitta? Geh hinaus und hilf anderen!“ Es schien mir fast irrelevant, ihn zu fragen, aber ich entschied mich, es trotzdem zu tun. Ich tat es also und er erwiderte: „Nun, natürlich, die Errichtung eines Nonnenklosters ist eine sehr gute Sache, und du solltest das wirklich tun. Aber verbringe nicht allzu viel deiner Zeit damit. Ein oder zwei Jahre sind genug. Dann solltest du allerdings wieder ins Retreat gehen, denn für dich es ist am wichtigsten, den Wesen damit zu dienen, dass du Retreat machst.“ Das war genau das, was ich auch dachte, und es war das, was mich weitermachen ließ, zusammen mit dem Wissen, dass ich tatsächlich die Wünsche und Absichten meines Lamas erfüllte.

Warum haben Sie zu dieser Zeit das Retreat verlassen?

Ich hatte mich bereits vorher entschieden, nach dem Drei-Jahres-Retreat zu gehen. So viel wusste ich. Ich wollte also das Retreat im kommenden März beenden. Aber im Herbst des vorangehenden Jahres hörte ich plötzlich Lärm und dann ein Klopfen an meiner Tür. Das war hochalarmierend, denn ich hatte eine Mauer um mich herum und es gab ein Tor und Hinweisschilder in drei Sprachen, auf denen stand: „Im Retreat, bitte nicht eintreten.“ Der erste Lärm, den ich hörte, war, dass jemand über mein Tor kletterte. Ich hatte seit einem Jahr niemanden gesehen, außer meinen Lahuli-Bruder, der meine Vorräte brachte. Ich öffnete die Tür und da stand ein Polizist vor mir. Er reichte mir eine Notiz. Ich öffnete sie und sah, das sie vom Polizeichef unterzeichnet war. Darin stand: „Ich habe unsere Unterlagen durchgesehen und festgestellt, dass Sie seit drei Jahren illegal im Land sind. Kommen Sie binnen vierundzwanzig Stunden herunter oder wir werden Maßnahmen gegen Sie einleiten müssen.“ Das war das Ende meines Retreats! In den Texten steht, dass man sich ein oder zwei Wochen langsam darauf vorbereiten soll, das Retreat zu verlassen. Ich musste aber am nächsten Tag hinunter nach Keylong gehen, um diesen Polizeichef aufzusuchen und ihm die Lage zu erklären. Er sagte: „Es tut mir sehr Leid, aber ...“

Es ist eine lange Geschichte. Der andere Polizeichef hatte mir versprochen, mein Visum immer wieder zu erneuern, was er in der

Vergangenheit auch immer getan hatte, aber offensichtlich war er jetzt nicht mehr dazu in der Lage. Als der neue Polizeichef kam, schaute er die Unterlagen zuerst nach eventuellen Ausländern durch, denn er war gerade erst von Simla gekommen, wo sich viele Ausländer aufhalten. Der einzige Ausländer war ich. Er schaute sich die Papiere an, entschied, dass ich illegal im Land war, und schickte den Polizisten, um mich herunterzuholen. Er sagte: „Es tut mir sehr Leid, aber Sie sind illegal im Land. Es ist wirklich nicht meine Schuld, aber ich muss Ihnen einen ‚Verlassen Sie Indien'-Befehl erteilen. Sie müssen Indien binnen zehn Tagen verlassen." Ich erwiderte: „Aber das ist unmöglich. Ich bin seit vierundzwanzig Jahren hier, ich kann das Land nicht einfach binnen zehn Tagen verlassen. Und überhaupt, wegen Ihnen bin ich soeben aus dem Retreat gekommen!" Er ließ mich dann wissen, dass er gerade dabei war, für einen Monat in Urlaub zu gehen. Er sagte, dass er den Befehl so lange ruhen lasse. „In der Zwischenzeit", sagte er, „können Sie Ihre Sachen holen und sich von Ihren Lehrern verabschieden. Aber dann müssen Sie gehen." Er ging also in Urlaub und ich kehrte in meine Höhle zurück. Dann kam der andere Polizeichef wieder. Er schickte mir eine Nachricht, in der stand: „Ich kann Ihnen ein ganzes Jahr geben." So kam ich zu einem weiteren Jahr Visumverlängerung. Ich blieb also in meiner Höhle und kam nach Beendigung meines Retreats wieder herunter. Auf diese Art und Weise verließ ich also, recht schlagartig, das Retreat.

Gab es eine festgelegte Anzahl von Stunden, die Sie täglich mit Meditation verbrachten?

Normalerweise schon, ja. Ich stand um drei Uhr auf und begann mein erste Sitzung, bis etwa sechs Uhr. Dann trank ich etwas Tee und aß etwas *Tsampa*. Gegen acht Uhr begann ich dann wieder, praktizierte etwa drei Stunden lang bis elf Uhr und aß dann Mittag. Nach dem Essen malte ich für gewöhnlich etwas. Buddhas und Bodhisattvas, solche Dinge. Ich war auch die örtliche Schreiberin. Meine Handschrift und Rechtschreibung in Tibetisch waren viel besser als die der Mönche, also gaben sie mir Texte zum Kopieren. Ich hatte auch einige tibetische Texte zum Lesen. Danach trank ich im Allgemeinen wieder etwas Tee.

Im Anschluss daran begann die dritte Sitzung des Tages, gefolgt von weiterem Tee gegen sechs Uhr. Dann kam schließlich die Abendsitzung. Ich hatte eine Meditationskiste, in der ich sowohl praktizierte als auch schlief.

Sie schliefen im Sitzen?

Einige Zeit schlief ich im Sitzen. Ich mochte es zu sitzen. Es ist sehr gut für unser Gewahrsein. Ich schlief nicht sehr lange, dafür sehr tief. Und in dem Augenblick, in dem ich erwachte, streckte ich einfach nur meinen Rücken. Aber es tat meinem Körper nicht sehr gut, insbesondere nicht meinem Rücken. Ich hatte schon immer Rückenprobleme, also rollte ich mich dann schließlich irgendwann in meiner Kiste zusammen und schlief auf diese Weise.

Haben Sie sich jemals gefragt, ob und wann es weibliche Inkarnationen geben wird?

Es gibt weibliche Inkarnationen.

Von Lamas?

Nicht viele, aber es gibt einige. Da ist zum Beispiel Khandro Rinpoche. Es heißt, sie sei eine Inkarnation von Yeshe Tsogyal, der Gefährtin von Guru Rinpoche. Allerdings kann jede Frau mit speziellen Qualitäten als Inkarnation von Yeshe Tsogyal betrachtet werden – weshalb auch sonst sollte eine Frau solche Qualitäten besitzen? Etwas direkter betrachtet, ist sie die Inkarnation der Gefährtin des fünfzehnten Karmapa, des Meisters des Klosters Tsurphu in Tibet. Sie ist die Tochter von Mindroling Rinpoche, einem sehr hohen Nyingmalama, und sie ist wundervoll.

Wie hat Ihre Mutter über all das gedacht?

Meine Mutter kam nach Indien und lebte etwa zehn Monate mit mir. Sie liebte Indien. Sie schwärmte für die Inder, sie schwärmte für die Tibeter und sie nahm Zuflucht bei Khamtrul Rinpoche. Sie fühlte sich sehr zu Tara hingezogen. Irgendwann musste sie aber nach England zurückkehren, da sie das Essen in Indien nicht vertrug. Sie war eine wunderbare Mutter. Als ich ihr sagte, dass ich nach Indien gehen würde, sagte sie nur: „O ja, wann reist du ab?" Sie war mir eine unglaubliche Unterstützung. Sie machte niemals von irgendeiner Form emotionaler Erpressung Gebrauch, um mich zurückzuholen. Nachdem ich weggegangen war, fragte sie mich von Zeit zu Zeit, so ungefähr alle zehn Jahre: „Hättest du nicht Lust, mal zurückzukommen, nur für einen kleinen Urlaub?" Also reiste ich alle zehn Jahre für etwa einen Monat nach England. Sie war wundervoll. Sie unterstützte mich einige Jahre lang, so gut sie konnte. Jeden Monat schickte sie mir etwas Geld, bis sie nicht mehr arbeitete und es ihr daher nicht mehr möglich war. Sie starb vor zehn Jahren, während ich im Retreat war. Mein Vater starb, als ich zwei Jahre alt war, er erscheint also nicht im Bild.

Fanden Sie es schwierig, sich anzupassen, als Sie nach Italien gingen, nach der langen Zeit im Retreat?

Mein Geist ist dergestalt, dass ich immer dort bin, wo ich gerade bin. Als ich also in Italien landete, war ich eben einfach dort. Ich denke kaum an Lahul. Nur jetzt, während ich darüber spreche, denke ich daran. Jetzt, da ich in hier in Amerika bin, denke ich nicht an Europa. Es sei denn, Leute befragen mich über Assisi, dann beginne ich an Assisi zu denken. Aber normalerweise denke ich überhaupt nicht an Assisi. In meinem Geist, wo auch immer ich gerade bin – da bin ich. Daher ist es gut, wenn ich für mich allein bin. Wenn ich mit Leuten zusammen bin, ist es auch gut. Es ist eben das, was gerade passiert.

Sie sagten, dass Sie viel Zeit hatten, einen expandierenden, weiten Geist zu entwickeln. Zu welchen Einsichten sind Sie in Bezug auf Sinn und Zweck des Geistes gekommen?

Sinn und Zweck des Geistes ist es, gewahr zu sein. Hätten wir keinen Geist, könnten wir nicht gewahr sein, oder doch? Das, was uns zu dem macht, die wir sind, ist die Tatsache, dass wir bewusst sind. In der Meditation versuchen wir diesen Geist immer besser zu verstehen, versuchen wir immer bewusster zu werden, mehr gewahr zu werden und immer wacher zu werden. Normalerweise ist unser Geist in einem Zustand des Halbschlafs. Und obwohl es so scheint, als würden wir permanent viele

Gedanken denken, als seien wir sehr vital und präsent, sind wir doch fast schläfrig und roboterhaft in unseren Reaktionen. Der einzige Punkt oder Grund für Meditation ist es, zu lernen aufzuwachen und größere Klarheit zu entwickeln. Mehr gewahr zu sein und sich des Augenblicks bewusst zu sein. Es geht wirklich darum, sich des Augenblicks bewusst zu sein, frei von unseren gewöhnlichen Projektionen, Meinungen, Ideen und unserem geistigen Geplapper. Auf einer grundlegenden Ebene sind wir Gewahrsein. Es geht wirklich einzig und allein darum, zu lernen, eine Verbindung mit diesem Gewahrsein herzustellen und es dann weiterzuentwickeln und eins damit zu sein.

Sie erwähnten Pillen, die man einnimmt, bevor man stirbt. Was für Pillen sind das und was sollen sie bewirken?

Das sind Pillen, die aus diversen Substanzen hergestellt werden, Kräutern, Edelsteinen, verschiedenen Reliquien und anderen kostbaren Substanzen. Zum Beispiel rührt die schwarze Farbe der berühmten schwarzen Pillen des Karmapa daher, dass sie etwas vom Pflug Marpas enthalten. Alle möglichen Dinge werden in diesen Pillen verarbeitet. Nachdem sie hergestellt sind, verbringen die Lamas oft Monate damit, sie durch die Ausführung bestimmter Rituale zu segnen. Sie führen Rituale und Gebete aus, um die Pillen mit bestimmten ‚Energien' aufzuladen. Diese Pillen segnen sicherlich den Geist dessen, der sie einnimmt. Man nimmt sie, wenn man deprimiert oder krank ist, und insbesondere wenn man im Sterben liegt. Unglücklicherweise sind die wirklich speziellen Pillen sehr fest in Seide eingewickelt. Es könnte sich für einen Sterbenden als schwierig erweisen, sie zu öffnen. Darüber hinaus sind diese Pillen sehr hart. Wie genau man das alles bewerkstelligen soll, während man stirbt, habe ich nie ganz herausgefunden. Wie dem auch sei, diese Pillen bestehen aus gesegneten Substanzen, die den Geistesstrom segnen, besonders in Notfällen wie dem Sterben. Ich hatte verschiedene Sorten davon in der Höhle bei mir.

II
Motivation und Praxis

Ich soll in einem Zen-Zentrum sprechen – nun, ich muss zugeben, ich bin etwas eingeschüchtert, insbesondere da der Roshi direkt neben mir sitzt. Als ich hierher kam, hatte ich noch keine Idee, worüber ich sprechen würde, denn die meisten von Ihnen, die mit dem Roshi studieren, müssen nichts von dem, was ich zu sagen habe, wirklich hören. Aber gestern Abend kam mir der Gedanke, heute über Motivation zu sprechen. Zurückzufinden zu den tiefen Wurzeln unseres Hierseins und unserer Praxis.

Es heißt, dass es in der Mahayanatradition drei grundlegende Motivationen gibt, um den Dharma zu praktizieren. Die erste dieser drei ist die Erkenntnis, dass immer irgendetwas in unserem Leben nie genauso zu sein scheint, wie wir es gern hätten. Da ist immer eine Fliege in der Suppe. Selbst für Leute, die ein schönes Zuhause haben, liebevolle Beziehungen, Kinder, die in ihre Pläne passen, einen Job, den sie wirklich mögen – kurz, alles scheint perfekt. Und doch haben sie das Gefühl, dass noch etwas fehlt in ihrem Leben. Die meisten haben jedoch greifbarere Schwierigkeiten, und oft gibt es eine ganze Reihe innerer Probleme, die aus der frühen Kindheit herrühren oder sogar aus früheren Leben, die unsere Fähigkeit, uns den Umständen anzupassen, beeinträchtigen. Wie auch immer unsere Situation sein mag, wir fühlen uns einfach nicht wohl. Also suchen wir nach einer Methode, die unser

Leben einfacher macht, ihm eine Bedeutung gibt, die es erträglicher macht. Einige von uns kommen zum Dharma in der Hoffnung, dass die Praxis der verschiedenen Methoden unsere Anspannung beseitigt und wir uns dann besser fühlen. Wir suchen nach innerer Ruhe und etwas mehr Verständnis. Im Grunde hoffen wir, dass die Praxis Samsara ein wenig angenehmer macht. Wie eine erfolgreiche Psychotherapie wird sie es uns ermöglichen, uns unserem alltäglichen Leben und unseren Beziehungen besser anzupassen.

Manche Leute kommen mit der Hoffnung zum Dharma, dass ihr Leben dadurch interessanter wird und sie aufregende Erfahrungen machen werden. Diese Hoffnung verflüchtigt sich jedoch schnell. Gestern Abend haben wir darüber diskutiert, welche Rolle psychedelischen Drogen dabei zukam, wenn sich Menschen dem Buddhismus zuwandten, vor allem in den Sechziger- und Siebzigerjahren. Natürlich öffnete die Drogenkultur den Geist vieler Menschen, die dann erkannten, dass es noch eine andere Realität gibt. Für Leute, die zu viel mit psychedelischen Drogen experimentierten, besteht nachgewiesenermaßen die Gefahr jedoch darin, dass sie ausschließlich auf aufregende Erfahrungen aus sind. Irgendetwas muss ständig passieren. Es ist eine Art hedonistische Anhaftung. Manche Leute halten das für eine spirituelle Sichtweise oder Perspektive, aber in Wirklichkeit ist überhaupt nichts Spirituelles daran. Wenn nach ein paar Tagen des Sitzens in Zazen nichts Aufregendes passiert, ist es sehr wahrscheinlich, dass solche Leute es dann aufgeben und die Übung als Zeitverschwendung betrachten.

Die erste Stufe echter ‚Dharmamotivation' entsteht aus der Erkenntnis, dass die Welt voller Leid ist und dass das Schaffen angenehmer äußerer Umstände unseren inneren Hunger niemals stillen kann. Dies wird als die niedrigste oder engste Art von Motivation betrachtet, mit der wir die Praxis des Dharma angehen können. Nach einer Weile kommen wir an einen Punkt, an dem uns klar wird, dass unser ganzes Leben zutiefst unsicher ist, egal wie friedvoll wir sind, egal wie glücklich wir uns fühlen. Wir können uns nie sicher sein, was als Nächstes passiert. Heute sind wir gesund, morgen sind wir krank. Heute sind all die Menschen, die wir lieben und die uns nahe sind, um uns, morgen schon könnten sie von uns gegangen sein. Heute haben wir einen guten, sicheren Job und ein schönes Zuhause. Morgen können wir den Job verlieren, unsere Hypotheken nicht mehr bezahlen und uns auf der Straße wiederfinden. Langsam wird uns klar, dass unsere Situation vergleichbar ist mit dem Leben in einem großen Gefängnis.

Einmal hatte ich genau davon einen Traum. Ich träumte, ich sei in diesem riesigen Gefängnis mit vielen, vielen verschiedenen Ebenen und Apartments. Einige davon waren wie Penthousesuiten: sehr luxuriöse Wohnungen voller Leute, die es sich gut gehen ließen. Dann gab es andere Ebenen wie Verliese, in denen Menschen gefoltert wurden. Aber egal ob man oben in einem Penthouse war und es einem gut ging oder ob man sich in einem Verlies befand und gefoltert wurde, man befand sich doch immer in diesem Gefängnis. Und niemand wusste, wohin man ihn als Nächstes stecken würde, denn es gab dort keine wirkliche Freiheit. Im einen Augenblick war man oben, im nächsten konnte man schon unten sein. Niemand wusste, was als Nächstes passieren würde. In diesem Traum lief ich umher und dachte: „Irgendwie müssen wir aus diesem Gefängnis ausbrechen. Wir müssen hier raus." Ich ging zu allen möglichen Leuten hin und sagte: „Schaut her, es ist doch furchtbar hier. Wir sitzen alle in der Falle. Wir müssen hier raus." Und einige sagten: „Nun, du hast Recht, es ist ein Gefängnis. Aber es ist doch recht hübsch. Es ist angenehm, es ist in Ordnung hier." Andere sagten: „Es stimmt, wir würden schon gern hier herauskommen. Aber es ist wirklich schwierig. Niemand hat es jemals geschafft." Obwohl ich mit vielen Leuten sprach, war es sehr schwer, jemanden zu finden, der ernsthaft motiviert war, das Gefängnis zu verlassen. Irgendwann wird uns allmählich klar, dass wir nie wirklich sicher sind. Egal wohin wir gehen, egal in welcher Situation wir uns befinden. Wir können niemals wissen, was passiert, nicht in diesem Leben und auch nicht in zukünftigen. Dieses Leben ist so kurz. Und wie sieht es mit all diesen zukünftigen Leben aus? Wohin gehen wir?

Wir entwickeln dann die zweite Motivation. Nämlich ein für alle Mal aus Samsara auszubrechen, eine echte Anstrengung zu unternehmen, um uns nach jenseits von Samsara und Nirvana zu begeben. An einen Ort, von dem wir niemals zurückkehren müssen. Wir können verbleiben in dem, was Nirvana auch immer sein mag. Es befindet sich jenseits der Gedanken, deshalb können wir per definitionem auch nicht darüber nachdenken. Aber wir können es anstreben und wir können es realisieren. Nirvana ist etwas, das wir in diesem Leben realisieren können. Daher ist die zweite Motivation, die viele Leute in der buddhistischen Welt haben, eben die, aus Samsara ein für alle Mal auszubrechen. Und das ist ein durchaus legitimes Bestreben.

Kommen wir nun zur dritten Motivation, die sich mit der Frage beschäftigt, wer es schafft, aus dem Gefängnis herauszukommen. Tatsache ist, dass wir nicht wie autonome Kügelchen sind, wenn es uns auch so erscheinen mag. Wir können nicht einfach ein Kügelchen aus dem Behälter herausnehmen und die anderen darinlassen, denn wir sind auf einer tief reichenden Ebene alle sehr eng miteinander verbunden. Wir sind alle Teil eines riesigen Netzes. Es ist nicht möglich, einen Faden zu entfernen, ohne dadurch die ganze Struktur zu beeinflussen. Das Bild, das hier traditionellerweise verwendet wird, ist dieses: Wir sind alle in einem riesengroßen, gewaltigen Sumpf gefangen. Es ist ein zähflüssiger, matschiger, verseuchter Sumpf, und wir sind alle dabei, darin zu versinken. Wir alle wollen daraus entfliehen, auf festes und trockenes Land. Also unternehmen wir enorme Anstrengungen und ziehen uns aus dem Sumpf heraus. Da sind wir also, etwas schmutzig zwar, aber in Sicherheit. Was tun wir dann? Werden wir uns umdrehen und sagen: „Tut mir Leid, Leute. Tut mir wirklich Leid, dass ihr alle am Ertrinken seid, aber ich habe es herausgeschafft. Also macht nur weiter so, vielleicht schafft es ja der eine oder andere auch heraus.“ Können wir uns dann abwenden und fortgehen? Könnte eine Mutter oder ein Vater zu seinen Kindern sagen: „Tut mir Leid, Kinder, aber ich habe es geschafft“, und die Kinder im Sumpf ertrinken lassen? Könnten Sie Ihren Eltern, Ihrem Mann, Ihrer Frau, Ihren Brüdern, Ihren Schwestern, Ihren guten Freunden den Rücken zuwenden und nur sich selbst retten? Wenn Sie in einem brennenden Haus wären, könnten Sie hinausrennen und Ihre Kinder, Eltern und alle anderen darinlassen? Manche Leute rennen wieder hinein, nur um ihren Hund zu retten! Sobald wir verstehen, dass alle Wesen einmal unsere Kinder waren, unsere Mütter und Väter, unsere Ehemänner und Ehefrauen in unzähligen Lebenszeiten, erübrigt sich die Frage, ob wir sie zurücklassen können oder nicht. Das ist die traditionelle Weise, diese Dinge zu betrachten. Wir stehen nur deshalb am Ufer, weil wir von dort aus fähig sind, andere herauszuziehen. Solange wir uns noch selbst im Sumpf befinden, ist es uns unmöglich zu helfen, egal wie sehr wir uns dies wünschen mögen. Wenn wir trotzdem versuchen, anderen zu helfen, werden wir nur tiefer in den Sumpf sinken. Wenn wir anderen effektiv von Nutzen sein wollen, müssen wir erst selbst auf festem Boden stehen.

Was ist die Bedeutung von Bodhichitta? Was hat es mit dem Bodhisattvagelübde auf sich? Wenn wir uns darauf beschränken, zu sagen: „Ich gelobe, alle Wesen zu retten", dann ist das sehr schön, aber wann und wo und wie? Der Punkt ist doch, dass wir uns fragen müssen, warum wir überhaupt praktizieren. Praktizieren wir, um glücklich und frei zu sein, oder praktizieren wir, um anderen von Nutzen sein zu können? Das ist nicht nur eine akademische Debatte, sondern die eigentliche Motivation, warum wir uns überhaupt auf einem spirituellen Pfad befinden. Es ist nicht nur das, was wir ständig rezitieren, sondern das, was alles, was uns widerfahren wird, beeinflusst. Es ist wie das Hinzufügen von verschiedenen Farben zu Wasser. Es wird rot oder grün oder blau, je nachdem, welche Farbe wir hinzufügen. Auf die gleiche Art und Weise wird unsere Motivation unsere Praxis und die daraus entstehenden Resultate einfärben.

Es ist wenig nützlich zu sagen: „Nun, natürlich, ich praktiziere den Pfad des Mahayana. Also bin ich ein Bodhisattva und strebe daher die Befreiung aller Wesen an." Egal was wir tun, wir müssen immer unsere Motivation untersuchen. Tun wir es für uns selbst oder tun wir es für andere? Das ist ein essentieller Punkt, denn wenn wir versprechen, zahllose andere Wesen zu retten, dann müssen wir verstehen, was das heißt. Wenn wir es mit dem Herzen verstehen, dann wendet sich etwas in unserem Geist und unsere Einstellung verwandelt sich vollkommen. Und auf die bescheidene Art und Weise, derer wir weltlichen Wesen fähig sind, stellt sich ein tiefer innerer Richtungswechsel ein. Es ist nichts, das wir beschreiben könnten, aber wir wissen es definitiv, wenn es passiert ist.

Ich glaube nicht, dass die wahre Motivation immer da ist. Zu Beginn, als angehende Bodhisattvas, sind wir nicht immer wirklich selbstlos. Wenn wir dies von uns behaupteten, wäre das nichts anderes als Selbstbetrug. Aber manchmal, und wenn auch nur einen kurzen Augenblick, verstehen wir wirklich, wovon wir sprechen. Das ist der Grund, weshalb Bodhichitta von so unendlich großer Bedeutung ist und in den Mahayanasutras so hoch gepriesen wird. Es verwandelt selbst die kleinste tugendhafte Handlung in etwas von wahrhaft gewaltigen Proportionen, denn wir tun es nicht mehr nur für uns selbst oder um des Objekts willen, sondern wir tun es für die ganze Welt. Auf diese Art und Weise hat selbst die kleinste Handlung unendliche Auswirkungen, nicht nur in diesem Leben, sondern durch die gewaltige Zeitspanne all unserer zukünftigen Lebenszeiten hindurch. Es ist die Geburt wahrer spiritueller Selbstlosigkeit.

Es ist sehr einfach, davon zu sprechen, allen fühlenden Wesen durch Zeit und Raum hindurch von Nutzen zu sein, aber in Wirklichkeit ist es ein einzigartiges Bestreben. Sehen Sie, in den meisten religiösen Traditionen, auch in den asketischsten Disziplinen, werden sogar die selbstlosesten Einstellungen kultiviert mit der Aussicht oder Hoffnung auf eine Belohnung. Sei es ein Platz im Himmel, in einem Paradies, im Nirvana oder sei es eine bessere Wiedergeburt. Selbst die größten Heiligen gewisser Religionen streben immer noch nach dem Himmel. Sie mögen sich den schwierigsten, selbstverneinenden Disziplinen unterziehen, aber all dies nur, weil sie der Meinung sind, dass dieses Leben relativ kurz ist. Sie leben in Erwartung der Ewigkeit in einem Himmel, in Pracht und Herrlichkeit. Nun kommen wir und drehen dieses Konzept herum und sagen: „Vergesst Herrlichkeit, vergesst den Himmel, vergesst das Paradies, vergesst Nirvana. Für all das haben wir keine Zeit. Es gibt zu viele Wesen, die unendlich leiden dort draußen in Samsara. Ihr Leiden kennt kein Ende." Wir müssen uns nur umschauen, um zu sehen, dass das Leiden in Samsara wirklich endlos ist.

Die Vereinigten Staaten zum Beispiel werden als Modell für den Rest der Welt betrachtet und jedermann sollte danach streben, den amerikanischen Lebensstil zu seinem eigenen zu machen. Aber schauen Sie doch nur, wie viele Probleme dort jeder hat! Schauen Sie nur, wie viel Leid es gibt in dieser „besten aller Welten"! Wir müssen uns definitiv in die Lage versetzen, anderen helfen zu können. Das ist der einzige erstrebenswerte Lohn. Alles andere ist unwichtig. Das ist der Grund, warum Buddhisten den Verdienst, der aus einer besonders tugendhaften Handlung entsteht, jemandem widmen. Wir geben alles dahin, all unsere Realisation, all unsere Freude und Glück, all unseren Verdienst. Wir widmen all die guten Dinge in unserem Leben dem Wohle anderer. Wenn diese Einstellung in unserem Herzen zu wachsen beginnt, dann beginnen kleine Knospen des Verstehens zu wachsen, die alles verwandeln.

In der tibetischen Tradition gibt es einen Dharmaschützer namens Mahakala, von dem einige von Ihnen bereits gehört haben mögen. Einmal, als es Zeit für mich war, diese Praxis auszuführen, dachte ich bei mir: „O nein, ich bin so müde. Ich werde es jetzt nicht tun." Dann kam mir der Gedanke in den Sinn: „Für wen machst du diese Praxis? Du machst sie nicht für dich selbst. Du machst sie stellvertretend für all die Wesen in dieser Welt, die nicht wissen, wie man es macht. Wen interessiert es, ob du müde bist oder nicht?" Es kommt nicht darauf an, wie wir uns fühlen. Es ist unsere Verantwortung, bestimmte Dinge zu tun. Nicht weil wir sie tun wollen oder weil sie nützlich für uns sind, sondern weil viele andere Wesen an dieser Stelle, zu diesem Zeitpunkt nicht wissen, wie man diese Dinge tut. Wir müssen es an ihrer Stelle tun. Wenn wir in Zazen sitzen, sitzen wir nicht nur für uns selbst, sondern wir sitzen für alle Wesen. Alle Wesen sitzen mit uns hier. Wenn diese Idee wirklich unseren Geist durchdringt, dann wird uns alles als sehr leicht erscheinen, auch wenn es sich sehr schwierig anhört. Am Anfang mögen wir denken: „Ich soll Verantwortung für alle fühlenden Wesen tragen, dabei kann ich noch nicht einmal Verantwortung für mich selbst übernehmen." Aber dann wird uns klar, dass wir, abgesehen von der Tatsache unserer Verbundenheit mit allen Wesen, auch mit allen Buddhas und Bodhisattvas verbunden sind. Wir stehen nicht allein da. Wir haben die Unterstützung aller Buddhas und Bodhisattvas, die ihrerseits nur hier sind, um anderen Wesen zu nützen.

Verstehen Sie? Wir sind keine autonomen Wesen. Wir sind keine eigenständigen kleinen Luftblasen. Wir sind alle miteinander verbunden. Wir tragen alle Verantwortung füreinander. Darüber hinaus sind wir alle mit den Buddhas und Bodhisattvas verbunden. Und diese leben nicht irgendwo in einem Himmel, noch sind sie orientalische Phantasiegeschöpfe. Die Buddhas und Bodhisattvas sind unmittelbar bei uns, hier und jetzt. Wenn wir uns für ihre Inspiration öffnen, werden sie uns unterstützen. Sie sind hier und jetzt bei uns, weil sie nichts anderes sind als die essentielle Natur unseres Geistes. Und sie sind hier, um uns zu helfen und uns zu unterstützen, weil auch sie ohne Unterlass für das Wohl aller fühlenden Wesen arbeiten. Wenn wir uns erst einmal dieser Energie anschließen, werden wir uns nie wieder allein fühlen.

Manchmal fühlen sich Leute isoliert, wenn sie auf ihrem Kissen sitzen, um zu meditieren. Aber sie sind nicht isoliert. Wir atmen alle dieselbe Luft. Wir teilen denselben Boden. Wir teilen unsere Nahrung, Wasser, einfach alles. Wir teilen all diese Dinge und wir sind alle miteinander verbunden, nicht nur mit gewöhnlichen fühlenden Wesen, sondern auch mit vielen Ebenen höher entwickelter Wesen. Sie sind alle hier, um uns zu unterstützen. Unsere Motivation dreht sich also nicht nur um dieses kleine Ego, das hier sitzt. Sie ist sehr weit gefasst und reicht durch endlose Zeitalter hindurch. Sie bezieht sich nicht nur auf dieses Leben. Wir haben versprochen, endlose Zeitalter bei den fühlenden Wesen zu verbringen, nicht nur dieses Leben und vielleicht das nächste und übernächste. Nicht als „Ich". Das heißt also nicht, dass ich, Tenzin Palmo, als solche im nächsten Leben wiederkehren werde. Es wird etwas anderes sein, aber dieser Bewusstseinsstrom, diese Energie oder Kraft wird ein Teil davon sein.

Der andere wichtige Aspekt der Motivation ist, dass wir uns ihrer in unserem alltäglichen Leben bewusst sein sollten. Wir sollten uns unseres Körpers bewusst sein, wir sollten uns bewusst sein, was wir tun, wie und was wir sprechen und was wir denken. Wir sollten uns immer der einer jeden Handlung zugrunde liegenden Wurzel bewusst sein. Im Buddhismus wird viel von Gewahrsein gesprochen. Wir reden viel über Achtsamkeit. Eines der schönen Dinge an der Praxis des Zen ist die Betonung der Integration von Achtsamkeit in alltägliche Handlungen. Aber es reicht nicht aus, lediglich achtsam zu sein. Man könnte ja zum Beispiel sehr achtsam sein, während man eine Bank ausraubt. Genau aus diesem Grund ist es notwendig, sich der zugrunde liegenden Motivation bewusst zu sein.

Der Buddhadharma kennt drei Wurzeln des Schlechten und drei Wurzeln des Guten. Die drei Wurzeln des Schlechten sind Gier, Abneigung und die diesen beiden zugrunde liegende Wurzel, unsere grundlegende Unwissenheit. Jede Handlung von Körper, Sprache und Geist, die unter dem Einfluss einer dieser Emotionen ausgeführt wird, ist ungeschickt. Es macht dabei keinerlei Unterschied, ob die Handlung oberflächlich betrachtet gut ist oder ob sie nur keinen Schaden anrichtet. Wenn die zugrunde liegende Intention von Unwissenheit, Abneigung, Zorn, Hass oder Gier und Begierde verunreinigt ist – und das schließt eine Menge ein von dem, was wir tun, sagen und denken –, dann ist die Handlung grundlegend ungut. Auf der anderen Seite wird jede Handlung, die vom Gegenteil dieser drei motiviert ist, wie zum Beispiel Nicht-Unwissenheit, Nicht-Abneigung und Nicht-Gier, also Erkennen, Liebe, Güte, Freigebigkeit und Sinn für inneren Verzicht, gut sein. Nicht allein die Resultate solcher Handlungen werden sich in der Zukunft positiv auswirken, bereits das Ausführen solcher Handlungen hilft, den Geist zu reinigen. Solche Handlungen helfen, den Geist zu verwandeln, denn sie sind verwandt mit unserer Buddhanatur. Deshalb sind sie so wichtig. Sie sind nicht willkürlich. Es ist nicht etwa so, dass der Buddha vor 2500 Jahren entschied, dass Aversion etwas Schlechtes sei für Magadha, es heute aber in Ordnung sein mag. Es handelt sich vielmehr um ewige Wahrheiten.

Während der Pause, die wir gerade hatten, habe ich in einem Buch mit Aufsätzen einer feministischen buddhistischen Autorin gelesen. Davon scheint es heutzutage eine ganze Menge zu geben. Ich habe es einfach willkürlich aufgeschlagen und nicht in einer bestimmten Abfolge gelesen. Was mir sofort auffiel, war die Wut, die ihrem Schreiben zugrunde zu liegen scheint. Tatsächlich war einer der Aufsätze eine Verteidigung der Wut. Darin stand, dass Frauen das Recht haben, wütend zu sein, ja dass sie wütend sein sollten, und dass es nicht korrekt sei zu behaupten, ihre Wut wäre etwas Falsches. Der Aufsatz behauptete, dass Wut eine sehr klare und kraftvolle Emotion sei, die Menschen dazu bringen kann, großartige Taten zu vollbringen und viel Böses zu überwinden. Was uns die Autorin also wirklich sagen will, ist, dass es falsch ist, Wut als eine negative Emotion zu bezeichnen, und dass es kontraproduktiv sei, Wut in Liebe zu transformieren, vor allem für Frauen. Wenn wir dies weiterdenken, folgt daraus, dass Männer nicht wütend werden sollten, denn sie sind ja schon wütend genug, richtig? Sie sind scheußliche, gewalttätige, gemeine Kreaturen. Nur Frauen haben das Recht, wütend zu sein.

Mir scheint jedoch, dass eine Handlung, deren Wurzel Wut ist, nur noch mehr Wut hervorrufen kann. Der Buddha selbst sagte: „Hass wird nicht durch Hass beendet. Hass kann nur durch Liebe oder Nicht-Hass beendet werden." Wenn wir also Wut zeigen oder hervorbringen, bringen wir damit nur das enorme Potential von Wut in unserem Widersacher in Wallung, wer auch immer das sein mag. Wie berechtigt Wut im Augenblick auch scheinen mag, alles, was man als Antwort erhält, ist noch mehr Opposition. Jede Art von Wut oder Zorn, egal wie berechtigt, egal wie rechtschaffen, egal wie heilig sie sein mag, entsteht immer aus derselben Ursache, nämlich Antipathie, Aversion oder Hass. Egal ob sie sich als gewalttätig oder nichtgewalttätig manifestiert, es ist nach wie vor Wut. Und daher, egal wie „berechtigt" sie zu sein scheint, kann sie niemals die Umstände herbeiführen, die zu Frieden, Liebe und Versöhnung führen. Wie könnte sie!

Viele Feministinnen sind wütend auf Männer, die sie als große, schlechte, bösartige Unterdrücker betrachten. Aber wenn sie in den Osten reisen, wo Frauen in einem unterwürfigen Status gehalten werden, werden sie sehen, dass eine Frau, die heiratet und dann zur Familie ihres Ehemannes zieht, sich vor ihrer Schwiegermutter und ihren Schwägerinnen fürchten muss, nicht vor den Männern. Wem geben wir nun die Schuld dafür? Während ich in Lahul lebte, befanden sich die Nonnen tatsächlich in einer sehr untergeordneten Position. Das lag aber nicht daran, dass sie von den Mönchen niedergehalten wurden. Diejenigen, die sie wirklich klein hielten, waren andere Nonnen. Wer sollte nun der Fokus für unsere Wut sein? Wenn wir erst wütend auf Männer sind und dann auf Frauen, dann sind wir bald auf jeden wütend, und was dann? Wer ist der Übeltäter? Es findet kein Ende. Wir werden immer eine „Rechtfertigung" für unsere Wut finden. Das Problem ist nicht das Objekt da draußen, obwohl wir uns natürlich damit auseinander setzen müssen. Das wirkliche Problem ist die Wut, die in uns selbst lauert, die nur auf eine Entschuldigung wartet, um sich manifestieren zu können. Und da wir ja Buddhisten sind, suchen wir nach einem netten, entschuldbaren Fokus für unsere Wut, damit wir selbstgerecht und selbstzufrieden zu unserem Ausbruch stehen können. Natürlich wird es immer etwas geben, das als Entschuldigung herhält. Es ist ja nur Samsara da draußen. Das wahre Problem ist jedoch unsere Negativität, und damit müssen wir uns auseinander setzen. Der Buddha musste sich mit vielen Kriegen, Stammesfehden und Konflikten beschäftigen. Er versöhnte die Parteien und gab ihnen Ratschläge, welche die Leute akzeptieren konnten. Aber er tat das aus Weisheit und Liebe heraus. Ich will damit sagen, dass eine negative Emotion immer eine negative Emotion bleibt, egal welche Rechtfertigung wir ihr auch geben mögen. Es ist die Emotion in uns selbst, die wir untersuchen müssen.

Viele Leute fragen, wie man sich von dem unangenehmen Gefühl der Wut oder des Zorns befreien kann. Wir wollen uns nicht wütend fühlen. Wir möchten keinen Hass empfinden. Aber niemand hat mich jemals gefragt: „Wie gehe ich mit meiner Begierde und meiner Gier um?" Und doch sind es Gier und Begierde, zusammen mit Unwissenheit, die uns in Samsara gefangen halten. Im Westen werden Gier und Begierde nicht wirklich als negative Emotionen betrachtet. Wo wäre denn wohl unsere Konsumgesellschaft, wenn wir keine Begierden hätten? Im Großen und Ganzen wird Begierde als etwas Gutes betrachtet, insbesondere dann, wenn man sie befriedigen kann. Es treibt die Leute an, hinauszugehen und immer mehr zu kaufen, und das hält die Wirtschaft in Gang. Mehr steckt nicht dahinter.

In einem Palisutra sagt der Buddha, dass die karmischen Auswirkungen von Hass achtmal schlimmer seien als die der Gier, aber dass es relativ einfach sei, sich von Hass zu befreien. Die karmischen Auswirkungen der Gier sind nicht ganz so schlimm, da andere dadurch nicht unbedingt zu Schaden kommen müssen. Aber Gier ist ausgesprochen schwierig aufzulösen, da es von niemandem als Problem betrachtet wird. Innerhalb bestimmter Grenzen macht es uns sogar Spaß, ein wenig gierig zu sein. Wir wollen schöne Kleider, gutes Essen, einen schönen Ort zum Leben. Unsere Sinne werden stimuliert. Wir haben die Vorstellung, dass wir ohne unsere Anhaftung an all diese Dinge kalte, vertrocknete und uninteressante Leute wären. Daher sind wir natürlich nicht sonderlich motiviert, unsere Begierden aufzugeben.

Khandro Rinpoche, ein tibetischer Lama, sagte einmal, dass westliches Publikum auf bestimmte Wörter wie auf Knopfdruck reagiere. Es mache Spaß, diese Wörter auszusprechen und die Reaktionen zu beobachten. Eines dieser Wörter sei „aufgeben" oder „nachgeben". Ein anderes „Verzicht". Jeder zucke zusammen, wenn sie sage: „Wir müssen Verzicht üben." Und jeder frage: „Auf was müssen wir denn verzichten? Was müssen wir aufgeben?" Und doch ist Verzicht eine zentrale Stufe auf dem Pfad. Verzicht muss nicht unbedingt bedeuten, sein Heim und seine Familie aufzugeben und in die Hauslosigkeit zu gehen, wie es der Buddha tat. Sein Zuhause hinter sich zu lassen ist nicht die einzige Form von Verzicht. Ich glaube, geistiger Verzicht ist auf vielerlei Art und Weise sehr viel schwieriger. Es ist nicht einfach, liebgewordene (wenn auch wenig hilfreiche) Gedankenmuster aufzugeben und sich in der Gegenwart aufzuhalten, anstatt sich in Erinnerungen, Erwartungen, Phantasien und cleveren Spekulationen zu ergehen. All dies ist sehr schwierig aufzugeben. Selbst Leute, die scheinbar sehr einfach leben, und das sind nicht viele, haben ein oft sehr luxuriös eingerichtetes Innenleben. Ich spreche hier aus Erfahrung. Es ist schwierig, an rein gar nichts anzuhaften. Es ist besonders schwierig, die Anhaftung an das Bild dessen, was „Ich" bin, aufzugeben, es einfach fallen zu lassen. Wir müssen Schritt für Schritt lernen, wie man das tut. Genau darum geht es im Zazen. Man sitzt einfach nur. Der Körper bewegt sich nicht. Die Stimme drückt sich nicht aus. Und der Geist selbst lässt los und ist einfach nur präsent. Man darf hoffen, dass man währenddessen nicht irgendwelchen Phantasien nachhängt. Es ist zu hoffen, dass man in einem Zustand von Nacktheit und absoluter Einfachheit verweilt.

Das ist der ultimative Verzicht. Wir könnten dasitzen und dabei an all die schönen Dinge denken, die wir auf unserer Hochzeitsreise gemacht haben oder während eines Urlaubs, oder wir könnten darüber spekulieren, was wohl nächste Woche passiert oder was es zum Mittagessen geben wird. Wir könnten einfach nur dasitzen. Niemand wird es jemals wissen. Wir sitzen jetzt gerade hier und sehen alle aus wie ein Haufen kleiner Arhats. Solange Körper und Sprache unter Kontrolle sind, weiß niemand, was der Geist macht, richtig? Aber die Spiele des Geistes aufzugeben und einfach nur in einem Zustand von Offenheit und Klarheit zu sitzen, das ist der größte Verzicht. Der Geist ist außerordentlich gierig. Er giert nicht nur nach äußeren Freuden, sondern auch nach geistigen Annehmlichkeiten, die noch sehr viel schwieriger aufzugeben sind. Aber wenn wir dies tun, dann gelangen wir auf ganz natürliche Weise in einen Zustand der Offenheit, Einfachheit und Klarheit, und das wiederum führt zu Verstehen. Der Grund dafür liegt darin, dass wir endlich die Wurzel aller Negativität ausgerissen haben, unsere Unwissenheit.

Diese Art von existentieller Unwissenheit kann nicht nur durch Lernen oder Studieren beseitigt werden. Natürlich, Studieren und Denken und zu versuchen, Dinge zu verstehen, all dies ist gut. Insbesondere für uns Westler, die wir nicht den Hintergrund buddhistischen Gedankenguts besitzen, ist es sogar notwendig. Natürlich müssen wir lesen und verstehen, was der Buddha gesagt hat, sonst interpretieren wir es anhand unserer eigenen Konzepte und verändern die Lehren des Buddha so lange, bis sie bequem in unsere eigene Sicht der Dinge passen. Es ist von größter Wichtigkeit, zu lesen, zu studieren und zu verstehen. „Was hat der Buddha gelehrt? Was war seine Absicht?" Aber das allein wird unser Nicht-Wissen nicht beseitigen, denn unser Nicht-Wissen hat nichts mit Intellekt zu tun. Es findet nicht auf der Ebene unseres Geistes statt. Es sickert zu unserem Geist durch, natürlich, daher sind auch unsere Gedankenmuster unwissend. Aber die zugrunde liegende Ursache ist, wie wir alle wissen, sehr viel tieferen Ursprungs. Lesen, Denken und Diskutieren können hilfreich sein, um sich mit der Oberfläche der Unwissenheit zu beschäftigen, aber die allem zugrunde liegende Unwissenheit wird davon nicht berührt. Aus diesem Grund sitzen Sie alle hier. Sie sitzen hier, weil Sie wissen, dass die einzige Methode, die dazu führt, diese wirklich tief sitzende Wurzel der Unwissenheit zu erreichen, darin besteht, in Kontakt zu treten mit der essentiellen Natur des Geistes, zu entdecken, wer wir wirklich sind. Mit anderen Worten: unsere Buddhanatur zu entdecken.

Als ich gestern hier ankam, sprach der Roshi über diese riesige Eiche dort draußen, und dass man ihm erzählt habe, dass die Wurzeln so tief in die Erde hinabreichten wie der Stamm, den man an der Oberfläche sieht. Ich dachte dann: „Das ist die ideale Metapher für Unwissenheit." Wir haben so viel an der Oberfläche. Wenn wir nun den Baum an der Wurzel abschneiden können, dann gibt es keinen Baum der Unwissenheit mehr. Wir Westler studieren sehr intensiv. Wir scheinen eine Menge zu wissen. Oberflächlich betrachtet scheint es, als sei der Baum verschwunden. All die Unwissenheit ist weg. Wir können alle möglichen Vorträge halten und einen Doktortitel in buddhistischer Philosophie erlangen. Aber wenn wir nicht mehr tun, dann werden die Wurzeln unter der Oberfläche niemals auch nur angetastet. Und aus buddhistischer Sicht werden sie erneut Triebe hervorbringen und zu einem neuen Baum heranwachsen. Vielleicht sogar mit mehr Ästen, Zweigen und Laub als zuvor, denn der Baum wurde ja beschnitten. Was wir wirklich tun müssen, ist, diese unvorstellbar tiefen Wurzeln der Unwissenheit auszureißen. Die einzige Methode, dies zu tun, besteht darin, eine klare Realisation der Natur des Geistes zu haben. Dies einmal erleben ist allerdings nicht genug. Es ist erst der Anfang. Mein Lama sagte mir immer, dass sobald man die Natur des Geistes realisiert hat, dies der Beginn des Weges sei. Dann kann man beginnen zu meditieren. Heutzutage machen manche Leute eine Erfahrung der Natur des Geistes und denken, sie seien jetzt erleuchtet. Sie fangen an, Bücher zu schreiben, Dharmazentren zu gründen und so weiter, aber wie gesagt, das ist erst der Anfang.

Solange wir nicht kontinuierlich in Kontakt stehen mit unserem wahren allwissenden Geist, Augenblick für Augenblick, ohne Unterlass, vierundzwanzig Stunden am Tag, solange sind wir nicht vollständig erleuchtet. Genau das ist der Grund, weshalb es viele Bodhisattvastufen gibt. Unsere Aufgabe ist es, mit unserer Unwissenheit Schluss zu machen. In der Zwischenzeit jedoch, in jedem Augenblick unseres täglichen Lebens, ist es sehr wichtig, nicht nur gewahr zu sein, sondern unsere Wahrnehmung zu schulen. Wir müssen lernen, die wahre Intention hinter alldem, was wir tun, sagen und denken, wahrzunehmen. Wenn wir wahrnehmen, wie unheilsame Dinge in unserem Geist auftauchen, lassen wir sie einfach gehen. Wir erkennen sie, wir akzeptieren sie, wir weisen sie nicht zurück. Wir lassen daraus keinen Konflikt entstehen. Wir sehen diese Dinge, wir erkennen sie und wir lassen sie gehen. Wir ermutigen zu tugendhaften, heilsamen Dingen und erfreuen uns an ihnen. Auf diese Art und Weise reinigen wir, Schritt für Schritt, den Geist.

III
Ethik und die drei Übungen

Heute werden wir über die Rolle sprechen, die ethisches Verhalten dabei spielt, unser alltägliches Leben in spirituelle Praxis zu transformieren. Vielen von Ihnen ist wahrscheinlich klar, dass in allen buddhistischen Ländern Asiens die Rolle des Studierens und Praktizierens traditionellerweise den Mönchen und Nonnen zufiel. Sie werden als Profis betrachtet. Sie haben die Zeit, um zu praktizieren, und sind darüber hinaus frei von den Ablenkungen, die familiäre und andere weltliche Verpflichtungen mit sich bringen. Daher wird erwartet, dass sich jemand, der es mit Studium und Praxis wirklich ernst meint, für das klösterliche Leben entscheidet. Die prinzipielle Aufgabe der Laienbevölkerung ist es, die Mönche und Nonnen zu unterstützen. Als Gegenleistung sollten Mönche und Nonnen ein gutes Beispiel für ein gelebtes spirituelles Dasein geben. Traditionellerweise sind sie auch Lehrer. Die Schulen werden von Mönchen geleitet, und Kinder gehen in die Klöster, um zu lernen. Mönche sind traditionell auch Naturärzte, Eheberater, Psychologen und so weiter. Klöster spielen eine zentrale Rolle im Leben der Menschen, und wie ich bereits erwähnte, liegt die primäre Aufgabe der Laienbevölkerung darin, die Klöster zu unterstützen.

Im Westen jedoch, wo der Buddhismus erst 2500 Jahre später begann Fuß zu fassen, ergab sich eine Änderung im Muster des Praktizierens.

Zum ersten Mal in der Geschichte des Buddhismus sind es nicht mehr die Mönche und Nonnen, welche die Mehrheit der praktizierenden Buddhisten ausmacht. Im Westen wünschen sich zwar die meisten der ambitionierten Buddhisten, aktiv an der Religion teilzuhaben, aber sie verfügen meist nicht über ausreichend Zeit, um das ganze Spektrum traditioneller Praktiken auszuführen. Es sind Leute, die eine Familie haben, einen Beruf und ein gesellschaftliches Leben, und die nichtsdestotrotz Hingabe an die Lehren empfinden und einem spirituellen Pfad folgen wollen. Das ist eine große Herausforderung. Manche traditionellen Lehrer aus Asien haben oft nicht das rechte Verständnis für diese Umstände und machen daher einen Unterschied zwischen „spiritueller Praxis" auf der einen Seite und „alltäglichem Leben" auf der anderen. Dieser traditionellen Betrachtungsweise nach werden Dharmapraktiken wie Meditieren, Rituale abhalten, sich um Zentren kümmern, Opferungen darbringen und so weiter als spirituelle Aktivitäten betrachtet, während das übrige Leben, wie zu Hause sein bei der Familie, arbeiten gehen und sich gesellschaftlich betätigen, als rein weltliche Aktivitäten betrachtet werden. Ich hörte einmal einen ehrenwerten Lama, der von einem seiner westlichen Schüler gefragt wurde: „Aber ich habe Familie, Kinder und einen Beruf und daher nicht viel Zeit für spirituelle Praxis. Was soll ich tun?", antworten: „Keine Sorge, wenn die Kinder aufgewachsen sind, kannst du dich früh pensionieren lassen und dann mit dem Praktizieren beginnen."

Lamas haben zu mir gesagt: „Oh, du hast es so gut, Anila. Ich habe so viel zu tun, ich habe überhaupt keine Zeit zum Praktizieren." Diese Grundeinstellung, dass nur formelles Sitzen, Niederwerfungen, Tempelbesuche, Dharmabelehrungen und das Studium religiöser Bücher wirkliche Praxis ist und der Rest des Tages nichts als Ballast darstellt, kann dazu führen, dass wir angesichts unseres Lebens sehr frustriert sind. Es mag sogar so weit gehen, dass wir unserer Familie oder unserer Arbeit gegenüber Abneigung empfinden und ständig von der Zeit träumen, wenn wir frei sein werden für die „wirkliche Praxis". Wir können den größten Teil unseres Lebens damit verbringen, eben diese Umstände zu bedauern, die uns doch mit den tiefgründigsten Mitteln für ein Fortschreiten auf dem spirituellen Pfad versorgen können. Wir müssen uns jetzt fragen, und dabei einmal von der Annahme ausgehen, dass die meisten von uns keine Zwölf-Jahres-Retreats machen werden: „Hat Dharmapraxis eine Bedeutung für mein Leben?“ Denn wenn es ohne volle klösterliche Ordination keine Möglichkeit für wirkliche Praxis gibt, welchen Nutzen hat dann der Dharma für uns im Westen?

Zurzeit vollziehen sich Veränderungen – nicht in den Praktiken und auch nicht in der zugrunde liegenden Philosophie, aber in der Gewichtung. Im Zenbuddhismus finden sich reichlich Präzedenzfälle. Dort wird gelehrt, dass alles, was wir tun, spirituelle Praxis ist, vorausgesetzt, wir tun es mit vollkommenem Gewahrsein. Wenn wir auf der anderen Seite eine Handlung ausführen, während wir abgelenkt sind, ihr nur unsere halbe Aufmerksamkeit schenken, dann ist dies nichts weiter als eine weitere weltliche Aktivität. Es ist dabei gleichgültig, was wir tun. Man könnte ein großer Meister sein, der auf einem hohen Thron meditiert, aber solange man nicht präsent und bewusst im Augenblick verweilt, ist es bedeutungslos, dort zu sitzen. Auf der anderen Seite könnte man zum Beispiel Laub zusammenfegen, Gemüse schneiden oder Toiletten putzen. Wenn man während dieser Aktivitäten vollkommenes Gewahrsein aufrechterhält, werden all diese Handlungen zu spirituellen Aktivitäten. Das ist der Grund, warum man in Filmen über Zenklöster immer wieder sieht, wie alles mit bemerkenswerter innerer Haltung gemacht wird, mit einer Ausstrahlung völliger Präsenz im Augenblick.

Und genau darin liegt der Schlüssel für diejenigen unter uns, die ein geschäftiges Leben führen. Wir können Handlungen, die wir normalerweise als Routine, stumpfsinnig und spirituell bedeutungslos einstufen, in Dharmapraxis verwandeln und so unser ganzes Leben verändern. Darüber würde ich heute gern sprechen. Zunächst möchte ich jedoch kurz über einen anderen Aspekt sprechen, den es bei spiritueller Praxis im täglichen Leben zu beachten gibt. Innerlich zucke ich immer zusammen beim Gebrauch des Wortes „spirituell“, aber ich wüsste nicht, welches andere Wort geeigneter wäre. Vielleicht nenne ich es einfach „Praxis“ und Sie werden verstehen. Ich werde „Praxis“ in diesem Zusammenhang verwenden, mit der Bedeutung von etwas, das uns hilft, uns innerlich zu verwandeln.

Es gibt zwei separate Aspekte, die diese Verwandlung hervorbringen, obwohl sie an einem Punkt zusammentreffen. Der eine ist, inneren

Raum zu schaffen. Es ist eine innere Zentriertheit, eine innere Stille, eine innere Klarheit, die uns befähigt, damit zu beginnen, die Dinge so zu sehen, wie sie wirklich sind, und nicht so, wie wir sie normalerweise interpretieren. Der andere Aspekt ist, zu lernen, unsere Herzen zu öffnen. In diesem Vortrag werde ich mehr über den letzteren sprechen. Auf der grundlegendsten Ebene geht es dabei darum, keinen Schaden anzurichten, nicht zu verletzen. Es geht darum, auf eine Art und Weise in dieser Welt zu leben, die weder uns selbst noch anderen Schaden zufügt, sodass jeder, der sich in unseren Einflussbereich begibt, weiß, dass er oder sie von uns nichts zu befürchten hat.

Ich sollte hier anmerken, dass der vollständige buddhistische Pfad auf drei Prinzipien beruht, die als die drei Übungen bekannt sind. Die erste dieser Übungen ist ethisches oder moralisches Verhalten. Die zweite ist die Übung in Meditation und die dritte die Übung in Weisheit. Heute scheint jeder sehr an Meditation interessiert zu sein. Meditation außerhalb ihrer Zusammenhänge zu praktizieren ist jedoch wie der Versuch, ein Haus zu bauen, ohne zuerst das Fundament gelegt zu haben: Die Mauern mögen ja recht hübsch sein, aber ohne ein stabiles Fundament werden sie höchstwahrscheinlich einstürzen. Ich werde diese drei Aspekte in aller Kürze erklären, damit Sie eine umfassendere Vorstellung davon bekommen, worum es bei diesen Übungen geht.

In der buddhistischen Ethik geht es darum, Harmlosigkeit in die Praxis umzusetzen. Eine der Hauptmethoden in der Übung in Ethik ist es, einen Kodex von Grundsätzen zu befolgen. Es gibt fünf grundlegende buddhistische Regeln – nicht zu töten, nicht zu stehlen, sich nicht in sexuellem Fehlverhalten zu ergehen, nicht die Unwahrheit zu sprechen und sich nicht dem Genuss berauschender Substanzen hinzugeben. Dies sind keine Gebote, es sind lediglich Werkzeuge, die uns dabei helfen, ein Verhalten zu entwickeln, das keinen Schaden hervorruft. Wir werden ethisches Verhalten später etwas detaillierter diskutieren, wenn wir die Sechs Paramitas oder Perfektionen genauer betrachten.

Um Meditation durchzuführen, ist es notwendig, sich so zu verhalten, dass der Geist friedlicher, einfacher und offener wird. Schließlich geht es beim Meditieren nicht nur darum, inneren Frieden zu erlangen. Es geht auch darum, unser Herz zu öffnen. Und wie können wir davon sprechen, unser Herz zu öffnen, solange wir durch unser Verhalten anderen Schaden zufügen? Diese beiden Handlungsweisen stehen miteinander in Konflikt. Deshalb hat uns der Buddha geraten, erst zu lernen, wie man am besten in dieser Welt lebt, ohne anderen Wesen dabei zu schaden. Erst dann kann man den Geist beruhigen.

Jeder von uns lebt in seiner eigenen Seifenoper. Wir sehen die Dinge nicht, wie sie wirklich sind. Wir sehen nur unsere Interpretationen. Das liegt daran, dass unser Geist ständig sehr beschäftigt ist. Wenn wir versuchen, direkt in unseren Geist zu schauen, können wir über unser oberflächliches Bewusstsein hinaus überhaupt nichts sehen. Aber wenn der Geist sich beruhigt, wird er klar. Diese geistige Klarheit erlaubt es uns, die Dinge so zu sehen, wie sie wirklich sind, anstatt ständig auf alles unseren Kommentar zu projizieren. Wenn wir jetzt nach innen schauen, können wir die zunehmend subtileren Ebenen der Psyche sehen. Diese Art der Meditation nennt sich *Shamatha*, was so viel bedeutet wie „Meditation des Ruhigen Verweilens“ oder „Meditation des Beruhigens“. Es ist die erste Stufe der Meditation und wird angewandt, um den Geist zu beruhigen. Aber es gibt mehr als nur das Erlangen von Shamatha. In diesem Zustand, auch wenn der Geist ruhig und friedlich geworden ist, ist nach wie vor sehr viel von all dem Unrat in unserem Geist vorhanden. Es liegt alles unter der Oberfläche. Wir können es nun klar sehen, aber es ist also noch nicht verschwunden.

Um mit dieser tiefen Ebene voll Unrat fertig zu werden, müssen wir *Vipashyana* praktizieren, die „Meditation der Einsicht“. Diese Art der Meditation bringt es mit sich, dass über vielem ein großes Fragezeichen steht. Besonders in der tibetischen Tradition stellen wir das vollständige Konzept von Gedanken und Emotionen in Frage: „Wer ist der Denker?“, fragen wir. Descartes sagt: „Ich denke, also bin ich.“ Aus buddhistischer Perspektive können wir lediglich sagen: „Ich denke, also sind da Gedanken.“ Die Tatsache, dass da Gedanken sind, impliziert nicht unbedingt das Vorhandensein eines Denkers. Wir sagen: „Ich denke, ich fühle, ich will oder ich will nicht.“ Aber wer ist dieses „Ich“, das wie eine Spinne in der Mitte des Netzes erscheint? Wir fragen: „Was ist ein Gedanke?“ Wir wissen es nicht und doch denken wir kontinuierlich. Aber wie oft lenken wir unsere Aufmerksamkeit auf den gegenwärtigen Gedanken und fragen: „Was ist ein Gedanke? Wie fühlt er sich an? Woher kommt er? Wie lange verweilt er? Wohin geht er?“ Wir können uns dieselben Fragen über unsere Emotionen stellen. Wir mögen zum Beispiel sagen: „Ich bin wütend.“ Aber was ist Wut? Wo ist sie? Wie fühlt sie sich an? Wer ist es, der wütend ist? Wer ist dieses „Ich“, das wir in Relation zu allem anderen stellen? In gewisser Weise könnte man sagen, dass Vipashyanameditation wie das Schälen einer Zwiebel ist. Wir untersuchen so lange, bis wir uns selbst zu fragen beginnen: „Wo ist dieses essentielle ‚Ich‘? Was ist es?“ Der Augenblick, in dem wir dies verstehen, ist der Augenblick, in dem wir alles verstehen. Wenn wir erst einmal nach jenseits der Ebene unseres gewöhnlichen konditionierten Denkens gelangen, zu tieferen subtileren Ebenen, erreichen wir einen Zustand, der als „unkonditioniert“ bezeichnet wird.

Unser normaler Denkmodus basiert auf Dualismus. Er basiert auf „Ich“ und darauf, was „Ich“ denke und tue. Die Praxis von Vipashyana bringt uns in direkten Kontakt mit unserem nicht-dualen Gewahrsein. Wenn wir zum Beispiel in einen bewölkten Himmel schauen, assoziieren wir uns normalerweise mit den verschleiernden Wolken unserer Gedanken und Emotionen – egal ob sie weiß oder schwarz sind oder jedwede Schattierung dazwischen haben. Wir assoziieren uns selten mit dem strahlend blauen Himmel des nackten Gewahrseins. Der Himmel ist unendlich. Wo beginnt er? Wo hört er auf? Die Tatsache, dass wir Leid erfahren, liegt daran, dass wir uns mit den Wolken identifizieren anstatt mit dem Himmel. So wie wir uns tiefer und tiefer mit Fragen befassen wie „Wer sind wir, was ist eine Emotion, was ist ein Gedanke?“, so entsteht das in uns, was man Weisheit nennt.

Weisheit hat nichts mit intellektuellem Wissen zu tun. Intellektuelles Wissen kann sehr hilfreich sein. Es kann Dinge erklären. Aber es besteht ein enormer Unterschied zwischen „von etwas wissen“ und „Wissen“. Wissen hat etwas von direkter Erfahrung. Wir könnten zum Beispiel viele Bücher über Zucker lesen. Wir könnten lernen, aus welchen chemischen Komponenten Zucker zusammengesetzt ist, wie er hergestellt wird, was für verschiedene Arten von Zucker es gibt, wie lange Zucker bereits bei den Menschen in Gebrauch ist, welcher Art der Zucker in unserem Körper ist, wie sich Kohlenhydrate in Zucker verwandeln. Wir könnten wahre „Zuckerexperten" werden. Aber solange wir Zucker nicht geschmeckt haben, solange kennen wir Zucker nicht. Wir wissen nur davon.

Weisheit entsteht, wenn wir zu dem werden, was wir erfahren. Es ist die Natur direkter Realisation, zu verwandeln. Wenn dies einmal passiert, werden wir nie wieder dieselben sein. Es bedeutet nicht, dass wir vollständig erleuchtet sind. Manche Leute stellen sich vor, sie müssten nur eine Weile sitzen und dann, binnen einer Minute, stellt sich der große Durchbruch ein – mit gleißenden Lichtern, Trompeten, Engeln und Blumenregen. So ist es nicht. Wenn wir tatsächlich meditieren, stellen sich kleine Durchbrüche ein, wie kleine Blitzlichter des unkonditionierten Geistes. Aber das ist erst der Anfang des Prozesses. Es ist sicherlich nicht das Ende!

Weisheit ist ein gewaltiges Thema. Dabei geht es immer um das Verstehen der zugrunde liegenden weiten und leeren Qualität eines Menschen und aller wahrnehmbaren Phänomene. Sie ist das direkte Resultat unserer nach innen gerichteten Suche. Wir können sie aber nicht aus Büchern lernen. Sie muss direkt erfahren werden. Um diese Qualität von tiefer Einsicht zu erlangen, brauchen wir einen Geist, der sowohl ruhig als auch geschmeidig ist. Einen solchen Geisteszustand zu erlangen setzt voraus, zuerst die Fähigkeit zu erlangen, unseren Körper und unsere Rede derart zu regulieren, dass sie keinen Konflikt hervorrufen. Auf diese Art und Weise sind alle drei Übungen voneinander abhängig und unterstützen sich gegenseitig, wie ein Dreieck, in dem jede Seite benötigt wird, um die anderen beiden zu stützen. Man kann nicht einen Teil wegnehmen und erwarten, dass das Dreieck bestehen bleibt. Die drei Übungen sollen uns helfen, die Sechs Perfektionen, *Paramitas*, zu entwickeln. Dies sind die transzendenten Qualitäten, die man benötigt, um Fortschritte auf dem Weg zur Erleuchtung zu machen. Tatsächlich sind viele Qualitäten an diesem Prozess beteiligt, aber diese sechs werden im traditionellen Rahmen genannt. Es sind dies Geben oder Freigebigkeit, ethisches oder moralisches Verhalten, Geduld oder Toleranz, freudige Anstrengung, Meditation und Weisheit. Wie Sie sehen, ist Meditation nur eine dieser sechs Qualitäten. Was hat es also mit Geben, Ethik und Geduld auf sich? Zur Perfektionierung dieser ersten drei Qualitäten, die von essentieller Bedeutung sind beim Beschreiten des spirituellen Pfades, brauchen wir ein soziales Umfeld. Wenn man in Abgeschiedenheit lebt, mag man vielleicht Brotkrümel für die Vögel auslegen, um die Qualität des Gebens zu entwickeln, man mag Geduld üben mit dem Heulen des Windes oder der Tatsache, dass es immer noch schneit, Tag für Tag. Aber was darüber hinaus? Um die ersten drei Qualitäten zu entwickeln, brauchen wir Leute um uns herum. Wie wollen wir die Qualität des Gebens entwickeln, wenn da niemand ist, dem wir geben können? Geben nimmt den ersten Platz ein, denn es ist etwas, was wir alle jetzt sofort tun können. Wir brauchen nicht ethisch vollkommen zu sein, wir müssen keine großen Meditierende sein, wir müssen nicht erst große Geduld entwickelt haben und unter keinen Umständen mehr wütend werden. Wir können sehr viele Mängel haben und extrem problematisch sein – und dabei doch freigebig. Geben öffnet das Herz, ein weiterer Grund, warum es zuerst genannt wird.

Während ich in England war, war ich mit englischen Sufis befreundet. Ihr Scheich lebt in Marokko. Diese Freunde haben einen Sohn, der damals ungefähr drei Jahre alt war. Einmal hatten sie ihm eine Schachtel Süßigkeiten geschenkt und ihm vorgeschlagen, mir doch etwas davon anzubieten. Seine prompte Reaktion war: „Nein, die gehören mir!" Sein Vater sagte: „Natürlich gehören sie dir. Und deshalb kannst du sie mit anderen teilen." Der kleine Junge dachte erst darüber nach und lächelte dann. Er öffnete die Schachtel und bot nicht nur mir etwas an, sondern allen im Raum, mit einem großen Lächeln. Es war völlig richtig. Die Süßigkeiten gehörten ihm, daher konnte er sie anderen anbieten!

Denken wir auch so über unsere Besitztümer? Wie glücklich wir doch sind, etwas zu besitzen, weil wir es deshalb mit anderen teilen können! Das ist die erste Lektion, das erste Öffnen des Herzens, das Wahrnehmen all jener, die uns umgeben. Nicht nur das Geben von Dingen, die wir sowieso nicht mehr haben wollen – obwohl das ein Anfang sein kann –, sondern das Geben von Dingen, weil wir gern geben. Das ist eine sehr schöne Art und Weise, mit anderen Menschen in Verbindung zu treten. Im Osten verstehen die Menschen Geben oder Freigebigkeit. Sie glauben, dass alles, was sich zuträgt, auf dem Prinzip von Ursache und Wirkung basiert. Wenn sie also wohlhabend und erfolgreich sein wollen, müssen sie die Umstände für zukünftigen Wohlstand und Erfolg herbeiführen. Die Ursache von Wohlstand ist Freigebigkeit. Dies wissend, geben sie gern und sind dem Empfänger sehr dankbar dafür, dass er es ihnen ermöglicht, dieses gute Karma anzusammeln. Es hilft ihnen nicht nur, ihr Herz zu öffnen, sondern legt auch den Samen für ihren zukünftigen Wohlstand. Aus diesem Grund sagt der Empfänger nicht „Danke schön", denn es ist der Gebende, der sich für die Gelegenheit, Freigebigkeit manifestieren zu können, bedanken sollte.

Wir können im Kleinen mit dem Geben beginnen. Wenn wir Freunde treffen, können wir sie zu einem Kaffee einladen. Wenn wir zwei Exemplare von etwas Hübschem haben, können wir eines davon jemand anderem geben. Ich kenne einen Swami, der in Indien lebt. Offenbar ist er recht bekannt. Die Leute geben ihm ständig Geschenke, einschließlich schöner Dinge aus dem Ausland, die in Indien äußerst begehrt sind. Was mir an ihm auffiel, war, dass sein erster Gedanke immer ist: „Wem kann ich das geben? Wer wäre ein geeigneter Empfänger dafür?" Er behält niemals irgendetwas für sich, aber er ist immer glücklich und zufrieden!

Die zweite Qualität, die wir recht leicht in unser tägliches Leben einbauen können, ist ethisches Verhalten. Die Grundlage buddhistischer Ethik sind die fünf Regeln oder Gelübde. Die Worte, die man spricht, um diese Regeln zu befolgen, beginnen mit: „Ich unterziehe mich der Übung der Regel des ..." Wie man sieht, sind diese Regeln also keine Gebote. Der Buddha hat nicht gesagt: „Du sollst nicht ..." Er sagte lediglich: „Dies sind Regeln, anhand derer man üben kann, ein Verhalten zu entwickeln, das weder einem selbst noch anderen schadet."

Die erste dieser Regeln ist, kein Leben zu nehmen. Das heißt, nicht mit Absicht zu töten. Das schließt ein, kein Wesen, welcher Art auch immer, zu töten. Es betrifft nicht nur Menschen, sondern auch Tiere, Fische, Insekten und jedwede Kreatur, die ein Bewusstsein besitzt. Jedes Wesen betrachtet sein Leben als sein kostbarstes Gut, genauso wie wir unser Leben als unser kostbarstes Gut betrachten. Es gibt eine Geschichte von einem König, der zur Zeit des Buddha herrschte. Eines Tage stand er mit seiner Hauptkönigin auf einem Balkon. Er fragte sie: „Wen liebst du auf der ganzen Welt am meisten?" Sie dachte eine Weile nach und erwiderte dann: „Weißt du, ich glaube auf der ganzen Welt liebe ich am meisten wahrscheinlich mich selbst. Und du?“ Der König dachte eine Weile darüber nach und antwortete: „Hmmm, eigentlich hast du Recht. Wenn wir den Dingen wirklich auf den Grund gehen, dann liebe ich, von allem in der Welt, mich selbst am meisten.“ Dann ging er zum Buddha und erzählte ihm von der Diskussion und fragte ihn: „Was denkst du darüber?“ Der Buddha entgegnete: „Das ist wahr. Jedes Wesen ist sich selbst das liebste. Und aus diesem Grund sollten wir keinem Wesen schaden oder Schaden verursachen.“ Wie ich bereits sagte, basiert das ganze System buddhistischer Ethik darauf, keinen Schaden zu verursachen. Das schließt ein, weder anderen zu schaden noch uns selbst. Es geht darum, so zu leben, dass jedes Wesen, das sich in unser Umfeld begibt, weiß, dass es von uns nichts zu befürchten hat und dass es in unserer Gegenwart vollkommen sicher ist.

Die zweite Regel ist, nicht zu nehmen, was einem nicht gegeben wurde, mit anderen Worten: nicht zu stehlen. Diese Regel wird in buddhistischen Ländern sehr ernst genommen. Wenn zum Beispiel Mönche oder Nonnen jemanden bei sich zu Hause besuchen, dann sollten sie noch nicht einmal etwas in die Hand nehmen, um es zu betrachten oder zu bewundern. Diese Handlung könnte als die Absicht, es zu nehmen, interpretiert werden. Wir sollen ihnen die Dinge reichen. Selbst wenn wir sie zum Essen einladen, sollten wir ihnen die Dinge reichen, sodass es überhaupt keine Frage ist, ob sie eventuell etwas genommen haben, was ihnen nicht angeboten wurde. In manchen buddhistischen Ländern befolgen die Mönche und Nonnen diese Regel in der Tat sehr genau. Es ist dies eine weitere Form von ‚Harmlosigkeit‘. Die Leute müssen wissen, dass sie uns vertrauen können. Sie müssen wissen, dass wir ihnen nichts wegnehmen werden, denn wir wollen auch nicht, dass uns etwas weggenommen wird. Das bezieht sich auch auf Dinge, die wir uns ausgeliehen haben. Wir müssen diese Dinge so bald wie möglich zurückgeben, und zwar in dem Zustand, in dem wir sie erhalten haben. Wir müssen den Besitz anderer respektieren, so wie auch wir erwarten, dass andere unseren Besitz respektieren.

Die dritte Regel ist, sexuelles Fehlverhalten zu vermeiden. Das heißt, sich nicht in sexuellen Aktivitäten zu ergehen, die anderen oder einem selbst Schaden zufügen könnten. Das schließt ein, Verantwortung für sein Handeln zu übernehmen. Wir sollten nicht nur der augenblicklichen Befriedigung nachjagen, sondern die langfristigen Folgen unseres Tuns bedenken. Dabei geht es nicht wirklich darum, mit wem wir schlafen oder welche Art von Sex wir haben. Die Frage, die wir uns immer stellen müssen, ist: „Nimmt irgendjemand Schaden durch mein Verhalten? Könnte es irgendjemandem Schaden zufügen?" Ehebruch und Seitensprünge werden daher immer als schädlich betrachtet, da durch sie Schmerz hervorgerufen wird und sie zu Eifersucht, Lügen und Misstrauen führen.

Die vierte Regel betrifft das Sprechen der Unwahrheit. Wenn wir uns an diese Regel halten, bedeutet dies, dass man sich auf das, was wir sagen, verlassen kann. Die Leute wissen, dass das, was wir ihnen erzählen, unserer Meinung nach die Wahrheit ist. Gleichzeitig sollte unser Reden hilfreich sein. Es sollte nicht nur der Wahrheit entsprechen, sondern auch gütig sein. Manche Leute sind sehr stolz darauf, immer die Wahrheit zu sagen, aber diese Wahrheit kann manchmal auch ziemlich gemein sein. Es ist interessant zu beobachten, dass Leute, die dies von sich behaupten, oft Wahrheiten meinen, die andere verletzen! Ich erinnere mich an eine Begebenheit, die sich zutrug, als ich noch recht jung war, gleich nach dem Krieg. Damals war in England alles rationiert. Sowohl Nahrung als auch Kleidung. Wir hatten Bezugsscheine für Kleidung und sammelten sie, bis wir uns etwas wirklich Schönes dafür kaufen konnten. Meine Mutter hatte sich einen cremefarbenen Mantel gekauft. Sie zog ihn an, um ihn mir vorzuführen. Sie freute sich sehr darüber, denn sie kaufte sich fast nie neue Kleidungsstücke. Sie fragte: „Was meinst du?" Ich sagte: „Du siehst dick darin aus." Was ich sagte, entsprach der Wahrheit. Sie sah wirklich dick darin aus. Aber der Ausdruck des Verletztseins in ihrem Gesicht war herzzerreißend. Sie zog den Mantel aus und hängte ihn in ihren Kleiderschrank. Sie trug ihn nie wieder, noch schaute sie ihn jemals wieder an. Ich hätte sagen können: „Ja, das ist eine schöne Farbe" oder „Was für ein schöner Stoff" oder „Das ist ein interessantes Muster". All das wäre ebenso wahr gewesen. Wenn wir die Wahrheit sagen, sollten wir bedenken, dass es nicht nur wahr sein sollte, sondern auch hilfreich und gütig. Wir müssen uns daran erinnern, dass es unser

Ziel ist, anderen nicht zu schaden, und das schließt Rücksichtnahme auf ihre Gefühle ein.

Die fünfte Regel bezieht sich auf das Einnehmen berauschender Substanzen. Diese Regel ist im Westen nicht sehr populär. Viele Leute sagen: „Ach, das bedeutet doch nur, dass man sich nicht völlig sinnlos betrinken soll." In der Regel heißt es aber nicht, man solle sich nicht betrinken. Es heißt, man soll sich nicht dem Genuss berauschender Substanzen hingeben. Warum nicht? Nun, zuallererst ist Buddhismus ein Pfad zunehmender Achtsamkeit und Klarheit des Geistes. Es geht darum, unsere Meisterschaft oder Kontrolle über den Geist zu verbessern, nicht sie zu schwächen. Berauschende Substanzen zu sich nehmen ist kontraproduktiv, da es den Geist verdunkelt. Nicht nur das, es öffnet die Tür zu all unseren negativen Qualitäten. Wenn Leute betrunken sind, kommen ihre guten Qualitäten nicht zum Vorschein. Selten betrinken sich die Leute und schließen sich dann Mutter Teresa an. Viel öfter jedoch betrinken sie sich und verprügeln dann ihre Frauen!

Es gibt eine tibetische Geschichte, die dies illustriert. Es war einmal ein Mönch, der in einer Höhle lebte und dort meditierte. Sein Wohltäter unten im Tal brachte ihm von Zeit zu Zeit Vorräte. Die Tochter des Wohltäters trug die Vorräte manchmal den Berg hinauf. Mit der Zeit verliebte sie sich ganz und gar in den Mönch. Schließlich schlug sie dem Mönch eines Tages vor, doch mit ihr zu schlafen. Der antwortete: „Das kann ich auf gar keinen Fall tun. Ich bin Mönch und lebe im Zölibat. Was redest du da? Kommt überhaupt nicht in Frage!" Als sie den Berg hinabstieg, war sie sehr enttäuscht. Als sie das nächste Mal zu ihm hinaufging, nahm sie eine Ziege mit. Dann sagte sie zu dem Mönch: „Wenn du schon nicht mit mir schlafen willst, dann lass uns wenigstens diese Ziege schlachten, sodass wir zusammen ein Fest feiern können." „Bist du völlig von Sinnen?", erwiderte er: „Ich bin ein buddhistischer Mönch! Ich töte nicht! Geh doch einfach weg!" Also stieg sie wieder den Berg hinab und dachte bei sich: „Dieser buddhistische Mönch ist wirklich schwer zu überlisten."

Das nächste Mal kehrte sie mit einem großen Krug tibetischem Bier zurück, bekannt als *Chang*. Sie sagte: „Also, hier ist mein Ultimatum: Entweder schläfst du mit mir oder wir schlachten und essen die Ziege.

Wenn nicht, trinken wir wenigstens dieses Bier zusammen. Solltest du keines dieser Dinge mit mir tun, dann werde ich mich aus lauter Verzweiflung umbringen!" Der Mönch dachte darüber nach: „Was kann ich nur tun? Ich kann nicht zur Ursache dafür werden, dass dieses arme Mädchen das Leben verliert. Das am wenigsten Schädliche wäre es wohl, das Bier zu trinken." Also sagte er zu ihr: „Na gut, dann lass uns dein Bier trinken." Und sie taten es. Natürlich wurde der Mönch völlig betrunken. Dann schlief er mit dem Mädchen, und um dies zu feiern, schlachteten sie die Ziege und feierten eine große Party!

Alkohol selbst ist nicht das Problem. Das Problem liegt darin, dass Alkohol die Schleusentore zu all unseren negativen Handlungen öffnet, deshalb sollten wir sehr vorsichtig sein, wenn wir Alkohol zu uns nehmen. Betrunkene Fahrer töten andere nicht, weil sie böse sind, sondern weil sie die Kontrolle über ihre Sinne verloren haben. Ich korrespondiere mit einem Gefängnisinsassen in Amerika, der eine sechsundzwanzigjährige Haftstrafe verbüßt. Er hat bei einem Unfall, den er betrunken verschuldet hat, eine Mutter und ihre Tochter getötet. Seine Trunkenheit am Steuer hat nicht nur das Leben dieser zwei Menschen gekostet, sondern in gewisser Weise auch das seine. Sechsundzwanzig Jahre im Gefängnis sind eine lange Zeit.

Buddhistische Ethik basiert auf dem Verhalten eines vollkommen realisierten Wesens. Ein vollkommen realisiertes Wesen würde natürlich kein Leben nehmen, würde nicht stehlen, sich sexuell falsch verhalten, lügen oder sich berauschen. Indem wir „harmlos" leben, bringen wir unsere Handlungen in Einklang mit denen eines völlig erwachten Wesens. Ich denke, Sie sehen nun, dass diese Regeln nicht nur kulturell bedingt sind. Es ist falsch zu behaupten, dass diese Regeln zwar vor 2500 Jahren im nördlichen Indien von Relevanz waren, in unserer modernen Welt aber keine Bedeutung mehr haben. In Wirklichkeit sind sie von ebensolcher Relevanz – ja vielleicht sogar von noch größerer Wichtigkeit – für die heutige Gesellschaft, die auf Gier und Gewalt zu fußen scheint. Sich an diese ethischen Regeln zu halten ist wie das Bauen eines Fundaments für ein Haus. Es ist keine spannende oder aufregende Arbeit. Niemand hat jemals das Legen eines Fundaments als aufregend beschrieben. Und doch kann es sehr lohnend sein. Wenn man ein stabiles Fundament legt, kann man sehr schnell und einfach robuste Mauern darauf setzen. Wenn das Fundament jedoch schwach ist, werden die Mauern instabil sein, egal wie hübsch sie auch aussehen mögen. Wenn wir uns ehrlich und hilfreich verhalten und so, dass wir und andere keinen Schaden erleiden, dann wird unser Geist ruhig und gelassen. Wir werden in weniger Konflikte geraten. Wir werden uns über nichts Vorwürfe machen müssen. Von dieser stabilen Basis ausgehend, können wir beginnen Meditation zu praktizieren. Ich sage nicht, dass unser Verhalten absolut makellos sein muss, ehe wir mit dem Meditieren anfangen können. Aber wenn wir bewusst damit weitermachen, Tiere zu jagen, Frauen und Kinder zu verprügeln, Ladendiebstähle zu begehen, uns böswillig an Skandalen zu erfreuen oder heimliche Liebesaffären fortzuführen, dann wird unser Geist zu aufgewühlt sein, um richtig meditieren zu können. Es wäre sogar kontraproduktiv, es auch nur zu versuchen.

Es ist von größter Wichtigkeit für uns, ein Leben zu führen, das weder unserem Körper noch unserem Geist Schaden zufügt, denn wir tragen für sie die Verantwortung. Wir sollten sehr darauf achten, wie wir sie ‚ernähren', genauso wie wir unser Auto mit qualitativ hochwertigem Kraftstoff und Öl betanken und nicht mit dem billigsten. Wir tanken kein Kerosin oder andere schädliche Stoffe, da wir wissen, dass das den Motor schädigt. Wir pflegen mit so viel Mühe unser Auto, unserem Körper aber lassen wir nicht so viel Sorgfalt angedeihen. Wir schütten alle Arten von schädlichen Substanzen in ihn hinein. Wir müssen mehr Verantwortung für uns selbst übernehmen, für unseren Geist, für unseren Platz in der Gesellschaft. Buddhisten verbringen viel Zeit damit, zu sitzen und über liebende Güte und Mitgefühl zu meditieren. Sie senden so viel liebende Güte und Mitgefühl wie möglich an alle Wesen aus. Aber wenn wir kein Mitgefühl für uns selbst haben, wie können wir dann von uns erwarten, es an andere zu senden?

Es ist relativ einfach, auf einem Kissen zu sitzen und zu denken: „Mögen alle Wesen glücklich und zufrieden sein" und Gedanken liebender Güte auszusenden an all diese Wesen dort draußen jenseits des Horizonts. Wenn dann aber jemand in den Raum kommt und uns ans Telefon ruft, erwidern wir verärgert: „Geh weg. Ich mache gerade meine Meditation über liebende Güte und Mitgefühl." Der beste ‚Ort' für uns, um mit der Praxis des Dharma zu beginnen, ist unsere Familie. Mit den Mitgliedern unserer Familie haben wir die stärksten karmischen Verbindungen. Deshalb tragen wir auch eine hohe Verantwortung, eine Beziehung zu ihnen zu entwickeln. Wenn wir ihnen gegenüber keine liebende Güte entwickeln können, warum dann über andere Wesen nachdenken? Wenn wir unser Herz wirklich öffnen wollen, dann müssen wir mit jenen beginnen, die direkt mit uns verbunden sind – unseren Partnern, Kindern, Eltern und Geschwistern. Das ist immer ein schwieriges Unterfangen, weil wir tief verwurzelte Verhaltensmuster überwinden müssen.

Das ist vermutlich besonders für Paare eine große Herausforderung. Manchmal wäre es wirklich hilfreich, ein Tonband oder eine Videokamera aufzeichnen zu lassen, wie manche Paare miteinander umgehen. Sie könnten sich später anhören oder ansehen, wie sie aufeinander reagieren. Er sagt dies, sie sagt jenes, jedes Mal, und jedes Mal sind ihre Reaktionen so ungeschickt. Sie verrennen sich in ein starres Muster. Sie fügen sich selbst Schmerz zu und denen, die sie umgeben, einschließlich ihrer Kinder, und sie finden keinen Weg hinaus. Liebende Güte in die Praxis umzusetzen hilft wirklich, diese starren Verhaltensmuster, die wir über Jahre hinweg aufgebaut haben, zu lockern. Manchmal wäre es gut, einfach nur kurz die Augen zu schließen, sie wieder zu öffnen und die Person gegenüber anzusehen – vor allem wenn es sich um jemanden handelt, den wir sehr gut kennen, wie unseren Partner, unser Kind, unsere Eltern – und zu versuchen, sie zu betrachten, als sähen wir sie zum ersten Mal. Das kann uns helfen, ihre guten Qualitäten schätzen zu lernen, und unterstützt uns dabei, liebende Güte für sie zu entwickeln.

Die dritte der Sechs Perfektionen, welche die Anwesenheit anderer Personen voraussetzt, ist Geduld. Geduld ist das Gegenmittel für Zorn. Aus der Perspektive des Dharma betrachtet, ist Geduld von außerordentlicher Bedeutung. Der Buddha hat Geduld als die großartigste aller Übungen gepriesen. Wir müssen diese wunderbare, weite, umfassende Qualität in uns entwickeln. Es hat nichts damit zu tun, etwas zu unterdrücken oder dergleichen. Es geht vielmehr darum, ein offenes Herz zu entwickeln. Um dies zu entwickeln, müssen wir Kontakt haben mit

Leuten, die uns auf die Nerven gehen. Wenn die Leute um uns herum immer liebevoll und voller Güte sind, immer die Dinge sagen, die wir gern hören möchten, und Dinge tun, die wir von ihnen erwarten, dann mag das großartig sein, aber wir lernen dabei nichts. Es ist sehr einfach, Leute zu lieben, die liebenswert sind. Die wirkliche Prüfung kommt mit Leuten einher, die absolut unausstehlich sind!

Ich werde ihnen eine Geschichte erzählen. Hat jemand von ihnen schon einmal von der heiligen Theresa von Lisieux gehört? Sie wird auch manchmal „die kleine Blume“ genannt. Für diejenigen, die nichts von ihr wissen: Sie war ein Mädchen aus einer mittelständischen französischen Familie, die in der Normandie lebte. Im Alter von fünfzehn wurde sie Nonne des Karmeliterordens, und sie starb im Alter von vierundzwanzig an Tuberkulose, gegen Ende des neunzehnten Jahrhunderts. Heute ist sie, neben Johanna von Orléans, die Schutzheilige Frankreichs. Sie lebte in einem kleinen, abgeschlossenen Karmeliterrinnenkloster zusammen mit etwa dreißig anderen Frauen. Vier ihrer Schwestern waren ebenfalls Nonnen in diesem Kloster. Die älteste Schwester war die Mutter Oberin.

Man muss versuchen, sich das Leben in einem kontemplativen Orden vorzustellen. Man sieht nur die anderen Mitglieder der Gruppe. Und die hat man sich nicht ausgesucht. Es ist nicht so, dass man all seine besten Freunde mitgenommen hätte. Man schließt sich dem Orden an, und erst dann sieht man, was man bekommt. Man sitzt neben derjenigen, die vor einem eingetreten ist, und derjenigen, die danach eintritt, und dies das ganze Leben lang. Man hat keine Wahl. Man isst mit ihnen, schläft in einem Raum mit ihnen, betet mit ihnen und verbringt seine Freizeit mit ihnen. Es ist, als würde man uns, in diesem Raum, jetzt sagen: „Okay Leute, das war's dann. Ihr werdet für den Rest eures Lebens niemand anderen mehr zu Gesicht bekommen. Ihr habt euch das nicht ausgesucht, aber so ist es nun eben.“ Man stelle sich das vor!

Nun war da eine Nonne, die Theresa absolut nicht ausstehen konnte. Sie mochte überhaupt nichts an dieser Frau. Nicht die Art, wie sie aussah, noch wie sie ging, wie sie sprach oder wie sie roch. Theresa war ziemlich wählerisch. Morgens trafen sich die Nonnen immer zu stiller

Kontemplation in einer steinernen Kapelle, in der alle Töne widerhallten. Diese Nonne saß direkt vor Theresa und machte seltsame, klickende Geräusche. Die Geräusche waren nicht rhythmisch, und so wusste sie nie, wann das nächste Geräusch kommen würde. Da saß sie nun und sollte doch kontemplieren. Stattdessen war sie in kalten Schweiß gebadet und wartete auf das nächste Klicken. Ihr war klar, dass sie den Rest ihres Lebens mit dieser Frau verbringen und dass diese Frau sich niemals ändern würde. Irgendwann wurde ihr auch klar, dass es nicht möglich war zu entfliehen, jedes Mal in einen Korridor zu verschwinden, wenn diese Frau auf sie zukam. Offensichtlich gefiel Gott irgendetwas an ihr, denn er hatte sie gerufen, um eine Braut Christi zu werden.

Theresa beschloss schließlich, dass etwas Schönes an dieser Frau sein musste, was sie nur noch nicht entdeckt hatte. Und ihr wurde bewusst, dass die einzige Möglichkeit dazu darin lag, dass sie selbst sich änderte. Anstatt also ihre Abneigung zu nähren oder der Frau aus dem Weg zu gehen, gab sie sich alle Mühe, sie so oft wie möglich zu sehen. Sie bemühte sich, so reizend wie möglich zu sein und sie wie eine gute Freundin zu behandeln. Sie begann ihr kleine Geschenke zu machen und versuchte, ihre Bedürfnisse zu erahnen. Sie schenkte ihr das schönste Lächeln, dessen sie fähig war, direkt aus dem Herzen kommend. Theresa tat alles, um diese Nonne wie ihre allerbeste Freundin zu behandeln. Eines Tages sagte die Frau zu ihr: „Ich weiß wirklich nicht, warum du mich so sehr liebst." Und Theresa dachte: „Wenn du nur wüsstest!"

Dadurch, dass Theresa auf diese Weise handelte, begann sie diese Frau wirklich zu mögen. Sie war kein Problem mehr für Theresa, obwohl sich nichts an ihr geändert hatte. Ich bin sicher, dass sie weiterhin diese Klick-Geräusche machte, ohne etwas zu merken. Und doch war plötzlich alles anders. Das Problem war überwunden und für Theresa bedeutete dies erhebliches inneres Wachstum. Sie wirkte keine großen Wunder. Sie hatte keine großartigen Visionen. Sie tat etwas sehr Simples, etwas, das wir alle zu tun in der Lage sind – sie änderte ihre Einstellung. Die Welt können wir nicht verändern, aber wir können unseren Geist verändern. Und wenn wir unseren Geist verändern, siehe da, verändert sich die ganze Welt!

Shantideva, ein indischer Gelehrter des siebten Jahrhunderts, schrieb, dass die Erde voll sei von kleinen Kieseln, scharfen Steinen und Disteln. Was können wir also tun, um uns nicht die Füße daran zu verletzen? Können wir die ganze Erde mit einem Teppich bedecken? Niemand ist reich genug, um das zu tun. Aber wenn wir statt dessen ein Stück Leder nehmen und es an unseren Fußsohlen befestigen, in Form von Sandalen oder Schuhen, dann können wir überall hingehen. Wir müssen nicht die ganze Welt und alle Menschen nach unseren Vorgaben ändern. Es sind Milliarden von Menschen da draußen, aber es gibt nur ein „Ich". Wie können wir erwarten, dass all diese Menschen das tun, was wir wollen? Es ist auch gar nicht nötig. Das Einzige, was wir tun müssen, ist, unsere Einstellung zu ändern. Wir könnten die Menschen, die uns auf die Nerven gehen und uns die größten Probleme bereiten, als unsere größten Freunde betrachten. Denn gerade sie sind es, die uns helfen zu lernen und uns zu verändern.

Als ich einmal in Südindien war, ging ich zu einem Astrologen und sagte zu ihm: „Ich habe zwei Möglichkeiten. Entweder ich gehe wieder zurück ins Retreat oder ich beginne mit dem Aufbau eines Nonnenklosters. Was von beiden soll ich tun?" Er sah mich an und sagte: „Wenn du zurück ins Retreat gehst, wird alles sehr friedlich sein, sehr harmonisch, sehr erfolgreich und alles wird gut sein. Wenn du mit dem Aufbau eines Nonnenklosters beginnst, wird es eine Menge Konflikte geben, viele Probleme, eine Menge Schwierigkeiten, aber beides ist gut. Also entscheide dich selbst." Ich dachte: „Dann nichts wie zurück ins Retreat, schnell!" Dann traf ich einen katholischen Priester und erzählte ihm davon. Der sagte: „Es liegt auf der Hand. Du beginnst mit dem Aufbau des Nonnenklosters. Welcher Nutzen liegt darin, immer nur nach Ruhe und Frieden zu suchen, aber sich vor jeder Herausforderung zu drücken?" Er sagte, dass wir wie raue Holzstücke seien. Zu versuchen, die rauen Ecken und Kanten mit Samt und Seide zu glätten, werde nicht funktionieren. Wir bräuchten schon Schmirgelpapier. Die Leute, die uns verärgern, seien unser Schmirgelpapier. Sie seien es, die uns glätten. Wenn wir diejenigen, die uns am meisten irritieren, als unsere größten Helfer auf dem Pfad betrachteten, dann könnten wir sehr viel lernen. Sie würden von einem Problem zu einer Herausforderung werden.

Ein Pandita aus dem Bengalen des zehnten Jahrhunderts namens

Palden Atisha führte den Buddhismus nochmals in Tibet ein. Er hatte einen Diener, der wirklich schrecklich war. Er verhielt sich Atisha gegenüber beleidigend, missachtete Anweisungen und schuf generell viele Probleme. Die Tibeter fragten Atisha, was er denn mit einem derart unausstehlichen Menschen mache. Sie sagten: „Schick ihn zurück. Wir werden uns schon um dich kümmern." Atisha erwiderte: „Was redet ihr da? Er ist mein größter Lehrmeister der Geduld. Er ist der kostbarste Mensch um mich herum!" Geduld bedeutet nicht Unterdrücken. Und es bedeutet auch nicht, unsere Wut unter Verschluss zu halten oder sie in Form von Selbstvorwürfen gegen uns zu richten. Geduld bedeutet, einen Geist zu haben, der alles, was uns widerfährt, als Resultat von Ursachen und Bedingungen sieht, die wir selbst verursacht haben, in diesem oder einem vergangenen Leben. Wer weiß, was für eine Art Beziehung wir zu jemandem hatten, der uns jetzt Schwierigkeiten bereitet? Wer weiß, was wir ihr oder ihm angetan haben in einem anderen Leben? Wenn wir mit Vergeltung auf diese Leute reagieren, dann stürzen wir uns nur wieder in diesen Kreislauf. Wir werden diese Szene des Films nur immer wieder und wieder abspulen müssen, in diesem und in zukünftigen Leben. Die einzige Methode, um aus diesem Kreislauf auszubrechen, ist, unser Verhalten zu ändern.

Als die Kommunisten Tibet überrannten, haben sie viele Lamas, Mönche und Nonnen inhaftiert. Diese Leute hatten nichts verbrochen, sie waren damals einfach nur da. Viele von ihnen wurden in chinesische Arbeitslager gezwungen, zwanzig oder dreißig Jahre lang, und manche von ihnen werden erst jetzt entlassen. Vor einiger Zeit traf ich einen Mönch, der fünfundzwanzig Jahre lang inhaftiert war. Er war gefoltert und sehr schlecht behandelt worden und sein Körper war ein ziemliches Wrack. Aber sein Geist! Wenn man ihm in die Augen blickte, konnte man keineswegs Bitterkeit, Gebrochenheit oder Hass entdecken, man sah vielmehr dieses Glühen in ihnen. Er sah aus, als hätte er gerade fünfundzwanzig Jahre im Retreat verbracht! Alles, wovon er sprach, war seine Dankbarkeit den Chinesen gegenüber. Sie hatten ihm wirklich geholfen, überwältigende Liebe und Mitgefühl für jene zu entwickeln, die ihm Schaden zufügten. Er sagte: „Ohne sie hätte ich einfach nur weiterhin Plattheiten von mir gegeben." Aber nach seiner Inhaftierung musste er von dieser inneren Kraft zehren. Unter solchen Umständen geht man entweder unter oder man überwindet es. Als er aus dem Gefängnis entlassen wurde, fühlte er nichts als Liebe und Verständnis für seine Peiniger.

Ich habe einmal ein Buch von Jack London gelesen. An den Titel erinnere ich mich nicht. Es ging dabei irgendwie um Sterne. Es war eine Geschichte über einen Universitätsprofessor, der seine Frau ermordet hatte und nun im Gefängnis von San Quentin saß. Die Wärter mochten diesen Kerl überhaupt nicht. Er war zu intelligent. Also taten sie alles, um ihn zu schikanieren. Eine Methode war, Leute in sehr steifes Segeltuch zu binden und sie so fest zu verschnüren, dass sie kaum atmen konnten, geschweige denn sich bewegen, und sie sich fühlten, als würde ihr Körper zermalmt. Wer mehr als vierundzwanzig Stunden so verbrachte, starb einfach. Die Wärter folterten den Professor wiederholte Male, indem sie ihn vierundzwanzig oder dreißig Stunden so verschnürten. Während dieser Stunden hatte der Professor infolge der unerträglichen Schmerzen außerkörperliche Erfahrungen. Schließlich ‚reiste' er durch vergangene Leben. Dabei sah er die Wechselbeziehungen, die er in vergangenen Leben mit denjenigen, die ihn jetzt peinigten, gehabt hatte. Am Ende des Buches sollte er gehenkt werden, und er empfand tiefstes Verständnis für seine Henker. Er verstand wirklich, warum sie taten, was sie taten. Er fühlte ihr Unglück, ihre Verwirrung und ihren Zorn.

Auf unsere eigene bescheidene Art und Weise müssen auch wir die Fähigkeit entwickeln, negative Geschehnisse zu transformieren und sie auf den Pfad zu bringen. Wir lernen viel mehr aus unserem Schmerz als aus unseren Freuden. Das heißt aber nicht, dass wir hinausgehen sollen und den Schmerz suchen – natürlich nicht. Aber wenn wir Schmerz erfahren, egal in welcher Form, können wir ihn, anstatt uns dagegen aufzulehnen und dadurch noch mehr Schmerz zu verursachen, als eine großartige Möglichkeit betrachten, an ihm zu wachsen. Wir können aus unseren gewohnten Gedankenmustern ausbrechen, etwa aus: „Er mag mich nicht, also werde ich ihn auch nicht mögen". Wir können beginnen, über all dies hinauszuwachsen, und diese Methode nutzen, um unser Herz zu öffnen. Der Buddha sagte einmal: „Wenn dir jemand ein

Geschenk gibt und du akzeptierst es nicht, wem gehört das Geschenk dann?" Die Schüler antworteten: „Es gehört dem, der es gegeben hat." Daraufhin sagte der Buddha: „Nun gut, ich akzeptiere eure verbalen Beschimpfungen nicht. Also gehören sie euch." Wir müssen nichts akzeptieren. Wir können unseren Geist weit machen wie einen großen offenen Raum. Wenn man Schlamm in den offenen Raum wirft, wird der Raum dadurch nicht beschmutzt. Der Schlamm beschmutzt nur die Hand dessen, der ihn wirft. Aus diesem Grund ist es so wichtig, Geduld zu entwickeln und zu lernen, wie man negative Geschehnisse und negative Menschen in eine positive spirituelle Resonanz verwandelt.

Fragen

Was passiert, wenn man diese Regeln für sich annimmt, man dann von anderen angelogen wird und ihre Lügen glaubt?

Tenzin Palmo: Nun, wir müssen ja nicht leichtgläubig werden. Wenn der Geist beginnt klarer zu werden, dann beginnen wir die Dinge so zu sehen, wie sie wirklich sind. Wir beginnen die Leute so zu sehen, wie sie wirklich sind. Wenn wir beginnen, die Leute so zu sehen, wie sie wirklich sind und nicht so, wie sie sich präsentieren, dann können wir großes Mitgefühl für sie entwickeln. Das heißt aber nicht, dass wir Idioten sein müssen. Mitgefühl ist nicht sentimental, es ist scharf wie ein Rasiermesser. Ich spreche nicht von schwachsinnigem Mitgefühl. Wahres Mitgefühl geht einher mit klarem Sehen. Wir sehen eine Situation und wissen spontan die angemessene Reaktion darauf. Da wir jedoch so verwirrt sind, kennen wir die angemessene Reaktion meist nicht. Daher verursachen wir bei dem krampfhaften Bemühen, glücklich zu sein, nur immer mehr Verwirrung und Kummer für uns selbst und alle anderen um uns herum. Das ist nicht unsere Absicht. Unsere Absicht ist es, glücklich zu sein und vielleicht auch andere dabei glücklich zu machen. Aber wir tun es nicht, weil wir so verwirrt sind. Je besser wir uns selbst verstehen, desto besser können wir andere verstehen. Und dann können wir auf Situationen angemessen reagieren, ohne Schaden anzurichten. Die grundlegenden Prinzipien des Buddhismus werden weltweit von Menschen angewandt, die keine Buddhisten sind, einfach deswegen, weil sie auf jedermann anwendbar sind. Man braucht kein Buddhist mit Mitgliedsbescheinigung zu sein, um sie zu verstehen. Der Dalai Lama selbst sagt: „Wir versuchen nicht, Menschen zum Buddhismus zu bekehren, wir versuchen, Menschen dabei zu helfen, glücklicher, gütiger und friedlicher zu sein."

Der Buddha sagte: „Eines nur kann ich euch lehren: Leiden und das Aufhören von Leiden." Er hatte sich umgesehen und erkannt, dass die Menschen wahrhaft glücklich sein wollen. Stattdessen schaffen sie, aufgrund ihrer Verwirrung, immer mehr Leid für sich und andere. Er zeigte ihnen einen Weg, dies alles zu transformieren. Es ist, als wären wir völlig verknotet und würden in alle Richtungen zerren, um uns zu befreien. Aber da wir nicht wissen, wie wir uns befreien können, zerren wir an allen diesen Knoten und machen sie damit nur fester.

Wie viele Menschen sind wahrhaft glücklich? Ich meine nicht glücklich, weil sie die Frau oder den Mann ihrer Träume getroffen haben, oder weil sie ein neues Auto haben, ein neues Haus oder den Job, den sie immer haben wollten. Ich spreche von durch und durch, von innen heraus glücklich. Ich spreche von Menschen, die eine innere Quelle des Glücks und Friedens haben, eine Quelle, die kontinuierlich sprudelt, egal was passiert. Wie viele Leute von dieser Sorte kennen Sie? Es gibt einige, aber nicht viele.

Sie sagen, der Buddhismus ist nicht-theistisch. Wie vereinbaren Sie das mit Ihrer Einstellung dem Buddha gegenüber?

Der Buddha war kein Gott. Er war ein indischer Prinz, der durch seine eigenen Anstrengungen vollkommene Erleuchtung erlangte. Er durchbrach all die Grenzen von Dummheit und Unwissenheit; sein Geist breitete sich in alle Richtungen aus und er sah völlig klar. Er erwachte. Die Wahrheit ist doch, dass wir alle in einem Ozean von Unwissenheit schlafen und auch aufwachen müssen. Wenn wir uns vor dem Buddha verbeugen, dann aus enormer Dankbarkeit dafür, dass er fünfundvierzig Jahre lang durch Nordindien wanderte und den verschiedensten Menschen Belehrungen gab und so viele verschiedene

Wege aufgezeigt hat, wie man diesen Durchbruch erlangen kann. Er ist kein Gott. Niemals hat er etwas kreiert. Er manipuliert unser Leben nicht. Er verurteilt uns nicht. Er ist ein Beispiel für unser menschliches Potential.

Wenn alle Religionen ähnliche ethische Regeln haben, warum ist der Buddhismus dann so besonders?

Alle Religionen halten uns dazu an, anderen keinen Schaden zuzufügen und gut zu sein. Sie halten uns dazu an, andere zu lieben. Sie halten uns dazu an, andere so zu behandeln, wie wir es uns für uns selbst von ihnen wünschen. Eines der Dinge, die am Buddhismus so besonders sind, ist, dass der Buddhismus uns nicht nur sagt, ‚Liebe deinen Nächsten wie dich selbst', sondern uns auch sagt, wie wir das tun können. Er gibt uns das Rüstzeug zur Entwicklung von liebender Güte und Mitgefühl.

Lehrt der Buddhismus nicht auch über Karma?

Ja. Sehen Sie, die Basis buddhistischer Ethik ist es, dass alles, was wir tun mit Körper, Sprache und Geist, Resultate nach sich zieht. Geist heißt hier nicht nur Intellekt. Es beinhaltet auch das Herz, denn die Grundlage für den Geist kommt aus dem Herzzentrum und nicht aus dem Intellekt. Der Intellekt ist das Gehirn des Computers, nicht die Energie, die ihn antreibt. Wir legen kontinuierlich Samen. Jede Handlung, die von Unwissenheit motiviert ist (also Verwirrung und Täuschung), von Gier oder Anhaftung, von Zorn oder Aversion, wird negative Auswirkungen nach sich ziehen. Es macht keinerlei Unterschied, wie sehr wir uns auch rechtfertigen mögen. Um unsere Rechtfertigung geht es gar nicht. Es geht um unsere wahre, allem zugrunde liegende Motivation. Handlungen, die von klarem Verstehen motiviert sind, von Liebe oder Freigebigkeit, werden positive Resultate hervorbringen.

Wir schreiben ständig unser eigenes Skript. Die Resultate unserer Handlungen werden sich einstellen, entweder augenblicklich oder später, in diesem Leben oder in einem zukünftigen.. Daher ist das, was uns jetzt widerfährt, zum großen Teil das Resultat unserer vergangenen

Handlungen entweder aus diesem oder aus früheren Leben. Die Art und Weise, wie wir auf das, was uns jetzt widerfährt, reagieren, kreiert unsere Zukunft. Wir tragen die ganze Verantwortung für alles in unserem Leben. Wir können niemand anderem die Schuld dafür geben. Wir sind verantwortlich für das, was uns passiert, und dafür, wie wir damit umgehen. Dinge tragen sich zu und wir reagieren darauf. Ob wir auf geschickte Art und Weise reagieren und etwas daraus lernen oder nicht, liegt einzig und allein an uns. In der buddhistischen Ethik geht es darum, Verantwortung zu übernehmen. Es muss uns klar werden, dass wir in jedem Augenblick unsere eigene Zukunft formen. Da ist niemand, der von außen die Fäden zieht. Da ist auch niemand, der uns beurteilt. In gewisser Weise beurteilen wir uns selbst von Augenblick zu Augenblick. Und zwar in dem Sinne, dass alles, was wir tun, Resultate nach sich zieht. Wenn wir gute Samen pflanzen, werden wir eine gute Ernte einbringen. Wenn wir giftige Samen pflanzen, wird auch unsere Ernte giftig sein.

Sagen Sie, dass wir immer wieder zurückkommen, nachdem wir gestorben sind?

Absolut, ja. Sehen Sie, die Vorstellung von Wiedergeburt gibt uns eine unglaublich weite Sichtweise. Wir müssen uns nicht mehr wundern: „Warum passiert mir das?", basierend auf unserer winzigen partiellen Perspektive von dem, was sich gerade zuträgt. Viele Dinge in unserem Leben sind unerklärlich. Warum sind manche Menschen so gut, und doch widerfahren ihnen fürchterliche Dinge? Warum sind manche Menschen so vollkommen unausstehlich, und doch scheinen sie ein wunderbares Leben zu haben? Wenn wir in der Lage wären, das ganze Gemälde zu überblicken, dann würde sich ein völlig anderes Bild ergeben. Das gibt uns ein Gefühl von Raum oder Weitläufigkeit.

Tatsache ist, dass wir durch unzählige Lebenszeiten hindurch alles nur Erdenkliche getan haben, was ein menschliches Wesen tun kann, Gutes wie Schlechtes. Und zwar viele, viele Male. Manchmal lesen wir von Menschen, die schockierende, unbegreiflich böse Dinge getan haben, und sind dann versucht zu denken: „So etwas könnte ich niemals tun!" Tatsächlich aber haben wir solche Dinge viele Male in der

Vergangenheit getan. Wie können wir also über andere richten? Wie auch immer, wichtig ist nicht, was wir in der Vergangenheit getan haben, sondern was wir jetzt tun. Sind wir präsent? Was tut unser Geist? Tut er gerade etwas Geschicktes oder etwas Ungeschicktes?

Gibt es einen weiblichen Buddha?

Nun, die Buddhanatur ist weder weiblich noch männlich. Und natürlich sind wir alle unzählige Male sowohl männlich als auch weiblich gewesen. Was für ein Geschlecht wir in diesem Leben haben, ist fast willkürlich. Manchmal sind wir männlich, manchmal weiblich, aber die Natur des Geistes ist weder das eine noch das andere. Allerdings gibt es in der Mahayanaschule des Buddhismus einige – nicht viele, aber einige – sehr hohe Bodhisattvas, die man als ‚weibliche Buddhas' bezeichnen könnte. Da gibt es zum Beispiel Prajnaparamita, die als die Perfektion der Weisheit bekannt ist. Man nennt sie auch die Mutter aller Buddhas. Dann gibt es Tara, eine sehr populäre Figur unter Tibetern. Sie hat viele Aspekte, aber sie ist immer wie eine Mutter, denn sie beugt sich immer herab, um zu helfen, ein wenig wie die Jungfrau Maria. Sie richtet nicht. Man muss nicht erst ein guter Mensch werden, bevor sie einem hilft. Wie eine Mutter für ihr Kind da ist, egal ob es artig oder ungezogen ist, so ist auch sie immer da wie eine Mutter. Sie ist Beschützerin und Helferin aller Wesen.

Dann gibt es eine ganze Gruppe weiblicher Energiewesen, die als Dakinis bekannt sind. Ihre Aufgabe ist es, Hindernisse zu beseitigen und Glück verheißende Umstände für Praktizierende zu schaffen. Sie werden oft angerufen. Die Königin der Dakinis, Vajrayogini, wird ebenfalls wie ein Buddha betrachtet. Es gibt viele Praktiken, die sich mit ihr befassen. Mit anderen Worten, ja, es gibt weibliche Buddhas. Sie repräsentieren auch die Energien, die notwendig sind, um zu höheren geistigen Ebenen durchzubrechen.

Wie wichtig war Ihre Höhle für Ihren Pfad?

Nun, persönlich denke ich, dass eine Höhle nur eine Höhle ist. Aber die Möglichkeit, so viele Jahre in Zurückgezogenheit zu praktizieren, war für meinen speziellen Pfad sehr wichtig. Es war außerordentlich hilfreich für mich, auf diese Art und Weise allein praktizieren zu können. Meine Lehrer haben es mir empfohlen. Natürlich sind Retreats in Abgeschiedenheit nicht für jeden das Richtige. Es hängt alles von der psychischen Konstitution eines jeden Einzelnen ab. Manche Leute verlieren den Bezug zur ‚Realität', andere ängstigen sich. Wieder andere werden über die Maßen introvertiert und unfähig, mit anderen zu kommunizieren. Aber für mich war es hilfreich und ich bin dankbar für die Möglichkeit, ein solches Retreat gemacht zu haben. Als ich mich von meiner Höhle verabschiedet habe, habe ich mich bei ihr für all die Unterstützung, die sie mir gegeben hat, bedankt. Aber eine Höhle ist nicht unbedingt Bestandteil von jedermanns spirituellem Pfad.

Ich wüsste gern etwas mehr über die Frage, die Sie dem Dalai Lama in dem Video mit dem Titel *In the Spirit of Free Inquiry* gestellt haben. Können Sie dazu etwas sagen?

Eigentlich war es gar keine Frage. Es war während einer Konferenz westlicher buddhistischer Lehrer in Dharamsala mit Teilnehmern aus Amerika, Europa und Australien. Da waren Zenlehrer, Theravadalehrer und Lehrer der tibetischen Richtung. Etwa fünfundzwanzig von uns kamen dort zusammen. Wir verbrachten täglich etwa vier Stunden mit Seiner Heiligkeit. Es war wunderbar. Verschiedene Leute wurden ausgewählt, um diverse Themen zu präsentieren. Das Thema des letzten Tages war das klösterliche Leben. Ich wurde gebeten, eine Präsentation über die Probleme und Schwierigkeiten westlicher Mönche und Nonnen zu machen. Ich sprach über die Schwierigkeiten des klösterlichen Lebens im Westen, wo es weder finanzielle noch psychologische Unterstützung für sie gibt. Das brachte ihn zum Weinen. Und dann sagte er: „Nun, wir müssen tun, was wir können, um zu helfen." Er war sehr unterstützend.

IV
Die sechs Bereiche

Viele von ihnen werden schon einmal ein Thangka vom „Rad des Lebens“ gesehen haben. Für diejenigen, die es nicht kennen: Es zeigt ein großes Rad, das in den Klauen von Yama, dem Herrn des Todes, gehalten wird. Am äußeren Rand sieht man die Zwölf Glieder des Entstehens in Abhängigkeit. Weiter innen findet man die Sechs Daseinsbereiche und im Zentrum sieht man drei Tiere – einen Hahn, ein Schwein und eine Schlange, jedes von ihnen in den Schwanz des vorangehenden Tieres verbissen. Sie formen so den innersten Kreis. Der Hahn steht für Gier, die Schlange für Zorn und das Schwein symbolisiert Unwissenheit. Nach der buddhistischen Lehre sind es diese drei negativen Emotionen, die dafür verantwortlich sind, dass sich das Rad von Samsara weiterdreht. Es ist unsere allem zugrunde liegende Unwissenheit darüber, wie die Dinge wirklich sind, welche Gier und Zorn entstehen lassen. Mit anderen Worten, das „Ich will“ und das „Ich will nicht“, die die Art und Weise, wie wir leben, bestimmen. Wir verbringen unser Leben damit, zu versuchen, das zu bekommen, was wir haben möchten, und das zu vermeiden, was uns unangenehm ist. Und genau das sind die treibenden Kräfte, die uns an dieses Rad ketten.

Am unteren Rand des Bildes sind die Höllenbereiche dargestellt. Natürlich glaubt heute niemand an die Existenz von Höllenbereichen. Es ist schon paradox, dass die Leute weiterhin an den Himmel glauben, die

Höllen aber als pure Phantasie abtun! Ich habe meine eigenen Ansichten darüber. Da ich in einem Spiritistenhaus aufgewachsen bin, glaube ich an Bereiche, die außerhalb unseres konkreten, materiellen Bereichs liegen. Und im Buddhismus werden die Höllenbereiche nicht unbedingt als physische Orte betrachtet. In seinem Werk *Bodhicharyavatara* sagt Shantideva: „Wer hat den rot glühenden Eisenboden gemacht? Wer hat die Dämonen, die die Wesen quälen, gemacht? All dies ist die Projektion eines pervertierten Geistes." Selbst wenn wir nicht an die physische Realität der Höllen glauben, können wir doch definitiv daran glauben, dass ein Wut erfüllter Geist, der es liebt, anderen Schmerz zuzufügen und sich an Grausamkeit erfreut, ein solch paranoides Umfeld für sich selbst projiziert. Nach buddhistischem Glauben wird der ‚Inhalt' unseres Geistes nach außen projiziert, wenn wir sterben und die physische Stütze (den Körper), die uns hier ‚erdet', verlieren. Dieser ‚Inhalt' wird dann unsere ganze Realität. Wir projizieren bereits ein ganze Menge auf dieser Ebene, aber die Projektionen nehmen zu, wenn wir unsere physische Basis verlieren. Wenn unser Geist also bereits mit Zorn und sadistischer Freude am Schmerz anderer angefüllt ist, dann wird dieser Geisteszustand nach außen projiziert und die betreffende Person reagiert paranoid. Ein kleines bisschen können wir die Höllenbereiche bereits hier und jetzt erfahren. Wir alle kennen jemanden, der sich körperlich in den Höllenbereichen befindet. Wir wissen von Menschen, die in Kriegsgebieten leben. Dann gibt es Leute, die an unheilbaren, schmerzhaften Krankheiten leiden, Leute, die im Gefängnis sitzen, in Anstalten für Geisteskranke und dort von ihren eigenen paranoiden Phantasien gequält werden. Wir wissen von Menschen, die mit einem Partner leben, der sie grob misshandelt, und wir wissen von Kindern, die von ihren Eltern misshandelt werden. Das sind die Höllenbereiche, die wir alle kennen.

Eines der Probleme der Höllenbereiche liegt darin, dass das Leiden dort derart intensiv ist, dass wir davon völlig eingenommen werden und somit völlig unfähig werden zu agieren. Aus diesem Grund ist es so schwierig, sich davon loszureißen. Aus dem gleichen Grund können sich so wenige Frauen, die von ihren Männern misshandelt werden, von ihnen trennen. Sie sind vollkommen gefangen in dieser Beziehung. Es gibt da eine Geschichte aus einem der früheren Leben des Buddha. In diesem Leben wurde er, obwohl er bereits ein Bodhisattva war, aus welchem Grund auch immer in einem Höllenbereich geboren. Er musste dort ein sehr schweres Gefährt vor- und zurückziehen. Neben ihm war noch ein anderer Mann und sie waren mit einem Joch zusammengespannt. Sie bewegten dieses schwere Gefährt vor und zurück, über glühend heißen Boden. Auf beiden Seiten waren Wächter, die sie augenblicklich auspeitschten, wenn sie erlahmten. Da brach der Gefährte des Bodhisattva zusammen. Beide waren sehr erschöpft und geschwächt, denn es ging bereits seit einer Ewigkeit so. Und doch sagte der Bodhisattva, weil ihm sein Freund Leid tat: „Ruhe dich eine Weile aus. Ich werde so lange allein weitermachen." Die Wächter aber erwiderten: „Das kannst du nicht tun. Ihr seid alle die Erben eures eigenen Karmas", und schlugen mit einer mit Eisenstacheln bewehrten Kugel auf ihn ein. In diesem Augenblick starb er und wurde augenblicklich in einem Himmel wiedergeboren.

Dieser sofortige Tod gefolgt von sofortiger Wiedergeburt stellte sich ein, weil es in dieser schmerzvollen, paranoiden Situation fast unmöglich ist, einen Gedanken zum Wohle anderer zu fassen. Und doch war es dem Bodhisattva gelungen. Aus diesem Grund starb er und wurde augenblicklich in einem Himmel wiedergeboren. Die Hölle erhält sich selbst aufrecht, und deshalb ist es so schwierig, aus ihr zu entfliehen. Man verbringt also normalerweise eine sehr lange Zeit in der Hölle, wenn auch nicht ewig. Höllenwesen sind Gefangene ihrer eigenen Paranoia. Wir können das in unserem täglichen Leben beobachten. Wir sehen es bei Menschen, die in tiefen Depressionen gefangen sind oder an Paranoia leiden.

Der nächste Bereich ist der Bereich der *Pretas*, der hungrigen oder unzufriedenen Geister. Sie werden traditionellerweise als Wesen dargestellt, die zwar auf der Erde umherirren, von gewöhnlichen Menschen jedoch nicht wahrgenommen werden. Sie werden normalerweise mit riesigem Bauch und sehr dünnem Hals dargestellt. Es heißt, dass wenn es ihnen gelingt, einen Bissen Nahrung aufzutreiben, dies kaum durch ihren haardünnen Hals passt. Und selbst wenn dies gelingt, hat es kaum einen Effekt, denn ihr Bauch ist so groß wie ein Berg. Ein kleiner

Bissen Nahrung nützt ihnen wenig. Andere mögen zwar in der Lage sein, zu essen und trinken, aber das Wasser, das sie trinken, verwandelt sich in Eiter oder Feuer, und die Nahrung, die sie zu sich nehmen, verwandelt sich in widerwärtige, unverdauliche Substanzen. Mit anderen Worten, sie sind ständig gequält von ihrem brennenden Verlangen nach Nahrung und Wasser. Dieses Leiden wird als das Resultat von Geiz betrachtet. Der Buddha sagte, wenn den Menschen doch nur das Resultat von Freigebigkeit bekannt wäre, dann würden sie ständig geben. Umso mehr, wenn sie das Resultat von Knauserigkeit kennen würden! Hungrige Geister können wir auch in unserem alltäglichen Leben sehen. Es sind Menschen, die sich, egal wie viel sie besitzen, innerlich immer arm fühlen. Sie schauen sich unaufhörlich danach um, was und wie viel die anderen haben. Sie wollen nicht nur ständig immer mehr, sondern finden es auch extrem schwierig, etwas wegzugeben, es sei denn, es handelt sich um etwas, das sie selbst nicht haben wollen. Etwas wegzugeben, das wir nicht haben wollen, ist sehr einfach, wie etwa die Mode vom letzten Jahr. Etwas wegzugeben, das wir mögen und wertschätzen, ist bei weitem schwieriger.

Als ich sehr jung war, lebte im Haus gegenüber ein Mann. Die Fenster in seinem Zimmer waren völlig blind, er hatte sie bestimmt seit dreißig oder vierzig Jahre nicht geputzt. Er schlurfte in Lumpen umher. Sein Zimmer war fast leer, verdreckt und sehr dunkel. Er war ein sanfter Mensch, aber er war wütend auf seine Verwandten. Er hasste sie. Er sagte, dass er seinen Verwandten nicht die Freude gönnte zu sehen, wie er sich an etwas erfreut. Es war eine sehr verzwickte Art zu denken. Nachdem er gestorben war, fand man stapelweise noch in Plastik verpackte Hemden und Anzüge sowie Tausende von Pfundnoten. All das war versteckt in den Stuhlpolstern, unter seinem Bett, unter den Dielen. Nach seinem Tod stürzte sich natürlich seine Familie darauf und nahm alles mit. Man könnte sich vorstellen, dass er aufgrund seiner Unfähigkeit, sich an seinem eigenen Reichtum zu erfreuen, nun als eine Art Geist im Raum steht und dort herumspukt.

Teilen ist sehr wichtig. Es ist das Gegenteil einer Hungergeistmentalität. In buddhistischen Ländern fällt einem auf, dass diejenigen, die am meisten an Wohltätigkeitsorganisationen geben, die die meisten

Opferungen an Mönche und Nonnen geben, die Armen sind oder die aufsteigende Mittelklasse. Diejenigen, die nichts geben, sind die etablierte Mittelklasse und die Reichen, es sei denn, sie geben in Form einer großen Show, zu der sie jedermann einladen, um vor ihnen mit ihrem Verdienst zu protzen. Wir sollten sehr darauf achten, Geiz zu vermeiden. Wir müssen lernen, unser Herz zu öffnen und fähig zu sein zu geben, wo auch immer wir die Notwendigkeit sehen. Das schließt selbst kleine Dinge ein. Nicht nur materielle Dinge, sondern auch ein Lächeln, ein nettes Wort, Zeit zum Zuhören, und manchmal sind wir einfach nur für jemand anderen da. Das ist Geben. Ein freigebiges Herz haben und nicht immer denken: „Was springt dabei für mich heraus? Was bekomme ich dafür? Wenn ich etwas weggebe, habe ich es nicht mehr für mich selbst."

Der dritte Bereich ist der Bereich der Tiere. Nach buddhistischer Theorie wird dieser Bereich von grundlegender Dummheit charakterisiert. Nun, das ist den Tieren gegenüber wohl ein wenig unfair. Ich glaube nicht, dass Tiere so über alle Maßen dumm sind. Aber es mangelt ihnen an der Fähigkeit, sich selbst zu kennen. Sie können nicht auf Abstand gehen und eine Situation objektiv betrachten. Sie sind immer auf sehr subjektive Art und Weise in das, was sie gerade tun, involviert. Ihre größte Sorge ist es, etwas zu fressen zu bekommen. Ist Ihnen jemals aufgefallen, wie viel Zeit Tiere mit Fressen verbringen oder damit, nach Futter zu suchen? Sie verbringen auch sehr viel Zeit mit Schlafen und damit, es sich so warm und angenehm wie möglich zu machen. Ihre andere Hauptbeschäftigung ist die Fortpflanzung. Eigentlich gar nicht so verschieden von manchen Menschen, wenn man einmal darüber nachdenkt.

Wenn wir unseren Geist nicht weiterentwickeln, sind wir selbst nicht besser als Tiere. Es gibt Menschen, die vollkommen damit beschäftigt sind, ihren Instinkten zu folgen, sich ihrem Vergnügen hinzugeben und es sich so bequem wie möglich zu machen. Es gibt so viele Menschen, die noch nicht einmal versuchen, ihren Geist weiterzuentwickeln. Sie versuchen gar nicht erst zu denken, zu unterscheiden oder zu analysieren. Sie schwimmen einfach mit der großen Masse mit, schaffen angenehme Umstände, vermeiden unangenehme – wie Tiere eben. Viele von uns sind fast genauso. Wie machen wir es uns bequem? Wie halten wir uns warm, aber nicht zu warm? Wie halten wir uns kühl, aber bitte nicht zu kühl? Angenehm gefüllt, hübsch angezogen. Alles angenehm. Im Grunde sind wir nichts anderes als Tiere, es sei denn, wir entwickeln das in uns, was ausdrücklich menschlich ist. Damit meine ich unseren Geist. Tiere denken auch, aber sie sind nicht in der Lage, kreativ zu denken. Das Potential, unseren Geist kreativ zu nutzen, ist das, was uns in erster Linie von Wesen im Tierbereich unterscheidet.

Das nächste Segment im Rad des Lebens ist der menschliche Bereich, aber dazu kommen wir zuletzt. Der darauf folgende Bereich ist derjenige der so genannten *Asuras.* Asuras sind Halbgötter. Der Halbgötter- und der Götterbereich werden ikonographisch als übereinander angeordnet dargestellt. Vom gröbsten Bereich zuunterst bis zum zuoberst liegenden subtilsten Bereich. Direkt unterhalb des gröbsten der Götterbereiche befindet sich der Bereich der Halbgötter. Wie die Götter sind auch sie von großer Schönheit. Viele weibliche Asuras werden von den Göttern entführt. Ich habe nie gehört, dass weibliche Götter männliche Halbgötter entführen, aber die Damen werden von Zeit zu Zeit geschnappt. Das Hauptproblem der Asuras ist der wunscherfüllende Baum. Die Wurzeln und der Stamm dieses Baumes befinden sich im Asurabereich. Der Baum bekommt also alle Nahrung aus der Erde der Asuras. Die Äste jedoch, und damit die Früchte des Baumes, befinden sich im Götterbereich. Natürlich verzehren sich die Asuras deswegen vor Neid. Sie können sich nicht wirklich an all den guten Dingen erfreuen, die sie haben, und davon haben sie eine ganze Menge, denn sie sind ja Halbgötter. Sie könnten ein vollkommen glückliches Leben führen. Aber sie gestatten es sich nicht, denn sie werden von diesem Konkurrenzkampf mit den Göttern aufgezehrt, von dem Versuch, die Früchte des wunscherfüllenden Baumes, von denen sie glauben, dass sie rechtmäßig ihnen gehören, zurückzugewinnen. Und so herrscht immer Krieg – die Halbgötter gegen die Götter.

In unserem eigenen Bereich können wir dies sehr einfach sehen in den psychischen Mustern von Leuten, die bereits mehr als genug haben. Weil es immer jemanden gibt, der mehr hat, können sie sich nie wirklich an dem erfreuen, was sie selbst besitzen. Sie werden ständig vom

Neid auf jene zerfressen, die mehr besitzen als sie selbst: die, die eine bessere Beförderung bekommen haben, die ein größeres Haus oder ein größeres Auto besitzen, ein höheres Einkommen oder was auch immer. Man sieht das gleiche Verhalten auch in der Wirtschaft. Ich glaube, viele Geschäftsleute werden als Asuras wiedergeboren, weil sie ständig Übernahmen und ähnliche Geschäfte organisieren. Das ist genau die Mentalität, die nie zufrieden ist. Wir alle schlüpfen mitunter in diese Asuramentalität. Egal was wir haben, es ist nie wirklich genug. Wenn wir das hätten, was jemand anders hat, dann wären wir glücklich. Wenn wir es dann bekommen, ist es jedoch noch immer nicht genug, denn natürlich hat wieder jemand anders noch mehr davon – ein neueres Modell oder ein größeres oder sonst etwas dieser Art. Diese Mentalität quält viele Leute, und doch wird sie heutzutage als etwas Gutes betrachtet, ist sie doch die Grundlage unserer Konsumgesellschaft. Wir müssen einfach weiter konsumieren. Und die einzige Art und Weise, uns bei der Stange zu halten, ist es, all diese künstlichen Bedürfnisse zu schaffen. Und eine Methode zur Erschaffung dieser künstlichen Bedürfnisse ist, uns darauf hinzuweisen, dass andere Leute diese Dinge ja haben – und schaut doch nur, wie glücklich sie dabei sind! Die Werbung versichert uns, dass wir unglaublich glücklich wären, hätten wir nur dieses größere Auto, diese bessere Markenkleidung oder diese bessere Marke Whisky. Natürlich weiß ein Teil von uns, dass das alles nicht wahr ist. Aber ein anderer Teil von uns steht derart unter Druck, den Mythos zu glauben, dass wir dahin tendieren, es trotz allem mitzumachen. Unsere Gesellschaft basiert sehr stark auf dieser Asuramentalität, die uns um materielle Güter konkurrieren lässt.

Vor kurzem war ich in Singapur. In mancher Hinsicht ist Singapur ein Götterbereich, aber auch ein Halbgötterbereich, denn die ganze Gesellschaft dort basiert auf Konkurrenzkampf. Singapur ist eine kleine Insel südlich des Festlands von Malaysia und besitzt keinerlei Ackerbauland. Es hat auch sonst keine eigenen Ressourcen. Im Grunde ist es ein kleiner Stadtstaat. Singapur ist also vollkommen abhängig vom Handel. Das wiederum schafft ein Gefühl der Instabilität, weiß man doch, dass die ganze Wirtschaft zusammenbricht, wenn die Geschäfte sich anderswohin verlagern. Egal wie erfolgreich man dort wirtschaftlich ist, man wird immer Leute sagen hören: „Ja, aber Taiwan geht es besser.“ Oder: „Malaysia holt uns bald ein.“ Eines Tages fuhr ich mit einem chinesischen Freund in seinem weißen Mercedes. Wir parkten den Wagen, und als wir zurückkamen, standen dort acht weiße Mercedes in Reih und Glied. Jeder dort hat einen weißen Mercedes, denn ohne einen solchen ist man nichts. Es sei denn, man hat einen olivgrünen Rover, die zweite Wahl. Jedermann scheint drei Jobs zu haben. Unterdessen begehen Kinder Selbstmord, weil sie dem Druck nicht gewachsen sind. Das entspricht sehr dieser Asuramentalität von Konkurrenzkampf, Unsicherheit, Angst und Verbitterung. Die Leute in Singapur sind sehr nett, aber die Gesamtstruktur ihrer Gesellschaft ist inzwischen auf diesen extrem stressigen Lebensstil ausgerichtet. Als ich dort war, ging gerade das Haushaltsjahr zu Ende, mit einem Überschuss von Millionen und Abermillionen Dollars, und man wusste nichts damit anzufangen. Die Regierung jammerte: „Was sollen wir nur mit all diesen Millionen Dollars machen?“ Was für ein Problem! Und doch heißt es dann: „Sehr schön, aber wir dürfen uns nicht auf unseren Lorbeeren ausruhen, sonst holt uns Taiwan nächstes Jahr womöglich ein.“

Oben auf dem Lebensrad befindet sich der Bereich der *Devas*. Dieser Begriff wird oft als „Götter“ übersetzt, heißt aber wörtlich „die Strahlenden“, Wesen aus Licht. In den Sutras heißt es, dass diese Devas oft mitten in der Nacht den Hain besuchten und erhellten, in dem der Buddha meditierte, und ihm Fragen stellten. In der buddhistischen Kosmologie gibt es sechsundzwanzig verschiedene Himmel. Es kann also niemand behaupten, der Buddhismus sei pessimistisch. Tatsächlich haben wir mehr glückliche Bereiche als unglückliche! Die himmlischen Bereiche beginnen mit dem gröbsten. Die Beschreibungen sind alle von einem männlichen Standpunkt aus verfasst. Also gibt es eine Menge schöner junger Götter und eine Menge rosafüßiger Nymphen, die ihnen dienen – der Traum eines jeden Mannes! Alles, was man sich wünscht, erscheint spontan. Die Äste und Früchte des wunscherfüllenden Baumes befinden sich in den unteren Bereichen der Götter. Es ist ein wenig wie der kalifornische Lebensstil, denke ich immer. Schöne Häuser, schöne Autos, schöne Kinder, hoffentlich schöne Körper, jeder macht Yoga oder Tai Chi, jeder ernährt sich gesund, jeder hat positive Gedanken.

Darüber befinden sich viele weitere Ebenen, jede exklusiver und raffinierter als die darunter liegende. Schließlich kommen wir zu den Bereichen, die das Ergebnis fortgeschrittener meditativer Fähigkeiten sind. Sie stehen in Beziehung zu diversen Meditationsstufen. In diesen Bereichen sind die Götter geschlechtslos, weder männlich noch weiblich. Danach kommen die formlosen Bereiche, die zu den formlosen Errungenschaften in Beziehung stehen, wie grenzenloser Raum, grenzenloses Bewusstsein, Freiheit von Wahrnehmung oder Nicht-Wahrnehmung und so weiter. Aber egal wie subtil diese Zustände auch sein mögen, sie befinden sich nach wie vor innerhalb des Bereichs von Geburt und Tod. Egal wie viel Zeit wir dort auch verbringen mögen, eines Tages ist das Karma, das die Ursache für eine Geburt dort ist, erschöpft, und man muss wieder hinabsteigen.

Vom buddhistischen Standpunkt aus sind die Götterbereiche kein sonderlich guter Ort für eine Wiedergeburt. Das Leben dort ist derart angenehm, dass man kaum Motivation verspürt, seine spirituelle Entwicklung voranzutreiben. Stattdessen verbrauchen wir dort nur unser gutes Karma, was wiederum bedeutet, dass wir irgendwann nur mit unserem schlechten Karma dastehen. Wir haben also gesehen, dass es in den niederen Bereichen zu viel Leiden gibt, um sich über geistige Entwicklung Gedanken machen zu können, und in den höheren Bereichen gibt es statt dessen zuviel Freude. Beide Bereiche stellen somit gleichartige Hindernisse für geistiges Wachstum dar.

Kalifornien ist wie ein Götterbereich. Viele Tibeter, die von Indien hierher kommen, sind davon überzeugt. Aber natürlich ist jeder Bereich, der vollkommen auf Jugend, Schönheit, Freude und Licht ausgerichtet ist, ein sehr zerbrechlicher Bereich, denn das Leben besteht nicht nur aus Jugend, Schönheit, Freude und Licht. Diejenigen, die die Schattenseite verleugnen, befinden sich in einer sehr unsicheren und prekären Situation. Sich ausschließlich in einem Götterbereich aufzuhalten und seine zerbrechliche Natur zu ignorieren ist eine Form von grober Selbsttäuschung. Ich erinnere mich an eine Dame aus Kalifornien, sie war Yogalehrerin und Masseuse. Als ich sie zum ersten Mal traf, war sie in ihren Fünfzigern, aber sie sah sehr gut aus, sehr jugendlich, da sie all die richtigen Dinge aß und all die richtigen Übungen machte. Sie kam nach Nepal und redete ständig von Freude, Liebe und Licht. Ein Lama nannte sie ‚Wolke von Freude'. Dann wurde sie krank. Jeder wird krank in Nepal. Das brachte sie von ihrer Wolke herunter. Danach begann sie wirkliches Mitgefühl zu entwickeln. Es ist schwierig, Mitgefühl zu entwickeln, wenn man kontinuierlich alles Leiden aus seinem Leben ausklammert.

Aus buddhistischer Sicht ist die bestmögliche Geburt, die wir in Samsara annehmen können, die menschliche. Das liegt an der einzigartigen Kombination von Freude und Leid, die wir erfahren. Wir sind in der Lage, die Dinge wesentlich klarer zu sehen, und wir sind motiviert, das alles hinter uns zu lassen. Darüber hinaus haben wir im menschlichen Bereich die Möglichkeit zu wählen. Wir können wählen, wie wir uns verhalten, was wir sagen, was wir denken. Aufgrund der Handlungen, die wir mit Körper, Sprache und Geist in diesem und vergangenen Leben begangen haben, haben wir nicht allzu viel Kontrolle über die Umstände, die wir erfahren. Aber wir haben die Möglichkeit, unsere Reaktion auf diese Umstände zu kontrollieren. Und genau darin liegt unsere Freiheit. Wir können sowohl negativ als auch positiv reagieren. Wenn uns jemand anschreit, können wir entweder zurückschreien oder versuchen, geschickter mit der Situation umzugehen. Wenn jemand wütend auf uns ist, haben wir die Wahl. Wir können unsererseits wütend werden oder versuchen, etwas Verständnis und Geduld in die Situation einzubringen. Wenn wir positiv reagieren, bringen wir dadurch mehr positive Umstände in unserem Leben hervor. Wenn wir ständig negativ reagieren, erzeugen wir dadurch nur immer noch mehr Negativität. Entsprechend unserer mehr oder weniger geschickten oder ungeschickten Art und Weise zu reagieren, kreieren wir unsere Zukunft, von einem Augenblick zum nächsten. Es liegt an uns. Wir sind keine Computer. Wir sind nicht bis ins Letzte programmiert.

Meditation soll in erster Linie zu Selbsterkenntnis und Gewahrsein führen, sodass wir unsere Verhaltensmuster durchbrechen und mit größerer Offenheit, Klarheit und größerem Verständnis reagieren können. Meditation dient nicht nur dazu, uns friedlich zu machen, das ist nur die Grundlage für weiteren Fortschritt. Es geht vielmehr darum, sich selbst kennen zu lernen. Wenn wir uns selbst erst einmal kennen, dann können wir auch andere verstehen. Wenn wir andere verstehen, dann können wir dem Leiden ein Ende setzen. Wir können auf alles mit großem Geschick reagieren. Wir können auf andere mit Respekt und Mitgefühl reagieren. Deshalb ist der menschliche Bereich so wichtig. Das ist unsere große Chance. Wenn wir sie verschwenden, kann es lange dauern, bis wir wieder eine solche Chance bekommen. Diese Chance ist hier, hier und jetzt. Nicht nur während des Sitzens, sondern in unserem alltäglichen Leben, bei jedem, den wir treffen, in allem, was uns widerfährt. Es liegt an uns, ob wir mit Gewahrsein handeln oder unter dem Einfluss von Täuschung. Es liegt an uns, ob wir weiteres Leiden für uns selbst und andere erschaffen oder ob wir Stück für Stück davon ablassen und stattdessen beginnen, positive Umstände zu schaffen. Genau darum geht es bei diesem buddhistischen Pfad – uns zu helfen, das Beste aus dieser Chance, die unser menschliches Dasein ist, zu machen. Und zwar nicht nur während wir auf unserem Meditationskissen sitzen oder Dharmazentren besuchen, sondern unser ganzes Leben lang. Mit unseren Beziehungen, unserer Arbeit, unserem gesellschaftlichen Leben, mit allem. All dies wird mit der Dharmapraxis angesprochen. Wir sollten diese Chance wirklich nicht verschwenden.

V

Frauen und der Pfad

Bevor wir damit beginnen, die Position der Frau im Buddhismus zu betrachten, ist es wichtig, ein wenig über die sozialen Umstände zu sprechen, die in Magadha, in Zentralindien, vor 2500 Jahren vorherrschten. Untersuchen wir diese Umstände nicht, begehen wir leicht den Fehler, den Buddha und sein Verhalten gegenüber Frauen aus der Perspektive des Kaliforniens des zwanzigsten Jahrhunderts zu beurteilen. Zur Zeit des Buddha wurden Frauen aufgrund ihrer Beziehung zu ihren männlichen Verwandten definiert. Eine Frau war Tochter oder Mutter, am besten die Mutter eines Sohnes. Die Beziehung, in der sie zu diesen Männern stand, bestimmte ihren Status in der Gemeinschaft. Selbst im heutigen Indien wird eine Frau als ein Niemand betrachtet, wenn sie diese weiblichen Rollen nicht erfüllt. Das ist auch der Grund dafür, dass es Frauen in Indien oft nicht erwarten können, zu heiraten und einen Sohn zu gebären. Es ist das Vermächtnis des frühen Hindukodex, bekannt als das Gesetz von Manu.

Nach dieser Sichtweise kann eine Frau nur durch Hingabe an ihren Mann *Moksha*, Befreiung, erlangen. Sie ist wie der Mond, der nur durch die Strahlen der Sonne erhellt wird. Wie der Mond besitzt sie keine eigene Strahlkraft. Daher ist es von zentraler Bedeutung für eine Frau, zu heiraten. Ohne Heirat gibt es keinerlei Hoffnung für sie. Darüber hinaus sind Frauen gesellschaftlich sehr abhängig von ihren Männern.

Sie besteigen noch nicht einmal einen Bus allein. Sie reisen immer in Begleitung entweder einer anderen Frau oder eines männlichen Verwandten. Wenn sie allein reisen, laufen sie Gefahr, von Männern belästigt zu werden, denn allein reisende Frauen werden als ‚leichte Mädchen' betrachtet. Diesem Problem sind selbst westliche Frauen ausgesetzt, die in Indien allein reisen. Wenn die Situation also selbst heute noch so ist, dann stelle man sich vor, wie es zur Zeit des Buddha war! Es ist daher nicht überraschend, dass der Buddha zögerte, als er von seiner Stiefmutter, Mahaprajapati, gebeten wurde, einen Nonnenorden zu gründen, und dass er tatsächlich Nein sagte. Sie bat ihn dreimal darum und jedes Mal war seine Antwort: „Nein, frage mich noch nicht mal danach." Seine Ablehnung machte sie sehr traurig. Als Ananda, Diener des Buddha und auch sein Cousin, sie fragte, warum sie weine, erklärte sie ihm, dass sie weine, weil der Buddha ihr und einer großen Gruppe von Frauen nicht gestattete, ein hausloses Leben zu führen.

Ananda hatte Mitgefühl mit den Frauen. Er ging daraufhin zum Buddha und bat ihn, es sich doch noch einmal zu überlegen und ihnen Ordination zu geben. Wieder lehnte der Buddha ab. Ananda fragte ihn dann: „Sind Frauen fähig, ein heiliges Leben zu führen und Befreiung zu erlangen?" Der Buddha antwortete: „Ja, ja natürlich sind sie das." Daraufhin fragte Ananda: „Warum machst du es ihnen dann so schwer?" Der Buddha erwiderte dann: „Nun gut, so sei es" und gründete den Nonnenorden. Das ist die einzige dokumentierte Begebenheit, bei der der Buddha tatsächlich seine Meinung änderte. Seit Jahrhunderten sind alle Nonnen Ananda dafür sehr dankbar, denn ohne seine Intervention wären wir – auch heute – nicht hier, um davon zu berichten!

Zur Zeit des Buddha gab es viele große weibliche Praktizierende, die die Früchte des Pfades erlangten und vom Buddha gepriesen wurden. Sie wurden für ihre Weisheit gepriesen, ihre Gelehrtheit und ihr Geschick beim Lehren. Wieder und wieder lobt der Buddha seine weiblichen Schüler in den frühen Sutras, und es gibt keinen Zweifel daran, dass viele Frauen zu dieser Zeit ihre Familien verließen, um in die Hauslosigkeit zu gehen. Das war etwas außerordentlich Ungewöhnliches für eine indische Frau. Selbst im heutigen modernen Hinduismus gibt es viele Tausende von Sanyasins, Bettelmönchen und Sadhus, aber praktisch keine weiblichen Entsagenden. Das liegt daran, dass von Frauen nach wie vor erwartet wird, der Familie zu dienen.

Es ist wichtig zu erkennen, wie revolutionär es für den Buddha war, diesen Nonnenorden zu gründen. Viele Frauen beeilten sich, dem Orden beizutreten. In den frühen Sutras gibt es viele Geschichten darüber. Obwohl es damals also ein weibliches Gegenstück zum Mönchsorden gab, gibt es keinerlei Hinweis auf eine *arhati*, also weiblichen Arhat, die am Konzil der fünfhundert Arhats, der perfekten Heiligen, das nach dem Mahaparinirvana des Buddha stattfand, teilgenommen hätte. Die Mitglieder des Konzils waren dazu aufgefordert, alles, was der Buddha gesagt hatte und woran sie sich erinnern konnten, zu rezitieren und somit einen Kanon zu begründen. Aber es waren keine Frauen unter ihnen und man fragt sich warum. Ganz offensichtlich hat der Buddha Belehrungen für Frauen gegeben – ausschließlich für Frauen –, aber wir haben keine Aufzeichnungen darüber und wissen also nicht, was das für welche waren.

Es sieht so aus, als hätte es seit frühester Zeit eine Art institutionalisierter Voreingenommenheit gegenüber Frauen gegeben. Ich glaube nicht, dass sich irgendjemand hingesetzt und gedacht hat: „Nun, lasst uns voreingenommen sein." Es war einfach Teil der vorherrschenden gesellschaftlichen Szenerie. Als die Jahre vergingen, wurde alles aus einem männlichen Blickwinkel heraus rezitiert und aufgezeichnet. Ich bin sicher, das war keine Absicht, aber so geschah es eben. Weil die meisten Texte und Kommentare aus männlicher Sicht geschrieben wurden – also von Mönchen –, wurden Frauen zunehmend als gefährlich und bedrohlich angesehen. Als der Buddha zum Beispiel über Begierde sprach, lehrte er eine Meditation auf die zweiunddreißig Teile des Körpers. Man beginnt mit dem Haar auf dem Kopf und arbeitet sich den ganzen Weg hinunter bis zu den Fußsohlen. Man stellt sich vor, was man finden würde, wenn man von jedem Teil die Haut abziehen würde: die Nieren, das Herz, die Gedärme, das Blut, die Lymphe und so weiter. Der Praktizierende seziert seinen Körper, um seine enorme Anhaftung daran abzuschneiden und ihn zu sehen, wie er wirklich ist. Wenn wir die Anhaftung an unseren eigenen Körper verlieren, verlieren wir natürlich auch die Anhaftung an die Körper anderer. Aber wie auch immer, diese Meditation, die der Buddha lehrte, war in erster Linie auf einen selbst gerichtet. Sie war dazu gedacht, die Anhaftung an die eigene physische Erscheinung abzuschneiden und eine gewisse Losgelöstheit davon zu erlangen. Sie sollte die Beschäftigung des Meditierenden mit der Attraktivität des eigenen Körpers durchbrechen.

Wenn wir jedoch betrachten, was später gelehrt wurde, in den Schriften von Nagarjuna im ersten Jahrhundert oder von Shantideva im siebten Jahrhundert, sehen wir, wie dieselbe Meditation nach außen gerichtet wird, auf den Körper der Frau. Es ist die Frau, die als Beutel von Gedärmen, Lunge, Nieren und Blut betrachtet wird. Es ist die Frau, die unrein und Ekel erregend ist. Nirgendwo ist die Rede von der Unreinheit des Mönches, der meditiert. Diese Veränderung stellte sich ein, weil die Tradition dieser Art von Meditation von wesentlich weniger erleuchteten Geistern als dem Buddha fortgesetzt wurde. Anstatt diese Visualisierung also einfach zu benutzen, um die Anhaftung an den physischen Körper zu durchbrechen, wurde sie als Methode eingespannt, um die Mönche zölibatär zu halten. Es war nicht mehr einfach nur eine Methode, um die Dinge so zu sehen, wie sie wirklich sind, sondern statt dessen eine Methode, um eine Aversion gegenüber Frauen zu erzeugen. Anstatt dass die Mönche zu sich selbst sagten: „Frauen sind unrein, so wie ich und wie all die Mönche um mich herum“, entwickelte es sich zu: „Frauen sind unrein.“ Als Konsequenz daraus begann man Frauen als eine Gefahr für Mönche zu betrachten, was sich dann zu einer Art monastischem Frauenhass entwickelte. Es liegt auf der Hand, dass die Perspektive eine völlig andere gewesen wäre, wenn diese Texte von Frauen geschrieben worden wären. Aber die Texte wurden nicht von Frauen geschrieben. Selbst wenn sie in der Lage gewesen wären, einige Texte aus weiblichem Blickwinkel zu schreiben, wären sie doch von dem Geschmack und den Ideen von Texten und Lehren durchtränkt gewesen, die für Männer bestimmt waren.

Als Ergebnis dieser deutlichen Voreingenommenheit entwickelte sich ein Ungleichgewicht in den Lehren. An einem bestimmten Punkt wurde dieses Ungleichgewicht allerdings erkannt. Mit dem Aufkommen des Mahayana geschahen zwei Dinge. Das eine war, dass einer der Hauptprotagonisten in diversen wichtigen Mahayanatexten eine Frau war, die

die Mönche wegen ihrer voreingenommenen Sichtweise kritisierte und ihnen die Frage stellte, wo in der natürlich angeborenen Realität unserer Buddhanatur denn das Männliche und das Weibliche liege. Sie fuhr dann fort zu erklären, dass die Zweiteilung in männlich und weiblich nur auf relativer Ebene existiere. Auf der absoluten Ebene frage man jedoch nicht mehr danach, wer wohl männlich oder weiblich sei. Wenn wir sitzen und meditieren, wo ist dann das Männliche oder Weibliche? Es gibt Texte, in denen davon berichtet wird, wie sich diese Frauen sogar in Männer und wieder zurück verwandelten. Einer der Hauptschüler des Buddha, Shariputra, berühmt für seine Weisheit und Inbegriff des perfekten Mönchs, wurde einmal in eine Frau verwandelt. Dann fragte die Protagonistin: „Wer ist Shariputra?" und verwandelte ihn wieder zurück. Auf solche Art und Weise versuchten diese weiblichen Praktizierenden, die geschlechtsspezifischen Stereotypen zu durchbrechen. Sie taten das auch, indem sie die Tatsache hervorhoben, dass weibliche Qualitäten, egal ob sie nun an einen männlichen oder einen weiblichen Körper gebunden sind, mit einer Art von Intuition, einer Art höherem Wissen in Verbindung gebracht werden, das in den buddhistischen Lehren als Weisheit bekannt ist. Selbst in den frühesten Mahayanatexten wird transzendente Weisheit als weiblich dargestellt, in Form von Prajnaparamita. Sie ist die Perfektion der Weisheit und also die Mutter aller Buddhas. Daher wird sie in den frühen Mahayanasutras, die sich mit Prajnaparamita beschäftigen, als eine schöne, matriarchalische Figur dargestellt. Viele Gelehrte haben Gebete an Prajnaparamita verfasst, die auch als Bodhisattva der Weisheit bekannt ist. Sie wird sehr verehrt. Viele Dichter preisen ihre ‚Nicht-Greifbarkeit'. Sie ist niemals auffindbar, egal wie sehr man nach ihr sucht, denn perfekte Weisheit ist jenseits des Geistes. Per definitionem kann perfekte Weisheit nur erlangt werden, wenn keinerlei Gedankenaktivität vorhanden ist. Schriftsteller haben in ihrem Lobpreis an sie mit diesem Bild gespielt wie Liebhaber auf der Suche nach ihrer flüchtigen Herzensdame. Auf diese Weise wurde eine Anerkennung des Weiblichen in die Philosophie des Mahayana aufgenommen. Alle großen Kommentare und Shastras wurden jedoch weiterhin von Männern verfasst. Mir ist kein solcher Text bekannt, der von einer Frau geschrieben worden wäre.

Und dann begann in Indien eine neue Bewegung namens Tantra.

Niemand kann mit Gewissheit sagen, woher diese Bewegung kam und wann genau sie begann. Es ist eine sehr interessante Bewegung. Ihr Reiz lag wohl darin, dass das Ziel des Mahayana das Erlangen von Buddhaschaft ist. Wenn man nun dem Beispiel des Buddha folgt, dauert dieser Vorgang dreieinhalb unermessliche Äonen, und ein Äon ist bereits eine immens lange Zeit. Mit Sicherheit haben sich viele Leute an einem bestimmten Punkt gesagt: „Was soll's? Was für einen Unterschied macht es, was ich in diesem Leben tue, wenn ich doch eine Unendlichkeit von Zeit und Raum vor mir habe, bevor ich auf Verwirklichung hoffen kann." Dieser Gedanke kann den Enthusiasmus so manch einem wirklich sehr dämpfen. Nun, diese neue Bewegung versprach Buddhaschaft innerhalb eines einzigen Lebens. Viele Leute fühlten sich davon ermuntert und begannen wieder ernsthaft zu praktizieren. Es scheint, als seien einige der Hauptinitiatoren Frauen gewesen. Die Biographien einiger früher tibetischer Meister, die während des elften, zwölften und dreizehnten Jahrhunderts nach Indien reisten, enthalten des Öfteren Berichte vom Treffen des entsprechenden Meisters mit Gruppen weiblicher Praktizierender, die stets von einer Frau angeführt wurden. In diesen Berichten bettelten und flehten diese Meister um die Erlaubnis, an den Ritualen der Frauen teilnehmen zu dürfen. Schließlich, mit sehr herablassender Haltung, gaben die Frauen nach und gestatteten ihnen die Teilnahme. Ohne Ausnahme berichteten diese Tibeter, dass diese Erfahrung den Höhepunkt ihrer Praxis darstellte. Gyalwa Götsangpa, ein Meister des zwölften Jahrhunderts, sagte: „Zwanzig Jahre Höhlenleben und Steineessen kamen in einem Augenblick zur Reifung durch das Zusammentreffen mit diesen Frauen."

Wir wissen nicht, wer diese Frauen waren, denn alle Biographien wurden aus dem Blickwinkel männlicher Praktizierender geschrieben. Wer waren ihre Lehrer? Was haben sie praktiziert? Viele fortgeschrittene Meister gingen zu diesen Frauen, um von ihnen Unterweisungen zu erbitten, und wir wissen nicht warum. Ihre Geschichten wurden niemals niedergeschrieben. Aber in den Texten tauchen immer wieder Hinweise auf sie auf. Und in den diversen Texten wird berichtet, dass diese Lamas viele verschiedene Orte besucht haben. Sie können also nicht immer dieselbe Gruppe von Frauen getroffen haben. Darüber hinaus fanden diese Begegnungen über einen Zeitraum von hundert Jahren statt. Wer waren diese Frauen? Das ist eine Frage, die sich mir oft stellte, während ich diese Texte las. Wir wissen, dass es im Indien jener Zeit eine beachtliche Bewegung gab, die auch Frauen mit einschloss. In jenen Tagen war das Gros buddhistischer Aktivität in riesigen klösterlichen Kollegien zentriert. Etwa in Nalanda, Vikramashila und Taxila. Es waren enorm große Zentren, das Oxford und Cambridge ihrer Tage. Tausende von Studenten strömten von überallher, um an diesen Orten zu studieren. Viele der frühen tantrischen Meister wie etwa Naropa und Atisha waren ursprünglich Professoren an diesen klösterlichen Universitäten.

Naropa war einer der Hauptprofessoren an der Universität Nalanda. Eines Tages, während er seine Bücher studierte, erschien eine alte Frau und fragte ihn: „Weißt du, was du da liest? Verstehst du die Worte, die du da liest?" Und er erwiderte: „Natürlich verstehe ich die Worte." Sie lächelte und fragte dann: „Verstehst du auch die Bedeutung von dem, was du liest?" Und Naropa antwortete: „Natürlich verstehe ich die Bedeutung." Als sie dies hörte, brach sie in Tränen aus, und er fragte sie: „Aber was ist denn?" Sie sagte: „Als du sagtest, du verstehst die Worte, war das ja so weit in Ordnung. Aber dann sagtest du, du verstehst auch die Bedeutung. Du hast aber nicht die leiseste Ahnung von der Bedeutung." Er fragte sie dann: „Nun denn, wer versteht die Bedeutung?" Und sie erwiderte: „Mein Bruder, Tilopa."

An diesem Punkt lies Naropa alles hinter sich. Er war ein Brahmane aus Kaschmir und ein sehr respektabler Professor. Sie können ihn sich bestimmt vorstellen. Und doch kehrte er alldem den Rücken und wanderte durch Indien auf der Suche nach Tilopa, bis er schließlich nach Bengalen kam. Dort fand er ihn endlich, einen alten, schwarzen, runzeligen Bettler, der lebende Fische in eine rot glühende Pfanne warf und sie dann aß. Das war sein Guru! Viel wurde über Naropas Schülerschaft unter Tilopa geschrieben. Aber das eigentlich Bedeutsame für unsere Diskussion ist die Tatsache, dass es so viele große Gelehrte gab, die nach echter Erfahrung suchten. Dazu mussten sie ihre klösterliche Umgebung verlassen und Lehrer suchen, die ihnen die Meditationsmethoden beibrachten, um das, was sie so lange studiert hatten, zu erfahren.

So begann das Tantra.

In diesen frühen Tagen wurde das Tantra sehr geheim gehalten. Man fand seinen Lehrer und hatte dann unvorstellbare Prüfungen zu ertragen, bis man als Schüler akzeptiert wurde. Später wurde das Tantra nach Tibet gebracht, wo es zur Staatsreligion wurde. Das war niemals beabsichtigt. Es befindet sich außerhalb der gängigen Lehren. Es gibt keinen Zweifel daran, dass viele der frühen tantrischen Meister Frauen waren. Manche der frühen Texte der Bewegung wurden sogar von Frauen verfasst. Einige dieser Texte haben bis zum heutigen Tag überlebt. Eine der interessantesten dieser weiblichen Lehrer war im Tibetischen als Machik Drubpe Gyalmo bekannt, in Sanskrit als Siddharani. Nach diesen Texten heißt es, dass sie fünfhundert Jahre lang lebte, was in Wirklichkeit nur bedeutet, dass sie sehr lange gelebt hat. Sie war eine Lehrerin von Rechungpa, einem der Hauptschüler von Milarepa. Während Rechungpa in Indien war, wurde ihm gesagt, er habe nur noch eine Woche zu leben. Er wurde völlig panisch und fragte: „Wie kann ich das abwenden?“ Man riet ihm dann, eben diese Frau aufzusuchen, die im Besitz einer speziellen Praxis des Buddha des Langen Lebens war. Also ging Rechungpa zu ihr, und sie fragte ihn: „Kannst du eine Woche lang wach bleiben?“ Und er erwiderte: „Ja, das kann ich.“ Sie gab ihm dann die Ermächtigung und die Praxis. Dann fragte sie ihn: „Wie lange möchtest du leben?“ Er antwortete: „Ich möchte so alt werden wie mein Lehrer Milarepa.“ Sie erwiderte: „Nun, er wird einundachtzig Jahre alt werden, also wirst auch du einundachtzig,“ was dann auch eintraf. Sie erzählte ihm dann ihre Geschichte, die faszinierend ist. Sie ist eine der wenigen, deren Geschichte tatsächlich aufgeschrieben wurde. Darin steht geschrieben, mit wem sie praktizierte, welche Praktiken sie ausführte und so weiter. Man findet ihre Geschichte in der Biographie von Rechungpa.

Die Informationen über die Identität vieler Frauen, die eine Linie begannen, gingen allerdings verloren. Wir wissen bis heute nicht, wer sie waren. Zum Beispiel lebte der große Mahasiddha Saraha vierzehn Jahre lang mit einer Frau, die als „die Tochter des Pfeilschmieds“ bekannt ist. Sie war sein Guru. Er war ein sehr respektabler Brahmane, aber er ließ alles hinter sich, um mit diesem Mädchen aus niederer Kaste zu leben, und wurde damit selbst zu einem sozialen Außenseiter. Sie gab ihm kontinuierlich Instruktionen und Anleitungen, die als „das Aufzeigen der Natur des Geistes“ bekannt sind. Sie war sein Hauptguru. Obwohl sie vierzehn Jahre seines Lebens mit ihm verbrachte, kennen wir ihren Namen nicht! Sie wird immer nur als „die Tochter des Pfeilschmieds“ bezeichnet. Aber wer war sie? Wer waren ihre Lehrer? Woher kam sie? Alles wurde aus der Sicht Sarahas geschrieben und es scheint, als sei sie nur eine Requisite in seiner Biographie. In fast allen Biographien ist es so. Auch Rechungpa traf eine Gruppe von Frauen, angeführt von einer Vajravarahi aus Bengalen. Er empfing Initiationen von ihr, aber wieder wissen wir nicht, wer sie war.

In einem Ort namens Jvalamukhi in Nordindien ging Götsangpa eines Abends an einem Tempel vorbei und sah, wie sehr viele hübsch angezogene junge Mädchen dort hineingingen. Da waren weibliche Wächter, die jeden Mann davon abhielten, hineinzugehen. Sein Begleiter versuchte es und wurde von den Wächterinnen verprügelt. Während sie allerdings damit beschäftigt waren, nutzte Götsangpa die Gelegenheit und rannte durch die Tür hinein. Er berichtet uns nicht, was sich im Inneren abspielte, aber er sagt, dass es die großartigste Erfahrung seines Lebens war. Wieder bleibt uns nur zu vermuten. Wer waren diese Frauen? Was taten sie in diesem Tempel?

Der Buddhismus wurde zunächst im siebten und dann im elften Jahrhundert, während der Periode des letzten Aufblühens des indischen Buddhismus, nach Tibet importiert. Daher empfing Tibet, anders als andere Länder, die den Buddhismus viel früher entdeckten, das vollständige Panorama buddhistischen Gedankenguts bis hin zum zwölften Jahrhundert. Das ist der Grund, weshalb der tibetische Buddhismus heute so reich und tiefgründig ist. Tibet erhielt nicht nur die vollständige Philosophie aller buddhistischen Entwicklungsstufen, sondern auch die tantrischen Traditionen. Während der Zeit in Indien blieb das Tantra auf gewisse Art und Weise eine Randerscheinung. Es wurde nicht öffentlich gelehrt. Wenn man das Tantra praktizieren wollte, musste man den allgemeinen Pfad verlassen und zunächst einen Lehrer finden. Aber als es in Tibet eingeführt wurde, zuerst von Padmasambhava im siebten Jahrhundert und dann nochmals im elften und zwölften Jahrhundert, wurde es zur Staatsreligion. Das Tantra war bis dahin eine geheime Praxis für diejenigen, die zum einen qualifiziert und zum anderen willens waren, sich der Praxis völlig zu verschreiben. Als es jedoch nach Tibet gelangte, wurde ein jeder initiiert. Es gab niemanden, der nicht zumindest eine Ermächtigung für Chenresig, den Bodhisattva des Mitgefühls, oder Tara, die Mutter des Mitgefühls, erhalten hatte. Selbst Kleinkinder erhielten Initiationen für ein langes Leben. Es gab kaum jemanden in Tibet, der nicht auf der einen oder anderen Stufe das Tantra praktizierte.

Anders als in Indien wurde das Tantra in Tibet zusammen mit dem Mönchstum eingeführt. Man kann dies anhand der Kagyülinie sehr deutlich sehen. Der erste tibetische Lehrer dieser Linie war Marpa, ein verheirateter Yogi und Übersetzer. Seine Linie setzte sich durch Milarepa fort, einem in Höhlen lebenden Yogi. Milarepa gab die Linie wiederum an den Mönch Gampopa weiter. Nach sehr intensiver Praxis ging Gampopa fort und gründete ein Kloster. Von diesem Zeitpunkt an wurde die Kagyülinie auf diese Art und Weise fortgeführt, so wie der Dharma traditionellerweise immer in klösterlichen Gemeinschaften weitergegeben wurde. Die Mönche waren die Profis. Sie waren diejenigen, die die Zeit und die Kenntnis hatten. Natürlich wandelte sich eine bis dahin geheime Praxis sehr, nachdem sie in ein klösterliches Umfeld verpflanzt worden war. Ein Effekt dieser Wandlung war, dass der weibliche Aspekt – immer die eigentliche Essenz tantrischer Praxis – sublimiert wurde oder auf andere Weise Veränderung erfuhr.

In den ursprünglichen Tantras repräsentiert der männliche Aspekt geschickte Mittel und Mitgefühl, während der weibliche Aspekt für Weisheit und Einsicht steht. Die Einheit dieser beiden Aspekte mündet in Buddhaschaft. Anfangs hatte das Weibliche also eine sehr hervorgehobene Position. Selbst seit den frühesten Tagen des Mahayana wurde die Frau immer als Weisheit betrachtet. Sie war Prajnaparamita. Und mehr als ein Lama hat mir gesagt, dass Weisheit und Mitgefühl als einander ergänzend betrachtet werden. Auf einer bestimmten Ebene waren Frauen also sehr erfolgreich, denn sie repräsentierten den Gipfel buddhistischen Strebens. Weil die tantrische Tradition aber in einem klösterlichen Umfeld fortgeführt wurde, traten Probleme auf. Und obwohl Frauen philosophisch als gleichwertig oder sogar höherwertig betrachtet wurden, hat man sie praktisch ignoriert.

Wenn man von der Ungleichheit der Frauen in Tibet spricht, antworten die Lamas: „Aber was ist mit Yeshe Tsogyal? Oder Machik Labdrön? Was ist mit dieser oder jener?" Aber diese Frauen kann man an einer Hand abzählen. Das sind Yeshe Tsogyal und Machik Labdrön. Und schon gehen mir die Namen aus. Wen gab es sonst noch? Da müssen andere gewesen sein. Ich bin hier sehr ehrlich. Männer sind so zahlreich wie Sterne am Himmel. Aber wie viele Frauen gab es? Darüber hinaus wird heutzutage eine Frau mit außergewöhnlichen Qualitäten als eine Inkarnation von Yeshe Tsogyal angesehen, der Gefährtin von Padmasambhava aus den siebten Jahrhundert! Zeigt eine Frau also spezielle Qualitäten, dann muss sie einfach Yeshe Tsogyal sein. Warum sonst sollte sie auch solche Qualitäten haben?

Auf der anderen Seite ist das gewöhnliche tibetische Wort für Frau oder Ehefrau *Kyemen*, was so viel bedeutet wie „von niederer Geburt". So viel also zum Einfluss des Tantra in Tibet! Allerdings muss man auch sagen, dass die Frauen in Tibet, in Birma und auch in anderen buddhistischen Ländern sehr stark sind. In der buddhistischen Gesellschaft gibt es keine Harems oder Ähnliches. Frauen sind weder verschleiert noch auf andere Weise abgeschirmt. Wenn irgendjemand von Ihnen tibetische Frauen getroffen hat, werden Sie mit mir übereinstimmen, dass sie sehr direkt, unverblümt und entschieden sind. Oft führen sie Geschäfte und reisen allein umher. Männern gegenüber sind sie sehr direkt, selbst mit völlig Fremden. Auch in Birma sind Frauen in der Gesellschaft und im Umgang mit dem anderen Geschlecht völlig entspannt. Sowohl Tibet wie Birma liegen zwischen zwei Ländern, die doch vollkommen andere Beispiele lieferten. Nämlich Indien und China, wo Frauen, besonders Frauen höherer Gesellschaftsschichten, größtenteils von der Gesellschaft ferngehalten wurden. Das kann doch eigentlich nur bedeuten, dass dieser Unterschied in der Rolle der Frau nur durch den Einfluss des Buddhismus zustande gekommen ist. Was sonst hätte die Ursache dafür sein können? Obwohl sich auch in Tibet die Waagschale zu Ungunsten der Frauen senkte, stand es für sie doch bei weitem nicht so schlecht wie in den meisten anderen Ländern. Frauen sind sehr präsent. Fast alle Geschäfte in Dharamsala, dem Sitz des Dalai Lama, werden von Frauen geführt, im Gegensatz zu gewöhnlichen indischen Märkten, besonders in vorwiegend muslimischen Gegenden, wo man überhaupt keine Frauen zu sehen bekommt.

Viele Männer in Tibet wurden Mönche, aber nur ein sehr geringer Prozentsatz von Frauen wurde Nonnen. Ich finde es verblüffend, dass, obwohl ein Drittel der männlichen Bevölkerung Tibets Mönche wurden, Polyandrie praktiziert wurde, was heißt, dass eine Frau mehrere Männer heiratet. Normalerweise heiratet sie den ältesten Bruder zuerst und übernimmt dann seine jüngeren Brüder gleich mit. Das bedeutet, dass es einen enormen Überschuss an Frauen ohne Männer gegeben haben muss. Und doch gab es nur sehr wenige Nonnen. Trotzdem war es in gewisser Weise ein matriarchalisches System, mit einer Frau mit mehreren Männern, und daher hatten die Frauen in Tibet eine sehr starke Stellung.

Es gab viele wundervolle weibliche Praktizierende in Tibet. Es gab große Yoginis. Man kann sie nur bewundern; sie waren furchtlos. Sie gingen an einsame Orte, zu Höhlen hoch in den Bergen und praktizierten und praktizierten. Sie waren wunderbar. Aber natürlich hat niemand jemals von ihnen gehört, weil niemand jemals ihre Biographien niedergeschrieben hat. Niemand hielt es für wichtig, die Biographie einer Frau aufzuschreiben. Aus den Texten geht nicht hervor, dass es viele von ihnen gab, aber wir wissen, dass es sie gab. Selbst heute, wenn Lamas Belehrungen geben, wird man feststellen, dass ein großer Teil der Zuhörer Frauen sind. Viele Lamas haben gesagt, dass Frauen die besseren Meditierenden seien, weil sie sich leichter in Meditation versetzen könnten als Männer. Der Grund dafür liegt darin, dass Männer oft befürchten, ihren Intellekt zu verlieren, insbesondere Mönche, die lange Jahre studiert haben. All dies plötzlich einfach gehen zu lassen und sich in nackter meditativer Erfahrung zu finden scheint sie zu ängstigen, wohingegen Frauen in der Lage scheinen, damit ganz natürlich umzugehen.

Mit Sicherheit gab es viele große weibliche Praktizierende in Tibet. Aber weil ihnen der Hintergrund einer philosophischen Ausbildung fehlte, konnten sie nicht darauf hoffen, Bücher zu schreiben, Schüler zu haben, auf Vortragsreisen zu gehen oder Belehrungen zu geben. Wenn wir die Geschichtsbücher lesen, stellen wir fest, dass sich Nonnen durch Abwesenheit hervortun. Was aber nicht bedeutet, dass sie nicht da waren. Wenn man heute nach Tibet reist und die gewöhnlichen Touristenpfade verlässt, wenn man in Gegenden reist, in denen es Höhlen und Ähnliches gibt, dann wird man feststellen, dass fast achtzig Prozent der dort Praktizierenden Frauen sind. Als 1959 viele Tibeter aus ihrem Land flohen und nach Indien und Nepal kamen, waren sie von dem neuen, völlig anderen Umfeld stark traumatisiert. Ihre erste Priorität galt dem Bewahren ihrer Traditionen. Die Laienbevölkerung wollte spirituelle Zentren für ihre Gemeinschaften, und da die Lamas Männer waren, gründeten sie Mönchsklöster. Eine Gemeinschaft ohne Kloster wurde betrachtet, als hätte sie kein Herz. In den folgenden Jahren wurden also mehrere hundert Mönchsklöster gebaut und eine ganz neue Generation von Mönchen ausgebildet. Und in all der Zeit wurden die Frauen, natürlich, vernachlässigt.

Als ich 1964 zum ersten Mal nach Indien reiste, gab es nur ein Nonnenkloster, und das war paradoxerweise von einer Engländerin gegründet worden. Ein Nonnenkloster der Karma-Kagyü-Tradition. Zwanzig Jahre lang war es wahrscheinlich das einzige Nonnenkloster in Indien. Die Tibeter bauten Hunderte von Klöstern, aber keines für Nonnen. Und dann, ab den Achtzigern, wurde auch an die Nonnen gedacht. Oft waren es nicht die Lamas, sondern westliche Nonnen oder andere Frauen, die damit begannen, die Nonnen zu organisieren. Davor endete fast jedes Mädchen, das Nonne wurde, als Dienerin in irgendeiner Familie und kümmerte sich um deren Kinder oder arbeitete in der Küche. Es war eine sehr schwierige Situation. Als ich in Lahul war, lebte ich in einem Kloster, das sowohl Mönche als auch Nonnen beherbergte, und das war sehr schön. Alle lebten in ihren kleinen, den Berg hinaufgebauten Häusern, und doch: Während die Mönche Rituale ausführten, waren die Nonnen in der Küche mit Kochen beschäftigt. Und dann gab es eine ganze Reihe von Belehrungen, zu denen die Nonnen nicht zugelassen waren, denn „das lehren wir Frauen nicht“. Das immer und immer wieder zu hören zerriss mir das Herz.

„Das lehren wir Frauen nicht.“ Eine andere Begründung gab es nicht.

Eine Freundin von mir, eine sehr intelligente, sehr enthusiastische Frau und ein wundervoller Mensch, war Nonne in diesem Kloster. Ihre Familie wollte sie verheiraten, aber sie schob dies immer wieder hinaus. Schließlich bestimmten sie den Tag. Dann, am Tag vor der Hochzeit, schnitt sie ihr Haar ab. Was konnte die Familie also tun? Sie hatten keine andere Möglichkeit, als ihr zu gestatten, Nonne zu werden. Sie ging und lebte mit einem wundervollen Lama, einem Lama mit Familie, der in diesen Grenzregionen lehrte. Aber selbst sie, die aus einer reichen Familie stammte und alles aufgegeben hatte, endete in der Küche, während die Mönche Dharmabelehrungen erhielten. Obwohl sie viele Jahre lang mit diesem Lama und seiner Familie umherreiste und große Hingabe zeigte, kümmerte sie sich doch immer um die Kinder oder kochte die Mahlzeiten. Niemals erhielt sie Unterweisungen. Diese Diskriminierung, die kein Lama im Westen, wo die meisten Dharmazentren von Frauen geleitet werden, wagen würde, findet man im Osten dagegen oft. Im Westen wird man niemals einen Lama sagen hören: „Das lehren wir Frauen nicht."

In heutiger Zeit gibt es in gewissen Kreisen eine starke Bewegung, die versucht dieses Ungleichgewicht zu beheben. Wir können nicht darauf warten, dass die Lamas es tun, obwohl wir ihre Unterstützung haben. Aber wie das Oberhaupt meines Ordens einmal zu mir sagte: „Nun, Anila, du weißt, dass Nonnen der Boden des Korbes sind." Das Einzige, was den Nonnen also bleibt, ist, sich selbst zu organisieren. Sie können nicht länger warten. Aus diesem Grund reise ich in der Welt umher, um Mittel für unser Nonnenkloster aufzutreiben. Die Lamas in meinem Kloster in Tashi Jong sind immer sehr hilfreich gewesen und unterstützen uns auf jede ihnen mögliche Art und Weise.

Im Kloster meines Lamas in Tibet gab es eine sehr kostbare und einzigartige Linie für Frauen, die von Milarepa über Rechungpa weitergegeben wurde. Sie ist als die „Mündliche Überlieferung von Rechungpa" bekannt. Es handelt sich dabei um ein sehr großes Lehrgebäude, aber eine spezielle Abschnitt darin dreht sich insbesondere um weibliches Yoga. Vor der chinesischen Invasion gab es in Tibet einige weibliche Praktizierende dieser Linie, aber während der kommunistischen Übernahme wurde alles zerstört. Wir versuchen nun, diese Linie in Indien wieder aufleben zu lassen, solange noch zwei oder drei Lamas leben, die diese Übertragungslinie halten. Sehen Sie, um eine solche Linie weitergeben zu können, muss es eine lebendige Linie sein. Es handelt sich dabei auch um eine mündliche Übertragungslinie. Obwohl es einige Texte gibt, braucht man doch die mündlichen Übertragungen und Instruktionen. Also haben wir ein Nonnenkloster gegründet, wo Nonnen eine Grundausbildung in Philosophie und in den Ritualen erhalten können, und insbesondere in Meditation. Diejenigen, die geeignet sind, werden dann ausgewählt, um sich in dieser Yoginilinie zu üben. Damit einhergehend, werden wir auch ein internationales buddhistisches Retreatzentrum für Frauen gründen. Frauen aus der ganzen Welt können dann kommen und dort praktizieren, und wir hoffen, dass mit der Zeit einige der Nonnen selbst Lehrerinnen werden.

Die Situation für Frauen hat sich jedenfalls inzwischen wesentlich verbessert. 1995 haben sechzig Nonnen vor Seiner Heiligkeit dem Dalai Lama und vielen großen Professoren der Philosophie eine öffentliche Debatte absolviert. Auch Laien nahmen daran teil. Die tibetische Tradition beinhaltet das Studium der Philosophie mit den Mitteln der Dialektik. Aus diesem Grund ist die Debatte ein so wichtiger Bestandteil des philosophischen Studiums. Es war eine historische Begebenheit, denn nie zuvor hatten Nonnen öffentlich debattiert. Es gab ihrer Moral enormen Auftrieb. Wahrscheinlich ist es schwierig für Sie, zu verstehen, wie viel das den Nonnen bedeutet hat. Es beeinflusste nicht nur ihr öffentliches Ansehen, sondern auch ihr Selbstbild in positivster Weise. Das liegt daran, dass sie das Gefühl, nicht würdig und nichts wert zu sein, stark verinnerlicht haben. Die Leute ignorieren sie, weil sie sie für bedeutungslos halten. Es liegt auf der Hand. Wenn man immer gesagt bekommt: „Das lehren wir euch nicht, ihr seid nicht wichtig genug, um ein Nonnenkloster zu haben, ihr seid nicht wichtig genug, um Unterstützung zu erhalten", dann beginnt man sich tatsächlich wertlos zu fühlen. Jetzt jedoch, da die Nonnen begonnen haben zu lernen, dass sie genauso fähig sind wie jeder andere, jetzt entwickeln sie einen enormen Enthusiasmus für Praxis, Studium und Verwirklichung. Es gibt keinen Grund, weshalb Frauen nicht das höchste Ziel erreichen können sollten. Sie haben dies im Lauf der Geschichte immer wieder getan. In neuerer Zeit wurden einige sehr gute Nonnenklöster in Indien und Nepal gegründet, wo Nonnen zum ersten Mal philosophische Texte studieren.

Heute leistet der Westen einen wesentlichen Beitrag dazu, wie der Dharma präsentiert wird. Jedes Mal wenn der Dharma in ein neues Land reist, gibt dieses Land etwas von sich selbst dazu. Deswegen hat jedes buddhistische Land seinen einzigartigen nationalen Ausdruck. Oberflächlich betrachtet, sieht es also so aus, als ob der Buddhismus in den diversen Ländern sehr verschieden ist. Aber wenn man unter die Oberfläche blickt, stellt man fest, dass überall dasselbe Herz schlägt. Der Dharma ist der Dharma und er hat seinen einzigartigen Geschmack. Jetzt, da der Dharma in den Westen kommt, wird er sich westlichem Temperament, westlicher Kultur und westlichem Geschmack entsprechend entwickeln. Sicher werden viele westliche Perspektiven mit einfließen, und eine davon wird zweifellos das westliche Verständnis des Weiblichen sein. Es gibt keinen Zweifel daran, dass dies bereits geschieht. Die Zeichen sind alle ziemlich positiv. Es gibt nichts, was Frauen nicht erreichen können und was sie nicht bereits in der Vergangenheit erreicht hätten. Es liegt an uns, sie zu unterstützen und diese beiden Seiten der buddhistischen Gemeinschaft so nahe wie möglich zusammenzubringen. Es ist an der Zeit, das ganze Bild zu würdigen, anstatt nur der einen Sichtweise zu folgen, die seit einiger Zeit vorherrscht.

Fragen

Was bedeutet der Begriff Togdenma?

Tenzin Palmo: *Togden* und *Togdenma* sind die tibetischen Begriffe für die Art von Yogi und Yogini, über die wir gesprochen haben. Im Kloster meines Lama gibt es zurzeit eine Gruppe von Togden. Sie folgen der Tradition von Milarepa und tragen lange verfilzte Haare und eine weiße Robe, sind aber Mönche. In Tibet lebten sie in Höhlen, und sie haben ihre eigene Art zu praktizieren. Dort gab es auch, wie bereits erwähnt, weibliche Praktizierende dieser Linie, namens Togdenma. Soweit ich weiß, war ihre Praxis mehr oder weniger dieselbe, aber es gab einige spezielle Linien, die besonders den weiblichen Aspekt der Praxis hervorhoben. Ich nehme an, es hat mit der Meditation der inneren Hitze und den yogischen Energien zu tun, aus weiblichem Blickwinkel beleuchtet. Die meisten Texte sind vom männlichen Standpunkt aus geschrieben und beschäftigen sich mit der Umwandlung männlicher Energien. Aber die Togdenmas lebten allesamt an einsamen Orten und widmeten ihr Leben dieser Art von Praxis.

Warum werden die Nonnen bis zum heutigen Tage zurückgehalten?

Ich weiß es nicht, denn es ist mit Sicherheit nicht allein die Schuld der Männer. Als Beispiel dient mir immer Lahul, wo ich gelebt habe. Dort waren es die Nonnen, in vielerlei Hinsicht definitiv Bürger zweiter Klasse, andererseits aber auch sehr einflussreich, die andere Nonnen davon abhielten, etwas zu lernen und sich weiterzuentwickeln. Ebenso verhält es sich, wenn eine Frau in Indien heiratet und dann zur Familie ihres Mannes zieht. Sie hat nicht in erster Linie ihren Mann oder ihren Schwiegervater zu fürchten, sondern eher ihre Schwiegermutter und ihre Schwägerinnen. Sie sind diejenigen, die sie klein halten und ihr immer wieder klar machen, wo ihr Platz ist. Die Unterdrückung der Frau ist also bei weitem nicht nur von Männern verschuldet. Frauen haben immer dazu beigetragen, ihre eigene Abhängigkeit herbeizuführen, und Frauen haben immer auch andere Frauen unterdrückt. Wenn ein Mädchen besonders schlau ist und versucht sich weiterzuentwickeln, sind es oft andere Frauen, die sie daran hindern. Im Osten sieht man das ständig, und ich bin sicher, dass es das im Westen auch gibt. Nehmen Sie zum Beispiel Hillary Clinton. Sie ist sehr prominent und, so könnte man meinen, die Erfüllung eines feministischen Traums. Und doch sind die Leute, die sich ihr am meisten in den Weg stellen, Frauen. Wer ist im letzten Jahrhundert am rigorosesten gegen die Frauenrechtlerinnen vorgegangen? Es war Königin Viktoria. Es ist ein sehr interessantes Phänomen.

Könnten Sie die Unterschiede zwischen der Praxis einer Nonne und einer Yogini etwas detaillierter erklären?

Nun, die Hauptpraktiken für Mönche und Nonnen in einem tibetischen Kloster sind Studium und Ritual. Im tibetischen Zyklus wird, wie auch in Benediktinerklöstern, sehr viel Wert auf Rituale gelegt und auf das gemeinsame Ausführen solcher Rituale. In tibetischen Klöstern trifft man sich mindestens zweimal täglich, und große Teile dessen, was man in katholischen Klöstern als das liturgische Jahr bezeichnet, nimmt die Form von vierundzwanzigstündigen Ritualen an, die eine Woche oder zehn Tage dauern können. Solche Rituale werden über das Jahr verteilt. Das Ausführen von Ritualen ist im tibetischen Buddhismus, so wie er von Tibetern praktiziert wird, sehr wichtig. Auf der anderen Seite liegt der Hauptfokus von Yogis und Yoginis auf der Meditation und den inneren Yogas, der Manipulation von Energien, dem Öffnen der psychischen Kanäle und Ähnlichem. Und obwohl Mönche und Nonnen sich mitunter langen Retreats unterziehen, um solche Praktiken zu üben, sind doch die Yogis und Yoginis die Spezialisten. Sie sind die Profis, sie widmen ihr ganzes Leben diesen Praktiken und haben nicht sonderlich viel zu tun mit dem, was sich in den Klöstern abspielt. Darin liegt der Hauptunterschied.

Warum ist der Buddha immer männlich?

Nun, etwas in mir sagt: „Was für einen Unterschied macht es, ob der Buddha männlich oder weiblich ist?“ Er war ein erleuchtetes Wesen und sein Geist war jenseits von männlich und weiblich. Natürlich gab es die Zeiten hindurch außergewöhnliche Frauen, deren Geist eins war mit dem Buddha. Und natürlich gibt es in der tantrischen Tradition viele weibliche Figuren, wie Tara und Vajrayogini. Vajrayogini zum Beispiel wird als die Mutter aller Buddhas betrachtet. Sie ist das Symbol dieser weiblichen Energie. Und in vielerlei Hinsicht war der Buddha auf eine gewisse Art androgyn. Viele große Lamas haben sowohl männliche als auch weibliche Qualitäten. Sie sind sowohl Vater als auch Mutter.

Tatsächlich bedeutet das Wort „Lama“ so viel wie „hohe Mutter“. „Ma“ ist feminin. Es heißt nicht „La-Pa.“ Und wie Sie wissen, ist der erleuchtete Geist weder männlich noch weiblich. Einmal habe ich meinen Lama, Khamtrul Rinpoche, gefragt: „Warum gibt es nicht mehr weibliche Inkarnationen? Warum kehrst du nicht manchmal als Frau zurück?“ Er sagte: „Meine Schwester hatte viel mehr besondere Zeichen bei ihrer Geburt als ich, und als sie auf die Welt kam, sagten alle, was für ein spezielles Wesen da wohl auf die Welt kommt. Aber als sie sahen, dass sie ein Mädchen war, sagten alle, sie hätten sich da wohl getäuscht. Weil sie weiblich war, wurde ihr keine Chance gegeben. Sie hatte zu heiraten und so weiter. Das war das Problem. Wenn man als Frau zurückkam, hatte man selten die Chance, eine Ausbildung zu erhalten wie ein männliches Kind. Ich denke, dass sich diese Dinge jetzt ändern werden. Das alles heißt aber nicht, dass sie nicht einen wunderbaren Geist hatte und dass sie nicht in der Lage gewesen wäre, den Wesen auf ihre Art und Weise von Nutzen zu sein.“ Man kann den Wesen auf vielerlei Art helfen, nicht nur wenn man auf einem hohen Thron sitzt. Ich bin sicher, dass viele Bodhisattvas eine weibliche Form angenommen haben und so vielen Wesen halfen, aber nicht unbedingt in der strukturierten Form des tibetischen Buddhismus. Ich glaube nicht, dass es einen Unterschied macht, ob der Buddha weiblich oder männlich ist. Für mich transzendiert er beides. Aber wenn es Ihnen hilft, sich weibliche Buddhas vorzustellen, dann ist das in Ordnung.

Würden Sie uns bitte die Geschichte der Frau erzählen, die Seiner Heiligkeit dem Dalai Lama eine hypothetische Vorstellung einer weiblichen buddhistischen Hierarchie gegeben hat?

1992 fand in Dharamsala ein Treffen statt unter dem Titel „Konferenz westlicher buddhistischer Lehrer“. Dieses Treffen dauerte zehn Tage. Vier Tage davon war der Dalai Lama anwesend. Jeden Tag präsentierte jemand ein bestimmtes Thema. Eines Tages stand eine Frau namens Sylvia Wetzel auf, vor dem Dalai Lama und einer ganzen Gruppe tibetischer Lamas. Sie sagte: „Eure Heiligkeit, Ehrenwerte Herren, ich möchte Sie bitten, sich Folgendes vorzustellen. Stellen Sie sich vor, Sie sind Männer und gehen in einen Tempel. Auf dem Altar befindet sich der weibliche Buddha Tara. An den Wänden befinden sich die Thangkas der sechzehn Arhatis, der weiblichen Heiligen. Und dann ein Thangka aller Linienlamas, vom Buddha bis zum heutigen Tag. Natürlich sind alle weiblich. Vor all den Nonnen, auf einem Thron, befindet sich Ihre Heiligkeit die Dalai Lama, die sich immer in weiblicher Form reinkarniert, weil diese Form die höherwertigere ist, die aber trotzdem Mitgefühl für alle Wesen hat. Nun, Sie als Mann haben hinten zu sitzen, hinter all den Nonnen. Aber keine Angst, wir haben trotzdem Mitgefühl mit Ihnen. Und wenn Sie sich sehr anstrengen, dann können Sie auch als Frau wiedergeboren werden." Sie fuhr auf diese Art und Weise fort. Zunächst sagten der Dalai Lama und all die Mönche nur: „Wie bitte?", aber dann begannen sie zu verstehen. Dann brüllten sie vor Lachen, aber sie sahen auch etwas verlegen aus. Es war eine perfekte Demonstration, zeigte sie doch genau, wie Mönche denken.

Als ich die einzige Nonne in einem Kloster mit achtzig Mönchen war, war das ein Gefühl, als ob sie dachten: „Nun, wir mögen dich trotzdem. Und es ist ja nicht deine Schuld, dass du – nun, eigentlich *ist* es deine Schuld, dass du als Frau geboren wurdest. Praktiziere intensiv. Nächstes Mal kannst du dann als Mann zurückkommen und in unser Kloster aufgenommen werden." Ich glaube, keinem kam jemals der Gedanke, dass ich vielleicht überhaupt nicht zurückkommen und dem Kloster beitreten wollte. Aber das ist in Ordnung. Es macht keinen Unterschied. Wir haben den Dharma und wir praktizieren ihn. Und wir sollten dankbar sein, einen menschlichen Körper erlangt zu haben. Ob männlich oder weiblich, ist wirklich irrelevant.

Meine Frage bezieht sich auf Kindererziehung als Praxis. Nachdem meine Tochter geboren worden war, merkte ich, dass ich nicht so praktizieren konnte wie geplant. Leute sagten mir ständig: „Dein Kind ist deine Praxis." Das ist sicherlich richtig. Ich konnte jedoch keinen Meditationslehrer finden, der mir formelle Meditationsanweisungen gegeben hätte. Was wäre Ihr Ratschlag gewesen?

Nun, ich habe niemals ein Kind großgezogen, daher kann ich nur hypothetisch sprechen. Aber ich denke, dass sehr viele Praktiken in das Aufziehen eines Kindes integriert sind. Zunächst das Präsentsein im Augenblick, mit dem Kind sein, das Kind erfahren. Dann haben wir weitere Möglichkeiten wie Freigebigkeit und Geben, und zwar nicht nur Dinge, das kommt wahrscheinlich als Letztes. Das Geben von Zeit, von Aufmerksamkeit und das Praktizieren von Geduld. Dann gibt es Anstrengung und Hingabe, denn man kann ein Kind ja nicht einfach sich selbst überlassen. Wenn Kinder einen verärgern oder man gerade etwas anderes tun möchte, kann man sie nicht einfach vor die Tür setzen wie eine Katze und sie dann vergessen. Man hat sie ständig um sich herum. Selbst wenn sie einmal nicht gegenwärtig sind, denkt man an sie. Und dann sind da natürlich all die Liebe, das Mitgefühl und das Sichsorgen um ein anderes Wesen, mehr als um sich selbst. Und zur gleichen Zeit ist da, frei von Anhaftung, der Lernprozess, die Offenheit zu gestatten, in der ein Kind für sich selbst aufwachsen kann, ohne dass man zu sehr an ihm oder ihr haftet. Es gibt sehr viele Wege, wie man mit einem Kind praktizieren kann.

Ich höre viele Geschichten über berühmte Lehrer, und alle von ihnen sind Männer. Das stimmt mich sehr mutlos und traurig. Seit ich 1986 zum Dharma gekommen bin, habe ich ständig dieses Gefühl. Ich weiß, dass ich darüber hinaus gehen sollte, denn es gibt so viel, was ich im Dharma lernen könnte. Aber das Gefühl ist immer noch da. Wenn ich in einen Schreinraum gehe, mich verbeuge und den Linienbaum sehe, kommt dieses Gefühl einfach in mir hoch und ich frage mich, warum ich als Frau geboren wurde.

Vielleicht weil wir viele große weibliche Praktizierende brauchen. Sie sollten sich also bemühen, in Ihrer Praxis fortzuschreiten und so der weiblichen Linie von Nutzen zu sein. Wenn wir im Westen weibliche Lehrer wollen, dann brauchen wir weibliche Praktizierende. Es liegt also an Ihnen, meine Damen, zu praktizieren und die Früchte ihrer Praxis an andere weiterzugeben. Einen anderen Weg gibt es nicht. Nichts hält Sie davon ab, den Dharma zu realisieren. Und wenn Sie den Dharma realisiert haben, dann können Sie ihn an andere weitergeben. Es gibt keine Abkürzung. Es gibt jetzt viele gute weibliche Lehrer in Amerika. Und in der Zukunft werden es mehr und mehr sein, denn wenn es Drei- oder Sieben- oder Zwölf-Jahres-Retreats gibt, werden viele der Teilnehmer Frauen sein. Wenn diese dann aus dem Retreat herauskommen, könnten sie ein Umfeld schaffen, in dem sie lehren können. Tatsächlich ist jetzt eine sehr gute Zeit für Frauen.

VI
Shamatha oder Ruhiges Verweilen

Wie wir bereits in einem früheren Vortrag besprochen haben, gibt es zwei Arten der Meditationspraxis im Buddhismus. Ihre Bezeichnungen in Sanskrit sind Shamatha und Vipashyana. Shamatha bedeutet „den Geist beruhigen", während Vipash-yana so viel heißt wie „in den Geist schauen". In der Regel wird Shamatha als „ruhiges Verweilen" übersetzt und Vipashyana als „Einsicht". Es bedeutet, klar zu sehen. Es gibt ein traditionelles Beispiel, das den Unterschied zwischen diesen beiden Herangehensweisen an die Meditation illustriert. Stellen Sie sich einen See vor, umringt von Hügeln und schneebedeckten Bergen. Es ist ein klarer Bergsee, der die ihn umgebenden Berge so deutlich widerspiegelt, dass es schwierig sein kann zu unterscheiden, welches der Berg ist und welches seine Reflexion auf der Wasseroberfläche. Wenn der See nun aber von den Elementen aufgewühlt wird, kommt Verschiedenes in Gang. Zunächst wird die Oberfläche unruhig und es ist nicht länger möglich, eine klare Reflexion der Berge zu sehen. Das Bild ist zwar immer noch da, aber es ist verzerrt. Dann ist es wegen der bewegten Wasseroberfläche und der Wellen nicht mehr möglich, in die Tiefe des Sees zu blicken. Nicht nur die Oberfläche ist in Bewegung, auch der Grund des Sees ist aufgewühlt und das Wasser wird dadurch schmutzig trüb und undurchsichtig. Dieser Zustand ist dem unseres Geistes im Alltag, wo er ständig von den Wellen der sechs Sinne aufgewühlt ist, sehr ähnlich.

Die sechs Sinne sind Sehen, Hören, Geruch, Geschmack, Gefühl und Bewusstsein. Durch das, was wir sehen, hören, schmecken oder berühren, wird unser Geist unablässig von Gedanken und Emotionen aufgewühlt. Aufgrund dessen reflektiert unser Geist nicht akkurat, was draußen vor sich geht. Mit anderen Worten, wenn da draußen etwas vor sich geht, interpretieren wir es augenblicklich entsprechend unseren Neigungen und Vorurteilen. Wir sehen die Dinge nicht, wie sie wirklich sind, wir interpretieren sie. Das passiert so automatisch, dass wir uns dieser Tatsache gar nicht bewusst sind. Wenn man mit einer Reihe von Leuten spricht, die denselben Vorgang miterlebt haben, wird ihn jeder von ihnen anders beschreiben.

Die individuelle Natur unseres Erfahrens wird durch unsere bereits existierenden Sichtweisen und Vorurteile bestimmt. Was immer wir an Information erhalten, wird von unseren Sinnesorganen verzerrt, so wie die Oberfläche das Sees von den Elementen verzerrt wird. Wenn wir versuchen, in unseren Geist zu sehen, während er derart aufgewühlt ist, werden wir nicht allzu viel sehen. Alles, was wir sehen, ist das Geplapper, das sich an der Oberfläche abspielt. Wenn wir aber nun wieder den Bergsee betrachten und den Winden gestatten sich zu beruhigen, dann wird auch die Oberfläche langsam wieder ruhig, wie die Oberfläche eines Spiegels. Sie kann dann die Umgebung erneut exakt widerspiegeln. Wenn wir in diesen klaren und friedlichen Bergsee blicken, können wir bis auf den Grund sehen. Wir sehen die Fische darin, die Pflanzen und die Steine am Grund des Sees. Wir sehen sogar die leuchtenden Kiesel auf dem Seegrund. Solche Seen sind derart klar, dass man meinen könnte, sie seien nur wenige Zentimeter tief. Wenn man aber einen Kieselstein hineinwirft, sieht man, wie er langsam bis auf den Grund hinabsinkt. Ähnliches geschieht mit unserem Geist: wenn er nicht mehr von den Winden der sechs Sinne aufgewühlt ist, beruhigt er sich und wird klar.

Wenn der Geist still ist, empfangen wir akkurate Informationen von unseren sechs Sinnen. Wir sehen die Dinge, wie sie wirklich sind, frei von Verzerrung. Mit anderen Worten, wir sehen die Dinge, wie sie sind, bevor wir sie mit all unseren Vorurteilen, persönlichen Neigungen und unserem geistigen Geplapper verzerren. Wir sehen die Dinge klar und nackt. Wenn der Geist still ist, können wir, wenn wir unter die Oberfläche blicken, in den Geist selbst schauen, bis hin zu sehr tief liegenden Ebenen. Der Unterschied zwischen Shamatha und Vipashyana dreht sich um diesen Punkt. Wenn das Wasser des Sees ruhig ist, dann sinkt der Schlamm zwar zu Boden, ist aber nach wie vor da. Das Unkraut ist immer noch da. Jede Aufregung wühlt es wieder auf, der Schlamm kommt wieder an die Oberfläche und das Wasser wird wieder trüb. Ebenso ist es, wenn wir nur die Meditation des ruhigen Verweilens praktizieren und uns in tiefe Ebenen meditativer Versenkung begeben: unser Geist wird außerordentlich klar. Er wird äußerst konzentriert oder einsgerichtet und sehr stark. Aber die grundlegenden geistigen Verunreinigungen sind nach wie vor vorhanden, obwohl sie ruhig geworden sind. Sie schlummern nur so, wie der Schlamm am Grund des Sees.

Durch die Praxis von Shamatha und das Erreichen tiefer Ebenen von Versenkung erscheinen wir äußerlich strahlend. Aber wir haben uns noch nicht mit all den tiefer liegenden negativen Emotionen auseinander gesetzt. Doch wenn sie aufgewühlt werden, drängen diese negativen Emotionen, jetzt da der Geist so viel fokussierter ist, umso stärker an die Oberfläche. Wenn wir frühe indische Epen lesen, wie etwa das *Mahabharata* oder das *Ramayana*, werden wir Geschichten von *Rishis*, Einsiedlern, begegnen, die jahrhundertelang meditiert haben, manche von ihnen Tausende von Jahren lang. Ihr Geist ist vollkommen kontrolliert und äußerst stark. Sie können Jahrhunderte im Zustand sehr tiefer meditativer Versenkung verweilen. Stört oder unterbricht aber jemand ihre Meditation, reagieren sie augenblicklich mit Zorn, ja sogar Rage. Da ihr Geist derart stark ist, kann es geschehen, dass sie von ihrem Dritten Auge Feuer ausstrahlen und den Störenfried zu Asche verbrennen. Es gibt Geschichten, die von Begebenheiten erzählen, in denen sich die Götter vor diesen Rishis ängstigten, weil diese derart unglaubliche geistige Kräfte entwickelten, dass sie befürchteten, von ihnen unterworfen zu werden. Um die Macht eines solchen Rishi zu entschärfen, schickten die Götter einige außergewöhnlich schöne Nymphen, um ihn in Versuchung zu führen. Innerhalb sehr kurzer Zeit waren seine angesammelten Kräfte aufgebraucht. Es war etwa so, als würde man von einem Schnellkochtopf den Deckel herunternehmen.

Die Botschaft ist Folgende: Wenn wir Jahrhunderte in tiefem Samadhi verbringen, ohne Weisheit anzuwenden, kann uns das in eine schwierigere Situation bringen als zu Beginn unserer Praxis. Der Buddha hat dies sehr früh erkannt. Nachdem er den Palast verlassen hatte, suchte er zunächst nach einem Lehrer. Er fand auch einen. Dann, nachdem er alles von diesem Lehrer gelernt hatte, verließ er ihn und ging zu einem anderen. Jeder dieser Lehrer lehrte Formen von Samadhi oder geistiger Versenkung, für Fortgeschrittene bekannt als „die formlosen Bereiche". Während dieser Meditationen durchläuft der Geist unzählige Ebenen von Bewusstsein, bis er in einen Zustand gelangt, der weder Wahrnehmung noch Nicht-Wahrnehmung ist, und schließlich eine Ebene erreicht, auf der es absolut nichts mehr gibt. Beide Lehrer lehrten, dass dieser Zustand die Befreiung ist. Der Buddha praktizierte diese Methoden und erreichte diese Ebenen sehr bald. Er erkannte jedoch, dass es sich hier nicht wirklich um Befreiung handelte. Wir müssen von dort wieder herunterkommen. Ein solcher Zustand ist sehr subtil und stellt eine sehr hohe geistige Entwicklung dar, was wiederum eine Wiedergeburt auf einer extrem hohen Bewusstseinsebene zur Folge haben kann, aber es ist nicht die Befreiung.

Nachdem der Buddha diese Lehrer und ihre Praktiken aufgegeben hatte, praktizierte er einige Jahre lang Askese. Aber auch dies brachte in nicht ans Ziel. Dann fragte er sich: „Wo ist diese Befreiung? Worin liegt Befreiung?" Er erinnerte sich daran, wie er als Kind während eines Frühlingsfestes seinen Vater beim rituellen Pflügen eines Feldes beobachtet hatte. Er hatte unter einem Holzapfelbaum gesessen und war ganz still in die erste Ebene meditativer Versenkung eingetreten. Aus diesem Zustand heraus hatte er seine Aufmerksamkeit auf den Geist selbst gerichtet. Als er Jahre später unter dem Bodhibaum saß, erkannte er, dass darin der Weg zur Befreiung liegt. Er hatte einen uralten Pfad wiederentdeckt, der vor unserem Blick verborgen ist, und war zurückgekommen, um diesen Pfad wieder freizulegen. Das war der Pfad von Vipashyana, der Pfad der Einsicht, über den ich später sprechen werde. Es ist wichtig zu verstehen, dass Shamatha die Vorbereitung und die Grundlage für Vipashyana ist.

Was ist Shamatha? Ein großer Lama hat einmal zu mir gesagt, dass wir den ganzen Dharma in unserer Hand halten, wenn wir eine starke Shamathapraxis unser Eigen nennen können. Wenn wir Shamatha jedoch nicht entwickeln, dann wird auch keine andere Praxis jemals wirklich effektiv sein. Das klingt sinnvoll. Was immer wir mit abgelenktem Geist tun, ist kraftlos, es wird einfach nicht funktionieren. Wenn wir etwas studieren, müssen wir unseren Geist einsetzen. Ob wir einen Brief schreiben, am Computer arbeiten, was auch immer, wir müssen unseren Geist vollkommen darauf konzentrieren. Auf einer grundlegenden Ebene ist Shamatha genau das. Mit vollkommener Aufmerksamkeit tun, was immer wir tun, und nicht gleichzeitig über etwas anderes nachdenken. Wenn wir unseren Geist vollständig auf das konzentrieren, was wir gerade tun, dann wird es sehr schnell sehr effektiv. Wenn wir dagegen nur halb bei der Sache sind, schaffen wir nur einen inneren Konflikt, egal wie intensiv wir an etwas arbeiten.

Bevor wir mit dem Praktizieren beginnen, ist es sehr wichtig, dass wir uns motivieren. Sonst fängt der Geist an sich zu langweilen und ist leicht ablenkbar, wenn der anfängliche Enthusiasmus dahin ist. Aus genau diesem Grunde wird Leuten, die mit der Shamathapraxis beginnen, geraten, zunächst sehr kurze Sitzungen zu machen. Wir müssen geschickt vorgehen und *mit* unserem Geist arbeiten, nicht gegen ihn. Es gibt zwei Methoden, um dies anzugehen. Die eine ist, eine Stunde oder vielleicht sogar zwei oder drei Stunden einfach nur zu sitzen und „bei uns" zu sein. Egal was passiert, egal was sich in unserem Geist abspielt, wir springen nicht auf und rennen schreiend aus dem Raum. Wir sitzen einfach da und ziehen es durch. Die andere Methode ist, zu sich selbst zu sagen: „Lasst uns gut sein zu unserem Geist. Lasst uns mit ihm arbeiten." Schließlich müssen wir unseren Geist dahin bekommen, dass er sich wirklich konzentrieren will. Wenn wir ein Buch lesen, das fürchterlich langweilig ist, werden wir uns nur schwer daran erinnern, worum es darin geht. Da wird dieser innere Konflikt sein – das verzweifelte Bestreben des Geistes, alles mögliche Andere zu tun, um sich nur ja nicht mit dieser Materie beschäftigen zu müssen. Die Lektüre wird uns dadurch sehr schwer gemacht. Da bin „Ich" und da ist dieses Buch, das ich mich zwinge zu lesen. Wenn wir jedoch etwas lesen, was uns wirklich fasziniert, dann sind wir uns der Tatsache, dass wir lesen, kaum bewusst, denn es ist uns eine wahre Freude, dies zu tun. Nur mit widerstrebendem Bedauern legen wir das Buch beiseite und können es kaum erwarten weiterzulesen. Mit unserer Praxis können wir Ähnliches erreichen. Manche Leute erzählen mir, dass ihr Geist sehr aktiv und geschult sei, und dass es daher sehr langweilig für sie sei zu meditieren. Das Problem haben viele.

Die Art und Weise, wie man den Geist bei Laune hält, besteht, wie ich bereits sagte, darin, die Meditationssitzungen zunächst sehr kurz zu halten. Der Grund dafür liegt in der Fähigkeit des Geistes, ein gewisses Interesse für fast alles eine kurze Weile aufrechtzuerhalten. Wenn wir aber übertreiben, wird der Geist unruhig. Der Geist wird selbst dann unruhig, wenn er weiterhin interessiert ist, denn er ist es nicht gewöhnt, längere Zeit auf einen bestimmten Punkt fokussiert zu sein. Versuchen wir dann später erneut zu meditieren, spüren wir einen inneren Widerstand, weil der Geist sich daran erinnert, wie er sich beim letzten Mal gelangweilt hat. Wenn wir aber mit dem Meditieren aufhören, ehe der Geist sich zu langweilen beginnt, noch während es ihm Spaß macht, erinnert er sich beim nächsten Mal daran und möchte es wieder tun. Daher wird oft dazu geraten, zumindest in der tibetischen Tradition, die Shamathasitzungen kurz zu halten, aber oft zu wiederholen. Kurz heißt hier: ein Zeitraum, der uns angenehm ist. Weniger als zehn Minuten ist allerdings wenig nützlich. Zwanzig Minuten sind wohl in etwa angemessen. Es dauert ungefähr zehn Minuten, bis der Geist sich beruhigt. Wenn wir die Sitzung beenden, wenn der Geist gerade erst ruhig geworden ist, dann ist das zu früh. Wenn wir sie allerdings ausdehnen, bis unser Geist den Gipfel der Konzentration bereits überschritten hat, dann war die Sitzung zu lang. Es ist wirklich das Beste, die Meditation zu beenden, wenn wir uns genau auf dem Gipfel der Konzentration befinden, also bevor der Geist ermüdet. Stellen wir fest, dass der Geist zu ermüden beginnt, können wir einige Minuten pausieren und dann erneut beginnen.

Ein einsgerichteter Geist kann mit einem breiten Lichtstrahl verglichen werden, der so scharf fokussiert wird, bis daraus ein Laserstrahl wird. Dieser Laserstrahl kann, wenn er schließlich nach innen gerichtet wird, durch viele Schichten des Geistes schneiden. Wenn das Licht gestreut ist, beleuchtet es nur die Oberfläche, ohne in die Tiefe durchzudringen. Tatsächlich versuchen wir nur Qualitäten zu entwickeln, die unserem Geist immanent sind. Wir alle haben die Fähigkeit zur Konzentration. Wir alle haben die Begabung oder das Talent für Ruhe und Gelassenheit. Wir alle verfügen über eine gewisse Erfahrung darin. Wenn wir etwas tun, was uns wirklich interessiert, dann ist es nicht schwierig, sich zu konzentrieren. Man betrachte nur einmal Leute, die sich ein Fußballspiel ansehen oder einen guten Film. Man muss ihnen nicht erst sagen, dass sie sich konzentrieren sollen. Der Schlüssel liegt darin, diese Fähigkeit des Geistes, die wir alle besitzen, zu entwickeln und anzuwenden, wann immer wir wollen und in welcher Art auch immer wir wollen. Beim Meditieren geht es darum, den Geist zu trainieren. Wenn wir beginnen, unseren Körper zu trainieren, bekommen wir zunächst einen Muskelkater und es fällt uns schwer weiterzumachen. Bleiben wir aber beharrlich, indem wir täglich ein wenig trainieren, dann beginnen unsere Muskeln zu wachsen und stark zu werden. Wir stellen fest, dass wir Dinge zu tun in der Lage sind, die wir noch vor kurzem nicht für möglich gehalten hätten. Niemand hat sich jemals hingesetzt und augenblicklich begonnen zu meditieren, nicht einmal der Buddha. Jeder sieht sich mit Schwierigkeiten konfrontiert, wenn er mit dem Sitzen beginnt. Wir alle sehen uns zunächst einem wilden, undisziplinierten Geist gegenüber.

Manche Leute beschweren sich darüber, dass ihr Geist gestört oder unruhig wird, wenn sie meditieren. Sie sehen sich von geistigem Geplapper, Erinnerungen und dergleichen mehr überschüttet. Und sie glauben, das sei ein Problem, dem nur sie ausgesetzt seien. Tatsächlich aber haben wir alle dieses Problem. Jeder Einzelne von uns. Diejenigen, die Erfolg haben, sind nicht unbedingt spirituelle Genies. Aber sie sind diejenigen, die über Geduld und Ausdauer verfügen. Diese beiden Qualitäten sind notwendig, um in der Meditation fortzuschreiten. Seit dem Tag unserer Geburt, und höchstwahrscheinlich viele vergangene Lebenszeiten hindurch, gab es diese seltenen Augenblicke, in denen wir versucht haben, unseren Geist zu zähmen. Im Allgemeinen werden wir nicht dazu ermutigt.

Unser Geist wird seit langem übersättigt von den Informationen, die ihm die Sinne liefern, und von allen möglichen Arten intellektueller Stimulation. Wenn wir uns hinsetzen und versuchen, den Geist zu beruhigen, alles Denken sein zu lassen und uns auf einen einzigen Punkt zu konzentrieren, dann stellt sich dies natürlich nicht sofort ein. Es geschieht auch nicht einfach deshalb, nur weil wir es uns wünschen. Sehr oft stellen Anfänger fest, dass ihr Geist sogar unruhiger ist als sonst. Wir mögen denken, es sei schlimmer als je zuvor. Das liegt daran, dass wir uns des ganzen Geplappers normalerweise nicht bewusst sind. Wenn wir uns dann hinsetzen und damit umzugehen versuchen, treffen wir auf Widerstand. Jeder hat damit zu kämpfen. Das ist jetzt so und war zur Zeit des Buddha nicht anders. Es war fünftausend Jahre vor dem Buddha so und auch zehntausend Jahre davor. Wenn wir nicht jene Probleme haben, dann haben wir andere. Das ist der Grund, warum wir enorme Geduld aufbringen müssen. Wenn wir geduldig sind und einfach weitermachen, wird sich das schließlich auszahlen.

Wie fangen wir an? Es gibt viele Methoden, diesen einsgerichteten Geist zu erlangen. Alle funktionieren. Der Buddha selbst hat viele verschiedene Techniken gelehrt, abhängig von der Persönlichkeit des Schülers. Es macht wirklich keinen Unterschied: Alles, was dazu geeignet ist, unseren Geist einsgerichtet und konzentriert zu machen, ist nützlich. Ich werde zwei oder drei Methoden erläutern, um Ihnen eine Vorstellung davon zu vermitteln. Die am häufigsten angewandte traditionelle buddhistische Praxis, egal ob es sich dabei um Theravada, Zen, tibetischen oder chinesischen Buddhismus handelt oder um irgendeine andere Tradition, ist das Gewahrsein des Atems beim Ein- und Ausatmen. Wir sprechen darüber, weil es die Methode ist, die der Buddha selbst angewandt hat und durch die er Erleuchtung erlangte. Sie ist für jede Persönlichkeit geeignet und kann in jeder Lebenslage angewandt werden. Es gibt viele Variationen dieser Praxis. Ich werde hier nur eine einfache Variation erläutern. Viele Leute lehren, dass wir uns auf das Ein- und Ausatmen konzentrieren sollen. Wir stellen uns dabei vor, dass man sich von seinem Atem distanzieren und ihn dann betrachten soll. In Wirklichkeit aber müssen wir eins werden mit unserem Atem, mit dem Ein- und Ausatmen, frei von Unterscheidung zwischen Selbst und Atem.

Eines der Probleme, dem wir Westler beim Meditieren begegnen, ist die Tatsache, dass wir zum einen ein Meditationsobjekt haben und zum anderen uns selbst, die wir versuchen, auf dieses Objekt zu meditieren. Von Anfang an nehmen wir diese Zweiteilung vor. Da bin ich, und da ist die Praxis, und ich werde diese Praxis jetzt ausführen. Es ist wie zwei Berge, die sich gegenüberstehen. Und dann wundern sich die Leute, dass sie keine Fortschritte machen. Es ist notwendig, die Grenze zwischen Subjekt und Objekt aufzuheben. Mit anderen Worten, wir selbst müssen die Meditation werden. Sobald dies der Fall ist, stellen sich die Resultate augenblicklich ein, denn der Geist wird dann eins mit dem Objekt. Wenn wir den Geist von der Praxis getrennt halten, werden die beiden niemals zusammenkommen, egal wie lange wir es versuchen.

Wenn wir eine Praxis ausführen, in die der Atem explizit einbezogen ist, sollten wir jeden Gedanken über den Atem fallen lassen. Wir sind der Atem, den wir einatmen, und wir sind der Atem, den wir ausatmen. Es besteht keine Trennung. Sobald wir dies tun können, werden wir die Ebene von Frieden, Gelassenheit und Einsgerichtetheit sehr schnell erreichen. Die Bedeutung, einsgerichtete Konzentration zu entwickeln, liegt darin, dass der Geist sehr geschmeidig wird. Manche Leute behaupten, dass ein einsgerichteter und konzentrierter Geist starr und steif wird. Das ist eine merkwürdige Vorstellung. Tatsächlich ist es so, dass ein vollkommen konzentrierter Geist, der völlig eins mit dem Subjekt geworden ist, mit dem er sich beschäftigt, weich und fließend wird. Wenn man möchte, dass der Geist dieses denkt, dann denkt er dieses. Wenn er jenes denken soll, denkt er jenes. Er ist wie ein Körper. Wenn ein Körper steif ist, kann er brechen. Wenn er aber geschmeidig ist, kann er nicht so leicht verletzt werden, selbst durch einen Unfall nicht. Ebenso ist ein geschmeidiger und biegsamer Geist in der Lage, selbst mit extremen Traumata und Schwierigkeiten fertig zu werden. Ein steifer und rigider Geist zerbricht.

Wir müssen einen Geist entwickeln, der gelassen, einsgerichtet und gezähmt ist. Wenn wir dann diesen Geist nehmen und auf die eine oder andere Praxis anwenden, kann er sich leicht anpassen und wir sehen bald Ergebnisse. Wir können eine Million Jahre lang Mantras rezitieren, wenn unser Geist nicht einsgerichtet ist und nicht völlig in dem aufgeht, was wir gerade tun, dann wird es wirkungslos bleiben. Wenn unser Geist aber vollkommen in die Praxis vertieft ist, dann können bereits einige wenige Mantras sehr effektiv sein. Zuerst müssen wir also lernen, wie wir unseren Geist nutzbar machen. Die Tibeter benutzen den Ausdruck *le su rung wa*, der genau dies bedeutet – nutzbar. Der Geist soll deswegen nutzbar werden, damit er fähig ist, alles, womit wir ihn konfrontieren, mit Leichtigkeit zu meistern. Das ist es, wozu Shamatha da ist. Es ist nicht das Ziel selbst. Das Ziel buddhistischer Meditation ist es nicht, friedlich oder glücklich zu werden oder vielleicht einfach nur konzentriert. Wenn wir aber über einen friedlichen, konzentrierten, geschmeidigen Geist verfügen, können wir ihn als Instrument nutzen, um Weisheit, Mitgefühl und Verständnis zu entwickeln. Shamatha zu praktizieren heißt zu lernen, wie man den Geist nutzt. Wir alle wollen friedlich, glücklich, mitfühlend und gütig sein, sehen uns aber statt- dessen beunruhigt, aufgeregt, gestresst, ungeduldig und frustriert. Wir alle besitzen das Potential zu einem friedlichen, glücklichen, geduldigen und weisen Geist. Aber wir haben dieses Potential bisher nicht angewandt. Shamatha arbeitet auf ebendiese Weise mit dem Geist. Es macht den Geist formbar, sodass wir ihn nutzen können um Nutzen für uns selbst und andere herbeizuführen. Aber es dauert seine Zeit.

Wenn wir uns wirklich anstrengen, kann es außerordentlich hilfreich sein. Wenn wir ein Geräusch hören, ist es nur ein Geräusch, man lässt es gehen. Wenn Gedanken erscheinen, sind es nur Gedanken, Wellen im Ozean des Geistes, man lässt sie einfach gehen. Man gibt ihnen keine Energie. Der wichtigste Punkt bei der Praxis von Shamatha ist, nicht neugierig zu sein. Neugier gehört zur Meditation der Einsicht. Zuerst konzentrieren wir uns nur darauf, unseren Geist zu beruhigen und Einsgerichtetheit zu erreichen. Wenn wir uns vom Inhalt unseres Geistes faszinieren lassen, werden wir davon nur abgelenkt. Also lassen wir das. Für den Augenblick ist nichts auf der Welt wichtiger, als eins zu werden mit dem Atem. Das ist alles.

Shamatha zu praktizieren, selbst nur für kurz Zeit, wird uns gut tun. Wenn der Geist beginnt, unruhig zu werden, können wir unsere Augen öffnen, etwas umherschauen und dann zur Meditation zurückkehren. Der Geist beginnt langsam zu verstehen und wir können mit der

Übung fortfahren. Er beginnt sich daran zu erinnern, dass er während der Meditation nichts weiter zu tun hat, als beim Ein- und Ausatmen zu sein. Wir sind intelligente Wesen und unser Geist kann lernen. Im Augenblick lernt unser Geist, wie man am besten abgelenkt ist, wie man denkt, wie man intellektualisiert, wie man rationalisiert. Der Geist hat sehr viel Übung in der Kunst des Plapperns. Nun muss er umprogrammiert werden. Das braucht Zeit und Geduld, aber es ist möglich. Wenn der Geist erst einmal beginnt, Frieden und Ruhe zu erfahren und zu schätzen, dann entwickelt er seinen eigenen Enthusiasmus, vorausgesetzt, wir treiben ihn nicht zu sehr an.

Einer der Vorteile dieser Meditation auf den Atem ist die Tatsache, dass wir den Atem immer bei uns haben. Wir atmen ständig. Also selbst im Alltag, vor allem wenn wir uns gestresst fühlen, können wir unsere Aufmerksamkeit auf den Atem zurückbringen. Wir müssen nicht darüber nachdenken, wir brauchen nichts Spezielles damit zu tun. Wir müssen uns nicht entscheiden, ob es nun schöner oder hässlicher Atem ist. Wir atmen uns einfach aus und dann atmen wir uns wieder ein. Wir können das den ganzen Tag lang tun. Den ganzen Tag lang haben wir zahllose Gelegenheiten, um uns dahin zurückzubringen und uns so immer wieder zu zentrieren. Dafür sollten wir dankbar sein.

Eine andere Methode, Einsgerichtetheit zu erreichen, ist es, dem Geist ein Menge zu tun zu geben, anstatt ihn zu leeren. Tibeter machen das besonders gern. Ich persönlich halte die Methode des Leerens für Westler für geeigneter, sammelt unser Geist doch sowieso ständig Unmengen von Unrat an. Es tut gut, einiges davon wegschaffen zu können. Wir können uns unseren Geist als Sperrmüllhaufen vorstellen und dann damit beginnen, diesen Müll langsam zu entsorgen. Diese andere Methode nun macht unser Denken extrem kompliziert, wenn auch auf sehr disziplinierte Art und Weise. Im tibetischen Buddhismus beinhaltet sie die Visualisierung von äußerst komplexen Mandalas, Gottheiten, Lichtern, Mantras und so weiter. Das nimmt die Aufmerksamkeit des Geistes derart in Anspruch, dass ihm kein Raum für Ablenkung mehr bleibt.

Ich erinnere mich an eine Praxis, bei der ich einhundertvierundzwanzig Gottheiten zu visualisieren hatte, alle in Vereinigung mit einer Gefährtin, alle mit sechs Armen und drei Köpfen. Keine war wie die andere. Sie alle hielten verschiedene Dinge in den Händen. Die Gefährtinnen hatten alle andere Farben als ihre Partner. Und all das hatte man sich zwischen Scheitelpunkt und Haaransatz vorzustellen. Zur gleichen Zeit sollte man sie sich im Herzen einer kleinen Gottheit vorstellen, die man wiederum im eigenen Herzen visualisierte. Alle einhundertvierundzwanzig Gottheiten zur gleichen Zeit. Das sind dann tatsächlich zweihundertachtundvierzig. Als ich schließlich zu meinem Lehrer ging, schielte ich. Er sagte, ich solle versuchen, diese Gottheiten so klar wie möglich zu sehen. „Wenn du sie klar visualisieren kannst", sagte er, „wird dein Geist sehr weit und klar." Anderen gab er die Anweisung, sie sollten sich all das nur sehr vage und allgemein vorstellen, aber ich gehörte nicht zu diesen Glücklichen. Mir wurde gesagt, ich sollte alles klar sehen. Also versuchte ich es wirklich. Ich erinnere mich, wie ich mich in dieses vollkommen unmögliche Unterfangen stürzte, diese unendlichen Mandalas auf einem Raum von der Größe eines Stecknadelkopfes zu sehen. Natürlich wurde mein Geist von diesem Vorhaben völlig in Anspruch genommen. Dieser Versuch gab mir sehr viel Energie. Ich würde nicht sagen, dass mein Geist sehr weit und klar wurde, aber es entwickelte sich eine Art von Klarheit. Das wäre also eine der anderen Methoden. Man kann den Geist entweder vollkommen beanspruchen oder ihn völlig leeren. Für die einen ist die eine Methode die bessere, für die anderen die andere. Manchmal ist es gut, die Methoden abwechselnd anzuwenden. Tibeter tun das für gewöhnlich. Wir werden das etwas eingehender besprechen, wenn wir uns mit dem Vajrayana beschäftigen.

Im Augenblick beschäftigen wir uns mit den direkteren Methoden von Shamathapraxis. Wie bereits gesagt, das Wichtigste ist, zu verstehen, warum wir all dies tun. Natürlich wollen wir alle friedlicher sein und glücklich, und das ist keine schlechte Motivation, um Meditation zu erlernen. Aber es ist nicht die ultimative Motivation. Die ultimative Motivation ist es, Erleuchtung erlangen zu wollen. Erleuchtet zu sein heißt, unser unendliches Potential für Weisheit, Mitgefühl, Reinheit und Kraft, im Sinne von nicht endender Energie, freizulegen. Wir besitzen das alles bereits. Der Weg dorthin liegt in der Meditation.

Warum wollen wir weise und mitfühlend sein? Wenn es uns einfach nur darum geht, weise und mitfühlend um ihrer selbst willen zu sein, dann sind wir auf dem falschen Kurs, denn das „Ich" kann Weisheit und Mitgefühl nicht erlangen. Weisheit und Mitgefühl können nur zutage treten, wenn das „Ich" verschwunden ist. Wenn wir diese Stufe erreicht haben, werden wir in der Lage sein, anderen zu nutzen. In der Zwischenzeit sind wir wie der Blinde, der versucht, andere Blinde zu führen. Alle wahren Religionen versuchen einen Zugang zu der Bewusstseinsebene zu finden, die nicht egogebunden ist. Im Buddhismus nennen wir diese Ebene das Unkonditionierte, das Ungeborene, das Todlose. Man kann es nennen, wie man will. Man kann es Atman nennen oder Anatman. Man kann es Gott nennen. Tatsache ist, dass es da eine subtile Ebene von Bewusstheit gibt, die der Kern unseres Wesens ist. Diese Ebene befindet sich jenseits unseres gewöhnlichen, konditionierten Geistes. Wir alle können das erfahren. Manche Menschen erfahren es durch rituelle Handlungen, andere durch Hingabe. Manche glauben sogar, es durch Analyse und intellektuelle Disziplin erfahren zu können. Buddhisten versuchen in der Regel durch Meditation einen Zugang zu erlangen. Das ist es, was wir tun. Wir brechen durch zum Unkonditionierten, um anderen den Durchbruch zum Unkonditionierten zu ermöglichen. Aber wir müssen da beginnen, wo wir gerade sind. Genau hier. Wir beginnen mit diesem Geist, diesem Körper, diesen Problemen, diesen Schwächen und diesen Stärken.

Wir sind alle einzigartig, und doch sind die uns zugrunde liegenden Qualitäten verblüffend ähnlich. Wenn die Leute sitzen, sehen sie sich zwei Problemen gegenüber. Entweder werden sie extrem abgelenkt, oder sie werden schläfrig und faul. Wenn unser Geist zu aktiv wird, und das ist ein kontinuierliches Problem, dann wird uns in der Regel geraten, ihn zu beruhigen. Dazu sollen wir in einem warmen Raum sitzen, unsere Augen schließen, schwereres Essen zu uns nehmen und weitere Methoden anwenden, die den Geist in einen Zustand größerer Entspanntheit versetzen. Die Essenz der Meditation ist es, einen Geist hervorzubringen, der vollkommen entspannt ist – und zur gleichen Zeit völlig gewahr. Wenn man in einen wunderschönen, träumerischen Zustand gelangt, in dem man sich überhaupt nicht bewegen will, und man sich fühlt, als könne man stundenlang so sitzen, voll Freude und Frieden, aber in einem vagen Nebel, dann ist man völlig vom Weg abgekommen. Es ist sehr einfach, das zu tun. Es fühlt sich sehr angenehm an. Manche Leute glauben sogar, sie nähern sich einer Art von Samadhi an, aber in Wirklichkeit ist dieser Zustand als geistige Stumpfheit bekannt.

Wenn der Geist abgelenkt ist, müssen wir lernen, ihn zu entspannen. Man sollte einfach daran denken, alles sein zu lassen, und den Blick senken. Auch soll es helfen, eine Kleinigkeit zu essen. Das erdet den Geist, weil sich Blut im Bauch sammelt, anstatt ins Gehirn aufzusteigen. Werden wir dagegen leicht schläfrig, sollten wir an einem etwas kühlen Ort sitzen, die Augen geöffnet halten und sehr leicht essen. Mitunter hilft es auch, in den Raum zu starren. Wenn der Geist abgelenkt ist, kann man sich einen schwarzen Fleck auf dem Unterleib vorstellen. Die Farbe Schwarz stumpft den Geist etwas ab. Den Geist auf den Unterleib zu konzentrieren hat auch zur Folge, dass er stabiler wird. Wenn der Geist zu schläfrig ist, kann man sich ein weißes Licht im Zentrum der Stirn vorstellen. Das weckt und erhellt den Geist. Ich kannte jemanden, der während der Meditation ständig mit Schläfrigkeit zu kämpfen hatte. Er behob das Problem, indem er sich zum Meditieren auf die Kante einer Brunnenmauer setzte. Schon sehr bald fühlte er sich nicht mehr schläfrig! Selbst Milarepa wurde leicht schläfrig. Er stellte sich dann eine brennende Butterlampe auf den Kopf. Eine Freundin von mir meditierte mit einer mit Wasser gefüllten Schale auf dem Kopf. Das macht die Haltung gerader und reduziert die Wahrscheinlichkeit umzukippen.

Das Wichtigste ist, dass der Geist entspannt ist und doch aufmerksam. Wenn man feststellt, wie der Geist immer wacher und immer aufmerksamer wird, ist es, als entfalte sich etwas in uns. Es ist, als würden wir aufwachen und uns viel leichter und offener fühlen. Man befindet sich dann auf dem richtigen Weg. Schließlich geht es um Aufwachen. Das Wort Buddha heißt „Der Erwachte". Anandamayi Ma, eine große Hinduheilige aus Bengalen, sagte, es mache keinen Unterschied, welche Stufe von Meditation man erreiche. Wenn man kein klares Gewahrsein habe, sei es der falsche Zustand. Es geht darum, dieses Gewahrsein, Bewusstsein oder Wissen aufrechtzuerhalten. Das ist außerordentlich wichtig bei der Meditation.

Wir müssen ein Gleichgewicht entwickeln. Der Buddha sagte, wenn man ein Saiteninstrument nimmt und die Saiten zu stramm spannt, dann klingt das Instrument sehr hart und die Saiten mögen sogar reißen. Sind die Saiten dagegen zu locker, entsteht überhaupt kein Klang. Man muss seinen Geist stimmen, wie man ein Instrument stimmt. Nicht zu fest und nicht zu locker, sondern gerade richtig. Ausgewogen. Es ist, als stünde man auf einem Surfbrett. Wenn man zu angespannt oder zu locker ist, fällt man herunter. Man muss ausbalanciert sein. Hat man diese Balance gefunden, dann spielt es keine Rolle, wie hoch die Wellen sind. Mit dem Geist verhält es sich genauso. Wir müssen diesen Zustand der Ausgewogenheit erreichen.

Es ist ebenfalls sehr wichtig eine feste Zeit zum Meditieren zu haben. Ich kann das jetzt nicht vertiefen. Ich spreche nicht über Shamatha aus dem Blickwinkel der Praxis jedes Einzelnen, denn jeder kann zu einem Lehrer gehen und die Methoden erlernen. Dies soll nur eine generelle Übersicht darstellen. Es ist jedoch wichtig, eine bestimmte Zeit und einen bestimmten Ort zum Meditieren zu haben. Wir sind Gewohnheitstiere. Wenn wir jeden Tag dasselbe tun, entwickeln wir schnell eine Gewohnheit. Wir stehen morgens auf, wir gehen ins Bad, wir machen unsere Praxis. Wir setzen uns hin und zünden vielleicht ein Räucherstäbchen an. Sehr bald fängt der Geist an, sich zu erinnern, dass dies die Zeit zum Meditieren ist. Er kommt schnell zur Ruhe, denn er erinnert sich daran, was zu tun ist. Wenn wir die Zeit zum Meditieren ständig ändern, müssen wir auch den Geist ständig daran erinnern, was wir von ihm wollen, und es dauert länger, bis er zur Ruhe kommt. Zumindest am Anfang ist das so. Wir sollten versuchen, in einen Rhythmus zu kommen. Selbst wenn man nur zehn Minuten zum Meditieren hat, ist es gut, dies zu einer festgelegten Zeit zu tun.

Am frühen Morgen, wenn möglich gleich nach dem Aufstehen, sollte man wenn möglich zehn Minuten sitzen oder auch zwanzig. Vielleicht auch eine halbe Stunde oder Stunde, solange wie man eben dafür erübrigen kann. Es ist gut, den Tag damit zu beginnen, sich zu zentrieren. Bringen Sie den Geist erst in den Raum, dann in den Körper. Stellen Sie erst die Verbindung mit dem Körper her, dann mit dem Ein- und Ausatmen. Es spielt keine Rolle, welche Religion man praktiziert oder ob man überhaupt einer anhängt. Das hat damit nichts zu tun. Es geht darum, mit seinem Geist klarzukommen. Ebenso ist es gut, vor dem Schlafengehen eine Weile zu sitzen und, wenn wir die Zeit dazu haben, den Tag Revue passieren zu lassen. Wie gewahr waren wir während des Tages? Wie gütig waren wir? Was haben wir Gutes getan? Was haben wir getan, das eventuell nicht so gut war? Wir bewerten nicht, sondern betrachten nur. Was haben wir tatsächlich mit dem Tag gemacht? Dann fassen wir den Entschluss, es am nächsten Tag besser zu machen. Wir beschließen, mehr gewahr zu sein, aufmerksamer und bewusster, gütiger, geduldiger. Und dann sitzen wir einfach eine Weile mit dem Atem. Fünf Minuten oder zehn, sind einfach nur mit dem Ein- und Ausatmen. Wir leeren unseren Geist, lassen alles von uns fallen. Wir sind einfach nur präsent.

Wir müssen uns fragen, was wir mit unserem Leben anfangen. Was tun wir mit unseren Tagen? Was mit den Stunden? Und was tun wir mit diesem Augenblick? Niemand hält uns davon ab, zu meditieren. Niemand hindert uns daran, ein Buddha zu werden. Wir behindern uns nur selbst. Grundsätzlich beschäftigen wir uns mit Praktiken, bei denen sich alles um den Geist dreht, denn schließlich ist alles letztlich Geist. Ob wir glücklich oder unglücklich sind, ob wir ruhig oder aufgeregt sind, nichts davon ist da draußen. Es ist in uns. Die Welt können wir nicht verändern, aber wir können unsere Einstellung der Welt gegenüber ändern. Sobald wir uns also verändert haben, hat das Auswirkungen auf alles um uns herum.

Als ich einmal in der Schweiz war, verbrachte ich einige Zeit mit katholischen Mönchen und Nonnen, Jesuiten und anderen. Sie haben eine große Institution in Zürich. Der Gründer dieser Institution und auch die Leute, die mit ihm arbeiten, die Nonnen und Mönche, haben viele Jahre in Japan verbracht und dort den Zenbuddhismus studiert. Jetzt sind sie, seit vielen Jahren bereits, in Zürich. Sie sind sehr bekannt in der Schweiz. Ursprünglich waren sie im Bereich Menschenrechte aktiv, haben Drogenabhängigen geholfen und Leuten von der Straße. Aber jetzt liegt ihre Hauptbeschäftigung darin, Wirtschaftswissenschaftler, Politiker, Bankmanager und etliche Spitzenkräfte der Vereinten Nationen und ähnlicher Organisationen Meditation zu lehren. Sie glauben, dass gerade diese Leute lernen sollten, Zugang zu ihrem Weisheitsgeist, ihrer Klarheit und ihrem inneren Frieden zu finden, kontrollieren doch ebendiese Leute die Weltwirtschaft und die Weltpolitik und können daher enorm viel Gutes tun. Ich fragte sie, wie erfolgreich ihr Programm sei, und sie sagten, der Erfolg übersteige ihre kühnsten Träume. Die Mönche und Nonnen organisieren Kurse und Seminare, die von Hunderten von Leuten besucht werden. Diese Leute haben ein enormes Interesse daran, Meditation zu erlernen, selbst wenn es ihnen nur darum geht, Stress abzubauen und einen friedlicheren Geist zu entwickeln. Das ist aber keineswegs als rein egoistische Intention zu betrachten, die nur dem Individuum hilft. Es hat enormen Nutzen. Solange wir in unserer Unwissenheit gefangen sind, in unserer Gier und Wut, solange verunreinigen wir alles, was wir anfassen. Wenn wir die Welt retten wollen, müssen wir zuerst uns selbst retten.

Jetzt würde ich gern fünfzehn Minuten mit Ihnen still sitzen. Wenn Ihr Geist abgeschweift ist, bringen Sie ihn in diesen Raum zurück. Dann bringen Sie ihn zurück in Ihren Körper. Wenn Sie körperliche Wahrnehmungen feststellen, nehmen Sie diese einfach nur zur Kenntnis. Versuchen Sie nicht zu beurteilen, ob Sie diese Wahrnehmungen mögen oder nicht. Verweilen Sie einfach nur im Wissen um ihre Präsenz. Fühlen Sie Ihren Körper. Wenn Sie im Fühlen Ihres Körpers ruhen, bringen Sie Ihre Aufmerksamkeit auf das Ein- und Ausatmen. Seien Sie eins mit dem ein- und ausströmenden Atem. Versuchen Sie den Atem nicht zu beeinflussen. Wir werden einfach eins mit dem Atem, erfahren ihn, wie er ein- und ausströmt. Wenn im Geist Gedanken erscheinen, ist das kein Grund zur Beunruhigung. Es liegt in der Natur des Geistes, Gedanken zu haben. Geben Sie ihnen keine Energie. Verstricken Sie sich nicht in ihnen. Ignorieren Sie die Gedanken. Wenn Leute versuchen, unsere Aufmerksamkeit auf sich zu lenken, von uns aber ignoriert werden, geben sie in der Regel irgendwann auf und gehen weg. Gedanken mögen kommen und gehen, aber wir haben kein Interesse an ihnen. Wir bringen unsere Aufmerksamkeit nur immer wieder zurück auf unser Ein- und Ausatmen. Wir werden dies nun etwa fünfzehn Minuten tun. Wenn Sie Geräusche hören, sind das nur Geräusche, nur Vibrationen, die sich durch den

Raum bewegen. Kein Problem. Klänge sind ganz natürlich vorhanden und es ist natürlich für das Ohr, sie zu hören. Geben Sie ihnen keine Energie. Richten Sie Ihr Augenmerk wieder auf den Atem.

Fragen

Was raten Sie Leuten, die Schwierigkeiten mit dem Atmen haben?

Tenzin Palmo: Wenn jemand Probleme mit dem Atmen hat, ist eine andere Form der Meditation angemessen. Es gibt so viele verschiedene Methoden. Für die meisten Menschen ist der Atem sehr zugänglich. Aber manche Leute, die über Gebühr gestresst sind, erfahren eine enorme Erregung, wenn sie sich auf den Atem konzentrieren, selbst wenn sie nicht krank sind oder im Sterben liegen. In solchen Fällen ist es angemessen, eine andere Form der Visualisierung zu üben oder sich auf etwas anderes zu konzentrieren, Licht oder Ähnliches. Christen könnten zum Beispiel Jesus visualisieren.

Können Sie uns etwas über die Meditationshaltung sagen?

Der Rücken sollte gerade sein, die Schultern etwas angezogen, aber trotzdem entspannt. Obwohl das Rückgrat gerade ist, sollte das Gewicht im unteren Bereich liegen und nicht auf den Schultern. Es ist wichtig, das Gewicht unterhalb des Nabels zu zentrieren, anstatt es mit dem Nacken und den Schultern zu tragen. Der Rücken sollte immer gerade sein, selbst wenn man auf einem Stuhl sitzt. Es ist wichtig, dass die Füße eben auf dem Boden stehen. Lehnen Sie sich nicht zurück, wenn Sie auf einem Stuhl sitzen. Die Hände können entweder im Schoß ineinander liegen oder locker auf den Knien ruhen. Zur Haltung der Augen gibt es verschiedene Ansichten. Manche Leute befürworten es, die Augen leicht geschlossen zu halten. In der japanischen und tibetischen Tradition besteht man darauf, dass die Augen leicht geöffnet sind und wir den Blick auf einen etwa eine Armlänge entfernten Punkt fixieren. Senken Sie den Blick etwas und schauen Sie entlang der Nase nach unten. Das ergibt eine Position, in der die Augen ruhen. Es heißt, die Augen zu schließen verdunkele den Geist. Zu Beginn mag es schwieriger sein, mit geöffneten Augen zu praktizieren, aber man fokussiert den Blick ja nicht. Schließlich wird man erkennen, dass es so tatsächlich besser ist. Es verhindert auch das Entstehen allzu vieler Phantasien. Im Buddhismus versuchen wir nicht, uns von unseren Sinnen loszulösen, sondern lassen ihnen ihren Lauf, ohne aber auf sie zu reagieren. Wir streben eine fließende Meditation an, frei von Anhaftung. Wenn Sie etwas hören oder sehen, lassen Sie es einfach gehen. Aber versuchen Sie nicht, die Dinge auszusperren.

Wie beruhigt man den Geist, wenn man wütend ist?

Da gibt es verschiedene Wege. Traditionellerweise würde man über liebende Güte meditieren, also einen Geisteszustand in sein Gegenteil verkehren. Wenn wir also Wut auf jemanden empfinden, setzen wir uns hin und entwickeln Gedanken liebender Güte für diese Person. Wir beginnen damit, solche Gedanken für uns selbst zu entwickeln. Dann, wenn diese Wärme, dieses Gefühl der Akzeptanz selbst der Wut, in unserem Herzen entsteht, dann können wir es an andere weitergeben. Eine andere Methode, abhängig von der Art der Meditation, die wir praktizieren, ist es, die Wut selbst zu betrachten. Erst beruhigt man den Geist. Dann betrachtet man die Wut und wie uns dabei zumute ist. Wo ist sie? Wie ist die körperliche Reaktion darauf? Was ist Wut? Wenn wir sagen: „Ich bin wütend", was bedeutet das? Wie fühlt es sich an? Das ist eine Methode. Eine weitere Methode ist, das, was uns wütend gemacht hat, nochmals Revue passieren zu lassen und es aus der Distanz zu betrachten. So als würden wir einen Film betrachten. Dann versucht man das Szenario auf andere Art zu wiederholen.

Wut ist eine sehr interessante Emotion, weil wir sie für gewöhnlich loswerden wollen. In diesem Punkt unterscheidet sie sich von Begierde und Anhaftung, welche die meisten Leute, vorausgesetzt, sie können ihre Begierden befriedigen, ganz gern haben. Wut verletzt uns. Oft verletzt sie nicht die Person, auf die wir wütend sind, aber sie tut uns selbst weh. Daher wollen wir sie loswerden, was gut ist. Ich sage nun nicht, das sei schlecht. Aber unsere Motivation entsteht aus unserer Abneigung. Es gibt unzählige Wege, wie man mit Wut umgehen kann.

Eine andere und sehr effektive Methode liegt in der Erkenntnis, dass Geduld eine der größten Qualitäten ist, die es auf dem buddhistischen Pfad zu entwickeln gilt. Der Buddha pries Geduld immer und immer wieder. Es ist eine der Qualitäten, die zum Erlangen von Buddhaschaft notwendig sind. Nun, wenn da nie jemand um uns herum ist, der uns verärgert, der uns auf die Nerven geht, dann haben wir nie die Gelegenheit, Geduld zu erlernen. Wenn alle Leute immer nur nett zu uns sind, immer die richtigen Dinge sagen und tun, dann mag sich das zwar sehr gut anfühlen, aber es gibt uns nicht die Möglichkeit, aus uns herauszugehen. Daher sollten Leute, die uns ärgern, die uns verletzen, die gegen uns arbeiten, kein Grund für Groll sein, sondern uns zu tiefer Dankbarkeit inspirieren. Diese Leute sind die wahren Helfer auf dem Pfad. Sie sind diejenigen, die uns helfen, unsere spirituellen Muskeln zu entwickeln. Sie geben uns die Gelegenheit, Verständnis und Geduld zu praktizieren. Sie sind unsere Gurus. Wenn wir Leuten gegenüber, die uns in den Wahnsinn treiben, ein solche Einstellung entwickeln, verändert das die ganze Beziehung. Anstatt ein Hindernis zu sein, werden sie zu einer großartigen Chance. Verstehen Sie? Es ist alles der Geist. Die äußere Welt hat sich nicht verändert, aber unser Geist verändert sich. Das ist der Punkt. Es geht nicht darum, Leute oder Situationen zu verändern, sondern sich selbst. Das schließt natürlich auch Wut auf uns selbst ein, die sehr destruktiv und unnütz ist. Wir müssen auch uns selbst gegenüber sehr viel Mitgefühl und Geduld haben, denn auch wir sind leidende fühlende Wesen.

Glauben Sie, dass es notwendig ist, Begierde loszuwerden?

Das hängt davon ab, was Sie mit Begierde meinen. Begierde nach Erleuchtung ist eine gute Begierde. Diese Begierde wollen wir nicht loswerden. Das Problem mit gewöhnlicher Begierde ist, dass sie uns ständig zum Narren hält. Wir glauben nämlich, wir würden glücklich werden, wenn wir nur unsere Begierden stillen könnten. Aber weltliche Begierden sind wie Salzwasser. Je mehr man davon trinkt, desto durstiger wird man. Das Problem ist nicht so sehr die Begierde selbst, sondern die Anhaftung daran. Man kann in einem Palast leben oder in einer Villa, man kann neunundneunzig Rolls Royce haben. Und wenn man sich nicht weiter darum kümmert, dass man all das am nächsten Tag verlieren könnte, wenn man sagen kann: „Na und“, dann ist es gut. Aber wenn man sich ständig darum sorgt, wenn man ständig versucht, neue Dinge zu bekommen, wenn man diese Dinge verteidigt und andere davon abzuhalten versucht, sie einem zu nehmen, wenn man mehr und immer mehr bekommen will, dann hat man ein großes Problem. Nicht dass wir etwas haben und uns daran erfreuen ist das Problem, sondern unser Haften daran. Unsere Unfähigkeit loszulassen. Das bezieht sich auch auf Menschen.

Natürlich können wir uns an Beziehungen erfreuen. Aber der Mensch, mit dem wir eine Beziehung haben, kann uns verlassen oder sterben – das liegt in der Natur der Dinge. Wir alle verlassen einander an einem bestimmten Punkt. Es kommt darauf an, wie wir darauf reagieren. Es geht darum, unsere Erfahrungen und unseren Besitz locker zu nehmen. Wenn wir all das haben, ist es sehr erfreulich, aber es ist auch in Ordnung, wenn dem nicht mehr so ist. Wenn wir fest an diesen Dingen haften und außer uns sind, wenn wir sie verlieren, dann haben wir ein Problem. Das, was uns in diesem Kreislauf von Geburt und Tod gefangen hält, ist die Tatsache, dass wir an den Dingen haften. Wir sind nicht an dieses Rad gekettet, wir sind es, die sich mit beiden Händen daran festklammern.

Es gibt da eine oft erzählte Geschichte über eine in Indien angewandte Methode, Affen zu fangen. Man hat eine Kokosnuss mit einem kleinen Loch darin. In dem Loch, das gerade groß genug ist für die Hand eines Affen, befindet sich ein klebriges Stück Süßigkeit. Dann kommt ein Affe daher und riecht natürlich die Süßigkeit in der Kokosnuss. Er steckt die Hand in die Nuss und formt dann eine Faust, um seine Beute herauszuziehen. Aber zur Faust geballt passt die Hand nicht mehr durch die Öffnung. Dann kommen die Jäger und sammeln ihn ein. Nichts hat den Affen festgehalten. Noch nicht einmal eine Falle. Alles was der Affe tun müsste, um zu entwischen, ist, seine Hand zu öffnen. Er wird nur von seiner Begierde und seiner Anhaftung festgehalten, die es ihm nicht erlauben loszulassen. So arbeitet der Geist. Das Problem ist nicht die Süßigkeit in der Kokosnuss. Das Problem ist die Tatsache, dass wir nicht gehen lassen können. Verstehen Sie? Das

Problem liegt nicht darin, wie viel wir haben oder nicht haben, sondern in unserer Anhaftung an die Dinge.

In einer anderen Geschichte geht es um einen König im alten Indien, der einen Palast mit einem Harem voller schöner Mädchen hatte. Er besaß viele Juwelen, Gold und kostbare Stoffe. Der Inhalt seiner Schatzkammern war gewaltig. Sein Guru war ein Brahmane. Und das Einzige in der Welt, was dieser Brahmane besaß, war eine Bettelschale, die aus einem Kürbis gemacht war. Eines Tages saßen König und Guru im Park und der König erhielt Unterweisungen von seinem Guru. Dann kam plötzlich ein Diener gerannt und rief: „Eure Majestät! Kommt schnell! Kommt schnell, Maharaja! Der ganze Palast steht in Flammen!" Der König aber antwortete nur: „Stör mich jetzt nicht. Ich erhalte gerade Unterweisungen von meinem Guru. Geh zurück und kümmere dich um das Feuer." Aber der Guru sprang auf und schrie: „Was redest du da? Ich habe meinen Kürbis im Palast gelassen!"

Verstehen Sie? Nicht, was wir besitzen, ist das Problem, sondern das Maß unserer Anhaftung daran. Das Problem ist nicht Begierde, sondern Anhaftung. Wenn man Wasser halten will, hält man es in der hohlen Hand. Wenn man eine Faust macht, rinnt es davon. Klammern und Anhaftung bringen uns großes Leid. Wir denken, Anhaftung sei Liebe, aber dem ist nicht so.

Wie können wir Geduld und Mitgefühl uns selbst gegenüber entwickeln?

Nun, uns muss klar sein, dass Geduld und Mitgefühl für alle fühlenden Wesen da sind. Und wir sind auch fühlende Wesen. Und wir sind eben nun einmal für uns selbst verantwortlich. Wenn wir mit uns selbst keine Geduld haben und kein Mitgefühl mit unserer Unwissenheit, Täuschung, Dummheit, Wut und Gier, dann werden wir nicht wirklich fähig sein, Geduld und Mitgefühl für andere zu empfinden.

VII
Vipashyana oder Einsicht

Dieser Vortrag setzt das Thema des vorangegangenen Vortrags fort – Meditation. Wir werden jetzt über Vipashyana sprechen. Wie ich bereits sagte, fokussiert Shamatha den Geist und macht ihn einsgerichtet. Vipashyana benutzt diese Einsgerichtetheit, um sie auf den Geist selbst zu fokussieren. Vielleicht sollte ich mit einer kleinen Anekdote beginnen. Es handelt sich um eine offenbar wahre Geschichte, die mir ein alter tibetischer Yogi, mein erster Meditationslehrer in Indien, erzählte. Er berichtete mir von einem Schüler, den er hatte, als er noch in Kham in Osttibet lebte. Dieser Schüler war ein tibetischer Händler. Er reiste nach China, um dort Salz gegen chinesischen Tee einzutauschen. Er war sehr an Mahamudrameditation interessiert, erfreute sich jedoch besonders an der Ruhe und Gelassenheit der Shamathameditation. Der Yogi sagte ihm eines Tages: „Nun ist es Zeit für dich, etwas anderes zu tun. Du hast genug Shamathameditation gemacht. Du solltest jetzt fortschreiten zur Meditation der Einsicht.“ Natürlich verlangt die Meditation der Einsicht uns Nachdenken ab. Wir müssen analysieren und nach innen schauen. Aber der Händler war nicht interessiert. Er wollte weiterhin in seinem friedlichen und freudigen Zustand verweilen, also fuhr er mit seiner Shamathameditation fort.

Dann begab er sich mit einigen Freunden wieder auf eine Reise nach China. Eines Tages kamen sie bei einem großen Wald an und beschlossen, zu rasten und etwas Tee zu kochen. Der Händler machte sich auf, um Feuerholz zu sammeln. Während er so umherwanderte und Zweige aufsammelte, kam ihm die Idee, sich hinzusetzen und ein wenig zu meditieren. Er setzte sich also hin und befand sich bald in Samadhi, in meditativer Versenkung. Das ist ein sehr tiefgründiger Zustand der Versenkung, fast wie eine Trance. In der Zwischenzeit warteten seine Gefährten auf ihn. Sie begannen nach ihm zu rufen, erhielten aber keine Antwort. Sie suchten ihn überall, konnten ihn aber nicht finden. Schließlich gaben sie auf und schlugen ihr Nachtlager auf. Am nächsten Morgen suchten sie wieder nach ihm, aber ohne Erfolg. Sie dachten, er sei vielleicht von einem wilden Tier getötet worden. Auf jeden Fall konnten sie nicht länger dort bleiben und nach ihm suchen. Schweren Herzens setzten sie ihre Reise nach China fort. Dort machten sie ihre Geschäfte, kauften Tee und begaben sich dann auf die Heimreise. Ein Jahr später waren sie wieder an genau derselben Stelle im Wald angelangt. Mittlerweile waren sie sich sicher, dass ihr Gefährte von einem wilden Tier getötet worden war. Sie wollten nun wenigstens ein Stück seiner Kleidung oder von dem, was er sonst bei sich trug, finden, und suchten abermals die Umgebung ab. Und da fanden sie ihn selbst, in Meditation verweilend. Sie schüttelten ihn. Er öffnete die Augen und sagte: „Oh, ist der Tee schon fertig?" Als sie ihm erklärten, dass ein ganzes Jahr vergangen war, seit sie Rast gemacht hatten, um ein wenig Tee zu kochen, war er schockiert. Ihm wurde klar, dass er gerade ein ganzes Jahr seines Lebens verschwendet hatte. Diese Art von Versenkung ist völlig nutzlos. Manche Religionen betrachten es als außerordentlich, wenn jemand in der Lage ist, monatelang in einem Trancezustand zu verharren. Die Tibeter sind da anderer Meinung. Sie bezeichnen diesen Zustand als „eingefrorene Meditation" und betrachten ihn als nutzlos. Nach dieser Erfahrung war der Händler sehr begierig, Einsicht zu entwickeln, und hörte auf, mit diesen Zuständen tiefer Ruhe und Gelassenheit herumzuspielen.

Nehmen wir einmal an, wir hätten bereits eine ganze Weile lang Shamatha praktiziert. Unser Geist ist friedlich und fokussiert. Wenn wir uns auf den Atem konzentrieren, verweilen wir einfach nur beim Atem. Wenn wir uns auf eine Visualisierung konzentrieren, verweilen wir dabei. Unser Geist bekommt langsam Übung darin. Erinnern wir uns an die frühen Belehrungen des Buddha: Er selbst hat seine Entwicklung mit Shamatha begonnen. Es ist nicht das Ende, sondern ein sehr wichtiger Anfang. Heutzutage haben die wenigsten Leute die richtigen Voraussetzungen für diese Art von Praxis, die ein ruhiges und sicheres Umfeld und sehr viel Zeit beansprucht. Und weil dies so ist, hat sich eine Bewegung von Leuten gebildet, die sich ausschließlich auf Vipashyana konzentrieren, ohne sich jemals mit Shamata zu befassen. Diese Bewegung ist auch bekannt als „nackte Einsicht". Mit anderen Worten, man praktiziert von Anfang an Einsichtsmeditation, ohne Ruhiges Verweilen zu erlernen. Das Problem dabei ist dies: Da unser Geist so wenig geübt ist, ist es sehr schwierig eine tiefere Ebene von Einsicht zu erlangen. Wir sehen nichts anderes als unsere Gedanken, wie sie vor sich hin sprudeln. Wir haben bereits das Beispiel des Sees betrachtet. Vipashyana praktizieren zu wollen, ohne sich zunächst durch Shamatha darauf vorzubereiten, ist, als wolle man in einen See schauen, der von Wellen aufgewühlt ist. Die Oberfläche ist bewegt und das Wasser ist voller Schlamm. Es ist schwierig, auch nur ein kleines bisschen in die Tiefe zu sehen.

Obwohl es also Zeit in Anspruch nimmt, ist es der Mühe wert, zumindest die Wellen an der Oberfläche unseres Geistes zu glätten und wenigstens ansatzweise die Fähigkeit zu entwickeln, den Geist zu fokussieren. So wurde es schon immer gemacht. Darüber hinaus gibt es einen weiteren, sehr tief gehenden Grund dafür, zunächst Ruhiges Verweilen zu entwickeln, bevor wir uns der Einsicht zuwenden. Einsichtsmeditation zielt darauf ab, die Schichten des Ego abzutragen. Beginnen wir mit einer solchen Praxis, während sich unser Ego in einem zerbrechlichen Zustand befindet, kann es passieren, dass wir nur noch mehr Neurosen entwickeln, wir noch zerrissener und psychotischer werden. Um einen Zustand zu erreichen, in dem wir ruhig und einsgerichtet sind, müssen alle psychischen Faktoren im Gleichgewicht sein. Wenn dem nicht so ist, sind wir nicht in der Lage, in tiefere Zustände der Meditation vorzudringen. Während unserer Shamathapraxis bringen sich die geistigen Faktoren nach und nach in ein Gleichgewicht. Erst wenn wir einen Zustand von tiefem Frieden und Einsgerichtetheit erlangt haben, ist dieses Gleichgewicht hergestellt. Und wenn dieses innere Gleichgewicht hergestellt ist, ist auch unser Ego im Gleichgewicht. Haben wir diese innere Zentriertheit einmal etabliert, ist es an der Zeit, sie wieder einzureißen. Das können wir aber nicht tun, solange wir nicht sehen, was wir einreißen sollen. Wir müssen es durchschauen, aber wir können es nicht durchschauen, solange wir es nicht sehen.

Zahllose Westler kommen zur Meditation in der Hoffnung, dass dadurch ihr psychisches Ungleichgewicht und ihre Probleme beseitigt werden. Das wird aber nicht geschehen, solange wir nicht zuvor zu lernen bereit sind, wie man den Geist zur Ruhe bringt. Viele werden während langer Vipashyanakurse fast verrückt, weil sie einfach nicht über die emotionale Stabilität verfügen, um mit dieser Ebene von Einsicht fertig zu werden. Daher hat die traditionelle Herangehensweise, nach der wir den Geist zunächst beruhigen und dann ausgeglichen und zentriert machen, ehe wir damit beginnen, nach innen vorzudringen und die einzelnen Schichten abzutragen, durchaus seinen Sinn. Es ist keine Zeitverschwendung. Es ist eine sichere und erprobte Methode. Wir müssen dabei nicht zu sehr fortschreiten und in tiefere Ebenen von Shamatha vordringen. Aber wir sollten sicherstellen, dass der Geist zentriert, ruhig und ausgeglichen ist, ehe wir ihn auf sich selbst lenken.

Was ist Vipashyana oder Einsichtsmeditation? In der tibetischen Tradition ist es das Schauen in den Geist selbst – mit einem großen Fragezeichen. Welche Dinge sind uns am nächsten? Es sind unsere Gedanken und Emotionen. Aber unsere Gedanken und Emotionen sind uns derart nahe, dass wir sie niemals auch nur anschauen. Unsere Sinne sind nach außen gerichtet, sodass wir unsere Aufmerksamkeit immer auf das richten, was wir sehen, was wir hören, was wir schmecken und so weiter. Nur sehr selten fragen wir uns: „Was ist der Geist?“ Es ist verblüffend, wie wenige das tun. Wir alle sagen: „Ich denke dies oder ich denke das.“ Aber was ist ein Gedanke? Haben wir jemals einen Gedanken gesehen? Woher kommt er? Wie lange verweilt er? Wohin geht er? Manche Leute glauben so stark an ihre Gedanken, dass sie bereit sind, dafür zu sterben. Wann auch immer wir etwas denken, glauben wir, dass es wahr ist, obwohl wir in der nächsten Woche bereits etwas anderes denken mögen. Wir alle identifizieren uns sehr stark mit unseren Gedanken. Wir denken: „Ich bin wütend. Ich bin immer so furchtbar wütend. Ich bin deprimiert. Ich bin ein wundervoller Mensch. Ich bin so gütig. Ich bin so freigebig. Ich bin so dies, ich bin so das." Aber was ist dieses „Ich"? Diese Frage stellen wir uns nicht.

Vipashyana lenkt unsere Aufmerksamkeit von dem, was sich äußerlich abspielt, auf das, was im Inneren vor sich geht. Es gibt genauso viele verschiedene Methoden, Vipashyana zu praktizieren, wie Shamatha. Aber alle haben eine Gemeinsamkeit: das große Fragezeichen, den untersuchenden Geist. Einen Geist, der keine Antworten hat, aber viele Fragen. Natürlich lautet die große Frage: „Wer bin ich?" Wir denken: „Ich mag dies, ich mag jenes. Dieses oder jenes mag ich nicht. Ich bin Australier. Ich bin Chinese. Ich bin wütend. Ich bin deprimiert. Ich bin eine Frau. Ich bin ein Mann. Ich bin Lehrer. Ich bin Busfahrer. Ich, Ich, Ich, Ich." Aber wer ist dieses Ich? Unser gesamtes Leben basiert auf diesem Sinn oder Gefühl für „Ich" und „Mein". Mein Land, meine Frau, mein Mann, meine Kinder, mein Haus, mein Auto, meine Ideen, meine Emotionen, meine Depressionen. Wer ist dieses „Mein", das so viel besitzt? Das ist es, worum es in der Meditation geht. Es geht nicht darum, dass wir uns besser fühlen, obwohl das eine der Auswirkungen von Meditation sein kann. Auf der anderen Seite kann es aber auch dazu führen, dass wir uns schlechter fühlen. Es geht nicht darum, friedlicher zu werden, obwohl sich das einstellen kann oder auch nicht. Es geht definitiv nicht darum, sich völlig in freudvollen Erfahrungen zu verlieren. Bei der Vipashyanameditation geht es darum, nach innen zu schauen und herauszufinden, wer wir wirklich sind und was der Geist ist. Wir versuchen dabei herauszufinden, wie der Geist arbeitet, wie er funktioniert, und dann versuchen wir, eine Ebene von Bewusstheit zu erreichen, die jenseits des Alltäglichen liegt. Im Buddhismus ist dies bekannt als das „Unkonditionierte". Per definitionem befindet es sich jenseits von Gedanken, jenseits von Worten, jenseits von Konzepten. Aber es die tiefste Ebene unseres Wesens und aller Wesen. Es ist das, was uns mit allen Wesen verbindet. Das ist Meditation.

Wie ich bereits sagte, gibt es viele Arten, dies anzugehen. Eine ist, sich auf den Atem zu konzentrieren. Wenn wir die Meditation von Ruhigem Verweilen praktizieren, ignorieren wir die Gedanken, Gefühle oder Sinneswahrnehmungen, die in unserem Bewusstsein auftauchen. Wir lassen sie einfach los. Wir tun dies, weil wir den Geist ruhig und einsgerichtet machen wollen. Wir wollen nicht abgelenkt werden, weder von Gedanken noch von äußeren Einflüssen. Aber wenn wir Vipashyana praktizieren, sind wir neugierig. Anstatt die Gedanken einfach loszulassen, fragen wir: „Was ist ein Gedanke? Wie sieht er aus? Welche Farbe hat er? Hat er eine bestimmte Form? Woher kommt er? Wo verweilt er? Wohin geht er? Wie fühlt er sich an? Was ist der Geist? Sind ein Gedanke und der Geist dasselbe oder sind sie verschieden?"

Wenn sich der Geist in einem Zustand vollkommener Ruhe und Gelassenheit befindet, völlig frei von Gedanken, ist dieser Zustand identisch mit einem Zustand, in dem Gedanken vorhanden sind, oder unterscheiden sich diese Zustände? Ist das Gewahrsein, welches all dies wahrnimmt, welches die Gedanken betrachtet und den Geist, verschieden von diesen Gedanken oder ist es identisch mit ihnen? Auf diese Art und Weise schaut man und hinterfragt. Man trägt Schicht für Schicht ab, während man nach dem Geist sucht. Wir sprechen ständig über Geist, Geist, Geist. Aber was ist dieser Geist? Was ist Wut? Wie fühlt es sich an? Nehmen wir an, jemand hat uns etwas Übles angetan und wir empfinden Wut auf diesen Menschen. Nun lassen wir diesen Menschen beiseite. Wir klammern das Objekt unserer Wut aus und betrachten nur die Wut selbst. Was ist es? Wo ist es? Wie fühlt es sich an? Wie fühlt sich unser Körper? Erfahren Sie einfach nur das. Bewerten Sie es nicht. Denken Sie nicht darüber nach. Erfahren Sie es einfach nur.

Unser Problem ist nicht die Tatsache, dass wir Gedanken und Emotionen haben. Gedanken und Emotionen gehören ganz natürlich zum Geist, so wie Wellen zum Ozean gehören. Die Schwierigkeiten beginnen, wenn wir an sie glauben, uns mit ihnen identifizieren, an ihnen haften. Wenn wir Gedanken und Emotionen als vorübergehende Geisteszustände erkennen könnten, von Natur aus transparent, als Spiel des Weisheitsgeistes, dann gäbe es kein Problem. Sie würden einfach nur ansteigen und fallen wie die Wellen des Ozeans. Aber das tun wir nicht. Wenn eine Emotion oder ein Gedanke auftaucht, stürzen wir uns augenblicklich darauf. Wir gehen ins kleinste Detail, wir drehen und wenden es unaufhörlich und denken wieder und wieder darüber nach. Wir identifizieren uns damit und machen es wiederholt zum Thema. Wir machen uns Sorgen darüber. Wir machen uns Selbstvorwürfe, wenn es ein schlechter Gedanke oder eine schlechte Emotion ist. Wir lassen es nicht gehen. Wir glauben daran. Mit unseren Erinnerungen tun wir dasselbe. Wir haften sehr stark an ihnen, weil wir glauben, unsere Erinnerungen sind das, was uns definiert. Selbst wenn es schmerzliche Erinnerungen sind, wollen wir sie nicht loslassen. Wir denken: „Das bin ich." Wie schmerzlich Erinnerungen auch sein mögen, sie liegen in der Vergangenheit. Sie sind vorbei. Warum also müssen wir uns an sie klammern und sie zu unserer Identität machen? Nichtsdestotrotz tun wir genau das, und genau deshalb leiden wir.

Den meisten von Ihnen, die jetzt hier sitzen, geht es im Augenblick sehr gut. Hier und jetzt, in diesem Augenblick, widerfährt uns nichts Furchtbares. Und doch müssen viele unter uns sein, die von Sorgen und Ängsten geplagt sind, von Erinnerungen und Verwirrung. Jeder von uns denkt: „Das ist mein Problem." Wir können nicht einfach nur in der Frische des Augenblicks verweilen. Und doch ist jeder Atemzug, den wir tun, ein frischer Atemzug. Wir atmen keine alten Atemzüge. Und ebenso sollte jeder Gedanke ein neuer Gedanke sein. Dann gäbe es keine Probleme. Ein Ziel der Vipashyanameditation, zumindest nach der tibetischen Tradition, ist es, die Natur unserer Gedanken und Emotionen verstehen zu lernen. Wie arbeitet der Geist wirklich? Und wie können wir Zugang zu den immer subtileren Ebenen unserer Psyche erlangen? Das beansprucht Zeit. Meditation ist nichts Augenblickliches. Es gibt keine Pille, die wir einnehmen können, und dann stellt sich Einsicht ein. Wir können zwar Pillen einnehmen, die uns psychedelische Erfahrungen vermitteln, aber es gibt keine Pille, die uns die wahre Natur des Geistes erkennen lässt. Pillen mögen zwar unseren Geist so weit öffnen, dass wir ein Interesse entwickeln, aber sie können uns nicht die Arbeit abnehmen. Es gibt Geräte, die uns dabei helfen, uns zu beruhigen, die uns auf die Wellenlänge von Alphawellen bringen oder dergleichen. Aber kein Gerät kann uns innere Realisation vermitteln. Realisation kommt allein durch geduldiges Sitzen.

Meditation ist harte Arbeit, aber es ist zugleich das Lohnendste, was wir mit unserer Zeit anfangen können. Wenn wir die Mechanismen, die wir bislang einfach als gegeben hingenommen haben, nach und nach erkennen und verstehen, dann beginnen sich die Knoten in unserem Geist zu lösen. Wir erfahren ein enormes Gefühl von Freiheit, Raum und Befreiung. Wir beginnen unsere verschrobenen Gedankenmuster und Neurosen zu erkennen und zu verstehen, wir sehen sie ganz klar. Wir beginnen Mitgefühl für uns zu entwickeln, für unseren Schmerz und unsere Verwirrung. Jetzt, da wir anfangen, klar zu sehen, sehen wir auch den Schmerz und die Verwirrung in den Augen anderer und wir entwickeln natürliches Mitgefühl auch für sie. Es ist vollkommen unerheblich, wie erfolgreich diese Leute äußerlich scheinen mögen. Wenn wir in ihre Augen sehen, können wir ihren Schmerz erkennen. Sehr selten treffen wir Leute, deren Augen wirklich vor Freude sprühen.

Meiner Meinung nach ist es immer notwendig, zu sitzen und all diese komplizierten tibetischen Meditationen über Mitgefühl zu entwickeln. Was wir wirklich tun müssen, ist, in unsere eigene Verwirrung zu schauen. Dann können wir auch die Verwirrung in anderen erkennen. Sowie sich tiefere und immer tiefere Ebenen unserer Psyche öffnen, befreit das ganz natürlich unser angeborenes Mitgefühl. Wir haben sowohl Klarheit als auch Mitgefühl in uns. Es ist die Natur unseres Geistes. Wir müssen sie nur freilegen. Sie ist wie eine Quelle, die von Steinen und Schlamm verdeckt ist. Wir müssen sie freilegen, indem wir den Schutt beseitigen. Sobald wir die Steine und den Schlamm beiseite geräumt haben, sprudelt das Wasser der Quelle an die Oberfläche, klar und rein. Da sind immense Reservoirs an Liebe und Mitgefühl, die in unserem Herzen eingefroren sind. Wir müssen uns Zugang zu ihnen verschaffen und sie erwärmen, sodass sie fließen können. Dazu müssen wir in unser Herz schauen und den Schmerz, die Verwirrung und all die falschen Identifikationen betrachten. Diese Entdeckung können wir dazu nutzen, zu erkennen, dass sich alle in der gleichen Notlage befinden. Und genau das ist der Grund, warum die Leute so schrecklich sind. Sie sind schrecklich, weil sie leiden, weil sie verwirrt sind. Ein Mensch, der Frieden, Liebe und Mitgefühl im Herzen hat, kann nicht schrecklich sein. Ein solcher Mensch wird anderen weder Schaden zufügen noch unausstehlich sein oder voreingenommen oder gewalttätig. Ein solcher Mensch ist offen.

Wenn wir zunächst die Meditation des Ruhigen Verweilens praktizieren, gefolgt von Einsichtsmeditation, dann entwickelt sich eine bestimmte Qualität unseres Geistes ganz besonders stark. Im Tibetischen ist dies als *Sheshin* bekannt, eine Art hellwachen Gewahrseins, welches beobachtet. Wenn wir meditieren, selbst wenn wir Ruhiges Verweilen praktizieren, tritt ein Teil unseres Geistes einen Schritt zurück und beobachtet. Er hat die Fähigkeit, zu sehen, wenn wir in das eine oder andere Extrem fallen. Mit anderen Worten, er nimmt wahr, wann wir aufgeregt sind oder, im Gegenteil, in Schläfrigkeit abgleiten. Er kann dieses Ungleichgewicht ausgleichen. Diese Qualität des Geistes ist sehr interessant. Wenn wir damit beginnen, in den Geist selbst zu schauen, dann wird das traditionellerweise mit einem Menschen verglichen, der am Ufer eines Flusses sitzt und das vorbeifließende Wasser betrachtet. Ein weiteres traditionelles Beispiel ist das eines Schäfers, der seine Schafe beaufsichtigt. Augenblicklich versteht man dieses Gefühl des Abstandnehmens und Beobachtens.

Als ich einmal in Lahul war, war der Schäfer krank und ein Junge wurde hinaufgeschickt anstelle des älteren und erfahrenen Mannes. Dieser Junge hatte diese Arbeit offensichtlich noch nie zuvor getan und war sehr nervös. Er brachte die Schafe, die er in den verschiedenen Dörfern zusammengetrieben hatte, auf die Alm, etwa einhundert Tiere. Ihm war wohl klar, dass er eine gewaltige Tracht Prügel beziehen würde, wenn er auch nur ein Schaf verlor. Er machte sich größte Sorgen, dass die Tiere einfach davonlaufen könnten. Er hielt sie alle zusammen, in einer großen Gruppe, und trieb sie ständig von einem Ort zum anderen. Den ganzen Tag lang rannte er so mit den Schafen umher, und als es schließlich Nacht wurde und er sie wieder hinabtrieb, war er völlig erschöpft. Die Schafe waren genauso erschöpft. Sie hatten nur sehr wenig zu fressen bekommen, weil er sie ständig so eng beisammengehalten hatte, anstatt sie ein wenig umherwandern zu lassen, und sie waren sehr aufgeregt. Die Schafe fühlten sich elend, der Schäfer fühlte sich elend und keiner von ihnen hatte einen guten Tag!

Am nächsten Tag kam der erfahrene Schäfer zurück. Er trieb die Tiere auf die Weiden, kletterte dann auf einen kleinen Hügel oberhalb, packte seine Bierflasche aus und machte es sich bequem, während er sie beobachtete. Er schlief nicht ein, sondern beobachtete die Schafe in aller Ruhe. Sie bummelten umher, knabberten hier ein wenig und dort und wie der Tag so verging, beruhigte und entspannte sich alles. Am Ende des Tages trieb er alle Tiere wieder zusammen und brachte sie ins Tal. Alle hatten einen ruhigen und friedlichen Tag. Die Schafe hatten genug zu fressen bekommen und alle waren glücklich und zufrieden. Diese Geschichte ist ein perfektes Beispiel dafür, wie man auf die falsche und auf die richtige Art und Weise in den Geist schauen kann. Versuchen Sie sich daran zu erinnern, wenn Sie es ausprobieren. Wie der Zenmeister Suzuki Roshi einmal sagte: „Die beste Methode, deine Kuh zu kontrollieren, ist, ihr eine große Weide zu geben." Wenn wir den Geist betrachten, sollten wir uns nicht alle Augenblicke auf etwas stürzen. Wir sollten nicht dasitzen und jeden einzelnen Gedanken einfangen wollen. Wenn wir das versuchen, machen wir den Geist nur angespannt und rigide und verhindern damit jede Bewegung. Wir erschöpfen uns dabei nur und wenn dann etwas schief geht, geraten wir in Rage.

Manchmal kann man sehen, wie das Praktizierenden widerfährt. Sie sitzen grimmig da, mit einem Ausdruck, der besagt: „Buddhaschaft oder Untergang!" Eine solche Einstellung ist kontraproduktiv. Wir müssen lernen, in den Geist zu schauen und dabei sehr klar zu bleiben und gleichzeitig völlig entspannt. Lassen Sie dem Geist seinen Willen. Es ist vollkommen unwichtig, was er denkt. Es können unglaublich brillante Gedanken sein oder unglaublich dumme. Es macht keinen Unterschied. Es sind nur Gedanken, das Spiel des Geistes. Das Wichtige dabei ist, nicht der Faszination dieses Spiels des Geistes zu erliegen. Man mag denken: „Toll, das ist ein wirklich interessanter Gedanke", und schon wird man in ihn hineingesaugt. Dann wird einem irgendwann klar, dass man sich vollkommen einer Erinnerung oder Phantasie hingegeben hat und das Gewahrsein völlig verschwunden ist.

Wenn wir unser Gewahrsein zu rigide machen, wird unser Denken schwerfällig. Es ist wie jemand, der weiß, dass er beobachtet wird, und sich dessen derart stark bewusst ist, dass er kaum mehr in der Lage ist, auch nur eine Tasse Tee normal zu trinken. Die Gedanken selbst verlieren ihre natürliche Qualität und sowohl Körper als auch Psyche werden übermäßig angespannt. Das andere Extrem ist es, zu locker zu sein und dadurch das Gewahrsein kontinuierlich zu verlieren. Es ist wichtig, interessiert zu sein und zu beobachten, sich dabei aber nicht in das, was gerade gedacht wird, einzumischen. Denken Sie nicht an Vergangenes, warten Sie nicht auf Zukünftiges, erliegen Sie nicht der Faszination des Gegenwärtigen. Sehen Sie es einfach nur, wie es ist. Seien Sie einfach nur da. Ein Gedanke ist nur ein Gedanke. Eine Emotion ist nur eine Emotion, wie eine Luftblase. Sie wird zerplatzen und eine andere wird erscheinen.

Wenn wir anfangen, auf diese Art und Weise zu praktizieren, scheint sich zunächst eine Spaltung in unserem Geist zu vollziehen. Wir entwickeln das, was wir den Beobachter nennen, den Zeugen, den Wissenden. Das ist ein Aspekt des Geistes. Aber es ist nach wie vor nur Geist, konzeptueller Geist, aber auch ein Geist, der Abstand nimmt und beobachtet, was da vor sich geht, wie aus einer gewissen Distanz. In sich selbst ist dies noch nicht die absolute Wahrheit, denn es ist nach wie vor ein konzeptueller Geist. Aber es ist ein gewaltiger Fortschritt gegenüber der Art und Weise, wie wir normalerweise denken, denn es gibt uns den Raum, einen Gedanken als einen Gedanken, eine Emotion als eine Emotion zu erkennen. Dann können wir entscheiden, ob es sich um einen nützlichen Gedanken oder eine nützliche Emotion handelt oder nicht. Wir erkennen es als das, was es ist, anstatt davon mitgerissen zu werden. Wir identifizieren uns nicht länger damit.

Wenn wir dieses innere Gewahrsein entwickeln, das wie ein innerer Raum ist, dann können wir auf den Wellen des Lebens reiten. Viele Leute stellen sich vor, dass man als Meditierender immer in sehr ruhiger Umgebung leben muss. Sie glauben, dass man fortgerissen wird, wenn sich die Umstände etwas turbulenter gestalten. Für den Anfänger trifft das auch zu, genauso wie für jemanden, der das Surfen erlernt. Am Anfang müssen wir uns mit den kleinen Wellen begnügen, denn die großen würden uns einfach nur umwerfen. Aber ein Profi-Surfer sucht nach den wirklich großen Wellen. Je größer die Welle ist, desto größer ist der Spaß, wenn man sein Gleichgewicht erst einmal gefunden hat. Das Geheimnis liegt im Gleichgewicht. Um ein guter Surfer zu sein, darf man weder zu angespannt noch zu locker sein. Man muss ausgeglichen sein. Und genau das brauchen wir auch in unserer Praxis.

Wenn wir damit beginnen, diesen Raum zu entwickeln, nimmt alles eine traumgleiche Qualität an. Nicht traumgleich im Sinne von schläfrig, sondern in dem Sinne, dass die Dinge nicht mehr so konturiert, so real oder so dringlich erscheinen. Es hat eine fast illusionäre Qualität. Wir nehmen die Dinge nicht mehr gar so ernst, denn wir sind nicht mehr so darin verwickelt. Jetzt, da wir die Fähigkeit haben, die Dinge etwas distanzierter und mit einer gewissen Klarheit zu sehen, sind wir in der Lage, auf Situationen mit einer gewissen Frische und Spontaneität zu reagieren anstatt mit unserer normalen automatischen Reaktionsweise, wie auf Knopfdruck sozusagen. Wir können nun natürlich und angemessen reagieren. Seit frühester Kindheit haben wir unseren Geist mit Unrat angefüllt. Unrat häuft sich an durch das Fernsehen, durch Bücher, Filme und müßiges Geschwätz, und wir haben nie etwas davon entsorgt. Wir geben uns solche Mühe, unser Zuhause sauber zu halten. Der geringste Staub alarmiert uns schon. Aber in unserem Geist, der unser wirkliches Zuhause ist, räumen wir nie auf.

Bei der Meditation geht es auch darum, unseren Geist zu säubern und Raum für hübschere, sauberere, reinere Dinge zu schaffen. Jeder von uns kann damit anfangen, täglich ein wenig Zeit dafür aufzubringen, einfach nur still nach innen zu schauen. Am besten ist es, einen Lehrer zu finden, der uns persönliche Anweisungen geben kann, aber es gibt auch Bücher. Wir müssen entschlossen sein. Die beiden Stützen eines jeden Meditierenden sind Geduld und Beharrlichkeit. Es ist nichts, was sich über Nacht einstellt, aber der Lohn ist unermesslich. Nichts ist lohnender, als unseren Geist in Ordnung zu bringen und Verständnis für die Natur des Geistes zu erlangen. Das ist nicht nur für uns selbst von Nutzen, sondern für jedermann, überall. Und dann, wenn unser Geist gleichzeitig gewahr und entspannt und offen ist, dann kann es passieren. Vielleicht nur für den Bruchteil einer Sekunde bricht dieses ganze Gebäude aus Gedanken und Konzepten zusammen, und wir sehen das Unkonditionierte.

Wie die Tibeter gern sagen, ist unser Geist wie der tiefe, weite, blaue Himmel. Normalerweise ist er mit Wolken bedeckt, und wir sehen ihn nicht. Aber für einen Moment mögen sie aufreißen und uns einen kurzen Blick auf den Himmel gestatten. Wir sehen, dass da tatsächlich ein Himmel ist. Er ist immer da. Wie dunkel die Wolken auch sein mögen, der Himmel selbst wird davon nicht verunreinigt. Wie weiß und flaumig die Wolken auch sein mögen, sie verschönern den Himmel nicht. Der Himmel ist einfach der Himmel. Es ist dieser gewaltige himmelsgleiche Geist, der uns mit allen Wesen verbindet. Dieser gewaltige himmelsgleiche Geist ist nicht nur ein niedliches Konzept, sondern etwas, das wir tatsächlich realisieren können. Im Augenblick der Realisation wissen wir, dass wir dieses Wissen sind, denn Realisation ist nicht-dual. Da ist kein „Ich" und nichts, das gesehen werden könnte. In diesem Augenblick gibt es nur das Sehen. In diesem Augenblick erwachen wir.

Das wirkliche Ziel dieser Praxis ist, sich Zugang zu diesem unkonditionierten Geist zu verschaffen. Sich in die Lage zu versetzen, diesen Zustand immer öfter wiederherzustellen und ihn immer länger aufrechtzuerhalten, bis wir kontinuierlich in diesem Zustand von absolutem nicht-dualem Gewahrsein verweilen. Dann sind wir Buddhas. Das bedeutet es, ein Buddha zu sein.

Fragen

Wenn ich meditiere, sehe ich manchmal diese Leere und ich bekomme Angst. Was kann ich da tun?

Tenzin Palmo: Nun, es ist nichts Schlechtes, Angst zu erfahren. Es ist sogar recht normal, beim Meditieren Angst zu erfahren. Es ist dieses Ego, das Angst davor hat, zu sterben. Und es tut recht daran, Angst zu haben, denn es wird sterben. Das Ego hat Angst davor, dass wir ihm auf die Schliche kommen, dass wir seine Spielchen durchschauen. Also gerät es in Panik. Immer wenn wir den Gipfel eines neuen Verstehens, einer neuen Erkenntnis erreichen, gerät es in Panik. Aber diese Panik ist nichts Schlechtes. Anstatt uns von dieser Panik mitreißen zu lassen, indem wir zum Beispiel einen Tobsuchtsanfall bekommen, sollten wir viel mehr versuchen, die Panik im Augenblick ihres Erscheinens ganz präsent zu erleben. Mit einem sehr mitfühlenden und sanften Geist sollten wir der Angst gestatten, in uns aufzusteigen, sie anerkennen, sie akzeptieren und mit ihr präsent sein. Es ist wichtig, dass wir nicht versuchen, uns von ihr abzulenken. Das ist eine vollkommen natürliche Reaktion. Aber wenn wir das tun, bewirkt das nur, dass wir diese Erfahrung immer wieder und wieder machen müssen. Es ist besser, einfach zu sitzen und der Angst ins Gesicht zu sehen. Fragen Sie sich, woher die Angst kommt und wer es ist, der die Angst erfährt. Das sollte man sich fragen, wenn man Angst erfährt.

Ich war schon immer ein ziemlich ruhiger und friedfertiger Mensch. Aber dieser Tage habe ich wiederkehrende Träume über gewalttätige Situationen. Wo kommen diese Träume her?

Aus Ihrer Psyche. Vielleicht ist das gut. Ich weiß nicht, ich bin keine Psychiaterin. Wenn wir uns für ruhige, friedfertige Menschen halten, verdanken wir das manchmal nur dieser Wolkenschicht. Wir wurden niemals wirklich herausgefordert. Tief im Inneren sitzt all das andere, das nur darauf wartet, an die Oberfläche zu kommen. Und wenn wir gewisse Praktiken ausführen, beispielsweise Meditation, wird all das aufgewühlt. Die Leute reagieren oft entsetzt, nachdem sie mit dem Meditieren begonnen haben: Oh, und ich dachte immer, ich sei so eine netter Mensch. Das kommt daher, dass wir die Tiefen unserer Psyche aufwühlen. Es ist wie das Aufwühlen eines stillen Teichs. Es bewirkt, dass der ganze Dreck an die Oberfläche kommt. Natürlich muss dieser Dreck an die Oberfläche kommen. Wichtig ist dabei, sich nicht damit zu identifizieren, sondern den Dreck als Dreck zu erkennen und den Geist inmitten all dessen zur Ruhe kommen zu lassen. Erinnern wir uns: Das sind alles nur Gedanken, nur Emotionen. Gute Gedanken, schlechte Gedanken, einfach nur Gedanken. Sie sind nicht ich, sie gehören nicht mir. Vielleicht ist das gar nichts Schlechtes. Vielleicht ist es eine neue Stufe, die sie durchlaufen müssen. Widerstehen Sie dem nicht, seien Sie einfach nur neugierig.

Sie sagten vorhin, dass das Ego sterben muss. Was passiert mit der Psyche?

Was wir im buddhistischen Sprachgebrauch mit Ego meinen, ist dieses engstirnige, kleingeistige Gefühl der Gefestigtheit im Zentrum unseres Wesens, das wir als „Ich“ bezeichnen. Dieses „Ich“, das alles andere automatisch zu „Nicht-Ich“ macht. Wir alle tun das ständig. *Ich* denke, *ich* fühle, das sind *meine* Erinnerungen und so weiter. Dieses enge, geschlossene, verfestigte Bewusstsein identifiziert sich immer mit der Vergangenheit. Wir identifizieren uns immer mit unseren gewohnheitsmäßigen Reaktionen – wie wir die Dinge schon immer getan haben, das bin ich, das mochte ich schon immer, das mochte ich noch nie, ich will dieses, jenes will ich nicht. Es ist sehr schal. Wenn wir dann also etwas Neuem begegnen, ist es schwierig, natürlich und offen darauf zu reagieren. Deswegen wird manchen Leuten das Leben so langweilig. Tatsächlich ist das Leben faszinierend, aber wir langweilen uns, weil unser Geist derart konditioniert ist und daher so schal und abgestanden. Wir versuchen nun, diese Konditionierung zu durchschauen.

Warum ist diese Konditionierung ein solches Problem? Weil sie die wahre Natur des Geistes verschleiert. Wenn wir zum ersten Mal etwas Schönes sehen, denken wir: „Oh, wie schön.“ Beim nächsten Mal denken wir: „Oh, das ist hübsch.“ Dann, beim dritten oder vierten Mal, nehmen wir es gar nicht mehr war. Wir sind vollkommen gefangen in diesen konditionierten Reaktionsschemata. Wenn wir anfangen, unsere Gedanken zu betrachten, werden wir feststellen, wie zutiefst langweilig der Geist ist. Deswegen ist Meditation so schwierig, weil es so langweilig ist. Dieselben alten Gedanken steigen in uns auf, wieder und wieder. Das ist das Ego. Ständig diese Gedanken aufzubringen vermittelt dem Ego ein Gefühl der Sicherheit. Ein Gefühl der Einheit und Einzigartigkeit. Hier ist mein kleines Repertoire konditionierter Reaktionen. Aber genau das macht uns vollkommen blind dafür, was sich tatsächlich Augenblick für Augenblick abspielt. Das ist das Problem. Alle Religionen versuchen nach jenseits dieses kleinen Ego zu gelangen, dieses kleinen „Ich“, und sich Zugang zu höheren Ebenen des Seins zu verschaffen. Die Christen sagen, es ist nicht das Ich, das mich bewegt, sondern Christus. Auch Muslime und Juden machen ihre Ausweichmanöver um dieses kleine „Ich“ herum. Sie alle wollen Zugang zu höheren Ebenen des Bewusstseins erlangen. Zu Ebenen, auf denen sich die Dinge vollkommen und spontan manifestieren.

In diesem Zustand haben wir Zugang zu einer enormen Quelle

fließender Energie, weil wir nicht mehr unter der Spannung unseres konditionierten Denkens stehen. Nachdem wir die Ebene des Bewusstseins erreicht haben, die wir als das Unkonditionierte bezeichnen, als die Natur des Geistes, als Dharmakaya oder was auch immer, kommen wir zurück zum Grund unseres Wesens. Natürlich können wir unser Ego behalten. Aber jetzt wissen wir, dass es nur ein Spiel ist. Wenn ich vorhin „Psyche“ gesagt habe, dann habe ich damit die inneren geistigen Faktoren gemeint. Ich benutze das Wort recht locker. Wenn wir Realisation erlangt haben, benutzen wir unsere inneren geistigen Faktoren nach wie vor, aber wir lassen uns nicht mehr von Gedanken und Emotionen hinters Licht führen.

Es ist ein großer Unterschied, ob wir Gedanken und Emotionen haben und ob wir von Gedanken und Emotionen absorbiert sind und uns mit ihnen identifizieren. Wir können durchaus weiterhin Gedanken und Emotionen haben, während wir ihre Regenbogengleiche Qualität erkennen. Mit anderen Worten, obwohl wir nicht von ganzem Herzen an sie glauben, können wir doch mit ihnen spielen. Wenn wir einen Regenbogen sehen, denken wir ja auch nicht, dass er real ist. Regenbogen entstehen unter bestimmten Bedingungen wie Feuchtigkeit in der Luft und ihr Zusammentreffen mit Sonnenlicht in einem bestimmten Winkel und so weiter. Wenn all diese Ursachen und Bedingungen zusammenkommen, dann kommt dabei etwas heraus, das sehr schön ist und stabil aussieht, und wir bezeichnen es als Regenbogen. Es existiert nicht wirklich, und doch existiert es. Wir alle können es sehen, und doch können wir nicht danach greifen. Ganz ähnlich verhält es sich mit unserer äußeren Realität und unseren Emotionen. Sie sind da, aber nicht so, wie wir sie wahrnehmen. Wenn wir das erkennen, erlangen wir ein enormes Maß an Freiheit. Wir können uns des Regenbogens erfreuen, ohne danach zu greifen. Es ist nicht mein Regenbogen. Niemand kann ihn kaufen und in seinen Hinterhof stellen als seinen ganz privaten Regenbogen. Wir müssen uns von dieser tyrannischen Sklaverei des Ego befreien. Wenn wir nach diesem Ego suchen, nun, wir werden es niemals finden – und könnten eigentlich von ihm ablassen.

Kinder scheinen ihre Gedanken, Gefühle und Emotionen so zu akzeptieren, wie sie erscheinen. Sie haben eine gewisse Leichtigkeit an sich, und doch wäre es fürchterlich, immer Kind bleiben zu müssen! Ist es für uns notwendig, diese kindgleiche Natur wiederherzustellen?

Ich denke, es wäre ein Fehler, den naiven Geist eines Kindes mit einem erleuchteten Geist zu verwechseln. Kinder sind nicht erleuchtet, aber sie besitzen gewisse Qualitäten, die wir entwickeln müssen. Sie sind unvoreingenommen, sie besitzen eine gewisse Offenheit oder Leichtigkeit, wie Sie sagen. Aber gleichzeitig befindet sich ein Kind unter dem äußerst starken Einfluss seiner Emotionen. Wenn wir ein hungriges Baby betrachten, sehen wir, wie es sich vor Gier windet. Es bekommt Wutanfälle, wenn es nicht pünktlich gefüttert wird. Wenn wir Kinder beim Spielen beobachten, kann man das Ego in Aktion sehen, in seiner brutalsten Form. Wenn das Kind bekommt, was es will, dann ist alles Lachen und Sonnenschein. Aber bekommt es seinen Willen nicht, wird es sehr schnell sehr wütend. Dieses Verhalten hat sich vor anfangsloser Zeit eingestellt, als unser ursprünglich nicht-duales Bewusstsein sich in „Ich" und „Andere" aufgespalten hat, in „Selbst" und „Nicht-Selbst". Hier liegt unsere grundlegende Unwissenheit begründet. Das Problem ist unser Glauben an eine separate Identität. Wir müssen gewisse kindgleiche Qualitäten entwickeln wie Frische, Offenheit und Neugierde. Kleine Kinder sind voller „Warum?" angesichts kleiner Details, die wir nicht einmal mehr wahrnehmen. In diesem Sinne sind Kinder sehr gewahr und neugierig. Sie reagieren noch nicht konditioniert auf das, was ihnen widerfährt. Die frische, spontane Qualität des Geistes ist mit Sicherheit etwas, das wir brauchen. Aber wir müssen nicht dahin zurückkehren, Sklaven unserer Gier und unserer Wut zu sein.

Niemand ist egoistischer als ein kleines Kind. Was Kinder betrifft, so existiert die ganze Welt einzig und allein, um ihre Bedürfnisse zu befriedigen. Sie besitzen keinerlei Sinn für Rücksichtnahme auf andere. Wir sollten nicht allzu sentimental mit ihnen sein. Sie sind, wie auch wir, gefangen in diesem Bereich von Geburt und Tod. Die Umstände des Menschseins kann man an Kindern sehr gut erkennen. Sie sind völlig nackt. Sie haben noch nicht die diversen, von der Gesellschaft akzeptierten Verhaltensweisen entwickelt, um ihre nackte Gier und Wut zu verstecken. Es ist alles noch direkt an der Oberfläche. Mit Freunden zu leben, die kleine Kinder haben, war mir immer eine ziemliche Lehre. Ich habe Kinder gesehen, die unter den günstigsten Umständen aufgezogen werden, mit liebenden Eltern, in einem schönen Zuhause, mit Spielzeug – Kinder, die sehr verwöhnt und umsorgt werden. Und doch kann man sehen, wie traumatisch ihr Leben sein kann. Wenn sie ihren Willen nicht bekommen, und sei es auch nur im Kleinen, demonstrieren sie eine unglaubliche emotionale Intensität.

Welches sind die positiven Qualitäten eines kindgleichen Geistes?

Ein Beispiel für diese Qualitäten zeigt etwa ein Kind, das großen Kummer hat. Gibt man einem solchen Kind dann einen Lutscher, verschwinden die Tränen und es lacht und freut sich. Der Kummer, der nur Augenblicke zuvor alles beherrschte, ist vollkommen vergessen. Die kindgleiche Qualität des Geistes bedeutet in Wirklichkeit einen Geist, der frisch ist, der Dinge sieht wie zum ersten Mal.

Einmal hat jemand verschiedene Meditierende getestet. Das war ziemlich interessant. Es war einer dieser Tests, bei dem man alle möglichen Elektroden zum Messen von Gehirnwellen an den Kopf geklebt bekommt. Sie testeten jemanden, der eine formelle Meditation nach Hindustil machte, und einen Zenmeister. Man wollte herausfinden, worin der Unterschied liegt, denn beide sagten, sie meditieren, und doch waren es sehr verschiedene Arten von Meditation. Sie testeten auch jemanden, der nicht meditierte. Alle drei Minuten erzeugten sie ein lautes Geräusch. Die erste Testperson war derjenige, der nicht meditierte. Als er das Geräusch zum ersten Mal hörte, regte ihn das sehr auf. Beim zweiten Mal war er weniger erregt. Beim dritten Mal gab es nur noch sehr milde Erregung und beim vierten Mal ignorierte er das Geräusch mehr oder weniger. Die Person, welche die Hindumeditation praktizierte, reagierte überhaupt nicht. Sie hörte das Geräusch einfach nicht. Wenn der Zenmeister das Geräusch hörte, wandte sich der Geist nach außen, registrierte das Geräusch und wandte sich dann wieder nach innen. Beim nächsten Mal registrierte er das Geräusch und wandte sich wieder nach innen. Dann, beim übernächsten Mal, registrierte er das Geräusch und wandte sich wieder nach innen. Seine Reaktion blieb unverändert. Jedes Mal nahm der Geist das Geräusch wahr und wandte sich dann wieder nach innen.

Das sagt uns eine ganze Menge über die Qualität von Geist, über die wir hier sprechen. Es ist ein Geist, der mit Aufmerksamkeit auf etwas reagiert und dann zu seinem natürlichen Zustand zurückkehrt. Er kümmert sich nicht darum, er lässt sich nicht gefangen nehmen, er erregt sich nicht. Er nimmt lediglich wahr, was passiert. Jedes Mal wenn etwas passiert, nimmt er Notiz davon. Er wird nicht gelangweilt. Er wird nicht konditioniert. Auf diese Art und Weise ist dieser Geist wie ein kleines Kind. Wenn etwas Interessantes passiert, nimmt er Notiz davon und lässt es dann wieder gehen, nur um sich dann mit dem nächsten Geschehen zu beschäftigen. Das verstehen wir unter einem kindgleichen Geist. Es sieht alles wie zum ersten Mal. Er hat noch keine vorgefertigten Meinungen über die Dinge. Man sieht ein Glas und sieht es einfach als das, was es ist. Man sieht nicht gleich all die anderen Gläser, die man bereits gesehen hat, zusammen mit all den Theorien, die man über Gläser hat, oder die Art von Glas, die man am liebsten mag, oder das Glas, aus dem man gestern getrunken hat. Wir sprechen also von einem Geist, der die Dinge ganz frisch, im Moment, wahrnimmt. Das ist die Qualität, auf die wir abzielen. Wenn wir erwachsen werden, verlieren wir diese Qualität. Wir versuchen diesen frischen Geist, der die Dinge frei von aller Konditionierung sieht, zu reproduzieren. Aber wir wollen keinen Geist, der von seinen Emotionen mitgerissen wird.

Wird deshalb das Leben kürzer, während wir älter werden?

Ja, denn wir werden mehr und mehr wie Roboter. Wenn wir kleine Kinder sind, ist alles so faszinierend, dass uns das Leben unendlich erscheint. Jeder Tag ist gewaltig, denn ständig passiert so viel und wir sind so interessiert. Die Kindheit erscheint also als ein sehr langer Zeitraum. Aber sowie wir abgestumpfter werden und weniger neugierig, je mehr wir auf Autopilot schalten, in unseren Beziehungen, in unserem gesellschaftlichen Leben, selbst in unseren Intimbeziehungen, desto schlafwandlerischer werden wir. Daher verliert unser Leben seine Lebhaftigkeit und erscheint uns kürzer. Hat einer von Ihnen jemals das Buch *Der Zauberberg* von Thomas Mann gelesen? Es geht darin um jemanden, der an Tuberkulose erkrankt ist und in einem Sanatorium in der Schweiz lebt. Es ist ein sehr dickes Buch. Spätestens nach einem Drittel wird einem klar, dass nichts passiert. Mann verwendet zum Beispiel ein ganzes Kapitel darauf, um nichts weiter als die Temperatur von irgendjemandem zu diskutieren. Er beschäftigt sich mit der Qualität von Zeit und unserer subjektiven Wahrnehmung davon. Er tut dies, weil im Grunde nichts passiert in diesem Sanatorium. Während der ersten beiden Monate gewöhnt man sich an die Routine dort. Das erscheint einem noch im normalen Zeitraum stattzufinden. Aber wie die Wochen und Monate vergehen, immer gleich, die gleichen Mahlzeiten, die gleichen Leute, die gleichen Spaziergänge, die gleichen stumpfen Diskussionen, Tag für Tag, so holt sich die Betrachtung der Zeit selbst ein und zwei Jahre oder zwei Monate scheinen identisch zu sein, fühlen sich identisch an.

Das ist ein Extrembeispiel. Als ich mit achtzehn Buddhistin wurde, wandelte das mein Leben. Die ganze Art und Weise, wie ich dachte, wurde neu bewertet. Es war eine sehr intensive Zeit. Wenn ich zurückblicke, war sie sogar ganz enorm. O ja, es war die Zeit, in der ich Theravadin war, es dauerte Jahre und Jahre und schließlich kam ich dann zum Mahayana. Tatsächlich waren es nur ein paar Monate. Aber weil es eine solch intensive Zeit war, in der so viel in mir passierte, erscheint sie mir sehr lang. Aber wenn nichts passiert, immer der gleiche Job, die gleichen Beziehungen, das gleiche dies, das gleiche das, dann werden wir immer konditionierter in unseren Reaktionen und die Zeit scheint uns davonzulaufen. Das ist sehr traurig, oder nicht? Denn tatsächlich handelt es sich um dieselbe Zeit. Sie scheint schneller zu vergehen. Das ist ein Indiz dafür, wie wir immer roboterhafter werden in unseren Reaktionen. In gewisser Weise ist es ein Warnsignal für uns. Eine Warnung, aufzuwachen und diese ursprüngliche kindgleiche und frische Qualität des Geistes wieder herzustellen.

VIII
Gewahrsein

Wie wir bereits besprochen haben, müssen wir den Geist entwickeln, wenn wir den Dharma praktizieren wollen. Das bedeutet, Klarheit und Einsicht zu entwickeln, um die Dinge so zu sehen, wie sie wirklich sind. Wir haben bereits ausführlicher über die Notwendigkeit täglicher Meditationspraxis gesprochen, um zu ebendieser Klarheit und Einsicht zu gelangen. Der große Nutzen einer täglichen Meditationssitzung liegt darin, dass uns das hilft, den Geist zu stabilisieren, und uns den Raum gewährt loszulassen, still zu werden, und allmählich ein Verständnis dafür zu entwickeln, was in uns vorgeht. Aber natürlich ist die Zeit, die jeder von uns mit formeller Meditation verbringen kann, begrenzt. Zum Glück ist formelle Meditation nur eines von mehreren Mitteln, die uns zur Verfügung stehen. Zusätzlich ist es notwendig, die Praxis des Gewahrseins zu erlernen. Gewahrsein, das wir praktizieren müssen, wenn wir nicht auf unserer Meditationsmatte sitzen. Das heißt also während des größten Teils unseres tagtäglichen Lebens. Dieser Vortrag beschäftigt sich in der Hauptsache mit Techniken, die uns helfen, dieses Gewahrsein während des Tages aufrechtzuerhalten.

Zuerst müssen wir bewusster werden. Normalerweise schenken wir den Dingen, die wir tun, höchstens die Hälfte unserer Aufmerksamkeit. Oft meinen wir, vollkommen konzentriert zu sein, in Wirklichkeit denken wir aber zur gleichen Zeit über hundert andere Dinge nach. In der Regel sind wir uns dessen nicht bewusst. Wir sind ein bisschen wie jemand, der denkt, er führe den Hund aus, letztlich folgt er aber dem Hund, wohin auch immer der ihn führt. Er ist derart mit Schritthalten beschäftigt, dass er gar nicht bemerkt, ob der Hund nun geradeaus geht oder nicht. Eines der ersten Dinge, die uns klar werden müssen, ist die Tatsache, dass unser Geist vollkommen ungezähmt ist. Der Buddha hat den gewöhnlichen Geist oft mit einem brünstigen, wilden Elefanten verglichen. Nicht mit einem dieser netten, zahmen Elefanten, die wir im Zoo sehen können, sondern mit einem wilden Elefanten! Manchmal ging er sogar so weit, ihn mit einem betrunkenen wilden Elefanten zu vergleichen! Heutzutage hören wir in den Nachrichten oft von wichtigen Staatsmännern, die sich völlig unkontrolliert verhalten und die ganze Nation dadurch in furchtbare Schwierigkeiten bringen, von den Schwierigkeiten, die sie damit ihren Familien bereiten, ganz zu schweigen. Es ist beängstigend, dass selbst Leute in öffentlichen Ämtern, für die so viel auf dem Spiel steht, nicht in der Lage sind, ihr Verhalten zu kontrollieren. Wenn Leute ihr Verhalten nicht kontrollieren können, liegt das daran, dass sie nicht in der Lage sind, ihren Geist zu kontrollieren. In gewissem Maß haben wir alle dieses Problem. Wie oft handeln wir impulsiv, ohne über die Konsequenzen unseres Handelns nachzudenken? Wir wollen etwas tun, also springen wir mitten hinein. Aber wir wissen nicht, wie wir uns unter Kontrolle halten können. Unser Geist ist verdunkelt von Wut, Begierde, Eifersucht und Verwirrung. Die weiteren Folgen unseres Tuns können wir nicht überblicken und deshalb haben wir oft auch keinerlei Gefühl von Verantwortung für das, was wir tun.

Was können wir also tun, um mehr Verantwortung für unsere Handlungen zu übernehmen? Nun, wir könnten damit beginnen, unsere Geisteszustände verstehen zu lernen. Eine der einfachsten Methoden ist, ganz alltäglichen Handlungen wie Haarekämmen, Zähneputzen oder Kaffeetrinken unsere volle Aufmerksamkeit zu widmen. Einfach nur bei der Handlung sein und wissen, was man tut. Das ist alles. Wir werden sehen, wie lange es dem Geist gelingt, einfach nur kommentarlos bei der Handlung zu verweilen, ehe er mit allen möglichen Kommentaren, Rechtfertigungen und Interpretationen daherkommt. „Oh, du meine Güte, das ist wirklich dumm. Wieso soll ich mir die Zähne putzen und dabei darüber nachdenken?“ Oder: „Hey, jetzt wird mein Leben wirklich gut. Es ist wirklich einfach, beim Zähneputzen gewahr zu sein.“

Wenn sich dieses geistige Geplapper einstellt, sind wir nicht länger gewahr, wir sind nicht länger bewusst. Bewusst zu sein heißt nicht, über etwas nachzudenken, sondern präsent zu sein im Augenblick, frei von jeglichem geistigen Kommentieren. Wenn das Kommentieren beginnt, ignorieren wir es einfach und kehren zurück zum Präsentsein im Augenblick. Denken Sie darüber nach. In unserem Leben geschehen so viele Dinge, die wir niemals wirklich „erfahren“. Wir erfahren lediglich Ideen, Interpretationen und Vergleiche. Wir verweilen bei Dingen, die sich in der Vergangenheit zugetragen haben, oder leben in der Erwartung zukünftiger Geschehnisse. So gut wie nie erfahren wir den Augenblick selbst. Aus genau diesem Grund halten wir unser Leben oft für langweilig und bedeutungslos. Es muss uns klar werden, dass dieses Gefühl der Bedeutungslosigkeit nicht von unserem Leben als solchem herrührt, sondern von der Qualität des Gewahrseins, mit dem wir unser Leben leben.

Es gibt einen vietnamesischen Zenmeister namens Thich Nhat Hanh, der über den Nutzen des Geschirrspülens um des Geschirrspülens willen schreibt. Das ist ein wichtiger Punkt, denn normalerweise spülen wir Geschirr, um sauberes Geschirr zu haben. Wann auch immer wir etwas tun, tun wir es, um ein Resultat zu erzielen. Wir schreiben einen Brief, um einen Brief zu produzieren, den wir dann verschicken können. Wir spülen Geschirr nicht, um Geschirr zu spülen, sondern um sauberes Geschirr zu haben, und dann machen wir uns an die nächste Aufgabe. Während wir das Geschirr spülen, denken wir darüber nach, was wir als Nächstes tun werden, wie wir vielleicht eine Tasse Kaffee trinken, was heute Morgen jemand zu uns gesagt hat, was wir uns gestern Abend im Fernsehen angesehen haben, was das Kind wohl gerade tut oder was unser Mann zu uns gesagt hat, bevor er zur Arbeit ging. Das Letzte, womit sich unser Geist beschäftigt, ist das Geschirr. Wenn wir dann beim Kaffeetrinken angelangt sind, denken wir darüber nach, dass wir anschließend einkaufen gehen müssen und was wir alles einkaufen werden und so weiter. Wir trinken den Kaffee jetzt, aber wir trinken ihn nicht wirklich, denn unser Geist ist bereits wieder vorausgeeilt zu etwas anderem. Unser gesamtes Leben vergeht auf diese Art und Weise. Selbst wenn wir etwas sehr Schönes tun, wir essen zum Beispiel ein köstliches Gericht, denken wir bereits über das Dessert nach. Wir erfreuen uns noch nicht einmal dieser guten Dinge. Für ein paar Sekunden nehmen wir den Geschmack wahr, und schon sind wir wieder mit etwas anderem beschäftigt.

Thich Nath Hanh fragt: „Warum nicht einfach Geschirr spülen, um es zu spülen?" Sauberes Geschirr bekommen wir trotzdem! Aber es würde bedeuten, dass wir während des Geschirrspülens voll und ganz bei der Sache wären. In diesem Augenblick gäbe es nichts Wichtigeres auf der Welt als das, denn das ist es, was wir gerade tun. Alles andere sind nur Gedanken. Das, was gerade geschieht, in diesem Augenblick, ist die tatsächliche Realität und daher das Allerwichtigste. Wenn wir es jetzt verpassen, haben wir es für immer verpasst, denn wir können dieses „jetzt" niemals wieder zurückholen. Also lassen Sie uns Geschirr spülen, einfach nur wissend, dass wir Geschirr spülen. Es ist gar nicht so schwierig. Wir sind uns bewusst, dass wir am Spülbecken stehen. Jetzt nehmen wir einen Teller in die Hand. Wir können das Wasser spüren. Wir spüren die Seifenlauge. Es ist uns bewusst, was wir waschen. Wir lenken unsere ganze Aufmerksamkeit auf das, was im Augenblick geschieht. Auf diese Art und Weise zentrieren wir uns im Augenblick. Und dieser Augenblick ist alles, was wir jemals wirklich haben. Unser ganzes Leben besteht aus einem Augenblick, gefolgt vom nächsten Augenblick, gefolgt vom nächsten Augenblick, und es geht für immer so weiter. Wenn wir diese Augenblicke verpassen, weil wir gerade an etwas anderes denken, dann sind sie für immer verloren. Wenn wir aber unsere Aufmerksamkeit auf das richten, was gerade vor sich geht, was wir gerade tun, was auch immer das sein mag, dann waschen wir den Geist selbst rein. Das ist mit keinerlei Stress verbunden. Der Geist erfährt es vielmehr als eine angenehme Erfahrung.

Die Zentradition legt sehr großes Gewicht auf das Präsentsein im Augenblick. Dort wird gelehrt, dass jede Handlung, die mit Gewahrsein ausgeführt wird, eine tiefgründige Handlung ist. Jede Handlung, die jedoch ohne Gewahrsein ausgeführt wird, und sei sie scheinbar noch so großartig, ist bedeutungslos. Man mag als Abt auf einem hohen Thron sitzen und Belehrungen geben. Aber wenn man das ohne Bewusstsein tut, ist es eine bedeutungslose Aktivität. Wir könnten uns zum Beispiel außerhalb des Tempels befinden und den Boden schrubben oder Gemüse schneiden. Vorausgesetzt, wir tun es mit Bewusstsein und Präsenz, dann wird selbst die gewöhnlichste Aktivität zu tiefgründiger Meditation.

Manche Leute denken: „Ich bin ziemlich bewusst. Ich weiß, was ich tue." Versuchen Sie sich eine sehr einfache Handlung vorzustellen. Etwa Trinken oder Haarekämmen, Zähneputzen oder Rasieren. Eine Handlung, die wir normalerweise ziemlich automatisch ausführen, während wir gleichzeitig über etwas anderes nachdenken. Anstatt nun an alles Mögliche andere zu denken, richten Sie Ihre volle Aufmerksamkeit auf die Handlung. Seien Sie sich im Klaren darüber, was geschieht. Erfahren Sie, was der Körper macht. Erfahren Sie, was der Geist tut. Seien Sie einfach dabei. Das ist nicht so einfach, wie es sich anhört! Fast unweigerlich beginnen wir nicht nur über alles Mögliche nachzudenken und zu kommentieren, sondern wir denken auch: „Oh, das ist ja einfach. Ich bin gerade sehr geistesgegenwärtig." Sobald wir denken: „Ich bin gewahr", sind wir es nicht mehr. Wir denken nur, dass wir gewahr sind. Wahres Gewahrsein ist nonverbal.

Präsenz so oft wie möglich in das einzubringen, was wir tun, hilft uns, unseren Tag auf einer sehr tiefen Ebene zu verändern. Es ist einfach. Das Problem ist, dass der Geist so tief in seiner Trägheit verhaftet ist, in dem Bestreben, weiterzuschlafen, dass wir meist vergessen, geistesgegenwärtig zu sein. In Wirklichkeit hat das Wort „geistesgegenwärtig" sowohl im Tibetischen als auch im Sanskrit die Bedeutung von „sich erinnern". Es ist verwandt mit der christlichen Idee des Sich-Entsinnens und mit Gurdjieffs Konzept des Selbst-Gedenkens. Es geht darum, sich zu erinnern, wo wir sind, was wir sind und was in diesem Augenblick vor sich geht. Da Geistesgegenwart verwandt ist mit Erinnerung, ist sie der natürliche Feind von Vergesslichkeit. Ich spreche oft über diese Qualität der Geistesgegenwart und die Leute sagen dann: „Ja, das hört sich gut an. Das probiere ich mal aus." Am nächsten Tag strengen sie sich dann wirklich an, bewusster zu sein, bei der Arbeit und mit ihrer Familie. Und fast augenblicklich bringt dies eine völlig neue und besondere Dimension in ihr Leben. Die Leute bemerken das und sagen: „Hey, du bist so viel netter. Was ist passiert?" Sie kommen dann zurück und erzählen mir, wie großartig diese Geistesgegenwart ist und was für eine wunderbare Wirkung das auf jeden Aspekt ihres Lebens hat. Ich erwidere: „In Ordnung, erzähl mir in ein paar Monaten mehr." Wenn ich sie dann etwa sechs Monate später wieder treffe und frage, wie es denn um ihre Geistesgegenwart steht, erwidern die meisten: „Oh, das habe ich völlig vergessen!"

Das ist das Hauptproblem. Wir sind so daran gewöhnt, zu schlafen, dass die Anstrengung, die es kostet, aufzuwachen, uns sehr groß scheint. Darüber hinaus gibt es keine Hindernisse. Wir brauchen dafür kein Mehr an Zeit und auch kein bestimmtes Talent. Es setzt nicht voraus, dass wir große Genies sind oder Yogis oder dass wir Jahr um Jahr Übungen für Fortgeschrittene praktizieren. In der Sekunde, in der ich zu Ihnen sage: „Seien Sie präsent und erfahren Sie nur den Körper in diesem Augenblick", in dieser Sekunde können Sie es tun! Der Geist tritt zurück und plötzlich wissen Sie, was Ihr Körper gerade tut. Richtig? Es ist sehr einfach. Die Hauptherausforderung ist es, sich zu erinnern. Wenn Sie lernen, ein Musikinstrument zu spielen, beginnen Sie nicht mit Sonaten von Beethoven. Am Anfang macht man sehr einfache Übungen, Tonleitern zum Beispiel. Aber Sie üben immer weiter und irgendwann haben Sie die Technik erlernt. Wenn Sie dann weitermachen, erreichen Sie einen Punkt, an dem Sie sich der Technik gar nicht mehr bewusst sind. Die Musik fließt aus Ihren Fingern in das Instrument.

Mit dem Geist verhält es sich ebenso. Unser Geist ist voller schlechter Gewohnheiten und muss erst umprogrammiert werden, um gute Gewohnheiten zu entwickeln. Am Anfang ist das schwierig und es gibt sehr viel Widerstand. Aber wenn wir geduldig und beharrlich bleiben, wird unser Gewahrsein immer stärker werden. Stück für Stück lernt der Geist zu verstehen, was es heißt, gewahr zu sein. Dann beginnen die Augenblicke des Gewahrseins von selbst länger zu werden. Eines Tages dann, wenn wir noch nicht einmal daran denken, inmitten totaler Verwirrung, sind wir plötzlich vollkommen präsent. Wir sehen alles völlig klar, und doch ist unser Geist dabei vollkommen still. Dann kommen irgendwann wieder all die Kommentare und Rechtfertigungen daher und wir haben es wieder verloren. Aber mit der Zeit stellen sich mehr und mehr solcher Augenblicke von Klarheit und innerer Stille ein, Augenblicke, während derer wir die Dinge wirklich wahrnehmen, und alles wird sehr lebendig. Es ist wirklich wie der Prozess des Aufwachens. Weil wir schlafen, haben wir normalerweise viele Träume. Manche sind angenehm, andere sind Alpträume. Es ist alles hochinteressant und unterhaltsam. Aber wenn wir erwachen, stellen wir fest, dass es sich um eine niedere Ebene von Bewusstsein gehandelt hat, egal wie interessant es war oder wie fest wir daran geglaubt haben. Jetzt sind wir wach und wissen, dass dieses andere Bewusstsein nur ein Traum war. Niemand anders kann uns aufwecken. Wir müssen das schon für uns selbst tun. Aber wenn wir es vorziehen zu schlafen, bitte sehr.

Manchmal werde ich gefragt, worin der Unterschied liegt zwischen Gewahrsein und Konzentration. Gewahrsein und Konzentration sind nicht dasselbe. Ein Beispiel: Nehmen Sie an, Sie lesen ein faszinierendes Buch und sind völlig darin vertieft. Sie sehen nichts anderes, Sie hören nichts anderes. Das ist Konzentration. Aber zu wissen, dass Sie in das Buch vertieft sind, dass ist Gewahrsein. Verstehen Sie den Unterschied? Gewahrsein heißt nicht darüber nachdenken, dass man gewahr ist. Solange wir denken, wir seien gewahr, sind wir nicht wirklich gewahr, sondern denken es nur. Zu Anfang sind wir nur in der Lage, einige wenige Sekunden gewahr zu sein. Dann nimmt unser konzeptueller Geist sofort alle möglichen Gedanken, Ideen, Vergleiche und Kommentare auf und wir verlieren es wieder. Wenn das geschieht, ist es wichtig, sich davon nicht entmutigen zu lassen. Mit Praxis und Beharrlichkeit werden wir unweigerlich fortschreiten. Wir müssen nicht nur lernen, mit anderen geduldig zu sein, sondern auch mit uns selbst.

Der Buddha lehrte vier grundlegende Ebenen von Achtsamkeit, beginnend bei der gröbsten bis hin zu zunehmend subtileren Ebenen. Die erste von ihnen ist die Achtsamkeit des Körpers, was den Atem einschließt. Die zweite ist die Achtsamkeit der Gefühle. Das schließt nur reine Empfindungen ein, keine Emotionen. Wann auch immer ein Stimulus durch die Sinnesorgane empfangen wird, durch Augen, Ohren,

Nase, Mund, Haut oder den Geist und dann vom Bewusstsein verarbeitet wird, stellt sich eine Empfindung ein. Eine solche Empfindung kann entweder angenehm, unangenehm oder neutral sein. Wir werden dies später im Detail besprechen. Die dritte Art von Achtsamkeit ist die des Geistes. Die vierte ist die der äußeren Umgebung und wie sie sich auf unsere Sinnesorgane auswirkt. Das ist es, was uns in unserem panoramaähnlichen Gewahrsein verbindet.

Als ich mit einem alten Yogi in unserer Gemeinschaft diese Praxis zu üben begann, sagte ich zu ihm: „Ich habe eine ungefähre Ahnung, was ich in formellen Situationen zu tun habe, aber ich weiß nicht, was ich während des Rests des Tages tun soll." Er sagte: „Das ist einfach. Du realisierst einfach, dass alle Gedanken und Emotionen, die erscheinen, der Dharmakaya sind." Dharmakaya heißt ultimative Realität. Ich erwiderte: „Nein, das ist zu schwierig. Das kann ich nicht." Woraufhin er antwortete: „Doch, du kannst. Du bist nur zu faul dazu!" Aber tatsächlich ist es recht schwierig. Es ist nicht einfach, direkt in den Geist zu schauen, und es ist besonders schwer, ihn als den Ausdruck von Weisheit zu erkennen, vor allem wenn man nicht weiß, was für eine Weisheit das ist! Aber der Buddha war gütiger zu uns. Er begann damit, uns auf das Physische zu fokussieren, denn das ist uns am offensichtlichsten. Er sagte: „Wenn wir sitzen, wissen wir, dass wir sitzen. Wenn wir stehen, wissen wir, dass wir stehen. Wenn wir gehen, wissen wir, dass wir gehen. Wenn wir liegen, wissen wir, dass wir liegen." Denken Sie darüber nach. So oft wenn wir sitzen oder liegen oder gehen, sind wir uns unseres Körpers gat nicht bewusst. Wir wissen nicht einmal, was wir gerade tun. Versuchen Sie sich einmal des Körpers bewusst zu werden, seiner Haltung, dessen, was er gerade tut. Nicht darüber nachdenken oder es mit etwas vergleichen oder es kommentieren, sondern einfach nur wahrnehmen, was der Körper gerade tut, und wie sich das anfühlt. Wenn wir das tun können, nur das, dann sind wir präsent. Es ist eine geschickte Methode, um uns in den Augenblick zu bringen.

Eine andere Methode, sich ins Hier und Jetzt zu bringen, ist, sich während des Tages auf den Atem zu konzentrieren, so wie wir es auch in der Meditationsübung tun. Wir können nicht in der Vergangenheit oder in der Zukunft atmen. Atmen können wir nur jetzt. Der Atem ist immer bei uns. Es ist ein probates Mittel, um den Geist in die Gegenwart zurückzubringen, denn das Atmen ist eng verknüpft mit unserem Geisteszustand. Je nachdem ob wir wütend sind oder ängstlich, leidenschaftlich, friedvoll, glücklich oder deprimiert, ändert sich unser Atmen. Das Atmen reflektiert den Zustand unseres Geistes in ebendiesem Augenblick. Unsere Aufmerksamkeit auf das Ein- und Ausatmen zu richten hilft dem Geist tatsächlich, sich zu beruhigen. Selbst im allgemeinen Sprachgebrauch, etwa wenn jemand sehr erregt ist, raten wir ihm, tief durchzuatmen und bis zehn zu zählen. Das können wir während des Tages recht einfach umsetzen, wann immer wir daran denken oder es für nötig erachten, den Geist zu beruhigen. Selbst wenn man ein sehr geschäftiges Leben führt, gibt es Zeiten, zu denen es notwendig ist, still zu sein.

Wenn in Neu-Delhi die Verkehrsampeln auf Rot stehen, zeigen sie dabei das Wort „Relax", entspannen, an. Wenn Sie nun bei einer roten Ampel ankommen, ärgern Sie sich nicht, sondern nehmen Sie das als Gelegenheit, um zu praktizieren. Konzentrieren Sie sich auf den Atem. Werden Sie eins mit dem Atem. Dann kann uns etwas, das uns normalerweise Stress verursacht, helfen uns zu entspannen, und zwar ohne dass sich etwas in unserer Umgebung verändern muss. Die rote Ampel ist nach wie vor da, aber unsere Reaktion darauf hat sich verändert. Dieses Prinzip kann auf den ganzen Tag angewandt werden. Versuchen Sie die Dinge, die Ihnen normalerweise Stress verursachen, als Warnsignale zu betrachten. Stellen Sie sich eine rote Ampel vor, die das Wort „Relax" zeigt! Lassen Sie einfach alles gehen. Seien Sie einfach nur präsent im Augenblick. Wir alle können das tun.

Die zweite Ebene von Gewahrsein ist das Gewahrsein der Empfindungen. Mit „Empfindungen" meinen wir den Prozess, der sich einstellt, wenn wir einen Stimulus durch die fünf Sinnesorgane oder durch den sechsten Sinn, den Geist, empfangen. Ein solcher Stimulus wird augenblicklich vom Geist interpretiert und entweder als angenehm, unangenehm oder neutral wahrgenommen. Alles, was wir wahrnehmen, egal ob es von außen oder innen kommt, basiert auf diesem Schmerz/Freude-Prinzip. Unsere normale Reaktionsweise ist es, an dem, was wir als angenehm empfinden, zu haften und Unangenehmes möglichst zu vermeiden. Wir tun dies permanent. Selbst wenn wir sitzen, verweilen wir eine Weile in einer bestimmten Position, und dann beginnen wir uns ein wenig unbequem zu fühlen. Wir beginnen unangenehme Empfindungen wahrzunehmen, also winden wir uns hin und her, bis wir uns wieder behaglich fühlen. Dann ist wieder alles in Ordnung, aber nur eine kurze Weile.

Alles, was wir tun, von einem Moment zum nächsten, basiert auf dem Bestreben, angenehme Gefühle aufrechtzuerhalten und unangenehme Gefühle zu vermeiden oder abzuwehren. Wir werden von Klängen, Anblicken, Geschmäckern, Gerüchen und Kontakten, die wir als angenehm empfinden, angezogen, und von angenehmen Gedanken. Auf der anderen Seite versuchen wir allem auszuweichen, was als unangenehm eingestuft wird. Infolgedessen sind wir gefangen in diesem kontinuierlichen Hinundherpendeln zwischen Anziehung und Ablehnung. Wir scheinen zu glauben, wenn wir nur schnell genug seien, dann könnten wir mehr Angenehmes ansammeln und Unangenehmes vermeiden. Wir tun dies nahezu unbewusst, so automatisch ist es bereits geworden. Wir werden vollkommen von diesem Prozess kontrolliert. Es betrifft Menschen, Dinge, Situationen, emotionale Zustände, Gedanken, was auch immer. Solange wir uns dessen nicht bewusst sind, solange wir nicht erkennen, dass dies die Substruktur ist, die all unseren Ängsten, Interpretationen, Beurteilungen und Vorurteilen zugrunde liegt, solange unterscheiden wir uns nicht von Pawlows Hunden. Wir sind vollkommen konditioniert.

Ein Gewahrsein für Empfindungen zu entwickeln versetzt uns in die Lage, uns dieses ersten psychischen Aufflackerns von Freude oder Ablehnung bewusst zu werden, bevor der Geist die Angelegenheit übernimmt und aus dem Zusammenhang reißt. Sobald sich dieses Aufflackern einstellt, sind wir gefangen: „Ich mag es, ich will es, ich muss es haben; ich mag es nicht, ich will es nicht, ich muss es loswerden, ich muss hier raus.“ Diese ganze Reaktion resultiert aus diesem ersten winzigen Aufflackern von Freude oder Nicht-Freude. Wenn wir in eben diesem Augenblick aufmerksam sind und sehen, was sich da tatsächlich abspielt, geben wir uns den Raum, zu wählen, wie wir reagieren wollen. Wenn uns etwas angenehm erscheint, könnten wir sagen: „Ja, ich mag es. Ich nehme es." Es ist nichts Falsches daran, sich so zu entscheiden. Erscheint uns etwas als unangenehm, könnten wir sagen: „Nein, ich will es nicht" und ihm ausweichen. Wir müssen keine Masochisten werden. Wir versuchen den Raum zu schaffen, der es uns gestattet, eine Situation klar zu sehen. Dann können wir auch klar reagieren anstatt auf konditionierte Art und Weise.

Unsere Vorlieben und Abneigungen scheinen so real, so echt, so beständig, dass wir oft vergessen, dass sie meist recht willkürlich sind. Wir mögen zum Beispiel in der einen Woche der Meinung sein, dass Violett die schönste Farbe der Welt ist. Wir lieben Violett und denken, dass alles Violette schön ist. Wir können einfach nicht verstehen, wie jemand es ertragen kann, etwas Grünes zu betrachten oder diese Farbe zu tragen. Dann, ein paar Jahre später, wird Grün „die" Modefarbe und wir können uns gar nicht vorstellen, warum sich jemand in irgendetwas anderem als Grün zeigen möchte. Wir vergessen völlig, dass wir Grün vor nicht allzu langer Zeit noch gehasst haben. Dabei geht es gar nicht darum, ob wir nun Violett oder Grün mögen. Es geht darum, dass sich unsere Vorlieben und Abneigungen kontinuierlich ändern. Oft werden sie von der Gesellschaft diktiert, in der wir leben. Selbst in der Kunst werden Dinge, die heute als der Gipfel des Schönen und der ästhetischen Perfektion betrachtet werden, schon morgen als Kitsch angesehen. Es ist nicht abzusehen, wie sich die Geschmäcker verändern. Wir müssen beobachten, was mit uns passiert und uns dieses subtilen „Tons unserer Gefühle" bewusst werden. Dann können wir uns entscheiden, was wir damit tun wollen.

Und das bringt uns zur nächsten Ebene, bei der es darum geht, sich des Geistes bewusst oder gewahr zu werden. Persönlich denke ich, dass es nur einen Weg gibt, seine Aufmerksamkeit auf den Geist zu richten, auf die Gedanken selbst, nämlich sich anzugewöhnen, regelmäßig zu sitzen. In der Hektik des Alltags ist es fast unmöglich, zu sehen, was da in einem vorgeht. Regelmäßiges Sitzen ist unentbehrlich, um seine Aufmerksamkeit auf den Geist zu richten. Eine Stunde oder zwei pro Tag wären ideal, aber wenn man nicht so viel Zeit hat, dann sind eine halbe Stunde oder zwanzig Minuten auch in Ordnung. Weniger wäre nicht ausreichend, denn der durchschnittliche Geist braucht bereits etwa zehn Minuten, bis er sich einigermaßen beruhigt hat. Wenn man dann bereits die Sitzung abbricht, hat man keine Gelegenheit, diesen beruhigten Zustand zu erfahren.

Der frühe Morgen wird als die beste Zeit zum Meditieren betrachtet. Wir alle könnten eine halbe Stunde früher aufstehen, wenn wir nur wollten. Eine andere gute Zeit ist unmittelbar vor dem Zubettgehen. Es ist sehr nützlich, den Geist etwa zehn Minuten lang von all unseren Sorgen, unseren Ängsten und unserem Stress zu leeren, einfach gehen zu lassen, bevor wir zu Bett gehen. Lassen Sie einfach alles fallen und gestatten Sie dem Geist, ruhig zu werden, weit und leer. Wenn wir in einem solchen Zustand einschlafen, wird unser Schlaf umso tiefer. Wenn wir dagegen einschlafen, während sich unser Geist noch um all die Sorgen und Nöte dreht, die wir während des Tages erfahren haben, dann ist es sehr wahrscheinlich, dass wir am Morgen aufwachen und uns fühlen, als hätten wir gar nicht geschlafen. Selbst im Schlaf drehten sich unsere Gedanken noch hin und her. Daher ist es gut, eine Zeitlang zu sitzen, ehe man sich schlafen legt. Eine Zeit, in der sich der Geist entspannen und ruhig werden kann. In diesem Zustand geht man dann zu Bett.

Betrachten wir einmal die normale Art und Weise, wie wir denken, dann stellen wir fest, dass wir einen nicht enden wollenden Dialog mit uns selbst führen. Voller Erinnerungen, Rechtfertigungen, Kommentaren, Phantasien und Tagträumen. Wir sind unablässig damit beschäftigt, zu denken, zu vergleichen und zu analysieren. Und wir glauben an das, was wir denken. Das, woran ich glaube, ist wahr, weil ich ja daran glaube! Was ich mag, muss gut sein, weil ich es ja mag! Und was ich nicht mag, muss deswegen schlecht sein, weil ich es eben nicht mag! Und wenn sich Emotionen einstellen, glauben wir auch an sie! Wir glauben an unsere Wut, wir glauben an unsere Depressionen, wir glauben an unsere Erinnerungen, wir glauben an unsere Ängste und wir denken: „Das bin ich." Menschen, die eine traumatische Kindheit hatten, glauben besonders vehement an ihre Erinnerungen. Sie können sie niemals loslassen. Sie klammern sich förmlich daran, obwohl diese Erinnerungen schmerzvoll sind. Erst diese Erinnerungen geben ihnen ein Gefühl von Identität: „Ich bin ein missbrauchtes Individuum."

Das Ziel der diversen Meditationspraktiken ist es, uns zu lehren, wie man zunächst den Geist beruhigt und dann in den Geist schaut. Sie lehren uns, wie wir uns zunächst von unseren Gedanken und Emotionen distanzieren können, um sie dann als das zu erkennen, was sie sind. Sie sind nichts weiter als Geisteszustände. Sie erscheinen eine kurze Weile, sie verschwinden wieder, und etwas Neues erscheint. Sie sind wie Luftblasen. Unser Problem liegt nicht darin, dass wir Gedanken und Emotionen haben, sondern darin, dass wir uns mit ihnen identifizieren. Wir denken: „Das sind *meine* Gedanken, *meine* Emotionen, *meine* Erinnerungen." Wir lassen uns keinen Raum. Es ist, als wären wir inmitten eines riesigen Ozeans, umgeben von gigantischen Wellen, die uns unablässig überrollen, über uns hereinbrechen. Gewahrsein ermöglicht uns einen friedlichen Raum, aus dem heraus wir all das beobachten können, ohne davon verschlungen zu werden.

Als ich in Malaysia war, sah ich ein T-Shirt mit dem Bild eines Surfbretts hoch auf einer Welle. Auf dem Surfbrett saß eine Figur mit gekreuzten Beinen und meditierte. Darunter fand sich die Aufschrift: „Die Wellen des Lebens reiten. Sei achtsam, sei glücklich." Genau das ist es. Gewahr sein. Präsent sein. Gedanken als Gedanken und Emotionen als Emotionen erkennen. Es ist, wie ein Surfbrett zu reiten. Nach und nach entwickelt man die Haltung, die es einem erlaubt, selbst die rauesten Wellen zu reiten, bis man nicht mehr im Wasser, sondern auf dem Wellenkamm ist. Natürlich muss man mit den kleinen Wellen beginnen, bis man seine Balance gefunden hat. Hat man dies dann getan, dann heißt es nur noch: „Je höher die Welle, desto besser!" Ganz ähnlich ist es, wenn wir uns in Gewahrsein üben wollen: Es ist zunächst besser, dies in einer unbedrohlichen und friedlichen Atmosphäre zu tun. Aus diesem Grund gehen Leute ins Retreat. Und aus demselben Grund halten Leute regelmäßige Zeiten zum Sitzen ein. Wenn wir jedoch erst einmal erlernt haben, wie man im Gleichgewicht bleibt, dann werden wir wie der Surfer, der an den größten Wellen den größten Spaß hat.

Sobald wir ein Gewahrsein für den Geist entwickeln, scheint sich der Geist in zwei Teile aufzuspalten. Ein neuer Aspekt des Geistes entsteht, bekannt als der Beobachter, der Sehende und so weiter. Er beobachtet, ohne zu kommentieren oder zu urteilen. Zusammen mit dem Erscheinen des Beobachters entsteht ein gewisser Raum im Geist. Dies befähigt uns, Gedanken und Emotionen lediglich als Gedanken und Emotionen zu erkennen anstatt als „ich“ und „mein“. Wenn diese Gedanken und Emotionen nicht länger als „ich“ und „mein“ gesehen werden, haben wir die Wahl. Manche Gedanken und Emotionen sind durchaus hilfreich, also ermutigen wir sie. Andere sind nicht hilfreich und wir lassen sie einfach gehen. Alle Gedanken und Emotionen werden erkannt und akzeptiert. Nichts wird unterdrückt. Aber jetzt haben wir die Wahl, wie wir reagieren wollen. Wir können jene Gedanken und Emotionen, die hilfreich und geschickt sind, unterstützen und jenen, die es nicht sind, die Energie entziehen.

All das ist sehr befreiend, meinen Sie nicht auch? Der Punkt hierbei ist, dass wir alle in der Lage sind, dies zu tun. Es ist nicht unmöglich. Es ist noch nicht einmal besonders schwierig. Ein Teil der psychischen Faktoren ist von Natur aus in der Lage, diese Spaltung zu vollziehen. Es ist nicht etwas, das wir erst herstellen müssen oder von außen hereinbringen. Es ist bereits Teil unserer geistigen Fähigkeiten. Wenn wir lernen, uns unserer Gedanken mehr und mehr bewusst zu sein, wird der Geist ganz natürlich diesen inneren Raum schaffen. Je stärker das Gewahrsein wird, desto offensichtlicher wird diese Trennung werden, bis sie schließlich immer vorhanden ist. Selbst wenn emotionale Probleme entstehen, wird dieser innere Raum vorhanden sein. Wir alle können dies herbeiführen, denn genauso arbeitet der Geist, wenn er erst einmal die Fähigkeit entwickelt hat, sich zu distanzieren und einfach nur zu beobachten.

Thich Nhat Hanh hatte eine Glocke, die er als „Achtsamkeitsglocke“ bezeichnete. Während seiner Seminare trug er einem Teilnehmer auf, umherzugehen und ab und zu, wann auch immer ihm danach war, diese Glocke zu läuten. Sobald die Schüler die Glocke hörten, hatten sie augenblicklich innezuhalten. Vollkommener Stopp, in dieser Sekunde. In diesem Augenblick mussten sich alle nicht nur ihres Körpers bewusst werden, sondern auch dessen, was gerade in ihrem Geist vorging, was ihre Gefühle und Emotionen gerade taten. Sie waren dazu angehalten, sich in einem Augenblick all dieser Dinge bewusst zu werden. Wir müssen uns unsere eigene Achtsamkeitsglocke schaffen, um uns aufzuwecken. Selbst während des geschäftigsten Tages können wir zehn Sekunden abzweigen, um uns bewusst zu werden, was unser Geist gerade tut. Und sowie sich unser Geschick entwickelt, weiß auch der Geist, was er zu tun hat. Die Momente der Klarheit werden immer länger, bis wir uns schließlich ganz spontan, ohne darüber nachzudenken, in diesem Zustand befinden. Es ist wie eine Kamera, die nicht fokussiert ist. Man dreht so lange daran herum, bis sie schließlich ein scharfes Bild zeigt. Alles wird plötzlich sehr klar und man erkennt erst jetzt, wie unklar und verschwommen alles zuvor gewesen ist. Dann verlieren wir den Fokus wieder, weil wir erneut darüber nachzudenken beginnen! Das ist in Ordnung. Aber jedes Mal wenn wir uns daran erinnern, können wir es zurückbringen. Mit der Zeit entwickeln wir die Gewohnheit, bewusst zu sein. Schlechte Gewohnheiten zu entwickeln ist sehr einfach, gute dagegen ausgesprochen schwierig. Am Anfang braucht man also sehr viel Hingabe und Entschlossenheit. Aber wenn wir erst einmal den Nutzen, der daraus entsteht, schätzen gelernt haben, ermutigt uns das, weiterzumachen.

Die meisten von uns fühlen, dass unser Leben etwas zu wünschen übrig lässt. Die Lösung liegt nicht darin, den perfekten Partner zu finden, das perfekte Haus, das perfekte Auto oder das perfekte Land. Nichts ist jemals perfekt. Es wird immer Unzufriedenheit geben, irgendetwas wird immer schief gehen. Wenn wir nun alles da draußen verändern wollen, alle Menschen um uns herum, die Gesellschaft, die Kultur, weil wir denken, dann wäre alles wunderbar und perfekt – dann leiden wir an einer besonders schweren Selbsttäuschung. In früheren Zeiten glaubte man, dass durch universelle Bildung, umfassende Gesundheitsvorsorge und die Bereitstellung von guter Nahrung und guten Unterkünften die Welt zu einer Art Utopia würde. Nun schauen Sie sich an, was daraus geworden ist: Fast jeder im Westen hat eine Ausbildung und eine Krankenversicherung. Sie leben in diesen schönen Häusern. Sie haben alles, was sie brauchen. Sie haben die Bekleidung die sie brauchen, und das Essen, das sie sich wünschen. Sie haben ein schönes Zuhause. Aber sind die Leute wirklich glücklich? Wachen sie jeden Tag auf und denken: „Oh, wie wundervoll das Leben ist! Welche Freude!“ Niemals zuvor besaßen junge Leute so viele materielle Güter, so viel Bildung, so viel

Einfluss wie heute. Und niemals zuvor fühlten sie sich so betrogen, so frustriert und so wütend. Das sollte uns ein klarer Hinweis darauf sein, dass die Antwort nicht allein im Äußeren liegt. Sie findet sich auch im Inneren.

Wie sehr wir auch daran arbeiten, diese zur besten aller möglichen Welten zu machen, es funktioniert einfach nicht, richtig? So mag nun jeder von uns versuchen, die Qualität seines eigenen Bewusstseins zu verändern. Die Ergebnisse sind verblüffend! Alles verändert sich! Sowie wir mehr Klarheit in unser Leben bringen, beginnt sich unser Herz zu öffnen. Wir werden in der Lage sein, mit stressigen Situationen, die uns heute noch so viele Schwierigkeiten bereiten, viel leichter umzugehen. Wir erfahren alles durch den Geist. Verstehen Sie das? Nichts von dem, was wir kennen, kann durch irgendetwas anderes erfahren werden als durch den Geist. Alles da draußen wird durch die Sinne in uns aufgenommen, durch die Sinneswahrnehmungen und durch den Geist. Ohne Geist wären wir tot. Wir wären wie Holzklötze, an der Wurzel abgeschnitten. Man kann sagen, dass wir tatsächlich viel mehr in unserem Geist leben als in diesem Land, in diesem Haus oder in diesem Körper.

Unserem Körper widmen wir sehr viel Aufmerksamkeit. Wir säubern ihn, schmücken ihn, ernähren ihn und trainieren ihn. Aber wie viel Aufmerksamkeit widmen wir unserem tatsächlichen Heim? Wie oft säubern wir unseren Geist? Wie oft trainieren wir ihn? Wie schmücken wir ihn? Wie viel Nahrung geben wir ihm? Denken Sie einmal ernsthaft darüber nach. Alle Erfahrungen kommen durch den Filter Geist. Wenn unser Geist chaotisch ist, ist es egal, wo wir sind, unser Leben wird auch chaotisch sein. Wenn unser Geist friedlich ist, ist es egal, wo wir sind, wir werden unseren Frieden haben.

Ich möchte Ihnen ein sehr einfaches Beispiel geben. Als ich einmal bei meiner Mutter in London war, arbeitete sie als Haushälterin eines sehr reichen Kanadiers, der in einer Luxuswohnung nahe dem Hyde Park wohnte. Sie alle machten eine kleine Reise und eine Weile hatte ich die ganze Wohnung für mich allein. Da war ich also, in London, in dieser Luxuswohnung mit zwei Farbfernsehern und all dem guten Essen, das ich mir nur wünschen konnte. Ich hatte genug Geld für was auch immer ich haben wollte, Mengen von Schallplatten, Mengen von allem.

Aber ich habe mich dermaßen gelangweilt! Ich sagte zu mir selbst: „Bitte vergiss dies nicht. Wenn du jemals in Versuchung gerätst, zu denken, dass materieller Wohlstand Freude bringt, erinnere dich daran!“ Und dann, ein anderes Mal, lebte ich in einer Höhle. Nicht in meiner Höhle, sondern in einer anderen, und diese Höhle war sehr klein. Sie war so klein, dass ich nicht aufrecht stehen konnte, und mit einer Kiste, die gerade groß genug war zum Sitzen und gleichzeitig als Bett diente. Sie war voller Flöhe, also war ich von Flohstichen übersäht. Es gab kein Wasser. Man musste gut einen Kilometer einen sehr steilen Pfad bergab gehen, um Wasser zu holen. Es gab fast nichts zu essen und es war sehr heiß. Aber ich war voller Freude. Es war ein heiliger Ort und die Leute dort waren wundervoll. Obwohl die Situation vom äußeren Standpunkt betrachtet schwierig war, na und?! Der Geist war glücklich! Ich erinnere mich an den ganzen Ort als in goldenes Licht getaucht. Verstehen Sie, was ich meine?

Es ist eine der großen Lügen, die von unserer Kultur propagiert wird, dass das Ansammeln von immer mehr physischem und materiellem Wohlstand zu immer größerer Freude führt. Das ist einfach nicht wahr. Wahres Glück liegt in Nicht-Wollen. Wenn wir darüber nachdenken, werden wir wahrscheinlich alle übereinstimmen, dass die Zeit tiefster Freude für uns die war, zu der alles in Ordnung war, so wie es gerade war. Endloses Wollen ist eine solche Last für den Geist. Wenn wir also wirklich glücklich sein wollen und Glück für andere herbeiführen wollen, müssen wir unseren Geist säubern, lüften und ordnen. Wenn wir alle einen Lautsprecher an unseren Geist angeschlossen hätten und ständig hören könnten, was alle anderen denken, dann würden die Leute wirklich das Meditieren erlernen wollen, und das schnell! Wir können anfangen, unser inneres Haus zu ordnen, indem wir zunächst all den Müll hinauswerfen. Nehmen Sie jeden Gegenstand in die Hand und fragen Sie sich: „Brauche ich das wirklich? Warum habe ich ihn so lange mit mir herumgeschleppt?“ Werden Sie ihn los. Veranstalten Sie einen netten, großen Frühjahrsputz. Der Geist wird sich so viel sauberer und geräumiger anfühlen. Putzen Sie die Fenster, sodass sie klar nach draußen schauen können. Das sollte an erster Stelle stehen. Warum behandeln wir den Geist, als sei er etwas Unwichtiges?

Das vierte Objekt ist bekannt als Gewahrsein von Dharmas, was sich, zumindest in der Schule des Mahayana, auf äußere Phänomene bezieht und darauf, wie sie über die Sinne wahrgenommen werden. Wie ich bereits sagte, man kann die Dinge nur deshalb (er-)kennen, weil sie über die Sinne interpretiert werden. Wir nehmen die Dinge nur deshalb auf die Art und Weise wahr, wie wir es tun, weil wir mit bestimmten Sinnen ausgestattet sind. Hätten wir andere Sinne, würden wir die Dinge anders wahrnehmen. Sie würden uns jedoch genauso real erscheinen. Tatsächlich nehmen wir niemals wirklich wahr, was da ist, sondern nur das, was uns durch unsere Sinne zugespielt wird. Die Realität, wahrgenommen von einer Fliege, mit ihrem vollkommen anders strukturierten Auge, unterscheidet sich erheblich von der unseren. Aber sie ist gleichermaßen gültig, vom Standpunkt der Fliege aus betrachtet. Wir sehen die Dinge nicht besser als die Fliege, sondern lediglich unsere eigene Version davon. Nehmen wir zum Beispiel dieses Glas. Es ist sehr solide. Wenn ich jemanden damit auf den Kopf schlagen würde, wäre das sehr spürbar. Aber die moderne Physik sagt uns, dass dieses Glas in erster Linie aus Raum besteht, mit ein paar wenigen Elektronen, Protonen und Neutronen, die darin herumsausen. Und doch nehmen wir das nicht wahr. Und wenn ich eine Ameise wäre oder ein Elefant oder ein Delphin, ich würde wieder etwas anderes wahrnehmen. Jede dieser Wahrnehmungen ist gültig. Unsere Version ist keinen Deut besser als die von jemand anderem.

Das Problem liegt darin, dass wir uns an Stimuli klammern, die wir von äußeren Phänomenen erhalten. Weil das in uns eine Freude/Schmerz-Reaktion verursacht, lassen wir uns auf sie ein und interpretieren sie. Wir sehen es nicht einfach nur als eine Serie von Stimuli. Es gibt eine Geschichte aus der Zeit des Buddha, von einem *Sadhu*, einem indischen Heiligen, der irgendwo in Südindien lebte. Er hatte eine bestimmte Meditationserfahrung gemacht und glaubte nun, erleuchtet zu sein. Aber der Baumgeist des Baumes, unter dem er meditierte, sagte zu ihm: „Nein, du bist nicht erleuchtet." Er erwiderte: „Bin ich nicht?" Und der Baumgeist antwortete: „Definitiv nicht!" Also fragte er den Baumgeist: „Wer ist erleuchtet?" Der Geist erwiderte: „Nun, da gibt es diesen Menschen, den sie den Buddha nennen. Er lebt oben im Norden. Du könntest es mal bei ihm versuchen. Er ist erleuchtet." Also dachte sich der Sadhu: „Nun gut, wenn dies nicht die Erleuchtung ist, dann muss ich jemanden finden, der erleuchtet ist, und von ihm erfahren, was Erleuchtung wirklich ist."

Er machte sich also auf den Weg und reiste wochenlang, wenn nicht gar monatelang, durch den Norden Indiens und fragte alle Leute, wo er denn wohl den Buddha finden könnte. Schließlich, eines frühen Morgens, kam er an den Ort, an dem der Buddha sich aufhielt. Aber der Buddha war gerade unterwegs, um Almosen zu sammeln. Der Sadhu fand den Buddha schließlich und warf sich ihm zu Füßen. Er bat ihn: „Bitte sag mir, wie ich Erleuchtung erlangen kann. Bitte gib mir Unterweisungen." Der Buddha antwortete: „Dies ist nicht die passende Zeit. Ich bin gerade beim Almosensammeln. Komm später wieder." Aber der Sadhu bestand darauf: „Du musst es mir jetzt sagen. Gib mir eine Unterweisung." Der Buddha erwiderte: „Es ist wirklich nicht die rechte Zeit. Und lass meine Füße jetzt los." „Nein, nein", antwortete der Sadhu, „du musst mir eine Unterweisung geben." Also sagte der Buddha:

„Na gut. Wenn wir hören, ist da nur das Hören. Wenn wir sehen, ist da nur das Sehen. Im Fühlen ist nur das Fühlen und im Denken ist nur das Denken." Als der Buddha aufhörte zu sprechen, hatte der Sadhu bereits verstanden. Er wurde ein Arhat. Er erhob sich in die Luft, verbeugte sich vor dem Buddha und löste sich in Flammen auf. Das also war seine Unterweisung. Haben Sie es verstanden?

Fragen

Erreichte er *Shunyata*?

Tenzin Palmo: Auf eine gewisse Art und Weise war es Shunyata. Andererseits war es, als würde man sagen ...

Niemand zu Hause?

Genau. Es ist, als wäre man in einem leeren Haus. Alle Fenster und Türen sind offen und eine Brise bläst hindurch. Im Sehen ist nur das Sehen. Im Denken ist nur das Denken. Alles andere ist unsere Interpretation. Als ich jünger war, bevor ich Buddhistin wurde, fand ich mich mitunter spontan in einem solchen Zustand. Irgendetwas machte Klick, und mir wurde bewusst, dass ich soeben mit Sehen beschäftigt war. Und es war klar, dass Sehen nichts weiter ist als das Wahrnehmen visueller Reize, die durch das Sehvermögen wahrgenommen werden. Hören ist einfach nur das Wahrnehmen von Klängen und Denken ist nur das Auftauchen von Gedanken im Geist. Auf, nieder, nächster Gedanke, auf, nieder.

Wenn der Geist diese Art von Bewusstheit angenommen hatte, betrachtete ich die Leute um mich herum – damals arbeitete ich in einer Bibliothek – und ich sah, wie unglaublich verstrickt sie alle waren in ihre Ideen, ihre Emotionen, die täglichen Neuigkeiten, ihre Beziehungen und so weiter. Da war keinerlei Raum, alle waren vollkommen eingesponnen. Es war, als würden sie ersticken. Mir wurde klar, dass ich normalerweise auch so war. Enormes Mitgefühl entstand. Ich sah, wie viel Schmerz und Leid wir uns selbst und denjenigen um uns herum zufügen. Und doch wollen wir das nicht. Wir wollen glücklich sein. Wir wollen friedvoll sein. Wir wollen die Leute um uns herum glücklich machen. Aber wir tun alles um den gegenteiligen Effekt zu erzielen. Als ich das sah, fühlte ich unsagbar viel Liebe und Mitgefühl. Ich erzähle Ihnen das, damit Sie sehen, dass uns dieser Fokus auf Gewahrsein keineswegs „kalt" werden lässt. Wenn ich über Themen spreche wie Distanziertheit, Nicht-Anhaften, Bewusst-Sein, darüber, dass man Gedanken und Emotionen nur als Gedanken und Emotionen sehen, man sich nicht in etwas oder jemanden verwickeln sollte und Ähnliches, hört sich das für Leute manchmal sehr kalt an. In Wirklichkeit ist dem nicht so. Die wahren Emotionen wie Liebe, Mitgefühl und Einfühlungsvermögen sind nun frei, zutage zu treten, denn sie sind Teil unserer uns angeborenen Natur und durch nichts mehr behindert. Zuvor haben wir darüber gesprochen, unser Herz zu öffnen. Zu lernen, wie wir präsenter werden und mehr gewahr, ist eine weitere Methode, um unser Herz zu öffnen.

Ich habe eine Frage zu den Gedanken. Wir alle können mitunter unsere Gedanken direkt erfahren oder handeln sogar aufgrund dieser

Gedanken. Manchmal müssen wir fast zwanghaft den Gedanken Taten folgen lassen. Meine Frage ist daher, woher kommen diese Gedanken? Es würde mich sehr ängstigen, wenn manche der Gedanken, die in mir entstehen, tatsächlich von mir kämen.

Was denken Sie denn, woher diese Gedanken kommen?

Nun, eben das ist meine Frage. Gibt es da eine unendliche Anzahl von Gedanken, die durchs Universum surfen, die nur darauf warten, auf dem Bildschirm meines Bewusstseins zu erscheinen, oder sind sie so etwas wie Unkraut, das auf einem Feld wächst?

Wir fabrizieren unsere Gedanken selbst. Sie kommen nicht von außen. Sie kommen aus dem Inneren. Und wir sind fähig, jede erdenkliche Art von Gedanken zu produzieren. Wir beherbergen das ganze Spektrum in uns. Von Infrarot bis Ultraviolett. Wir haben das Potential für alles. Wir können Dämonen werden oder Buddhas. Es ist alles da. Ob wir uns näher dem Infrarot oder eher näher dem Ultraviolett aufhalten, liegt an uns. Wir haben die Wahl. Aber wir müssen erkennen, dass all das in uns ist. Das heißt aber nicht, dass wir aufgrund eines jeden Gedankens handeln müssen. Es ist allerdings notwendig, sich darüber im Klaren zu sein, dass wir voll und ganz dazu in der Lage sind, sowohl Dämon wie Engel zu sein. Solange wir nicht erleuchtet sind, solange sich die Wurzeln von Täuschung, Aversion, Habsucht und Begierde noch in unserem Herzen befinden, solange sind wir zu allem fähig, denn wir sind weltliche Wesen. Weltliche Wesen sind nun einmal so. Wenn Gedanken erscheinen, müssen wir sie erkennen und akzeptieren, aber ihnen keine weitere Energie zuführen. Und es gibt ganz gewiss keinen Grund dafür, zu glauben, dass da draußen eine Macht ist, die uns unsere Gedanken in unseren Geist einpflanzt. Der Herr der Lügen wohnt in unserem Herzen. Aus genau diesem Grund müssen wir unser Herz reinigen.

Um auf das Beispiel des Geschirrspülens zurückzukommen und darauf, sich dessen bewusst zu sein: Glauben Sie nicht, dass ein Tun, über das man nicht nachdenken muss, einem Gelegenheit gibt, über Dinge nachzudenken, über die man nachdenken muss? Man ist zwar

unaufmerksam, aber nutzt die Gelegenheit, um über etwas anderes nachzudenken.

Manchmal. An geschäftigen Tagen ist das manchmal notwendig. Aber man sollte sich darüber im Klaren sein, dass man das tut. Wenn wir es ständig tun und auf all unsere Handlungen anwenden, dann sind wir nie präsent. Sowie unser Gewahrsein durch Praxis klarer wird, umso mehr werden wir fähig, eine Handlung auszuführen, dabei zu wissen, was wir tun, und trotzdem gleichzeitig etwas anderes zu planen. Manchmal lässt es sich nicht vermeiden, auf Autopilot umzuschalten. Aber wenn wir ständig auf Autopilot geschaltet sind, dann entgleitet uns unser ganzes Leben!

Denkt man das weiter, kommt man zu etwas wie kreativer Inspiration. Ich bin einmal in einem Theater aufgetreten. Ich wollte präsent sein und doch gleichzeitig dem Geist Gelegenheit geben, kreativ zu sein.

Dann weiß man, dass man den Geist löst, um ihm Kreativität zu gestatten. Gewahrsein heißt nicht, dass man nicht denkt. Sich des Denkens gewahr zu sein ist nur ein Gebiet, auf dem man gewahr sein kann. Ein Beispiel: Nach seiner Erleuchtung verbrachte der Buddha fünfundvierzig Tage damit, eine Gemeinschaft zu organisieren und eine Lehre, die seit 2500 Jahren mehr oder weniger unverändert fortbesteht. Mit Sicherheit hat er dabei gedacht, aber er wusste auch, was er da tat. Er dachte mit einem sehr klaren Geist. Im Zen sind die Poesie, die Kunst und das Theater sehr kreativ. Aber die Menschen tun es mit einem Geist, der einem stillen See gleicht, nicht einem tosenden Ozean. Wenn der Geist zentriert ist, wissend und klar, dann entsteht große Kreativität. Es ist nichts getrübt. Es ist rein, weil es aus einer tieferen Ebene kommt. Alle großen Künstler und Musiker sind in der Lage, sich Zugang zu dieser tieferen Ebene zu verschaffen. Es ist nicht der oberflächliche Geist, sondern ein tiefer, reiner Strom von innerer Kreativität, eben Nicht-Ego.

Sie sprachen zuvor über Geist und Bewusstsein wie über eine Art von Raum. Ich habe bereits früher gehört, wie dies als himmelsgleicher Geist bezeichnet wurde. Verweilen wir ständig darin?

Ja, das tun wir, aber wir erkennen es, nicht weil wir uns immer mit den Wolken identifizieren. Schwarze Wolken, weiße Wolken. Wir sehen die raumgleiche Natur des Geistes nicht. Das ist es, was wir erreichen müssen. Das ist es, was wir erkennen müssen.

Wenn Sie Vorträge halten, sind Sie sich dann in diesem Zustand?

Vom Standpunkt der höchsten Ebene betrachtet, können wir diesen Zustand nie verlassen, denn er ist die Wurzel unseres Wesens. Ob wir das jedoch erkennen oder nicht, ist eine andere Sache. Die raumgleiche Natur des Geistes tatsächlich zu erkennen wird als großer Durchbruch betrachtet. Das Grundanliegen ist, zu lernen, wie man echtes nicht-duales Gewahrsein entwickelt, und dann immer häufiger und während jedweden Tuns gewahr zu sein. Wenn dieses Gewahrsein stets präsent ist, ohne Unterbrechung, dann ist man ein Buddha. Die meisten Menschen haben allerdings keinerlei Zugang dazu. Menschen, die wir als realisiert betrachten, gehen in diesen Zustand ein und aus. Wenn sie dort sein möchten, tun sie es einfach. Die meiste Zeit befinden sie sich jedoch in einem gewöhnlichen Bewusstseinszustand. Das zugrunde liegende Bewusstsein ist die Energie, die den Computer antreibt. Sie ist immer da. Wenn wir sie abschalten würden, wären wir tot, und das Bewusstsein würde fortgehen.

Ja, weil sich eine Welle von Gedanken nach der anderen einstellt.

Jedermann erfahrt diese Wellen von Gedanken. Wenn man wartet, bis keine Gedanken vorhanden sind, ehe man sich hinsetzt, um zu meditieren, wird man niemals meditieren. Das, worum es beim Meditieren geht, ist, diesen chaotischen Geist anzuerkennen und mit ihm zu arbeiten. Aber wenn man einmal ganz besonders aufgeregt ist, dann wäre es sicher gut, einen kleinen Spaziergang zu machen, sich den Himmel anzusehen, die Blumen zu betrachten und die Bäume, so lange, bis sich der Geist wenigstens ein wenig beruhigt hat.

Ist es gut, sich eine Weile hinzusetzen?

Bringen Sie den Geist einfach nur sanft dazu, sich auf den Atem zu konzentrieren. Atmen ist das, was in ebenjenem Moment geschieht. Was auch immer zuvor geschehen ist, was uns so verängstigt und aufgeregt hat, was auch immer sich in der Zukunft zutragen mag, was uns ängstigen und aufregen könnte, lassen Sie es einfach los. In diesem Augenblick sind wir einfach nur hier. Wir atmen ein, wir atmen aus. Das ist es, was gerade geschieht. Alles andere ist nichts weiter als geistiges Kommentieren und Interpretieren. Bringen Sie den Geist einfach nur zurück in die Gegenwart. Lassen Sie alles andere fallen. Geben Sie dem anderen keine Energie. Seien Sie nur präsent im Augenblick. Das beruhigt den Geist. Und wenn der Geist sich nicht beruhigt, dann eben nicht. Auch das ist in Ordnung.

Ich habe viele verschiedene Meditationstechniken erlernt, die sich auf den Atem konzentrieren. Aber welche davon soll ich anwenden?

Es ist gut, bei der Methode zu bleiben, die man am liebsten mag. Es gibt viele verschiedene Methoden. Man kann sich darauf konzentrieren, wie sich der Unterleib hebt und senkt. Man kann sich zunächst auf das Einatmen und dann auf das Ausatmen konzentrieren. Manche Tibeter sprechen von Lichtern, die an- und ausgehen. Es spielt keine Rolle. Finden Sie einfach die Methode, die Ihnen am angenehmsten ist, und bleiben Sie dabei. Sie alle führen zum selben Ziel. Sehen Sie, nichts hält uns davon ab, bewusst zu sein. Auf einer bestimmten Ebene sind wir ständig bewusst, ansonsten wären wir bewusstlos. Aber wir sind uns der Tatsache, dass wir bewusst sind, nicht bewusst. Wir vergessen, dass wir bewusst sind. Es ist also nichts, das wir erst entwickeln müssten. Wir haben es bereits. Wir müssen es nur anerkennen.

Die Trägheit unseres Geistes ist so groß. Wir sind in Gewohnheiten gefangen und es ist sehr schwierig, sich von ihnen loszureißen. Eine der tiefsitzendsten Gewohnheiten ist eben diese Trägheit. Wir mögen denken, dass wir geistig sehr aktiv sind. Wir mögen denken, wir seien sehr intelligent und kontaktfreudig und schlau und immer mit irgendetwas beschäftigt. Aber im Grunde sind wir immer nur auf der Flucht vor dem Präsentsein im Augenblick. Wir fliehen ständig davor, wirklich, tatsächlich aufzuwachen. Wir alle schlafen. Wir schlafwandeln und träumen dabei diesen Traum. Für die einen ist es ein wundervoller Traum, für die anderen ist es ein Albtraum. Aber wir alle träumen nur.

Und der Antrieb, aufzuwachen, wird von dieser Trägheit überschattet. Es ist einfach zu mühevoll, aufzuwachen, also schnarchen wir weiter. Das ist das Problem. Das ist der Grund, warum ich immer vorschlage, zunächst mit kleinen Dingen zu beginnen, um unsere Gewohnheitsmuster der Unaufmerksamkeit zu überwinden. Wir müssen versuchen, es uns zur Gewohnheit zu machen, dem, was wir gerade tun, unsere volle Aufmerksamkeit zu widmen. Das, was wir gerade tun, ist am Allerwichtigsten, denn es ist das, was wir in diesem Augenblick tun. Alles andere ist nur „darüber nachdenken". Es ist nur Erinnerung oder Erwartung. Die einzige Realität, die wir haben, ist das, was wir in diesem Augenblick tun. Wenn wir das verpassen, verlieren wir es, es ist weg. Verstehen Sie? Jeden Menschen, den wir treffen, ist in diesem Augenblick der wichtigste Mensch auf der Welt, denn er ist Mensch, der sich in diesem Augenblick vor uns befindet.

Ist das die höchste Realität, von der Sie zuvor gesprochen haben?

Nein, es ist nicht die höchste Realität, da wir uns nach wie vor im Bereich von Dualität befinden. Es gibt nach wie vor Subjekt und Objekt. Letztlich ist Realität nicht-dual, jenseits von Subjekt und Objekt. Wir leben in dieser Subjekt-Objekt-Zweiteilung, diesem „Ich" und „Nicht-Ich". Aber es ist der Pfad, der in den Bereich führt, in dem es kein Subjekt oder Objekt mehr gibt. Der Pfad zum Erlangen nicht-dualen Gewahrseins und der Fähigkeit, dies aufrechtzuerhalten. Wenn wir diesen Zustand erreichen, dann entstehen große unkonditionierte Liebe und Mitgefühl ganz natürlich.

Hat jemand von Ihnen jemals den Dalai Lama getroffen? Egal ob Sie der Papst, der Präsident der Vereinigten Staaten von Amerika oder ein Straßenarbeiter aus Nepal, es macht keinen Unterschied. Er nimmt Ihre Hand und schaut Ihnen in die Augen. In diesem Augenblick wissen Sie, dass nur Sie für ihn existieren. In diesem Augenblick sind Sie die wichtigste Person in seinem Leben. Das berührt jeden, selbst Reporter, Politiker und hohe Kirchenvertreter. Sie sind es nicht gewöhnt, dass man sie wie normale Leute behandelt. Sie sind daran gewöhnt, ihren Positionen gemäß behandelt zu werden. Aber er hebt diese auf. Er stellt einfach eine Beziehung von Herz zu Herz her. Deswegen berührt er die Leute so, weil er so ehrlich ist. Er trifft die Leute nicht als der Dalai Lama. Er sagt, er treffe sie als einfacher Mönch. Und er spricht mit dem Menschen, nicht mit den diversen Masken, die sie für die Welt aufsetzen. Es ist diese Art von ursprünglicher Aufmerksamkeit, die unkonditionierte Liebe entstehen lässt. Es ist dieses absolute Nicht-Beurteilen. Wenn wir anderen Menschen begegnen, sollte unser erster Gedanke sein: „Mögest du glücklich und zufrieden sein." Nicht etwa ob wir diese Person mögen oder nicht, oder ob die Person gut aussieht oder nicht, oder ob wir ihre Garderobe mögen oder nicht.

Das ist besonders wichtig in Bezug auf diejenigen, die uns nahe sind. Wir müssen versuchen, eine Beziehung herzustellen, als hätten wir sie nie zuvor getroffen, sie unvoreingenommen zu sehen mit ihrem ganzen Potential, anstatt sie in die Form zu pressen, die wir bereits auf alle anderen angewandt haben. Wir ändern uns ständig, von Moment zu Moment. Wir haben so viele verschiedene Potentiale. Wir sehen dieselbe Person niemals zweimal, genauso wenig wie wir jemals dieselbe Person sind, die eine andere wahrnimmt. Nicht nur, dass wir niemals zweimal in denselben Fluss springen können, es kann auch niemals dieselbe Person zweimal in denselben Fluss springen. Alles ändert sich kontinuierlich, von Augenblick zu Augenblick. Aber wir stempeln unsere Vorurteile und Interpretationen auf alles und jeden, bis wir nichts mehr wirklich wahrnehmen. In meiner Höhle setzte ich mich, obwohl sie sehr klein war, manchmal in einen anderen Teil oder auf die Eingangsstufe. Ich schloss die Augen, leerte meinen Geist und versuchte dann die Höhle zu sehen, wie ich sie nie zuvor gesehen hatte. Ich versuchte sie *wirklich* zu sehen.

Die Macht der Gewohnheit stumpft uns ab. Wir sehen nichts mehr und finden alles langweilig. Kleine Kinder sind von allem um sie herum fasziniert, weil alles interessant ist für sie. Wir sollten einen Geist haben wie ein Kind, das zum ersten Mal die Fresken in einem Tempel sieht. Es denkt nicht: „Hmmm, die sind nicht so gut wie die Fresken, die ich letztes Jahr gesehen habe. Der Künstler ist nicht so gut ... er hat zu viel Blau verwendet ... ich bevorzuge ein anderes Grün." Es sieht einfach nur und ist fasziniert. Kinder haben keine vorgefasste Meinung. Sie vergleichen nicht und sie interpretieren nicht. Sie betrachten alle Bilder mit einem frischen Geist. Das ist es, was wir zu erreichen versuchen.

Manche Tage mögen sehr Routine sein und Arbeiten wie Geschirrspülen scheinen nicht sehr wichtig oder meiner Aufmerksamkeit wert. Es ist nur das Geschirr, wie jeden Tag. Soll ich dann denken: „Okay, wenn ich das Geschirr spüle, sollte ich mich konzentrieren und es gut machen"?

Es geht nicht darum, zu sagen: „Ich muss mich konzentrieren und einen guten Job abliefern." Es ist nicht so aggressiv. Es geht vielmehr darum, zu erkennen und zu wissen, dass man gerade das Geschirr spült. Jeder Teller, den man abwäscht, ist ein neuer Teller. Jedes Mal eine neue Erfahrung. Aber weil unser Geist so abgestumpft ist, scheint es uns nicht wichtig. Es erscheint uns banal und alltäglich, und unser Leben erscheint uns stumpf. Unser Leben ist nicht stumpf. Wir machen es stumpf, weil unser Geist stumpf ist. Verstehen Sie?

Wir versuchen, alles mit unserem ganzen Wesen zu tun, aus dem Zentrum heraus, einfach nur wissend. Leicht, entspannt und ohne uns konzentrieren zu wollen, einfach nur wissend. Was tue ich gerade? Jetzt gerade spüle ich Geschirr. Okay, dann spüle ich jetzt Geschirr. Wenn man diese Qualität auf alles anwendet, dann wird der Geist sehr leicht, entspannt und ungestresst. Es kann tatsächlich eine Freude sein, Geschirr zu spülen!

Ja, ich verstehe, dass das unsere Emotionen oder dergleichen nicht beansprucht, nicht so wie andere Dinge.

Darum geht es nicht. Es geht darum, dass, egal was man tut, selbst wenn es unsere Emotionen oder unseren Intellekt sehr beansprucht, man es in einem Zustand von Gewahrsein tut. Wir sprechen hier nicht davon, zielorientiert zu sein oder bestimmte Zwecke zu verfolgen. Die Ergebnisse stellen sich schon von selbst ein. Unsere Gesellschaft ist sehr ergebnisorientiert und deshalb konkurrieren wir auch so sehr. Deswegen sind wir auch ständig so gestresst. Weil wir unseren Blick ständig auf irgendetwas am Horizont gerichtet haben. Wenn man seinen Blick immer nur auf den Gipfel des Berges gerichtet hält, den man gerade besteigt, dann kann man das Gras und die Blumen zu seinen Füßen nicht wahrnehmen. Wir schauen immer voraus, ist es nicht so? Und dabei zieht das Eigentliche, das eigentliche Leben, an uns vorüber. Wir sind in unserem Hirn

Sieh nur Deinen nächsten Schritt, nicht auf die nächste Kreuzung.

eingeschlossen, abgeschnitten vom jetzigen Augenblick, immer auf etwas konzentriert, das sich außerhalb unserer Reichweite befindet. Wir stellen uns dieses Trugbild von Glück vor, von Zufriedenheit und Erfüllung, diese Illusion, die vor uns erscheint, wenn nur erst dieses und jenes geschieht. Aber das, was jetzt geschieht, ist „es", und es ist das einzige „es", das wir haben. Der Rest ist nur Erfindung. Wenn wir diesen Augenblick verlieren, weil wir gerade an etwas anderes denken, dann ist er für immer verloren. Nehmen Sie einfach nur wahr, was in diesem Augenblick geschieht. Das ist genug. Dieser Augenblick wird sich in den nächsten Augenblick verwandeln und dieser in den übernächsten. Es ist nichts Spektakuläres. Da sind keine Lichter, da ist keine Musik oder große Freude. Aber es wird Ihr Leben verändern.

Dieser beurteilende Geist – geht man am besten damit um, indem man einfach loslässt?

Man erkennt, was der Geist gerade tut, aber man erkennt auch, dass es nur Geist ist. Unser Problem ist, dass wir dem Geist glauben und uns mit ihm identifizieren.

Sie sprachen zuvor von Trägheit und Apathie und davon, dass man eher die Wolken sieht, anstatt den Himmel wahrzunehmen. Angst scheint eine Menge damit zu tun zu haben. Wissen Sie, wovor die Leute Angst haben und warum?

Angst ist ein sehr tiefgründiges Thema. Aber woher kommt Angst? Angst entsteht im Grunde aus einer falschen Identifikation, unserer Identifikation mit etwas, das wir als „ich" oder „mein" betrachten. Dieses Ego. Und weil wir dieses Ego als „ich" oder „mein" wahrnehmen, baut es eine Mauer aus Schutzmechanismen auf. Eine seiner Methoden, um sich zu schützen, ist es, Angst zu erzeugen. Wenn wir Angst erfahren, sollten wir uns nicht fragen: „Wovor habe ich Angst?", sondern: „Was ist Angst?" Wie manifestiert sie sich, wie sieht sie aus, woher kommt sie? Und dann, darüber hinaus, wer ist es, der Angst hat? Wenn wir sagen: „Ich habe Angst", dann müssen wir uns fragen, wer ist dieses Ich? So viel von dem, was wir tun, ist von Hoffnung und Furcht motiviert. Das kann ich aber nicht in zwei Minuten erklären. Es ist ein sehr weites Feld.

Es scheint aber, als hätten viele Leute Angst vor Spiritualität und vor sich selbst.

Ja, das haben sie, weil das Ego nicht als nicht-existent erkannt werden will. Davor hat es wirklich große Angst. Das Ego sieht jeden authentischen spirituellen Pfad als seinen Tod, und es hat Recht damit. Natürlich hat es von Anfang an niemals wirklich existiert, aber die psychischen Kräfte sind sehr bestrebt, uns den Eindruck zu vermitteln, dass hinter allem etwas steht. Das Ego fürchtet sich davor, als der Scharlatan entlarvt zu werden, der es ist. Also fürchten sich natürlich viele Leute davor, zu meditieren, aus Angst vor dem, was sie herausfinden könnten. Aber darum geht es ja, sich mit diesen Ängsten auseinander zu setzen. Der einzige Weg, sie zu überwinden, ist es, ihnen entgegenzutreten. Ansonsten werden uns diese Ängste unser ganzes Leben lang begleiten.

Die Vorstellung von Allgegenwärtigkeit, von Omnipräsenz, fasziniert mich. Diese Bodhisattvas mit den Waffen, sind sie wirklich überall gegenwärtig?

Der Buddhageist ist allgegenwärtig.

Wie arbeiten Bodhisattvas?

Sie arbeiten auf die jeweils angemessenste Art und Weise. Sie können sich als alle möglichen Arten von Wesen manifestieren. Sie können in den verschiedensten Umständen Wiedergeburt annehmen. Sie konnen sogar als leblose Objekte erscheinen, zum Beispiel als Brücken oder Fährboote für diejenigen, die dies brauchen, immer abhängig von den vorherrschenden Umständen. Eine bestimmte Form des Bodhisattva Chenresig hat tausend Arme. Das symbolisiert sein Eingreifenkönnen in jede denkbare Situation. In jeder Handfläche dieser tausend Hände befindet sich ein Auge. Das symbolisiert, dass er nicht nur hilft, sondern auch die Situation erkennt und somit angemessene Hilfe geben kann. Diese angemessene Hilfe gewährt er dem Karma der Wesen gemäß. Wir sind alle sehr kurzsichtig. Nehmen Sie etwa das Beispiel der Gen-Technik. Wir können jetzt bereits im Mutterleib sehen, ob ein Baby deformiert ist oder nicht. Wenn dem so ist, sagt uns unser gegenwärtiges kurzsichtiges Mitgefühl, dass das Kind besser nicht geboren werden sollte. Wir treiben es ab. Das erscheint uns sehr mitfühlend, sowohl dem Kind als auch der Mutter gegenüber.

Als Kind hatte ich eine Krankheit, die niemand diagnostizieren konnte. Ich musste oft ins Krankenhaus und dort auch eine Weile bleiben. In dieser Klinik befanden sich viele Kinder mit allen möglichen Krankheiten. Manche litten an Hydrocephalus, andere waren spastisch, wieder andere hatten etwas anderes wirklich Schreckliches. Selbst als Kind, und ich war die Einzige, die mehr oder weniger normal war, fiel mir auf, wie weise und reif diese Kinder waren. Sie waren so nett. In ihren Augen war so großes Verständnis und Mitgefühl. Und wie sehr ihre Eltern sie liebten! Es gab eine unglaubliche Beziehung zwischen diesen kranken Kindern und ihren Eltern.

Wer weiß, wie viel sie aus einer solchen Beziehung gelernt haben. Wäre es nicht besser gewesen, diese Beziehung zu beenden, indem man das „unvollkommene" Kind abtreibt? Ich will damit sagen, dass ein Bodhisattva nicht unbedingt herbeieilt, um etwas scheinbar Schreckliches zu verhindern. Vielleicht ist es für die Betroffenen notwendig, diese Erfahrungen zu machen. Wir sind ja nicht hier, um es uns nur gut gehen zu lassen. Wir sind hier, um zu lernen, zu wachsen, zu erwachen. Einer der Gründe, warum eine himmlische Geburt nach der buddhistischen Philosophie als wenig erstrebenswert gilt, ist, dass es dort keinerlei Herausforderungen gibt. In den Himmeln ist alles so schön und angenehm, dass man dort niemals etwas lernt. Eine menschliche Wiedergeburt wird hingegen als die beste betrachtet, weil es hier Freude und Leid gibt. Und deshalb haben wir die Möglichkeit, zu wählen, zu wachsen, uns zu entwickeln. Ein Bodhisattva verfügt über die Weisheit zu sehen, und das ist angemessen. Es mag allerdings nicht immer das sein, was wir, mit unserem unentwickelten Mitgefühl, als angemessen betrachten.

Wie würden Sie denn an Schmerzen herangehen? Den Schmerz einfach „erfahren"?

Nun, wenn man Kopfschmerzen hat und ein Aspirin nimmt, dann ist das in Ordnung. Aber wenn man unvermeidliche Schmerzen erleidet, dann ja. Schmerz kann eine ganz wunderbare Meditation sein. Ich erinnere mich, wie ich in meiner Höhle einmal Holz hackte. Das Beil rutschte ab und ich schnitt mir fast den Daumen ab. Ich band die Wunde mit einem tibetischen Schal ab. Es war ziemlich schmerzhaft. Nicht so wie Krebs, aber schmerzhaft genug. Die erste Reaktion ist Ablehnung: „Wie kann ich diesen Schmerz loswerden?“ Stattdessen können wir unsere Aufmerksamkeit direkt auf den Schmerz lenken. Zunächst ist Schmerz sehr fesselnd. Daher ist es einfach, sich darauf zu konzentrieren. Aber dann, was ist Schmerz eigentlich? Es ist nicht dieser große feste Klotz. Wenn wir ihn betrachten, stellen wir fest, wie er ab- und zunimmt. Und es gibt viele Stränge. Ich hatte einmal über viele Monate eine Augeninfektion. Es war sehr, sehr schmerzhaft und ich konnte nichts sehen. Ich musste mich im Dunkeln aufhalten. Der Schmerz war interessant. Es war wie eine Symphonie. Da waren Violinen und Schlagzeuge. Es war nicht nur eine einzige Art von Schmerz. Da waren stechende Schmerzen, reißende Schmerzen, tobende Schmerzen. Und sowie ich mich damit beschäftigte, war da nicht länger diese Vision von „Ich fühle Schmerz“. Es war nicht länger Schmerz. Ich ging völlig auf in diesen verschiedenen Empfindungen. Wenn man noch tiefer eindringt, sich jenseits dieser Kakophonie, dieses Lärms des Schmerzes begibt, dann findet man diese allem zugrunde liegende Stille. Schmerz kann also eine großartige Praxis sein.

Was, wenn man den Schmerz lange Zeit abgeblockt hat? Wie kann man das Gewahrsein darauf zurückbringen?

Meinen Sie emotionalen Schmerz?

Nein, ich meine sowohl physischen als auch spirituellen oder emotionalen Schmerz. Jede Art von Schmerz.

Man kann sich dessen wieder bewusst werden. Wenn man dem Schmerz den Raum gibt, wieder zu erscheinen, sollte man ihn akzeptieren und sich ihm gegenüber mitfühlend verhalten. Geben Sie ihm den Raum, auszudrücken, was er ausdrücken will. Wir verbringen unser Leben in dieser Zweiteilung von Freude und Schmerz. Wir versuchen, Schmerz zu vermeiden und Freude herbeizuführen.

Wenn wir über das Transformieren von Emotionen sprechen, wie verwandelt man schmerzvolle Emotionen in brauchbaren „Brennstoff" für den spirituellen Pfad?

Man könnte sagen, dass der gesamte buddhistische Pfad dazu dient, negative Emotionen in positive zu verwandeln, und es gibt viele Ebenen, auf denen man dies tun kann. Das ist also eine sehr weit reichende Frage. Aber kurz gesagt: Zuerst müssen wir erkennen, wahrnehmen, was geschieht. Dann müssen wir es akzeptieren. Das heißt nicht, dass wir dem Geschehen zustimmen oder es ablehnen müssen. Wenn wir Wut empfinden, müssen wir dies zunächst erkennen und dann akzeptieren. Tun wir das nicht und lehnen wir diese Empfindungen statt dessen ab, dann ersticken wir jeden weiteren Dialog.

An diesem Punkt angelangt, hängt es davon ab, womit wir es zu tun haben. Wenn wir beim Beispiel Wut bleiben, so gibt es viele Methoden, damit umzugehen. Wir könnten beispielsweise eine negative Emotion durch eine positive ersetzen. Das ist, wie wenn man einen größeren Holzkeil entfernt und einen kleineren dafür einsetzt. Wenn wir viel Wut erfahren, ist es sinnvoll, sehr viel liebende Güte zu praktizieren. Es gibt viele Bücher und Unterweisungen über die Meditation der liebenden Güte. Wenn wir diese Praxis ausführen, sind das erste Objekt, auf das wir unsere liebende Güte richten, wir selbst. Das ist besonders im Westen sehr relevant, denn, wie Seine Heiligkeit der Dalai Lama gesagt hat, die Tibeter kommen in der Regel recht gut mit sich selbst zurecht. Die Westler hingegen, die er getroffen hat, scheinen sich selbst nicht wirklich zu mögen. Manchmal hassen sie sich sogar und sind sich selbst gegenüber nachtragend und unversöhnlich. Er empfand das als sehr seltsam. Wenn wir also Wut beseitigen wollen, müssen wir zunächst Frieden mit uns selbst schließen. Denn wenn wir Wut auf uns selbst empfinden, dann nützt es wenig, sich vorzustellen, dass sich diese Wut nicht auch in Wut auf anderen manifestiert. Es nützt wenig, zu beschließen, seine Feinde zu lieben, solange wir an der grundlegenden Ursache von Wut festhalten, unseren inneren Konflikten – unserem Selbst-Hass und unseren Schuldgefühlen. Zuerst müssen wir Akzeptanz und ein wirklich freundliches Gefühl für uns selbst entwickeln. Dann müssen wir Mitgefühl für andere hervorbringen. Wir sollen ja Mitgefühl für alle Wesen empfinden, und wir sind doch auch solche Wesen. Das erste Wesen, für das wir verantwortlich sind, sind wir selbst. Wir müssen gütig zu uns selbst sein. Im Westen, ich weiß nicht warum, sind die Leute im Allgemeinen sehr hart und streng mit sich. Sie sehen all ihre Fehler, aber sie bringen es nicht fertig, das Gute in sich selbst anzuerkennen. Gern sagen sie zu anderen: „Ich bin immer so wütend." Und nicht einmal im stillen Kämmerlein würden sie sagen: „Ich bin zwar wütend, aber ich bin auch freigebig."

Um mit negativen Emotionen wie Wut umzugehen, müssen wir also zunächst Frieden mit uns selbst schließen. Dafür gibt es Meditationstechniken. Wenn wir dann ein echtes Gefühl der Freundschaft für uns entwickelt haben, rufen wir es immer wieder in uns hervor und projizieren es nach außen. Zunächst auf jemanden, der uns nahe steht. Wir sollten uns allerdings zunächst nicht auf jemanden fokussieren, von dem wir uns sexuell angezogen fühlen. Denn, wie es heißt, der „Feind" von liebender Güte in der Ferne ist Wut und Hass, der Feind in der Nähe ist Begierde. Diese liebende Güte hat nichts zu tun mit Ergreifen und Anhaftung. Es geht dabei nur um vollkommen unkonditionierte Liebe, die anderen einfach nur Glück wünscht. Wenn wir also damit beginnen, liebende Güte zu praktizieren, dann sollten wir mit jemandem beginnen, den wir gern haben. Klassischerweise wird eine solche Person als „Wohltäter" bezeichnet. Das schließt all jene ein, die sich uns gegenüber einmal gütig gezeigt haben und für die wir ein herzliches Gefühl empfinden. Mit einem solchen Menschen vor Augen denken wir dann: „Mögest du glücklich und zufrieden sein." Wünschen Sie diesem Menschen, völlig frei von Sorgen zu sein. Versuchen Sie dies wirklich zu empfinden.

Wenn es uns einmal gelungen ist, solche Gefühle hervorzubringen, dann projizieren wir sie auf jemanden, dem wir recht neutral gegenüberstehen. Jemand, den wir ab und zu sehen, für den wir aber weder besonders positive noch besonders negative Gefühle empfinden. Danach versuchen wir diese Übung mit jemandem, mit dem wir große Schwierigkeiten haben, jemand, der eine Menge Wut in uns hervorruft. Wir versuchen dieses Gefühl liebender Güte für diese Person aufrechtzuerhalten und immer wieder zu entwickeln. Wenn sich dieses Gefühl nicht einstellt, ist das in Ordnung. Wir konzentrieren uns einfach wieder auf jemanden, den wir mögen, dann auf eine neutrale Person, und so weiter, bis es für uns funktioniert.

Dieses Gegenmittel für Wut ist 2500 Jahre alt. Der Buddha sagte: „Hass hört nicht auf durch Hass. Hass hört nur auf durch Liebe. Das ist ein ewiges Gesetz." Aber wir müssen daran arbeiten. Es ist der traditionelle Weg, mit Wut umzugehen. Es gibt andere traditionelle Methoden, um mit anderen Emotionen umzugehen. Jede Emotion hat ihr Gegenmittel. Eine jede Emotion hat ihr Gegenteil, um sie auszugleichen. So mag man zum Beispiel Leuten, die übermäßig an sexueller Begierde leiden, raten, sich die unangenehmen Aspekte des Körpers vor Augen zu führen. Man kann sich einen Körper zum Beispiel ohne die Haut vorstellen. Man sieht das Gehirn, das Herz, die Gedärme und Organe. Nichts davon ist schön oder gar begehrenswert. Stellen Sie sich all das vor, was der Körper produziert oder ausscheidet: Schweiß, Rotz, Exkremente und Urin. Keine dieser Substanzen ist etwas, was wir schätzen, selbst dann nicht, wenn sie von einem geliebten Menschen stammen. Wir erkennen langsam, dass ein solcher Körper weit weniger attraktiv ist, als unsere Begierde ihn erscheinen lässt. Das ist ein Gegenmittel für Anhaftung an den Körper oder exzessive sexuelle Begierde.

Sobald wir ein starkes Gewahrsein entwickelt haben, ist eine weitere Methode im Umgang mit negativen Emotionen die, Gedanken und Emotionen während ihres Entstehens in ihrer essentiellen Natur zu erkennen, anstatt uns gleich auf sie zu stürzen und uns in ihnen zu verstricken. Wenn wir sie betrachten, erkennen wir, dass sie nichts Festes sind. Sie sind vielmehr transparent oder fließend. Ihre Natur ist Leerheit. Wenn wir dies in dem Augenblick erkennen, in dem Gedanken und Emotionen entstehen, dann können wir sie im selben Augenblick in eine Quelle von enormer Kraft transformieren. Solche Augenblicke gewähren uns zutiefst klare Einsichten. An ihrer Wurzel sind all diese negativen Emotionen eine Form von Weisheitsenergie. Weisheitsenergien, die irgendwie verzerrt wurden. Aus genau diesem Grund werden diese negativen Emotionen im Mahayana, und im Speziellen im Vajrayana, nicht ausgemerzt, sondern in ihrer wahren Natur erkannt und verstanden. Das verschafft uns Zugang zu sehr tiefen Quellen der Energie. Aber dies setzt ein starkes Gewahrsein voraus. Wenn wir dieses Gewahrsein unser Eigen nennen, dann wird alles, was erscheint, im selben Augenblick natürlich befreit. Dann gibt es keine Probleme mehr.

Sie haben davon gesprochen, wie wichtig es ist, nahe stehende Menschen, Familienmitglieder etwa, als Objekt für die Praxis liebender Güte heranzuziehen. Wenn man aber nun große Konflikte in der Familie hat, ist es dann trotzdem gut, sich auf so jemanden zu konzentrieren, bis man diese Fähigkeit entwickelt hat, oder sollte man sich so lange besser auf andere konzentrieren?

Wenn Sie sich in einer Situation befinden, die schwierig zu handhaben ist und Sie sich verwundbar und unsicher fühlen, dann ist es vielleicht besser sich fernzuhalten, bis Sie die entsprechenden Fähigkeiten entwickelt haben. Wenn dies allerdings nicht möglich ist, dann müssen Sie unter den Löwen praktizieren. Aber für den Anfang mag es einfacher sein, sich in eine Atmosphäre zu begeben, die weniger bedrohlich ist.

Wollen Sie damit sagen, dass es letztendlich besser ist, sich mit solchen Situationen auseinander zu setzen?

Ja. Tatsache ist, dass wir schließlich in der Lage sein werden, mit allem, was geschieht, umzugehen. Ich sage nicht, dass wir uns Menschen aussuchen müssen, die besonders schwierig und unausstehlich sind. Die kommen schon von selbst. Aber wenn wir uns bereits in einer Situation befinden, in der wir von solchen Menschen umgeben sind, dann müssen wir uns auch damit beschäftigen. Der ganze Zweck der Übung ist es, genug innere Stärke zu entwickeln, um mit solchen Situationen umgehen zu können. Wenn wir lernen, geschickt mit solchen Situationen umzugehen, dann erscheinen sie nicht mehr so schwierig.

Es ist also nicht notwendig, sich besonders schwierige Menschen auszusuchen?

Absolut nicht. Solche Menschen kommen schon von selbst. Der Buddha hat gute Gesellschaft geschätzt und gepriesen. Das war einer der

Punkte, die er immer und immer wieder hervorgehoben hat. Er sagte, wir sollen uns in die Gesellschaft guter Freunde begeben. Gute Freunde heißt hier Leute, die moralisch und spirituell über uns stehen oder uns zumindest ebenbürtig sind. Wir sollten Freunde haben, die uns dazu inspirieren, das Gute in uns zu entwickeln. Und so gut es uns möglich ist, sollten wir versuchen, uns von schlechten Freunden – solchen, die uns negativ beeinflussen – fernzuhalten.

Ich dachte, es ginge darum, mit jedermann umgehen zu können, egal wie schwierig?

Wenn wir stark genug dazu sind, können wir das auch. Aber solange wir das nicht sind, solange wir uns leicht beeinflussen lassen von Leuten und dem, was um uns herum geschieht, solange ist es sinnvoller, sich mit Leuten zu umgeben, die für unsere spirituelle Entwicklung hilfreich sind. Wenn wir dann einen Zustand innerer Stärke erlangt haben, dann können wir natürlich anderen nutzen. Dann macht es keinen Unterschied, mit wem wir uns umgeben. Aber solange wir schwach sind und leicht beeinflussbar, solange nutzen wir weder anderen noch uns selbst.

Es ist also in Ordnung, sich von gewissen Leuten abzuwenden, wenn wir Probleme mit ihnen haben?

Ja. Bis man einen Punkt erreicht hat, an dem man anderen wirklich helfen kann, ohne ihre Probleme zu seinen eigenen zu machen. Warum sich darin verwickeln? Es ist besser für uns, sich mit Leuten zu umgeben, die uns inspirieren, die uns ein Gefühl von Freude und Harmonie vermitteln und die die Entwicklung dieser guten Qualitäten in uns fördern.

Woher weiß man, ob die Handlungen, die man ausführt, anderen wirklich nutzen? Sie sprachen zuvor davon, dass jeder eine andere Wahrnehmung hat.

Wir müssen unsere Motive untersuchen. Natürlich kann man versuchen, fast alles zu rechtfertigen. Selbst Pol Pot behauptete, unschuldig zu sein. Er hielt daran fest, nichts Falsches getan zu haben, und das, nachdem er den Tod von zwei Millionen Menschen verschuldet hatte! Aber wenn wir ehrlich mit uns selbst sein wollen, dann sollten wir untersuchen, ob unsere Handlungen – sowohl Handlungen des Geistes als auch solche von Körper und Sprache – von Täuschung, Verwirrung, Gier, Anhaftung, Abneigung, Wut, Eifersucht oder Stolz motiviert sind. Auf der anderen Seite sollten wir prüfen, ob unsere Motivation etwa aus Liebe, Verständnis, Freigebigkeit oder Ähnlichem resultiert. Wir müssen uns fragen, was wirklich hinter unseren Handlungen steht. Wenn die Motivation positiv ist, dann wird das Ergebnis höchstwahrscheinlich positiv sein. Ist die Motivation negativ, dann wird das Ergebnis höchstwahrscheinlich negativ sein, selbst dann, wenn das, was wir tun, anderen als positiv erscheint. Wir müssen uns auch Gedanken über die langfristigen Auswirkungen machen. Es ist, als werfe man einen Stein in einen See. Wenn daraus Wellen entstehen, was ist vermutlich das Ergebnis? Wie wird es die Menschen beeinflussen? Wir sollten das Gesamtbild überblicken. Wir sollten uns darüber im Klaren sein, dass sich unsere Worte und Handlungen auf andere Menschen auswirken. Es reicht nicht, einfach nur zu sagen: „Es ist schon in Ordnung. Ich übernehme die Verantwortung."

Ich kann mir vorstellen, dass man lernen muss, in manchen Situationen sehr geschickt und behutsam vorzugehen, um zu sehen, ob man jemandem schadet oder nicht. Andere wiederum mögen durch die gleiche Handlung keinen Schaden erleiden. Und auch wenn man sich um jemanden kümmern möchte, kann es sein, dass jemand anders ein Schaden daraus entsteht, ohne dass man es bemerkt.

Wir müssen versuchen, eine Klarheit zu entwickeln, die uns die ganze Situation überblicken und uns erkennen lässt, ob es wirklich unsere Absicht ist zu helfen. Natürlich befinden wir uns alle in einem Lernprozess und natürlich machen wir alle Fehler. Aber der Sinn der Übung ist es, die Fähigkeit zu entwickeln, die Situation klar zu erkennen und ihr mit den geeigneten Mitteln entgegenzutreten. Natürlich müssen wir auch Verantwortung übernehmen für das, was wir tun, und die Schuld nicht auf andere abwälzen. Wir werden uns oft in Situationen befinden, in denen es schwierig ist, eine Wahl zu treffen. Aber wir sollten uns nicht impulsiv hineinstürzen. Wir sollten uns stattdessen die Optionen anschauen und dann das Weiseste tun.

Gibt es Ebenen von nicht-dualer Wahrnehmung? Und wenn ja, welcher Art sind sie? Manchmal kann man das Nicht-eins-Sein fühlen. Gibt es also Ebenen von nicht-dualer Wahrnehmung oder Gewahrsein?

Nicht-duales Gewahrsein ist nicht-duales Gewahrsein, so wie der blaue Himmel der blaue Himmel ist. Aber manche Menschen erfahren nur einen Hauch davon, einen flüchtigen Einblick. Für einen kurzen Augenblick teilen sich die Wolken, aber dann ziehen sie sich wieder zusammen. Für manche Leute teilen sich die Wolken und bleiben eine ganze Weile so. Für sehr wenige teilen sie sich und ziehen sich dann nie wieder zusammen.

Wie kommt das?

Man kann annehmen, dass solche Menschen in früheren Leben sehr tiefe Erfahrungen gemacht haben. In diesem Leben stellen sie lediglich ihre früher gemachten Erfahrungen wieder her. Meiner Meinung nach ist das die einzige Ursache, denn es findet spontan statt, ganz natürlich, und der Geist kehrt nie wieder in den Zustand der Unwissenheit zurück. Sie verweilen einfach in diesem Gewahrsein. So wie Ramana Maharshi im letzten Jahrhundert. Als er sechzehn war, hatte er eine Erfahrung, die ihn für immer veränderte. Die meisten von uns erfahren nur einen flüchtigen Einblick. Einen kurzen Augenblick sehen wir mit ungeheurer Klarheit, frei vom Konzept des Sehenden und Gesehenen, mit einer Art Panorama-Gewahrsein. Aber dann schwindet es wieder.

Warum schwindet es?

Weil die Konditionierung unseres Geistes so stark ist. Der Zustand der Unwissenheit, des Nicht-Wissens, des Schlafens ist sehr tief in uns verwurzelt.

Meinen Sie also, dass man zu seinen alten Gedankenmustern zurückkehrt?

Ja. Bei all dem geht es darum, diese kurzen Einblicke so gut wie möglich zu verstehen und sie zu reproduzieren. So lange, bis sie sich nach und nach verlängern. Es gibt viele tibetische Bücher über diese Meditationstechniken. Man mag ein sehr dickes Buch haben. Auf den ersten paar

Seiten geht es darum, was zu tun ist, ehe man eine Einsicht in die Natur des Geistes hat. Der Rest dreht sich um das, was danach zu tun ist. Dann muss man lernen, all das zu verstehen, lernen, wie man es verlängert und wie man es in sein Denken und sein tägliches Leben integriert und so weiter.

Diese kurzen Einblicke, wenn ihnen so viel vorausgeht und es danach noch so viel gibt, bedeutet das, dass es wirklich erreichbar ist?

Eine amerikanische Nonne, die auch in Lahul lebte, erzählte mir einmal folgende Geschichte: Sie saß wohl einmal auf dem Dach eines Hauses, in irgendeinem Himalaya-Tal, zusammen mit einigen Mönchen. Im Plauderton fragte ein Mönch sie dann einmal: „Wann hast du zum ersten Mal die Natur des Geistes erkannt?" Und sie erwiderte: „Ich habe die Natur des Geistes noch nie erkannt." Woraufhin die Mönche erwiderten: „Es ist schon in Ordnung. Wir sind deine Dharma-Brüder. Uns kannst du es doch sagen." Aber sie antwortete wieder: „Wirklich, ich habe die Natur des Geistes noch nie erkannt." Und die Mönche schauten sie an, als wollten sie sagen: „Wie bitte?"

Hatte sie denn tatsächlich eine Realisation?

Nein, hatte sie nicht. Aber die Mönche haben es ihr nicht geglaubt. Sie dachten, sie ziere sich einfach nur. Man kann es einem Menschen ja nicht ansehen. Sie waren keine Buddhas, sondern nur gewöhnliche Mönche. Aber sie waren gewöhnliche Mönche, die sehr viel praktiziert hatten. Für sie war das alles nichts Besonderes. Aus diesem Grund konnten sie auch nicht glauben, dass sie keine Einsicht oder Erfahrung hatte. Unser Geist ist so kompliziert, dass wir aus der einfachsten Sache etwas extrem Komplexes machen. Wir analysieren es, wir zerlegen es und setzen es wieder zusammen und so weiter. Es ist außerordentlich schwierig für uns, den Raum zu schaffen oder zu finden, der es uns gestattet, die Natur des Geistes zu erkennen, denn wir befinden uns in Bergen über Bergen von Wolken. Im Fall dieser Mönche hingegen gab es kein Fernsehen, kein Radio, keine Romane, keine Magazine, ja die meisten von ihnen hatten wahrscheinlich noch nie eine Zeitung gelesen. In gewisser Weise war ihr Geist also recht einfach und leer. Wenn ihnen jemand sagt:

„Tu dies“, dann tun sie es einfach. Sie müssen es nicht erst analysieren, verstehen und alle möglichen emotionalen Verstrickungen damit herstellen. Darin sind Westler sehr gut. Aber die Natur des Geistes ist die Natur des Geistes. Es heißt nicht Tibeter gegen Westler. Der Himmel ist der Himmel; egal ob er sich über Australien befindet oder über Tibet.

Mir scheint, wenn ich mich weiter mit alldem beschäftige, versinke ich und komme nie wieder hoch.

Nun, höchstwahrscheinlich versinkt das Ego und kommt nie wieder hoch.

Aber was ist es dann, das dies erfährt?

Etwas anderes als das Ego. Wenn man das Unkonditionierte erfährt, hört man nicht auf zu existieren und man verwandelt sich auch nicht in einen kosmischen Tintenklecks. Wir werden eigentlich zum ersten Mal richtig lebendig. Wie ich bereits sagte, es ist, als erwache man aus dem Schlaf. Aber es ist ein Erwachen, das keine Verbindung hat mit den gewöhnlichen Assoziationen von „Ich“ und „Mein“. Es geht völlig darüber hinaus. Anstelle von diesem „Ich“ und „Mein“, die uns von allen anderen Wesen trennen, stehen wir mit allen Wesen in Verbindung. Das Ego versteht, dass dies seinen Tod bedeutet, und deshalb erzeugt es Angst.

Erfährt jeder, der diesen Pfad betritt, diese Angst?

Die meisten Leute tun das. Angst ist die letzte Barriere des Ego. Daher nehmen wir, wenn wir auf buddhistische Art und Weise meditieren, immer zuerst Zuflucht in den Buddha, in den Dharma und in die erleuchtete Gemeinschaft. Wir nehmen das Bodhisattvagelübde auf, um Erleuchtung zum Wohle aller Wesen zu erlangen, nicht nur zu unserem eigenen. Dann praktizieren wir einen Guru-Yoga, indem wir uns alle Lehrer der Linie vorstellen, bis zurück zum ursprünglichen Buddha, und verschmelzen diese mit uns selbst. Das gibt uns Schutz. Es ist, als hielten uns die Buddhas selbst in ihren Händen. Nichts kann uns verletzen. Mit dieser inneren Gewissheit bringen wir dann den Mut auf, den Sprung zu tun.

Was verursacht während der Meditation Emotionen, wie Weinen oder andere Energien?

Wir schaffen den Raum, der es all diesen Energien, all diesen kleinen Knoten gestattet, sich zu lösen. Das sind Emotionen, Ängste, Sorgen und auch Freude, die wir irgendwie unterdrücken und über dem ständigen geistigen Geplapper ignorieren. Wenn wir meditieren, wird der Geist ruhig. Das wiederum gestattet es diesen Dingen, an der Oberfläche zu erscheinen. Und dann stellen sich alle möglichen Emotionen ein. Manche Leute lachen, andere weinen. Manche erfahren Angst, andere erfahren eine Art Hochstimmung. Alle möglichen Dinge können sich einstellen. Man lässt sie einfach erscheinen, erkennt sie, akzeptiert sie und gestattet ihnen, wieder zu verschwinden.

Was ist mit den Energien, die im Körper aufsteigen? Sind sie alle Teil desselben?

Ja, auch sie gehören dazu. Während wir meditieren, sind der Geist und *Prana* oder *Chi*, mit anderen Worten, die internen Energien des Körpers, sehr eng miteinander verbunden. Sowie der Geist konzentrierter wird, wirkt sich das auch auf Prana oder Chi aus, das dann beginnt, sich ebenfalls zu konzentrieren und aktivieren. In der tibetischen Tradition gibt es dazu zwei Methoden. Zuerst manipuliert man diese Energien ganz bewusst, um dadurch den Geist zu beeinflussen. Dann benutzt man den Geist zur Manipulation dieser Energien. Diese beiden Methoden gehen miteinander einher.

Was, wenn man während der Meditation eine außergeistige oder außerkörperliche Erfahrung hat?

Wenn Sie solche Gefühle haben und Sie das beängstigt, dann würde ich sagen, Sie sollten sich Mühe geben, Ihr Bewusstsein fest in Ihrem Körper zu halten. Sie könnten sich zum Beispiel auf das Ein- und Ausatmen konzentrieren. Während man sich so auf den Atem konzentriert, geht man nirgendwo hin.

Denken Sie, es ist gut, sich während einer Krise hinzusetzen und zu meditieren?

Ich denke, es ist gut, sich hinzusetzen, sich auf den Atem zu konzentrieren und zu versuchen, den Geist loszulassen. Gäbe es im Buddhismus einen Slogan, dann würde er lauten: „Lass los."

Wie stehen Wut und Ego in Zusammenhang?

Wut ist einer der großen Ego-Verstärker. Sie bewirkt, dass das Ego sich zugleich großartig und auch schrecklich fühlt. Wenn Wut in unserem Geist entsteht, sollten wir uns ihrer bewusst sein. Wir sollten sie erkennen. Aber wir sollten uns, wenn möglich, nicht mit ihr identifizieren. Wir sollten nicht denken, das ist „meine" Wut. Erkennen Sie die Wut einfach als das, was sie ist, ein geistiger Zustand. Dann lassen Sie die Wut, wenn Sie können, einfach fallen. Wenn wir diese Wut mit großer Klarheit sehen, dann wird sie sich, in diesem Augenblick des tatsächlichen Sehens, ganz natürlich verwandeln. Das setzt allerdings einen sehr scharfen Grad an Einsicht voraus. Andererseits ist es wichtig zu verstehen, dass es diverse Methoden gibt, um seiner Wut zu begegnen. Eine Methode ist es, sich zu vergegenwärtigen, dass derjenige, auf den wir wütend sind, ja aufgrund seiner eigenen Ursachen und Bedingungen handelt, wie er es tut. Wir können Verständnis für die Handlungen eines Menschen aufbringen, wenn wir seinen Hintergrund, seine Erziehung und seine Motive berücksichtigen. Wir können ihn dann viel besser verstehen. Uns wird dann klar, dass Wut keine angemessene Reaktion ist. Vielleicht gibt es ja eine Reaktion, die angemessener oder hilfreicher ist als Wut.

Wie würden Sie jemandem helfen, der sich sehr vor dem Sterben ängstigt?

Wissen Sie, seit ich in Australien bin, habe ich sechs oder sieben Personen besucht, die unmittelbar vor dem Tode standen. All diese Leute waren wirklich wunderbare Menschen. Eine von ihnen hatte eine Art Nervenkrankheit. Sie konnte nur kommunizieren, indem sie mit einem Finger, sehr langsam, etwas tippte, was dann auf einem Computerbildschirm erschien. Ich traf andere, mit Krebs oder anderen Krankheiten. Alle diese Menschen waren sehr aktiv und hatten Familie. Einer von ihnen war Yogalehrer. Und dann stellten sie eines Tages fest, dass sie an einer lebensbedrohlichen Krankheit litten und nur noch eine begrenzte Zeit zu leben hatten.

Erst vor ein paar Tagen traf ich eine Frau, die an Krebs stirbt. Sie hat mir gesagt, dass sie nur noch etwa drei Wochen zu leben hat. Ich sagte zu ihr: „Nun, wissen Sie, Sie haben wirklich großes Glück, denn wir alle müssen einmal sterben. Das Einzige, das in unserem Leben sicher ist, ist die Tatsache, das wir sterben werden. Ob wir einen weiteren Atemzug tun oder nicht, wer weiß? Auf jeden Fall werden wir sterben. So viel ist sicher." Die meisten von uns beschäftigen sich erst mit dem Tod, wenn sie plötzlich damit konfrontiert sind. Und dann wissen die Leute nicht, was zu tun ist. Sie haben niemals auch nur einen Gedanken darauf verwendet. Sie stecken in all diesen wirren Beziehungen, die sie nie geordnet haben, weil sie denken, sie würden ewig leben.

Wenn man die Chance hat, diese großartige Gelegenheit, plötzlich zu wissen, dass man sterben wird, dann ist das eine wunderbare Gelegenheit, sich ein für alle Mal zu entscheiden, was wichtig ist und was nicht. Woran zu denken ist wichtig und woran nicht? Woran festzuhalten ist wichtig und woran nicht? Es ist eine großartige Gelegenheit, zu erkennen, was von Bedeutung ist und was nicht. Der Tod ist nichts Schlechtes. Wir alle müssen einmal gehen. Aber wir sollten diese Gelegenheit nutzen, um daran zu wachsen und unsere Beziehungen in Ordnung bringen. Wir sollten nicht anhaften, sondern nur Liebe ohne Anhaftung empfinden. Wir sollten uns klar werden darüber, wer wir wirklich sind. Und dann sterben ohne Bedauern. Wir sollten sterben mit der Gewissheit, dass unser Leben in Ordnung war, so wie es war, und dass es in Ordnung ist, jetzt zu gehen. Und wenn wir plötzlich vor der Tatsache stehen, dass wir nur noch eine kurze Zeit zu leben haben, dann vergegenwärtigen Sie sich, dass wir alle sowieso nur noch wenig Zeit haben, egal ob uns das klar ist oder nicht. Wenn wir gezwungen sind, dieser Tatsache plötzlich ins Auge zu sehen, dann ist das eine großartige Gelegenheit für enorme innere Veränderung. Die Leute, die ich traf, haben das getan. Sie fingen an mit blinder Panik, schritten fort zu großer Reue, dann zu Wut und Verbitterung, denn alle ließen Kinder und Partner zurück. Die meisten dachten, dass sie nicht lange genug gelebt hatten. Die meisten von ihnen waren in ihren Vierzigern und hatten das Gefühl, noch eine Menge zu tun zu haben. Aber alle von ihnen kamen darüber hinweg und erreichten schließlich einen Punkt, an dem sie sagen konnten: „Jetzt bin ich bereit zu gehen. Ich weine zwar jeden Tag ein wenig, aber das ist schon in Ordnung."

Wie gehen wir mit der Angst um, die manche Menschen vor dem Sterben haben? Manche Leute haben alles abgeschlossen und geordnet und fürchten sich trotzdem sehr vor dem Tod.

Ich persönlich würde Leuten, die sich vor dem Tod fürchten, sagen, dass sie wirklich vor nichts Angst haben müssen. Es ist ein großes Abenteuer. Wir haben viele Male gelebt und sind viele Male gestorben. Es ist nur natürlich, wie mit Bäumen oder anderen Pflanzen. Wir werden ständig wieder aufbereitet. Es ist sogar ökologisch vernünftig. Wenn man ein grundsätzlich anständiges Leben geführt hat, wenn man niemandem vorsätzlich Schaden zugefügt hat, wenn man ein grundlegend ehrlicher und gütiger Mensch gewesen ist, dann hat man nichts zu befürchten, wenn man stirbt. Das, was wir nach dem Tod erfahren, ist nichts weiter als eine Projektion dessen, was wir in unserem eigenen Geist halten. Die Wesen, die wir treffen, werden Wesen sein, die sich mehr oder weniger auf der gleichen Stufe befinden wie wir.

Es ist wirklich nichts Besonderes. Das Bewusstsein stirbt nicht. Es ist nur der Körper, der stirbt. Aber wir sind nicht dieser Körper. Wir haben nur deshalb Angst, weil wir uns mit diesem Körper identifizieren. Sobald wir erkennen, dass wir nicht der Körper sind, kann das, was wir wirklich sind, weitergehen. Und was gibt es dann noch zu befürchten? Menschen mit Todeserfahrungen oder hellsichtigen Fähigkeiten bestätigen alle, dass überhaupt nichts Schreckliches daran ist. Das ist so, es sei denn, man war ein wirklich grausamer Mensch. Wenn man ein Leben voller Hass und Zorn geführt hat, wenn man sich daran erfreut hat, anderen Leid und Schmerz zuzufügen, dann hat man wirklich Grund zu großer Angst. Aber für gewöhnliche Menschen gibt es nichts zu befürchten.

Wenn wir uns in der Gegenwart von Menschen befinden, die Angst vor dem Tod haben, dann ist es meiner Meinung nach wichtig, mit ihnen darüber zu sprechen, denn höchstwahrscheinlich befinden sie sich in einem Zustand der Negation. Aber wenn man mit ihnen darüber zu reden beginnt, gibt ihnen das die Gelegenheit, es auch zu tun. Meistens sind sie sogar froh darüber, denn alle anderen um sie herum lehnen es ebenfalls ab, dieses Thema zu diskutieren. Der Tod ist ein großes Tabu. Im Normalfall wollen die Leute einfach nicht darüber reden. Sie erzählen einem gern von ihren multiplen Orgasmen und allen möglichen anderen Dingen, aber sie sprechen niemals über den Tod. Es ist ihnen peinlich, darüber zu sprechen. Aber das Unaussprechliche auszusprechen ist eine enorme Erleichterung, vor allem für diejenigen, die sich damit konfrontiert sehen!

Unterbrechen Suizid und Euthanasie einen Prozess, den wir zu durchlaufen haben?

Sowohl Suizid als auch Euthanasie verwehren Menschen die Zeit zur Verwandlung. Natürlich ist es schrecklich, an einer schweren Krankheit zu leiden, und natürlich sind da der Schmerz und die Angst und so weiter. Ich hatte einmal eine Freundin, die Krankenschwester war und in einer Krebsklinik arbeitete. Sie sagte, dass es auf der einen Seite äußerst deprimierend war, denn sie sah ständig diese schönen kleinen krebskranken Kinder. Es war herzzerreißend. Andererseits sah sie auch all die Leute, die in einem Zustand der Ablehnung, der Wut oder der Verbitterung eingeliefert wurden. Aber mit der Zeit konnte man immer mehr die innere Wandlung sehen, die in ihnen vorging. Sie sagte, dass die meisten Leute am Ende förmlich strahlten. Wenn man diesen Prozess unterbricht, während man sich noch in einem Zustand der Panik oder der Negation befindet, dann verwehrt man sich die Gelegenheit zur Wandlung.

Es gibt ja auch die Diskussion, viele Todesurteile in lebenslänglich zu verwandeln.

Das ist wunderbar. Dann wird das Leben wirklich ernst genommen. Man verschwendet es nicht länger. Als ich nach meiner ersten Indienreise nach England zurückkehrte, traf ich zum ersten Mal meinen Cousin. Er war acht Jahre alt. Er wurde geboren, als ich bereits in Indien war. Er litt an Mukoviszidose und musste täglich zweieinhalb Stunden mit dem Kopf nach unten hängend verbringen, während meine Tante ihm auf den Rücken schlug, um den Schleim zu lösen, der sonst seine Lungen angefüllt und ihn erstickt hätte. Die meisten Dinge konnte er nicht essen, da sie die Schleimproduktion förderten. Oft hatte er große Schmerzen und schweren, schmerzhaften Husten, und dann wurde er auch noch täglich auf den Rücken geschlagen. Aber er war so ein freudvoller kleiner Junge! Er war so gescheit, so intelligent und freundlich!

Als wir uns zum ersten Mal trafen, spielte er gerade mit Plastikformen für Insekten und andere kleine Tiere. Er fragte mich, was ich haben wollte. Ich schaute mir all die Skorpione und Spinnen und sagte: „Ich will einen Frosch." Er fragte: „Welche Farbe?", und ich sagte: „Grün." Also machte er mir einen hübschen grünen Frosch. Er war so glücklich und voller Freude. Kurz darauf wurde er sehr krank, wurde ins Krankenhaus eingeliefert und starb dort. Der Punkt ist der: Da er sehr krank war und dies auch wusste, hatte er keine Zeit, negativ zu sein. Er wusste, dass ihm nur wenig Zeit blieb, und er konnte diese Zeit nicht mit Ächzen und Stöhnen verschwenden. Er hatte gerade genug Zeit, ein wenig Spaß zu haben, ein paar wenige Freunde zu gewinnen und so viel wie möglich herauszufinden, ehe er gehen musste. Auch für meine Tante war es eine ganz besondere Erfahrung. Sie hat in dieser Zeit sehr viel gelernt.

Wir alle sind durch unsere Erziehung und unsere Umgebung konditioniert. Sind das die Dinge, die uns einzigartig machen?

Aus buddhistischer Sicht sind wir Individuen aufgrund der immensen Anzahl von Vorleben, die wir durchlaufen haben. Ein Baby betritt diese Welt nicht als völlig unbeschriebenes Blatt. Wenn man einem Baby in die Augen sieht, erkennt man, dass es sich bereits um eine fertige Persönlichkeit handelt. Wir verfügen über all die Bedingungen und Gewohnheitsmuster aus früheren Leben plus diejenigen aus diesem Leben. Hier geht es darum, das alles lediglich als Konditionierung zu erkennen und nicht zu denken, das bin „ich".

Wenn man dann diesen Zustand erreicht hat, heißt das, man hat etwas Universelles erlangt? Oder ist man nach wie vor ein Individuum?

Wenn man die nicht-konditionierte Natur des Geistes erlangt hat, ist man universell und individuell zur gleichen Zeit. Der Buddha hat gesagt: „Auch ich benutze Konzepte, aber ich werde nicht länger von ihnen geblendet." Mit anderen Worten, wir können weiterhin Gebrauch von unserer Persönlichkeit machen, aber sie macht keinen Gebrauch mehr von uns. Ich will Ihnen ein Beispiel geben. Stellen Sie sich vor, wir alle betrachten eine große weiße Leinwand. Auf dieser Leinwand wird ein Film gezeigt. Wir alle sehen uns diesen Film an. Der Film hat alles, was er haben soll, rasante Action, eine Heldin, einen Helden und einen Schurken. Sie denken: „O Gott, wird die Heldin den Helden bekommen?" Nein, er ist schon weg. Jetzt ist er wieder da! Es gibt Tränen, Gelächter und ein Happy End und jeder geht lächelnd nach Hause. Wir alle sind völlig gefangen von dem Film und wir glauben an ihn, während er läuft.

Wenn man sich allerdings umdreht, anstatt sich den Film anzusehen, sieht man das Licht aus dem Projektor. Man weiß, dass das Licht durch transparente Bilder auf die Leinwand projiziert wird. Diese Bilder bewegen sich so schnell, dass die Illusion von Bewegung entsteht, und wir werden getäuscht, obwohl es sich nur um Bilder auf einer zweidimensionalen Leinwand handelt. Meditation nimmt uns den Fokus und bewirkt, dass wir die einzelnen Bilder betrachten. Sowie wir beginnen, die einzelnen Bilder zu betrachten, beginnen sie sich zu verlangsamen. Sowie unsere Aufmerksamkeit schärfer und klarer wird, erscheinen die einzelnen Bilder schließlich gestochen scharf und deutlich.

Diese Bilder sind unsere Geistes-Momente, die miteinander verbunden sind wie bei einer Kette. Die Kette fällt auseinander und wir sehen das Licht des Projektors dahinter. Wenn wir einmal erkannt haben, dass wir dieses Licht sind, können wir trotzdem weiter den Film betrachten. Aber nun glauben wir das Geschehen auf der Leinwand nicht mehr. Wir wissen nun, dass es sich lediglich um einen Film handelt, der von einem Projektor durch transparente Bilder hindurch auf eine Leinwand geworfen wird. Verstehen Sie?

Gibt es spirituelle Wesen, die uns durch unser Leben führen und vom Tode in ein neues Leben? Gibt es Engel unter uns?

Oh, Sie sprechen mit einer Ex-Spiritistin! Ich persönlich glaube, und das ist nicht nur mein Glaube, Buddhisten glauben es auch, dass es viele Ebenen von Wesen gibt, die wir mit unserer gewöhnlichen Wahrnehmung nicht sehen können. Man könnte sagen, sie leben auf verschiedenen Vibrationsebenen. Manche von ihnen sind zutiefst erleuchtet, das sind diejenigen, die wir Buddhas nennen. Buddhas und Bodhisattvas sind da, um uns zu helfen. Sie beurteilen uns nicht. Sie manipulieren unser Leben nicht. Sie sind nur da, um zu helfen. Wenn wir uns für sie öffnen und sie um Hilfe bitten, dann helfen sie uns, vorausgesetzt, es liegt innerhalb unserer karmischen Möglichkeiten. Dann gibt es niedrigere Wesen, weniger erleuchtete, aber ebenfalls mit gutem Willen, die uns ebenfalls zu helfen versuchen. Die Buddhas und Bodhisattvas geben uns spirituelle Hilfe und Segen. Darum sollten wir sie bitten. Die anderen, niedrigeren Wesen kann man um alltäglichere Dinge bitten.

Dann gibt es auch Wesen im Universum, die ziemlich bösartig sind und schaden wollen. Wenn man aber von ganzem Herzen Zuflucht zu den Buddhas und Bodhisattvas nimmt, können uns diese Wesen nicht schaden, da der Segen der Buddhas und Bodhisattvas so groß ist. Das liegt daran, dass Licht augenblicklich Dunkelheit zerstört. Dann gibt es Leute, die glauben, dass es körperlose Wesen gibt, die zwar recht gewöhnlich sind, aber, um Liebe und Weisheit zu entwickeln, willens sind, uns Menschen zu helfen. Auch hier gilt: Wenn wir uns für sie öffnen, dann können uns diese Wesen besser helfen. Ich glaube, wir sind von solchen Wesen tatsächlich umgeben. Wir sind nicht allein. Wir müssen sie nur bitten. Wenn es möglich und nützlich ist – denn nicht immer ist das, was wir wollen, das, was wir brauchen –, dann helfen sie.

Was, glauben Sie, ist die größte Lehre, die Christen von Buddhisten lernen können?

Die größte Lehre, die Christen von Buddhisten scheinbar lernen wollen, ist, wie man meditiert.

Ist das auch Ihre persönliche Meinung?

Ja. Die Buddhisten verfügen über sehr gute Techniken. Sie haben ein profundes Verständnis von Psychologie, speziell spiritueller Psychologie.

Sie setzt keinerlei Glaubenssystem voraus. Sie kann von Leuten aller möglichen Glaubensrichtungen angewandt werden und sie nutzt jedem. Als ich in Italien lebte, traf ich natürlich eine ganze Menge christlicher Mönche und Nonnen, die alle sehr glücklich buddhistische Meditation praktizierten und sie sogar lehrten.

Warum sagen Sie, Sie seien eine Ex-Spiritistin?

Ich wuchs als Spiritistin auf. Wir hatten wöchentliche Séancen in unserem Haus. Heute habe ich damit nichts mehr zu tun. Aber einige der spiritistischen Sichtweisen über den Tod und das Leben danach habe ich bewahrt und sie passten sehr gut zusammen mit buddhistischen Ideen. Also seien Sie gewarnt. Sie sind etwas unorthodox, aber nicht sehr. Auch Buddhisten glauben, dass wir nach dem Tod eine Art Zwischenzustand erleben. Auch dort trifft man Wesen von gleicher Wellenlänge. Daher ist es in diesem Leben wichtig, unseren Geist zu kultivieren und eine höhere spirituelle Stufe zu erlangen. Wenn wir dann sterben, sind wir in der Lage, etwas zu projizieren, das wir auch wirklich wieder treffen wollen.

Alles ist die Projektion unseres Geistes. Auch im physischen Bereich, wir alle projizieren. Wir alle leben in unseren Projektionen. Natürlich gibt es eine gewisse physische Basis. Sie ist nicht völlig willkürlich. Aber jeder betrachtet die Dinge mit seinen eigenen Interpretationen. Wir alle projizieren unseren eigenen Film. Wenn wir keine physische Basis mehr haben, nach dem Tod unseres Körpers, kreiert unser Geist scheinbare externe Erscheinungen. Deshalb sollten wir ein gutes Skript schreiben, solange wir die Gelegenheit dazu haben, denn wir werden später schließlich vollkommen aufgehen in diesem Film.

IX
Schwierige Punkte für Westler

In diesem Vortrag geht es um einige inhaltliche Punkte des Buddhadharma, die für einen Westler zu Beginn seiner Praxis schwer zu verstehen sind, und es oft auch bleiben. Ich möchte zuerst über Zweifel sprechen. Vielleicht liegt es an unserem jüdisch-christlichen Hintergrund, dass wir dazu tendieren, Zweifel als etwas Schimpfliches, ja fast als einen Feind zu betrachten. Wenn wir Zweifel haben, haben wir das Gefühl, dass wir die Lehre nicht akzeptieren, wo wir doch unerschütterliches Vertrauen haben sollten. Nun, in manchen Religionen wird unerschütterlicher Glaube als etwas Wünschenswertes betrachtet. Aber im Buddhadharma ist das nicht unbedingt so. Ein offener, untersuchender oder fragender Geist wird nicht als Nachteil gesehen, wenn man den Lehren des Buddha folgen will. Der Buddha selbst beschrieb den Dharma als *Ehi Passiko*, was so viel bedeutet wie „kommen und ansehen" oder „kommen und untersuchen", nicht jedoch „kommen und glauben". Eine Geisteshaltung, die sagt: „Das passt nicht in mein Weltbild, daher lehne ich es ab", ist engstirnig. Eine solche Haltung ist ein großes Hindernis für jemanden, der sich anschickt, einen spirituellen Pfad einzuschlagen. Dagegen ist ein offener Geist, der hinterfragt und die Dinge nicht einfach akzeptiert, nur weil sie einmal jemand gesagt hat, überhaupt kein Problem.

Es gibt ein berühmtes Sutra, welches uns von einer Gruppe Dorfbewohner berichtet, die den Buddha aufgesucht haben. Sie sagten zu ihm: „Viele Lehrer sind hier durchgekommen. Jeder hatte seine eigene Doktrin. Jeder behauptete, dass seine eigene Philosophie und Praxis die einzig wahren sind, aber alle widersprechen sie sich. Jetzt sind wir völlig verwirrt. Was sollen wir tun?" Hört sich diese Geschichte nicht sehr modern an? Und doch ist sie 2500 Jahre alt. Offenbar hatte man damals dieselben Probleme wie heute. Der Buddha erwiderte: „Ihr habt ein Recht, verwirrt zu sein. Es ist eine verwirrende Situation. Nehmt nicht einfach irgendetwas hin, nur weil es etwas Traditionelles ist, oder weil euer Lehrer es sagt, oder weil es euch die Älteren gelehrt haben, oder weil es in einer berühmten Schrift steht. Wenn ihr es selbst gesehen und für euch selbst als wahr und richtig erfahren habt, dann könnt ihr es akzeptieren."

Nun, das war eine sehr revolutionäre Aussage, weil der Buddha es auch auf seine eigene Lehre bezog. Tatsächlich war es alle Zeiten hindurch immer klar, dass die Lehre dazu da ist, untersucht und erfahren zu werden, dass es immer hieß: „Ein jeder für sich selbst". Also sollte man keine Angst vor Zweifeln haben. Stephen Batchelor schrieb ein Dharmabuch mit dem Titel *The Faith to Doubt* („Das Vertrauen in Zweifel"). Es ist richtig für uns, zu hinterfragen. Aber wir müssen dies mit offenem Herzen und offenem Geist tun, nicht mit dem Gedanken, dass alles, was in unsere vorgefertigten Ideen passt, richtig ist, und alles, was nicht hineinpasst, automatisch falsch sein muss. Eine solche Einstellung ist wie das Bett des Prokrustes*. Man hat ein fertiges Muster parat. Alles, was daherkommt, muss entweder gestreckt oder gestutzt werden, bis es in das Muster passt. Es verzerrt alles und verhindert den Lernprozess.

Wenn wir bestimmten Dingen begegnen, die wir selbst nach eingehender Untersuchung nur schwer akzeptieren können, dann heißt das nicht, dass wir den ganzen Buddhadharma über Bord werfen müssen. Selbst jetzt, nach all diesen Jahren, finde auch ich Dinge im tibetischen Buddhismus, über die ich mir gar nicht sicher bin. Ich ging in der Regel zu meinem Lama und befragte ihn dazu. Er sagte dann oft: „Das ist schon in Ordnung. Offenbar hast du zurzeit einfach keine Verbindung zu diesem Lehrsatz. Das macht aber nichts. Tu es einfach beiseite. Aber

* Prokrustes ist ein Gigant der griechischen Mythologie. Er lud seine Opfer ein, sich auf seinem Bett niederzulassen. Dann fesselte er sie und streckte sie oder schnitt Körperteile ab, so lange bis sie genau in das Bett passten. (Anm. d. Übers.)

sage nicht: ‚Nein, das ist nicht wahr.' Denke einfach: ‚Zu diesem Zeitpunkt versteht mein Geist das nicht.' Vielleicht wirst du es später verstehen, vielleicht auch nicht. Es ist nicht wichtig."

Wenn wir einem Konzept begegnen, das wir nur schwer akzeptieren können, dann sollten wir es als Erstes mit einem unvoreingenommenen Geist untersuchen, vor allem wenn es sich um einen wesentlichen Bestandteil des Dharma handelt. Wir sollten alles lesen, was wir über das Thema finden, nicht nur vom Standpunkt des Buddhismus aus, sondern wirklich alles. Wir müssen uns dann fragen, wie er wohl mit anderen Aspekten der Lehre in Verbindung steht. Wir müssen unsere Intelligenz einsetzen. Wir sollten uns dabei aber auch darüber im Klaren sein, dass unsere Stufe von Intelligenz im Augenblick recht banal ist. Wir verfügen noch nicht über einen allumfassenden Geist. Unsere Sicht ist sehr begrenzt. Und daher werden wir definitiv Dingen begegnen, die unser gewöhnliches, weltliches Bewusstsein nicht direkt erfahren oder verstehen kann. Das heißt jedoch nicht, dass es diese Dinge nicht gibt.

Auch hier ist wieder wichtig, einen offenen Geist zu bewahren. Wenn andere Leute mit mehr Erfahrung und Einsicht sagen, sie haben es erfahren, dann sollten wir zumindest in der Lage sein zu sagen: „Vielleicht ist es wirklich so." Wir sollten unseren begrenzten, unwissenden Geist nicht als die Norm betrachten. Wir sollten uns stattdessen in Erinnerung rufen, dass dieser begrenzte, unwissende Geist verwandelt werden kann. Genau darum geht es auf diesem Pfad. Sowie wir fortschreiten, wird unser Geist zunehmend offener und weiter. Wir beginnen die Dinge klarer zu sehen und langsam fangen sie an, ins Bild zu passen. Aber wir müssen geduldig sein. Wir sollten nicht hoffen, die tiefgründigen Darlegungen eines erleuchteten Geistes gleich bei unserer ersten Begegnung zu verstehen. Ich bin sicher, jeder von uns kennt das eine oder andere Weisheitsbuch, Bücher, die man über die Jahre hinweg immer wieder einmal liest, und jedes Mal kommt es einem so vor, als läse man es zum ersten Mal. Das liegt daran, dass sich unser Geist öffnet. Wir beginnen uns Ebene für Ebene die Bedeutung zu erschließen, die wir zuvor gar nicht wahrgenommen haben. Mit einem wahren spirituellen Pfad verhält es sich ebenso. Er hat viele Ebenen von Bedeutung, aber wir können nur die Konzepte verstehen, die unserem gegenwärtigen Geisteszustand zugänglich sind.

Nun, ich denke, für jeden ist etwas anderes schwierig. Es gibt zum Beispiel Dinge, die für manche Leute kaum zu verstehen sind, für mich hingegen ganz einfach waren. Ich glaubte bereits an viele Belehrungen, bevor ich überhaupt zum Buddhadharma kam. Dann gibt es wieder Dinge, mit denen ich immense Schwierigkeiten hatte, und für andere sind sie ganz einfach zu verstehen und zu akzeptieren. Wir alle haben einen anderen Hintergrund und somit unsere eigenen speziellen Probleme. Das ist aber nichts Besonderes, es ist nicht wichtig. Unser Zweifeln und Hinterfragen spornt uns an und hält uns intellektuell wach.

Es gab Zeiten, da war mein ganzes spirituelles Leben ein einziges großes Fragezeichen. Aber anstatt die Fragen zu unterdrücken, brachte ich die Dinge ans Tageslicht und untersuchte sie, eines nach dem anderen. Danach stellte ich fest, dass es überhaupt keinen Unterschied machte. Wir können auch mit Fragezeichen recht glücklich und zufrieden leben. Es ist wirklich kein Problem, solange wir das nicht als Bedrohung ansehen. Wir müssen Vertrauen in unsere angeborenen Fähigkeiten entwickeln und fest daran glauben, dass wir sie zur Reifung bringen können. Wir alle haben die Buddhanatur. Wir haben alle Qualitäten, die für den Pfad notwendig sind. Wenn wir das nicht glauben, wird es sehr schwierig werden, auch nur anzufangen, da uns die Ausgangsbasis fehlt. Es ist wirklich sehr einfach. Der Buddhadharma basiert nicht auf einem Dogma.

Warum ist es dann trotzdem so schwierig für uns? In erster Linie wegen unseres Geisteszustandes. Weil wir nicht wirklich wissen, wer wir sind und welches unsere Rolle in diesem Leben ist. Weil wir das nicht wissen, fühlen wir uns von allen anderen getrennt. Dieses Gefühl von „ich" lässt unsere Ängste, unsere Wut und Anhaftung, unsere Eifersucht, unseren Neid und unsere Unsicherheiten entstehen. Aber der Buddha sagte, dass es nicht so sein muss. Die uns innewohnende Natur ist rein. Wir müssen nur wiederentdecken, wer wir sind. Und genau dazu ist der Pfad da. Es ist sehr einfach. Er basiert nicht auf Glauben, sondern auf Experimentieren und Erfahren, was dann schließlich zu Erkennen führt. Es geht nicht darum, zu erfahren, was ein bestimmter Lama sagt oder eine bestimmte Tradition, und es dann zu glauben, weil uns das rettet oder befreit. Es wird uns nicht retten. Natürlich müssen wir wissen, was der Buddha gesagt hat. Wir müssen auch wissen, was die großen Lehrer der Vergangenheit gesagt haben, denn sie waren uns weit voraus und haben uns Karten und Wegbeschreibungen hinterlassen, damit wir ihnen folgen können. Aber das ist etwa so, wie einen Reiseführer zu lesen. Man mag lesen und das Gefühl haben, man sei schon da, aber tatsächlich ist man das nicht. Es handelt sich um die Reiseerfahrungen von jemand anders. Wenn man sich aber selbst dorthin begibt, dann wird man seine ganz eigenen, einzigartigen Erfahrungen machen. Wenn man dem Pfad folgt, geht es darum, ihn selbst zu erfahren. Es geht nicht darum, sich die Erfahrungen anderer zu eigen zu machen. Es basiert nicht auf blindem Glauben oder Vertrauen. Natürlich braucht man ein gewisses Maß an Vertrauen, um überhaupt erst einen Fahrschein zu kaufen und sich auf die Reise zu begeben. Man muss schon glauben, dass es das Land, in das man reisen will, wirklich gibt, und sich die Reise dorthin auch lohnt. Aber darüber hinaus ist das einzig Wichtige, dass man es einfach tut. Und während man dann unterwegs ist, kann man sagen: „Ja, das ist genauso, wie es beschrieben wurde. Das ist richtig. Es sieht genauso aus."

Ein problematisches Thema für manche ist Karma und Wiedergeburt. Es ist nicht ganz einfach für mich, darüber zu sprechen, da ich mir gar nicht vorstellen kann, nicht an Karma und Wiedergeburt zu glauben. Ich weiß noch, wie ich als kleines Kind meine Mutter fragte, ob sie an Wiedergeburt glaube, und sie erwiderte, dass es ihr völlig logisch erscheine, und warum also nicht? Und ich dachte: „Richtig. Das denke ich auch." Ich kann mich nicht erinnern, einmal nicht daran geglaubt zu haben. Das Schöne an dem Gedanken an Wiedergeburt ist für mich dieses enorme Panorama, sowohl in die Vergangenheit als auch in die Zukunft. Da sind diese immensen Zeiträume. Dieses Leben ist nur ein winziger Strang in diesem ganzen Gewebe. Das heißt, dass wir das Beste aus diesem Leben machen können und sollten und doch nicht alles tun müssen. Aller Wahrscheinlichkeit nach haben wir sowieso schon alles Mögliche einmal getan. Wir hatten bereits so viele verschiedene Rollen in so vielen verschiedenen Leben. Wir haben bereits alles erfahren. Wir müssen nicht alles wieder und wieder erfahren. In diesem Leben müssen wir die Dinge erfahren, die wirklich wichtig sind. Diejenigen, die glauben, es gäbe nur ein Leben, meinen, so viele Erfahrungen wie möglich in ihr Leben packen zu müssen, bevor sie sterben. Wir können uns entspannen. Wir müssen uns keine Sorgen machen, irgendetwas zu verpassen, bloß weil man es dieses Mal nicht erlebt hat. Dieses Mal tun wir etwas anderes. Es ist sowieso nur ein Spiel.

Das Problem liegt darin, dass wir uns vollkommen mit der Rolle, die wir jetzt zu haben scheinen, identifizieren. „Ich bin eine Frau" oder „Ich bin ein Mann" oder „Ich bin Mutter" oder „Ich bin Nonne" und so weiter. Sich mit etwas so Kurzlebigem wie unserer gegenwärtigen Rolle zu identifizieren ist ein großer Fehler. Wenn wir das verstehen, dann müssen wir nicht mehr an unserem gegenwärtigen Rollendenken – „Das bin ich" – festhalten, denn die Rolle ist nicht wichtig. Die Leute regen sich dermaßen auf über Feminismus und Frauenrechte. Aber in unseren vorherigen Leben waren wir wahrscheinlich Männer. Und viele, die heute Männer sind, waren zuvor Frauen. Es ist alles sehr fließend. Manches Mal spielen wir Frauen, ein anderes Mal spielen wir Männer. Was ist schon Besonderes dabei? Wir können alles Mögliche spielen. Shakespeare hatte Recht damit, was er über Schauspieler auf der Bühne geschrieben hat. Du gehst hinaus und spielst deine Rolle. Du bist vollkommen überzeugend. Aber dann verlässt du die Bühne und am nächsten Abend spielst du eine völlig andere Rolle. Ein guter Schauspieler identifiziert sich nur so weit mit seiner Rolle, wie es nötig ist, um sie überzeugend zu spielen, aber er weiß, dass er nur eine Rolle spielt. Wiedergeburt zu verstehen gibt uns Einfluss auf die Zukunft, denn wir können die Dinge in diesem Leben so beeinflussen, wie wir sie in der Zukunft gern hätten. Das Bewusstsein lebt weiter. Die Verpflichtungen, die wir in diesem Leben eingehen, werden im nächsten ihre Früchte tragen. Natürlich, vom buddhistischen Standpunkt aus betrachtet, können wir die Identität des Schauspielers hinterfragen, aber im Augenblick reden wir von der relativen Ebene. Im Moment ist es besser, sich mit dem Schauspieler zu identifizieren als mit seinen Rollen. Erst dann kommen wir allmählich zu der Frage: Wer ist dieser Schauspieler überhaupt?

Wiedergeburt zu akzeptieren gibt uns auch den Raum, zu erkennen, dass die Umstände für unser gegenwärtiges Leben nur vorübergehende

Zustände sind. Wir wissen nicht, wer wir in unserem letzten Leben waren. Natürlich haben wir uns mit Sicherheit völlig damit identifiziert. Im nächsten Leben werden wir wieder jemand anders sein und uns wieder sehr stark damit identifizieren. Unser grundlegendes Problem ist nicht die Rolle, die wir spielen, sondern unsere Identifikation damit. Selbst wenn Wiedergeburt keine Tatsache wäre, so ist sie doch eine nützliche Sichtweise, denn sie hilft uns dabei, inmitten all unserer täglichen Beschäftigungen ein Gleichgewicht zu finden. Ohne den Glauben an Wiedergeburt würde der ganze Buddhismus keinen Sinn ergeben, denn er basiert auf dem Konzept, dass wir in Unwissenheit gefangen sind. Wir wissen nicht wirklich, was wir sind. Durch unsere Handlungen, die wir mit Körper, Sprache und Geist ausführen, und durch unser Anhaften an diese Handlungen sind wir in dieser Subjekt-Objekt-Dualität gefangen, die uns von Wiedergeburt zu Wiedergeburt befördert. Der buddhistische Pfad lehrt uns zu erkennen, dass es niemals jemanden gegeben hat, der all diese Handlungen ausgeführt hat. Er hilft uns, diese Verbindung zu zerbrechen und die unermessliche Weite des Geistes zu sehen anstatt dieser engen, egozentrierten Identifikation.

Sobald wir erkennen, dass alle anderen Wesen ebenso in dieser Falle gefangen sind, entwickeln wir ein tiefes Mitgefühl, das uns dazu bewegt, diesen Wesen über Zeit und Raum hinweg von Nutzen sein zu wollen. Das kann man nicht, wenn einem nur ein Leben zu Verfügung steht. Man kann nicht geloben, alle Wesen zu erretten, wenn man nur das Hier und Jetzt hat, oder? Wie sonst beantworten wir uns Fragen wie: „Warum sind wir hier? Warum erleben wir die Dinge, die wir erleben?" Hätten wir nur ein Leben, dann wäre alles, was uns widerfährt, nur Zufall oder Koinzidenz. Wenn wir das denken, dann wäre unser Leben ziellos und ohne Bedeutung. Wir könnten wir uns gleich niederlassen, es uns bequem machen und einfach nur versuchen, niemandem zu schaden. Wir könnten nett zu den Leuten sein. Aber uns anstrengenden spirituellen Praktiken und Disziplinen unterziehen, um Buddhaschaft zum Wohle aller Wesen zu erlangen – das schiene verrückt. Es wäre sinnlos. Warum sollten wir uns die Mühe machen? Warum sollten wir zu einer Dharmagruppe gehen? Gehen Sie nach Hause. Legen Sie sich in die Sonne. Lesen Sie die Sonntagszeitung.

Der Dharmapfad ist nicht einfach. Erst wenn wir das ganze Bild überblicken können, seine Ausdehnung über endlose Wiedergeburten, wächst in uns der Entschluss, uns zu wandeln. Wenn wir die Dinge im Rahmen der Ewigkeit sehen, ergibt plötzlich alles einen Sinn. Diese Perspektive erlaubt es uns auch, zu verstehen, was uns zur Zeit widerfährt und wie der gegenwärtige Augenblick die Folge einer Handlung ist, die wir in der Vergangenheit ausgeführt haben. Sobald uns klar wird, dass alles, was wir zurzeit erleben, eine Folge von Vergangenem ist, sehen wir ein, dass das gegenwärtige Geschehen nicht so wichtig ist. Wichtig ist aber die Art und Weise, wie wir auf das, was uns widerfährt, reagieren, denn das gestaltet unsere Zukunft. Mit diesem Wissen können wir für unser Leben Verantwortung übernehmen, anstatt nur hilflose Opfer zu sein. Sind das nicht gute Neuigkeiten? Es lässt uns Abschied nehmen von der Gewohnheit, immer etwas oder jemand anderem die Schuld zu geben für das, was in unserem Leben schief geht, beispielsweise der Umwelt, unseren Eltern oder der Regierung. Wir können Verantwortung übernehmen, weil wir jetzt verstehen, dass das, was wir in diesem Leben erleben, die Folge von Ursachen ist, die wir in der Vergangenheit geschaffen haben. Wir wissen, dass es nichts nützt, herumzusitzen und über unser Schicksal zu klagen. Die Frage lautet jetzt: „Wie werden wir damit fertig?"

Es gibt einen Film mit dem Titel *Und ewig grüßt das Murmeltier* – ein buddhistischer Film nahezu, denn genau darum geht es. Für diejenigen, die ihn nicht kennen, hier kurz die Handlung: Es geht um einen Mann, der denselben Tag immer wieder und wieder erleben muss, so lange, bis er ihn gut hinkriegt. Er beginnt mit einer extrem negativen Einstellung und schafft somit viele negative Ursachen. Die Leute, die ihm begegnen, reagieren entsprechend und er erlebt natürlich einen sehr schlechten Tag. Am nächsten Tag muss er denselben Tag also wieder erleben. Und dann wieder und wieder. Er sucht völlig verzweifelt einen Ausweg aus dieser Situation. Er versucht sich sogar einige Male umzubringen, aber am nächsten Morgen findet er sich wieder im selben Zimmer, im selben Bett. Das Datum ist noch immer dasselbe und das Radio spielt dasselbe Lied. Seine Einstellung erfährt sehr viele Veränderungen, bis er schließlich am Ende fast alles richtig macht und versucht, den Menschen zu helfen. Er verhindert Tragödien, von denen er ja weiß, dass sie stattfinden werden, weil er den Tag so viele Male durchlebt hat. Seine Einstellung ändert sich in einer Weise, dass er Methoden ersinnt, um anderen helfen zu können. Sowie sich seine innere Einstellung ändert, wird auch der Tag immer besser. Schließlich gelingt es ihm, zum nächsten Tag durchzubrechen.

Es ist wichtig, wie wir auf die Situation, in der wir uns befinden, reagieren. Wir können alles verwandeln, wenn wir geschickt reagieren. Genau darum geht es bei Karma. Wenn wir einer Situation mit einer positiven Einstellung gegenübertreten, dann werden wir schließlich positive Ergebnisse hervorrufen. Reagieren wir negativ, werden wir Negatives erfahren. Anders als im Szenario dieses Films geschehen die Dinge allerdings nicht immer sofort. Wir können durchaus ein sehr netter Mensch sein und doch eine Menge Probleme haben. Auf der anderen Seite kann ein absolut schrecklicher Mensch eine richtig gute Zeit erleben. Aber vom buddhistischen Standpunkt aus betrachtet, ist es nur eine Frage der Zeit, bis wir die Quittung für unser Verhalten bekommen. Und normalerweise ist es so, dass Menschen mit positiver Einstellung positive Umstände erfahren. Selbst wenn die Umstände nicht positiv erscheinen, können sie durch eine positive Sichtweise transformiert werden. Und dann gibt es Leute mit negativer Einstellung, die sich selbst dann beschweren, wenn die Dinge gut gehen. Auch sie transformieren die Umstände, und zwar positive in negative!

Sowohl unsere Gegenwart als auch unsere Zukunft liegen in unserer Hand. Augenblick für Augenblick kreieren wir unsere Zukunft. Wir sind kein Staubkorn, das vom Wind des Schicksals umhergeschleudert wird. Wir tragen die volle Verantwortung für unser Leben. Je mehr wir gewahr werden, desto besser sind wir in der Lage, kluge Entscheidungen zu treffen. Je mehr kluge Entscheidungen wir treffen, desto ruhiger und einfacher wird unser Leben. Gewahrsein und ein klarer Geist sind deswegen so wichtig, weil unser verwirrter Geist viele unserer Probleme selbst geschaffen hat. Verantwortung für unser Leben zu übernehmen heißt nicht, dass wir uns für alles die Schuld geben müssen. Sich in Schuldgefühlen oder gar Selbstgeißelung zu ergehen ist völlig unnütz. Oft sagen sich die Leute: „Das ist alles nur passiert, weil ich so dumm und nutzlos bin.“ So zu denken ist reine Zeitverschwendung. Wir müssen unsere zunehmende Geistesklarheit nutzen, um positive Entscheidungen für die Gegenwart und für die Zukunft zu treffen, nicht um der Vergangenheit nachzuhängen und uns in Schuldgefühlen zu suhlen. Wir alle verfügen über eine uns angeborene Intelligenz. Wir müssen sie nur entwickeln und uns Stück für Stück von unserer Verwirrung lösen.

Karma hat etwas mit Wählen zu tun. Als Menschen haben wir eine Wahl. Das ist einer der Gründe, warum eine menschliche Geburt so ungemein wichtig ist. Sehen Sie, im Großen und Ganzen haben Tiere kaum die Möglichkeit zu wählen, weil sie relativ primitive Instinktkreaturen sind. Sie sind kaum in der Lage, eine etwas weiter blickende Sichtweise zu entwickeln. In gewissem Umfang werden auch wir Menschen von unseren Instinkten angetrieben. Manche Menschen sind sehr instinktbestimmt und im Grunde nicht viel bewusster als Tiere. Leute, die ihr Leben ausschließlich damit verbringen, über Nahrung, Bequemlichkeit, Sex und darüber, wie man es sich möglichst angenehm gestaltet, nachzudenken, unterscheiden sich nicht von einem Hund oder einer Katze. Unser menschliches Potential entsteht aus unserer Intelligenz und dem daraus wiederum entstehenden Potential, unser uns angeborenes Gewahrsein zu entdecken. Das befähigt uns schließlich, geschickte Entscheidungen zu treffen. Wenn wir von jemandem geschlagen werden, müssen wir nicht zurückschlagen. Natürlich könnten wir das tun, wenn wir wollten. Das wäre der Instinkt. Aber wir können es auch von einer anderen Warte aus betrachten. Anstatt den Angreifer anzugreifen, können wir versuchen, ihn zu beruhigen. Wir können versuchen zu verstehen, warum er uns angegriffen hat. Es gibt viele Möglichkeiten, wie wir reagieren könnten. Wir sind keine Computer. Wir können lernen, uns selbst umzuprogrammieren.

Karma ist nicht dasselbe wie Bestimmung. Es ist nicht Schicksal. Obwohl das meiste, das uns widerfährt, seinen Ursprung in der Vergangenheit hat, ist es doch die Art und Weise, wie wir darauf reagieren, die unsere karmische Zukunft bestimmt. Wir selbst sind die Schöpfer unseres Schicksals. Anstatt uns zu Achtlosigkeit zu verführen, erfüllt es uns mit einem Gefühl individueller Verantwortung. Das ist sehr wichtig. Der Buddha sagte, wir sollen unser Urteilsvermögen einsetzen in allem, was wir tun. Wir müssen kontinuierlich unsere Absichten überprüfen. Nach dem Buddhadharma ist die wichtigste Komponente von Körper, Sprache oder Geist immer die Intention. Wir müssen auch kontinuierlich unsere Motivation überprüfen. Basieren unsere Handlungen auf Ignoranz, Aversion, Wut, Gier oder Begierden oder basieren sie auf Verständnis, einem offenen und freigebigen Herzen und liebender Güte? Wir müssen sehr wachsam und ehrlich mit uns sein, denn unsere wahren Absichten sind nicht immer die, die wir uns zuschreiben. Natürlich können wir behaupten, bei allem, was wir tun, immer nur die höchsten und besten Absichten zu haben. Aber die einer Handlung zugrunde liegende wahre Intention ist es, die die Natur ihres Resultates bestimmt. Wir müssen also sehr vorsichtig sein.

Wenn wir unser Leben nun auf diese Art und Weise führen, wenn wir Verantwortung für die Handlungen unseres Körpers, unserer Sprache und unseres Geistes übernehmen, mit Gewahrsein und Urteilsvermögen, dann wird unser Leben eine neue Richtung einschlagen und eine neue Bedeutung bekommen. Sie werden auch feststellen, dass Ihr Geist klarer wird und Ihr Leben einfacher zu werden beginnt. Das ist sehr wichtig, und zwar nicht nur in diesem Leben, sondern auch in zukünftigen. Das Bewusstsein lebt ständig weiter und interagiert mit allen und allem um uns herum. Wir sind keine separate Einheit. Wir alle, jeder Einzelne von uns, sind mit allem anderen auf dieser Welt verbunden. Das gibt uns sehr große Verantwortlichkeiten. Manche Leute glauben, der Buddhismus sei eine passive Religion. Das Gegenteil ist der Fall. Wir müssen zunehmend bewusst, zunehmend gewahr und zunehmend verantwortlich für unser Leben werden und das Leben aller um uns herum, besonders was diejenigen angeht, mit denen wir in enger Beziehung stehen.

Ich könnte noch lange weiter ausführen, warum ich an Wiedergeburt glaube, aber an diesem Punkt haben Sie es entweder verstanden oder nicht. Die grundlegende Bedeutung der Wiedergeburt liegt meines Erachtens darin, dass sie uns eine vollkommen neue Perspektive für dieses Leben und den Grund, warum wir hier sind, gibt. Denjenigen unter Ihnen, die daran zweifeln, schlage ich vor, noch etwas darüber zu lesen. Es gibt viele exzellente Bücher von Wissenschaftlern über das

Thema Reinkarnation. Parapsychologen und Spezialisten ähnlicher Fachrichtungen haben sich eingehend damit beschäftigt. Vielleicht werden Sie ja von deren Erkenntnissen überzeugt. Ich bin sicher, wenn manche von Ihnen Kontakt zu einigen der sehr jungen inkarnierten Lamas hätten, fänden Sie die Idee der Wiedergeburt sehr fesselnd und einleuchtend. Sie hätten keinerlei Zweifel, dass sie sich in der Gegenwart eines ganz besonderen Wesens befinden. Viele dieser jungen Lamas erkennen nicht nur Leute wieder, die sie in ihrem vorherigen Leben kannten, sie erinnern sich sogar an deren Namen. Ich könnte Ihnen endlose Anekdoten darüber erzählen. Ich persönlich halte es für das Wichtigste, zu erkennen, welche Vorteile es bringt, in diesem Leben den Dharma zu studieren. Es verwandelt unsere alltägliche Existenz von einer Kette bedeutungsloser und willkürlicher Begebenheiten in einen Teil eines großen und bedeutungsvollen Musters.

Die Kenntnis des Buddhadharma gestattet uns einen Einblick in unsere eigene Unwissenheit und unser Leiden, und somit auch in die Unwissenheit und das Leiden aller, die uns umgeben. Und das ist kaum zu ertragen, denn wir sind ja nicht anders als diese Wesen. Ihr Leiden ist unser Leiden. Dann verstehen wir zum ersten Mal, was wir hier tun. Wir sind hier, um zu entdecken, wer wir wirklich sind und um dieses Wissen zum Wohle aller Wesen über Zeit und Raum hinweg anzuwenden. Das ist die wirkliche Bedeutung unseres Lebens. Eine sofortige Befreiung gibt es nicht. Wir müssen daran arbeiten.

Wenn Sie Fragen zu diesem Thema haben, es ist ja nicht einfach, kann ich jetzt gern im Einzelnen darauf eingehen.

Fragen

Als Sie über Karma sprachen, war da nichts, an dem ich etwas auszusetzen gehabt hätte. Aber traditionelle Belehrungen darüber finde ich nicht sehr hilfreich. Ich finde sie sehr beklemmend und deprimierend. Vor allem im Zusammenhang mit diversen Reinigungspraktiken scheint die Perspektive die zu sein, dass wir eine unbegrenzte Anzahl von Leben durchlebt haben und daher eine Unmenge an Zeit hatten, riesige Berge von schlechtem Karma anzusammeln, so groß wie der Berg Meru. Und all diese kleinen Samen verschwinden nicht einfach. Und sie sind nicht einfach nur da. Stattdessen werden sie immer größer. Mit dieser Perspektive habe ich meine Probleme.

Tenzin Palmo: Ja, ich weiß, was Sie meinen. Nun, lassen Sie mich ein bisschen ketzerisch sein. Ich habe einmal Shantidevas *Shikshasamuccaya* gelesen. Darin werden alle erdenklichen Dinge aufgelistet, die man jemals falsch gemacht haben könnte. Es beschreibt auch die verschiedenen Höllen, die es für alle möglichen Vergehen gibt. Ich war zutiefst deprimiert. Es schien, als könne es kein Entrinnen geben. Ich ging zu meinem Lama und sagte zu ihm: „Nun, was auch immer ich tue, es scheint für alles und jedes eine bestimmte Hölle zu geben." Er lachte nur und erwiderte: „O ja, aber das erzählen wir den Leuten nur, damit sie Angst vor schlechtem Handeln haben und dann nur Gutes tun. In Wirklichkeit ist es sehr schwierig, in einer Hölle wieder geboren zu werden. Man muss schon sehr böse sein und darüber hinaus auch noch sehr grausam. Die meisten Wesen werden niemals in den Höllen geboren. Aber wir drücken es ganz simpel aus, um den Leuten davor Angst zu machen."

Das ist eine sehr mittelalterliche Herangehensweise. Nicht dass ich persönlich nicht an die Höllen glaube. Das tue ich. Ich bin sicher, es gibt ganz besonders verzerrte Geisteszustände, die definitiv eine Hölle projizieren können. Und wenn wir sterben, sind wir die Opfer unserer Projektionen. Wenn man also einen sehr verzerrten Geist hat, wird man sich an einigen sehr unangenehmen Örtlichkeiten wiederfinden. Ich weiß nicht, ob es die so genannten kalten und heißen Höllen wirklich gibt, aber es gibt definitiv einige schreckliche Zustände der Wiedergeburt. In unseren unzähligen früheren Leben haben wir unglaublich furchtbare Dinge getan. Wir haben allerdings auch unglaublich wunderbare Dinge getan. Offensichtlich haben wir auch irgendetwas richtig gemacht, sonst wären wir jetzt nicht hier.

Es ist nicht notwendig, uns mit unseren vergangenen Untaten zu belasten. Wir können Reinigungspraktiken ausführen. Wie Sie wissen, kann man auch die so genannten „Vier Kräfte" anwenden. Zuerst sollten wir wirkliche Reue empfinden über all das Schlechte, das wir getan haben. Nicht nur über das Schlechte in diesem Leben, sondern in allen vergangenen Lebenszeiten. Und dann, noch wichtiger, sollten wir natürlich versuchen, es nicht wieder zu tun. Dann führen wir Reinigungspraktiken durch und nehmen von ganzem Herzen Zuflucht vor all den Stürmen und Leiden von Samsara. Unsere Zuflucht sind der Buddha, der Dharma und die Sangha. Wenn wir aus tiefstem Herzen Zuflucht nehmen, dann können alle schrecklichen Dinge, die wir in der Vergangenheit getan haben, bereinigt werden. Selbst wenn sich einige der Resultate solcher Taten einstellen, können wir mit ihnen umgehen. Sehen Sie, es geht weniger darum, ein glückliches Leben voller Freude und Glück zu führen. Wir brauchen den inneren Raum, der es uns ermöglicht, mit den Dingen der Vergangenheit umzugehen, wenn sie auftauchen. Also sorgen Sie sich nicht. Nun gut, Sie haben schreckliche Dinge getan in der Vergangenheit. Ich habe schreckliche Dinge getan. Wir alle haben schreckliche Dinge getan. Wir alle sind nach wie vor in Samsara gefangen. Aber es ist wichtig, sich nicht allzu sehr zu sorgen. Wir bereinigen das Negative. Wir empfinden Reue. Wir tun unser Bestes, die schrecklichen Dinge der Vergangenheit in diesem Leben nicht wieder zu tun. Der Buddha beschrieb seine Lehren wie ein Floß. Ein Boot, das uns über den Ozean von Samsara bringt. Wir befinden uns jetzt auf diesem Boot. Wir sind nicht mehr die Flasche, die hilflos von den Wellen umhergeschleudert wird. Jetzt haben wir etwas, an dem wir uns festhalten können, etwas, das uns zum anderen Ufer bringt.

Mein Lama sagte einmal: „Nicht alles, was in den Sutras steht, ist wahr. Du musst nicht alles glauben, was du liest." Wir müssen unsere Urteilskraft einsetzen. Der Dharma ist sehr weit. Die Tibeter haben aus diesem riesigen Ozean ein paar Tropfen von hier und ein paar von dort genommen und sie in einer Mixtur zusammengebracht, die für Tibeter hilfreich ist. Die Art und Weise, wie sie den Dharma präsentieren, ist wunderbar. Aber es gibt keinen Zweifel daran, dass einige Aspekte für Tibeter hilfreich sind und für Westler eben nicht. Diese können wir beiseite lassen. Die Absicht des Dharma ist es, uns zu helfen, unseren Geist zu erweitern, ihn wachsen zu lassen und ihn klarer zu machen. Er sollte uns aufrichten und ein inneres Gefühl des Friedens, der Freude und der Klarheit erzeugen. Wenn er uns nur verwirrter macht, wir uns wertlos fühlen oder voller Ängste sind, verspannt oder verschlossen, dann stimmt irgendetwas nicht. Wir müssen unterscheiden. Nicht für jeden ist alles von Nutzen. Die Unterweisungen haben viele verschiedene Ebenen. Und oft scheinen die höheren Belehrungen den niederen zu widersprechen. Das liegt daran, dass wir subtilere Ebenen des Intellekts und spirituellen Verstehens erreichen und Dinge, die anfangs für uns wichtig waren, nun keine Relevanz mehr für uns haben. Daher sind manche grundlegende Belehrungen für Praktizierende mit einem etwas subtileren Intellekt wenig hilfreich.

Sobald man einmal Leerheit erkannt hat, erkennt man auch, dass die Unterscheidung in Gut und Schlecht sowieso irrelevant ist. Wichtig ist, nicht an der Vorstellung des „Ich habe es geschafft" zu haften. Ein birmanischer Meister hat einmal gesagt, unser Karma sei wie die Perlen an einem Rosenkranz. Alles ist miteinander verbunden. Bewegt man eine Perle, werden alle anderen folgen. Zerschneidet man aber die Schnur, dann zerstreuen sich alle Perlen. Selbst wenn man dann eine Perle bewegt, wird dem nichts Weiteres folgen. Die Schnur ist der Glaube an ein „Ich", welches diese Handlungen ausführt. Wenn man einmal die Wahrheit von Shunyata, oder Leerheit, gesehen hat, die Nicht-Existenz des Handelnden, dann löst sich alles auf. Alles zerfällt. Das ist die ultimative Reinigung. Das Wichtigste in diesem Leben ist es, vorsichtig zu sein bei dem, was wir tun, zu verstehen, warum wir tun, was wir tun und sich des Körpers, der Sprache und des Geistes in jedem Augenblick bewusst zu sein. Das ist es. Das ist genug. Wenn Ihre Absichten in diesem Leben gute sind, dann gibt es keinen Grund zur Sorge.

Könnten Sie bitte erklären, was mit „rechter Lebensunterhalt“ gemeint ist?

Ja. Lebensunterhalt ist ein interessantes Thema. Offensichtlich hielt der Buddha es für wichtig, denn er nahm den Lebensunterhalt als separate Kategorie in den Edlen Achtfachen Pfad auf. Kennen Sie den Edlen Achtfachen Pfad? Rechte Sichtweise, rechte Absicht, rechtes Handeln, rechte Rede, rechter Lebensunterhalt, rechte Anstrengung, rechte Achtsamkeit und rechte Konzentration. Er hatte bereits rechtes Handeln in die Liste aufgenommen, aber dann machte er den rechten Lebensunterhalt zu einer eigenen Kategorie. Ist das nicht interessant? Er hätte ja auch etwas anderes mit aufnehmen können: „rechte Emotionen“ zum Beispiel. Offensichtlich machte er einen Unterschied zwischen „rechtem Handeln“ und „rechtem Lebensunterhalt“, denn er betrachtete den Lebensunterhalt als etwas Wichtiges. Und das liegt natürlich daran, dass wir den größten Teil des Tages damit verbringen, unseren Lebensunterhalt zu verdienen. Die Art und Weise, wie wir unseren Lebensunterhalt verdienen, hat eine direkte Auswirkung auf die Qualität unseres täglichen Lebens. Grundsätzlich ruft ein „rechter Lebensunterhalt“ keinen Schaden für andere hervor. Mit Waffen zu handeln, mit Drogen oder Alkohol würde man eher als „falschen Lebensunterhalt“ betrachten. Auch jede Art von Lebensunterhalt, der das Betrügen von Leuten beinhaltet, würde natürlich als schlecht angesehen.

Der Buddha hatte nichts gegen das Geschäftemachen. Tatsächlich waren viele seiner Gönner und Sponsoren erfolgreiche Geschäftsleute. Anathapindika zum Beispiel, einer der Laienschüler des Buddha, war ein millionenschwerer Geschäftsmann. Der Buddha schrieb seinen Schülern lediglich vor, dass sie faire Profite machen sollten. Keine Profite also, die nur durch den Betrug und zum Schaden der anderen Partei oder durch deren Ausbeutung zustande kommen können. Das ist heutzutage durchaus wieder ein Thema, denn viele der großen Unternehmen sind oft ausgesprochen ausbeuterisch. Auch mit ihren Übernahmen, Massenentlassungen und ähnlichen Aktionen verursachen sie große Probleme. Wenn man jedoch einen Job hat, der nicht an solchen Entscheidungen beteiligt ist, einen Job innerhalb der ganzen Organisation, der keinen sonderlichen Schaden verursacht, dann ist es wohl in Ordnung. Das setzt natürlich voraus, dass man nicht etwa für einen Waffenhersteller arbeitet oder in einem anderen Industriezweig, dessen ganze Natur von vornherein darauf ausgerichtet ist, anderen Schaden zuzufügen.

Ich arbeite in einem Krankenhaus und bin oft sehr bestürzt über die Bedingungen dort und die Art, wie die Patienten behandelt werden. Wenn ich bleibe, so fürchte ich, unterstütze ich das. Aber ich mache mir auch Gedanken über die Folgen einer Kündigung. Was soll ich also tun?

Ich denke, Sie sollten dort weitermachen und Ihr Mitgefühl zum Ausdruck bringen. Ich meine, wenn Leute wie Sie aufgeben, welche Hoffnung auf Besserung kann es dann geben? Sie müssen nicht billigen, was da vor sich geht. Und Sie sollten es nicht billigen. Aber bitte bleiben Sie und versuchen Sie zu helfen, wo Sie können. Es ist von größter Wichtigkeit, in einer solchen Situation Vernunft, Normalität und Fürsorge walten zu lassen.

Kann man den Dharma als Laie praktizieren?

Der Buddha hat gesagt, dass das Problem des Laiendaseins darin liegt, dass es mit Staub angefüllt ist. Und das ist wahr. Selbst wenn man die reinste Motivation hat, hat man doch auch einen Arbeitsplatz, ein Umfeld, dem man sich anpassen muss, und dadurch entstehen Probleme für andere Wesen. Das ist die Natur von Samsara. Warum tut man diese Dinge? Wenn es unsere grundlegende Motivation ist, zu helfen und etwas Besseres zu schaffen, dann ist es ebenso grundsätzlich Fakt, dass andere Wesen leiden. Daran lässt sich nichts ändern.

Es ist, als wäre man Bauer. Ein Bauer produziert Nahrung. Während er diese Nahrung produziert, tötet er Insekten. Nicht nur durch Sprühen, sondern auch durch Pflügen. Die Insekten, die unter der Erde leben, werden nach oben gepflügt, und diejenigen, die sich über der Erde befinden, werden untergepflügt. Das ist sehr traurig. Aber es bedeutet nicht, dass die Landwirtschaft an sich ein schlechter Lebensunterhalt ist. Man versucht so vorsichtig wie möglich vorzugehen, aber die zugrunde liegende Motivation ist nicht, den Insekten keinen Schaden zuzufügen. Die Motivation ist, Nahrung für andere zu produzieren. In gewisser Weise übersteigt die höhere Motivation also die Tatsache, dass Tiere zu Schaden kommen. Natürlich versucht man, so wenigen Tieren wie möglich Schaden zuzufügen. Und wenn man wirklich ein schlechtes Gefühl dabei hat, dann kann man wenigstens ein paar gute Wünsche oder Gebete für diese Tiere sprechen und erbitten, dass sie nun eine bessere Wiedergeburt erlangen. Im Osten praktizieren die Leute etwas, das man „Leben retten" nennt. Ich weiß nicht, wie das hier in Amerika funktionieren könnte, aber im Osten kaufen die Leute zum Beispiel lebende Fische, die gegessen werden sollen, oder Vögel in Käfigen und lassen sie wieder frei. Man könnte wenigstens ab und zu ein paar Gebete sprechen. Oder man könnte jemanden beauftragen, Gebete für die Tiere zu sprechen, die getötet werden. Wichtig ist die Motivation. Wir tun nichts mit der Absicht, anderen zu schaden. Wir bedauern das. Wir erfreuen uns nicht daran. Ihr Leiden ist uns nicht gleichgültig.

Ist es gut, sich politisch zu betätigen, um soziales Unrecht zu richten?

Offensichtlich gibt es in dieser unvollkommenen Welt Dinge, die verändert werden müssen. Und um diese Dinge zu verändern, muss es Leute geben, die sich genug Gedanken darüber machen, um diese Dinge auch verändern zu wollen. Und das ist gut. Das Problem dabei ist nur, dass wir uns selbst oft zu ernst nehmen. Wir identifizieren uns dann völlig mit unserer Rolle, und die Motivation ist dann bisweilen nicht mehr die, anderen zu helfen, sondern vielmehr Wut auf diejenigen, die uns im Weg stehen. Man sieht das sehr häufig an Friedensbewegungen. Die Leute reden mit einer solchen Wut über den Frieden. Es heißt dann „Wir gegen die", und es ist wird ziemlich brutal. Und das Motiv? Auf jeden Fall nicht Frieden. Es ist nur eine Entschuldigung für die eigene angeborene Aggression. Es lässt sich immer etwas finden, dem gegenüber man aggressiv sein kann. Diese ganze rechtschaffene Entrüstung ist nichts anderes als Zorn, wirklich. Und wenn es nicht das eine ist, dann finden wir etwas anderes, worüber wir wütend sein können, und wir fühlen uns dann berechtigt, darüber so wütend zu sein, wie wir wollen. Es wird sich immer etwas anbieten. Also konzentrieren wir uns darauf und schütten nur weiter Öl in die Flammen unserer eigenen Negativität – wie rechtschaffen unsere Sache auch immer sein mag.

Vielleicht gibt es ja einen Weg, damit umzugehen, auch im Feminismus. Frauen haben es sichtlich schwer, obwohl ihre Probleme ja nur allzu oft durch andere Frauen verursacht werden. Nichtsdestotrotz gibt es Ungleichheiten und Ungerechtigkeiten und es wäre schön, wenn wir diese ausräumen könnten. Aber wenn wir dazu die anderen, die Männer, als Feindbild aufstellen müssen, dann ist das doch absurd, oder nicht? Sich mit seinem Weiblichsein zu identifizieren, als wäre diese Identität unser „Ich", ist ebenso absurd. Wie ich schon sagte, heute weiblich, morgen männlich. Wer weiß? Politische Programme sind gut, um Dinge und Einstellungen zu verändern. Aber wir sollten unsere grundlegende Motivation sehr gründlich überprüfen. Sonst verursachen wir nur noch mehr Verwirrung und noch mehr Aggressionen. Und wenn wir eines wirklich nicht gebrauchen können, dann ist es noch mehr „Wir gegen die".

Was sind die grundlegenden Unterschiede in der Weltsicht der semitischen Religionen und der des Buddhismus?

Das ist ein gewaltiges Thema. Wo soll ich da anfangen? Ich würde sagen, der Hauptunterschied, oder zumindest einer der Hauptunterschiede, liegt darin, dass die semitische Sichtweise von Gott die eines allwissenden, allmächtigen Wesens ist. Abgetrennt von seiner Schöpfung, aber auch sehr mit ihr verbunden. Ein Wesen, das seit ewigen Zeiten existiert und sich irgendwann entschied, etwas zu erschaffen, also schuf es das Universum und die Wesen darin. Obwohl dieser Gott also aufs Engste mit seiner Schöpfung verbunden ist, ist er doch von ihr abgetrennt. Diese Art von Schöpfer lehnt der Buddhismus ab. Im Buddhismus, wie auch im Hinduismus, befindet sich das Universum in einem stets wiederkehrenden Zustand von Evolution und Auflösung, mit gewaltigen Zeiträumen zwischen diesen beiden Phasen. Es ist kontinuierlich entweder am Entstehen oder am Vergehen. Für unvorstellbar lange Zeiträume wird alle Materie zerstreut. Und dann, aufgrund des Karma der Wesen, kommt sie wieder zusammen. Als sich das vorangegangene Universum auflöste, wurden alle Wesen für eine Weile in den höheren Himmeln geboren, auf höheren spirituellen Ebenen, denn sie hatten keine materielle Form. Während dieses gewaltigen Zeitraums wurde eines von ihnen, ein Wesen, das immensen Verdienst angesammelt hatte, spontan in einem der Himmel von Brahma wieder geboren. Über einen sehr langen Zeitraum hinweg lebte es dort für sich allein und erleuchtete alles mit seinem brillanten Glanz. Dann dachte es sich: „Wäre es nicht schön, wenn es auch andere Wesen gäbe? Warum bin ich allein hier?" Aufgrund des Karma der Wesen wurden, mit der Zeit auch andere in diesem Himmel Brahmas geboren. Dieser Brahma, der auch der Große Brahma genannt wird, betrachtete dann diese Wesen und sagte: „Ich habe euch erschaffen." Er dachte dies, weil er sie sich gewünscht hatte und sie schließlich erschienen waren. Und da er vor ihnen dort war und so viel strahlender war als sie, dachten die Wesen auch, er hätte sie erschaffen. Also betrachteten sie ihn als ihren Schöpfer. Schließlich, nach Äonen und Äonen, ergaben sich wieder die Bedingungen für die Wesen, um auf der Erde wieder geboren zu werden. Sie lebten dort zunächst als Wesen aus Licht. Brahma tat dies nicht, aber einige andere. Schließlich begannen einige von ihnen Erde zu essen, die damals süß schmeckte. Nach dieser Kosmologie wurden die Wesen dann graduell grobstofflicher, bis sie sich schließlich in das verwandelt hatten, was wir als Wesen kennen. Aber viele dieser Wesen erinnerten sich an die himmlischen Bereiche, in denen sie mit jenem Brahma, der von sich behauptete, ihr Schöpfer zu sein, gelebt hatten. Also kamen sie zurück und begannen diese Religionen, die an einen Schöpfergott und an von ihm erschaffene Wesen glauben. Nach dem Buddha ist es das, was die Leute erfuhren, wenn sie sich in Meditation versenkten. Sie erfuhren diesen Himmel mit seinem Gott und den ihm untergeordneten Göttern und dachten, er sei ihr Schöpfer. Und der Buddha sagte über Brahma: „Er ist sehr mächtig. Er weiß sehr viel. Aber er ist nicht allmächtig und er hat nichts erschaffen."

Das ist also die Version des Buddha, wie der Glauben an einen Schöpfergott entstand. Vom buddhistischen Standpunkt aus betrachtet, entsteht das Universum aufgrund des Karma der Wesen darin. In gewisser Weise sind wir es also, die es zusammenhalten. Aus diesem

Grund projizieren wir auch ein Universum, das eine gewisse Einheitlichkeit zu haben scheint. Wir alle sehen mehr oder weniger dasselbe Universum. Andere Wesen, mit anderen Sinnen als den unseren, mögen ein völlig anderes Universum wahrnehmen. Und doch wissen wir, auch aus dem Blickwinkel der Physik, dass die Art und Weise, wie wir das Universum wahrnehmen, nichts gemein hat mit der Art und Weise, wie ein Wissenschaftler das Universum beschreibt. Er vermittelt uns ein völlig anderes Bild. Nun, der Buddha war ein menschliches Wesen wie die anderen auch. Er war ein fühlendes Wesen. Er hatte viele verschiede Existenzen durchlaufen, als Tier, als Mensch und so weiter, und er hatte eine immense Menge an gutem Karma angesammelt. Schließlich gelang es ihm, absolute, vollständige und vollkommene Erleuchtung zu erlangen. Teil seiner Erleuchtungserfahrung war es, dass er in der ersten Hälfte der Nacht zurückging – durch all seine vorherigen Inkarnationen, durch die Evolution und den Zerfall aller Universen. Er ging zurück und immer weiter und weiter zurück und er sah niemals ein Ende, denn Samsara ist ein Kreislauf. Unsere Vorstellung von einem Anfang und einem Ende rührt von unserem begrenzten, linearen Geist her. In der zweiten Nachthälfte weitete der Buddha seine Sicht noch stärker aus und er sah, wie alle Wesen des Universums entstehen und vergehen, wie sie immer wieder und wieder geboren werden. Er sah, wie sie alle miteinander in Verbindung stehen und dass alles aufgrund der Auswirkungen vergangener Handlungen entsteht.

So kam er zu seinem Verständnis von Karma. Nicht weil es, wie manche Leute behaupten, eine der vorherrschenden Ideen seiner Zeit war, die er nur auflas und zu einem Teil seiner Lehre machte. Es war ein wesentlicher Bestandteil seiner Erleuchtungserfahrung. Sein Geist weitete sich unendlich aus, bis zu seiner größtmöglichen Ausdehnung, und er sah, wie alles zusammenpasst. Das ist der Grund, warum er später, als Ananda zu ihm sagte: „Karma ist schwierig zu verstehen, aber ich glaube, es ist mir gelungen", entgegnete: „Sag das nicht. Karma kann nur vom Geist eines Buddha vollkommen verstanden werden." Gewöhnliche Menschen können nicht verstehen, wie Karma funktioniert, weil ihr Geist dazu zu begrenzt ist. Man muss schon einen völlig offenen Buddhageist haben, um es zu verstehen. Es gibt eine

Geschichte vom Buddha, in der er eine Hand voll Blätter im Dschungel aufhob und seine Mönche fragte: „Was ist mehr? Die Blätter im Dschungel oder die Blätter, die ich in der Hand halte?“ Und natürlich antworteten sie: „Es ist offensichtlich. Die Blätter im Dschungel sind unzählbar. Die Blätter in deiner Hand sind nur einige wenige.“ Und der Buddha erwiderte darauf: „Ebenso verhält es sich mit dem, was ich weiß, und dem, was ich euch sage. Aber alles, was ich euch sage, ist das, was ihr wissen müsst, um Erleuchtung zu erlangen. Alles andere zu wissen ist nicht wichtig für euch.“

Für mich ist der Buddha jemand, der sein volles Potential als Mensch verwirklicht hat. Alles, was ein menschliches Wesen jemals denken oder erfahren kann, ist das Potential eines jeden von uns. Aber unser Geist ist zu verschlossen. Der Geist des Buddha ist weit geöffnet. Und doch lehrte er in dem Umfeld, in dem er lebte, mit Konzepten, die für die Menschen um ihn herum hilfreich waren. Wenn die Leute ihm Fragen stellten, deren Antworten zu fortgeschritten waren, als dass sie sie hätten verstehen können, erklärte er ihnen, dass es nicht wichtig ist, die Antwort auf die Frage zu verstehen. Er sagte: „Es wird euch nicht aus Samsara befreien. Nur eines lehre ich. Leiden und das Aufhören von Leid.“

Der Buddha ist kein Gott. Er ist unser eigenes Potential. Und letztendliche Realität ist nicht etwas außerhalb von uns selbst, es ist ein Zustand der Erleuchtung, ein Zustand dessen, was wir sind. Wir alle sind potentielle Buddhas. Wir alle haben es in uns. Das Problem ist, dass es verdeckt ist. Wir müssen es freilegen. Nach dem Buddhadharma sind wir selbst verantwortlich für alles, was uns widerfährt, und dafür, wie wir darauf reagieren. Wir stellen uns in den Mittelpunkt unseres Lebens. Wir übernehmen Verantwortung. Was uns widerfährt, ist das Resultat der Ursachen, die wir selbst geschaffen und in Bewegung gesetzt haben, und die Art und Weise, wie wir auf all das reagieren, bestimmt unsere Zukunft. Wir tragen die Verantwortung für unser Leben. Daher ist der Pfad des Buddha so vollkommen glaubhaft und durchführbar. Wir können diesen Pfad als gewöhnliche menschliche Wesen beschreiten, denn er wurde von jemandem gelehrt, der ihn selbst beschritten hat und die Probleme kannte. Wenn Sie irgendeinen beliebigen Text über

Meditation lesen, werden Sie feststellen, dass darin alle erdenklichen Probleme behandelt werden und auch alle erdenklichen Methoden, wie man diese Probleme lösen kann. Buddhismus ist nicht-theistisch, und doch ist es ein ausgeglichener spiritueller Pfad. Buddhismus ist jedoch nicht atheistisch.

Es scheint, dass zurzeit mehr und mehr Wesen als Menschen wieder geboren werden und sich die Bevölkerung der Erde erhöht. Wie denken Sie darüber?

Darauf weiß ich keine Antwort. Es gibt viele andere Bereiche außer dem Bereich der Menschen. Und es scheint, dass im Moment mehr und mehr Wesen eine menschliche Wiedergeburt anstreben. Auf der anderen Seite muss man auch sehen, dass aufgrund der Überbevölkerung die Qualität solcher menschlichen Leben oft sehr gering ist. Es mag eine Chance sein für Menschen, zu wachsen anstatt sich zurückzuentwickeln. Das ist schwer zu sagen, denn wir sehen ja nur einen Teil des Gesamtbildes. Es kommt mir manchmal so vor, als betrachteten wir einen riesigen Wandteppich, und zwar von hinten. Wir sehen alle die losen Enden und die Knoten und es sieht chaotisch aus. Aber wenn wir den Wandteppich von vorn betrachten könnten, würden wir das Gesamtbild überblicken. Aufgrund unserer Unwissenheit sieht im Augenblick alles sehr verwirrend aus und wir überblicken nicht, wie die einzelnen Fäden miteinander verbunden sind und wie sich daraus ein Muster ergibt.

Sind all diese Bereiche irgendwie mit der Erde verbunden?

Ja. So scheint es. Jeder bewohnte Planet scheint seine eigene Struktur zu haben. Traditionell wird unser Planet beschrieben als der Berg Meru umgeben von den vier Kontinenten, mit den Höllen darunter und den Himmeln darüber. Vom Gipfel des Berges Meru dehnen sich die Himmel nach oben hin aus. Der traditionellen Auslegung nach sind diese Bereiche offenbar eng verbunden mit diesem Planeten. Selbst die Geisterbereiche scheinen eine Verbindung mit dieser besonderen Erde zu haben und sich gegenseitig stark zu durchdringen. Ich will damit sagen, diese Bereich sind wahrscheinlich nicht wirklich irgendwo da oben, aber sie existieren auf einer bestimmten Ebene und sind durchaus mit der unseren verbunden.

Ich hörte Lehrer von den dunklen Zeitaltern sprechen. Befinden wir uns immer noch in diesen dunklen Zeitaltern? Wird sich das einmal ändern?

Buddhistische Kosmologie geht ewig weiter, aber die grundlegende Idee ist die, dass die Dinge immer schlechter werden. Nicht nur aus spiritueller Sicht, sondern auch was das Wohlergehen der Menschen und Ereignisse wie Naturkatastrophen und Ähnliches angeht. Auch die Lehre des Buddha nimmt ab, bis sie am Ende schließlich ganz verschwindet. Diese Periode dauert an, bis der Buddha Maitreya erscheint und den Dharma wiederbelebt und die Dinge allmählich wieder besser werden. Der ganze Zyklus wiederholt sich.

Im Osten geben manche Leute ihrer eigenen spirituellen Faulheit und Trägheit die Schuld dafür, dass unser Zeitalter ein „dunkles Zeitalter" ist. Wir befinden uns in einem solchen dunklen Zeitalter. Aber wir haben immer noch die Lehren des Buddha, und wir haben unsere Intelligenz und unsere Lebenszeit, also lassen Sie uns zusehen, dass wir vom Fleck kommen. Selbst zur Zeit des Buddha beschwerten sich die Menschen darüber, dass sie in einem dunklen Zeitalter lebten und dass es niemanden mehr mit spirituellem Potential gab. Seit Anbeginn der Zeit haben sich die Leute also immer beschwert.

Können Sie etwas sagen über den Lama als Buddha?

Wie beziehen Sie sich auf den Lama? Als eine Autoritätsfigur? Oder meinen Sie den inneren Lama? Wissen Sie, das ist eine sehr tiefgründige Frage und man kann sie nur in ganz einfachen, fast simplen Worten beantworten. Grundsätzlich haben wir hier zweierlei. Da ist zum einen das Wort „Lama" selbst. Das Wort Lama ist eine tibetische Übersetzung des Sanskrit-Wortes Guru. Da gibt es den Guru, der im tibetischen *Tse-rab-kyi-Lama* genannt wird, was so viel bedeutet wie „der Guru für alle Lebenszeiten". Das ist ein Guru, mit dem man eine Verbindung von Geist zu Geist hat. Er oder sie zeigt uns die Natur des Geistes auf. Mit ihm oder ihr geht man eine innere Verbindung und Verpflichtung ein, von jetzt bis zum Erlangen von Erleuchtung, wie viele Lebenszeiten es auch immer dauern mag. Wenn man nun einen solchen Lama trifft, und das „wenn" ist hier sehr groß, mit dem man aufgrund seiner Offenheit und innigen Verbundenheit eine solche Herzensverbindung und Verpflichtung hat, dann ist er oder sie in der Lage, uns die Natur unseres Geistes aufzuzeigen.

Die Natur des Geistes ist unser innerer Guru. Das liegt daran, dass die Natur des Geistes, die Dharmakaya ist – dieses weite, offene Gewahrsein –, dieselbe ist wie die des Lama. Der Geist des Lama und der eigene Geist sind nicht verschieden. Wenn wir im höchsten Sinne mit dem Lama in Verbindung stehen, dann nicht mit ihm als Persönlichkeit, sondern mit seinem allwissenden Geist. Der allwissende Geist des Lama zeigt uns unseren eigenen inneren, allwissenden Geist, und wenn es nur eine Sekunde ist. Das ist der innere Lama. Auf der anderen Seite befinden sich die meisten Lamas, mit denen wir Kontakt haben, nicht auf dieser Stufe. Sie sind keine Lamas, mit denen wir über viele Lebenszeiten hinweg in Kontakt standen. Sie sind unsere Lehrer. Sie zeigen uns den Pfad. Sie agieren als Vorbilder. Sie sind Berater. Sie sind Helfer. Aber auf dieser Ebene ist es etwas vollkommen anderes. Daher beziehen wir uns sozusagen viel mehr auf das menschliche Wesen, das sie sind. Auf den Menschen, der bereits einiges mehr erreicht hat auf dem Pfad als wir, auf jemanden, der weit mehr Erfahrung und Wissen hat als wir selbst, und dem wir, bis zu einem gewissen Grad, vertrauen können. Nichtsdestotrotz sind sie wie wir. Auch sie befinden sich auf dem Pfad. Nicht immer muss das, was sie uns sagen, auch das sein, was wir gerade brauchen, und wir können es durchaus hinterfragen. Nur weil jemand auf einem hohen Thron sitzt, als Autorität gilt oder einen großartigen Ruf hat, ist das, was er oder sie sagt, nicht unbedingt wie das Wort des Buddha. Wir müssen trotzdem definitiv offen sein und ihnen zuhören. Das heißt aber nicht, dass wir all unser Urteilsvermögen und unsere Unterscheidungskraft fallen lassen müssen. Wir sollten unsere Sinne durchaus beisammenhalten!

X

Tonglen – Die Praxis von Geben und Nehmen

Tonglen ist eine sehr interessante Praxis! In den meisten spirituellen Traditionen, einschließlich derer des NewAge, gibt es Meditationen, die das Einatmen von Licht, Liebe und Freude beinhalten. Wir stellen uns vor, wie diese Qualitäten in unserem Herzen aufgehen und unseren Körper transformieren. Dann atmen wir all unsere Negativität aus. Das hört sich alles sehr logisch an. In der Tonglenpraxis stellen wir diese Konzepte auf den Kopf und tun das genaue Gegenteil. Wir stellen uns tatsächlich vor, wie wir all das Negative und Dunkle einatmen und wie wir Liebe, Reinheit und Licht ausatmen. Für manche Leute, die das zum ersten Mal hören, kann dieser Gedanke recht alarmierend sein. Man stellt sich vor, wie all die Negativität, die wir einatmen, von einer kleinen schwarzen Perle im Zentrum unserer Brust absorbiert wird. Diese schwarze Perle ist unser Konzept von Selbstschätzung oder Selbstwert. Es ist dieses Ding, das uns sagen lässt: „Ich bin so wichtig. Andere Leute mögen auch wichtig sein, aber sie sind weit weniger wichtig als ich. Im Grunde bin ich das Zentrum, um das sich das Universum dreht."

Wenn wir diese Praxis ausführen, dann meißeln wir an dieser Perle, die bei jedem Schlag zusammenzuckt, weil sie das Leiden anderer, ihr Elend, ihre Not und Krankheit absolut nicht haben will. Aber die kleine Perle muss all das in sich aufnehmen und löst sich schließlich in die

Leerheit des Dharmadhatu, die letztendliche Realität, auf. Dann atmen wir all unsere Freude, alles Gute und Lichte, das wir über Äonen angesammelt haben, aus. Wir geben es weg, um all das Leid, das die Wesen erleiden, zu ersetzen. Das kehrt unser gewöhnliches Konzept davon, wie die Dinge sein sollten, ins Gegenteil. Die Leute sagen in der Regel: „Ich habe schon genug Leiden. Das Leiden anderer will ich nicht auch noch auf mich nehmen."

Kurz gefasst, geht die Tonglenpraxis folgendermaßen: Man stellt sich vor, wie man das Leid, den Schmerz oder die Krankheit anderer in Form von dunklem Licht einatmet. Dieses dunkle Licht wird von diesem schwarzen perlenähnlichen Samen, dem Ursprung aller Eigenliebe im Zentrum unseres Herzens, aufgenommen. Diese Perle strahlt augenblicklich, zusammen mit dem Ausatmen, das helle Licht all unserer guten Qualitäten und unseres Verdienstes aus. Dieses helle Licht wird wiederum von der leidenden Person aufgenommen und ist ihr hilfreich.

Manchmal heißt es auch, wir sollten uns anstatt der schwarzen Perle einen Vajra aus Kristall vorstellen, der unseren natürlich vorhandenen Dharmakaya-Geist repräsentiert. Das dunkle Licht wird davon absorbiert und verwandelt sich augenblicklich in ein strahlendes Leuchten, da es in der makellosen Natur des Geistes keine Dunkelheit geben kann.

Ich will Ihnen eine wahre Geschichte erzählen, ich war damals etwa neun Jahre alt. Mein Kleid fing Feuer. Es war eines dieser Nylonkleider und ich kam damit einem elektrischen Heizgerät zu nahe. Es war zwar nicht eingeschaltet, aber der Stecker steckte in der Steckdose. Mein Kleid streifte die Heizspirale und stand augenblicklich in Flammen. Zu meinem großen Glück war meine Mutter damals zu Hause, weil sie eine Nierenerkrankung hatte und deswegen nicht zur Arbeit gegangen war. Schreiend rannte ich die Treppe hinauf zu ihrem Schlafzimmer. Im nächsten Augenblick flog die Tür auf und ich stürzte in ihr Zimmer, eingehüllt von Flammen. Sie erzählte mir später, wie sie meine Schreie gehört hatte. Schnell wickelte sie mich in eine Decke und erstickte so die Flammen. Dann rieb sie mich mit Penicillin ein und wickelte mich in saubere Tücher. Mein Rücken war wohl eine einzige Brandblase. Die ganze Haut war verbrannt, zusammen mit einem Teil meines Gesichts.

Ich erinnere mich an die außergewöhnlich starken Schmerzen. Sie können es sich wohl vorstellen.

Dann hatte ich eine außerkörperliche Erfahrung. Ich schwebte über mir und schaute hinab auf meinen Körper, der umgeben war von all diesen Wesen aus Licht, die zu sagen schienen: „Komm mit uns. Komm mit uns." Das übliche eben. Und ich dachte bei mir: „Oh gut, jetzt werde ich sterben. Das wird bestimmt interessant." Ich wollte wirklich nicht zurück in diesen Körper. Ich blickte hinab auf diesen Körper, der überall verbrannt war, und wollte wirklich nichts mehr damit zu tun haben. Es war so, wie wenn man durch das falsche Ende eines Fernrohrs schaut. Die Erscheinungen dieser Welt begannen sich zu entfernen, während ich mich immer mehr dem Licht näherte. Großartig! Dann kamen plötzlich die Nachbarn, weil sie meine Schreie gehört hatten, und ich wurde wieder zurück in meinen Körper gebracht.

Ich erinnere mich noch, dass ich in ein Krankenhaus gebracht wurde und wie ich auf einer Bahre lag. Der Arzt sagte zu mir: „Du bist ein tapferes kleines Mädchen. Du musst große Schmerzen haben." Und ich sagte: „Nein, ich habe keine Schmerzen." Und ich hatte tatsächlich keine. Als ich wieder zurück in meinen Körper kam fühlte ich keinen Schmerz, obwohl doch mein ganzer Rücken verbrannt war. Kein Problem! Ich blieb etwa zwei Monate im Krankenhaus und verbrachte dort eine wunderbare Zeit. Ich hatte niemals Schmerzen. Obwohl ich das Bett hüten musste, war ich nicht krank. Ich war zu jung, um zu verstehen, dass ich Narben zurückbehalten könnte, also machte ich mir auch keinerlei Sorgen darü ber. Schließlich blieben auch keine Narben zurück. Einige Jahre später sprach ich mit meiner Mutter darüber. Sie erzählte mir, wie ich, als ich da lag, das Bewusstsein verlor, und sie glaubte, dass ich nun sterben werde. Sie war Spiritistin und betete zu den Geistern: „Bitte, lasst sie nicht sterben. Und bitte, lasst sie nicht leiden. Sie ist zu jung, um solche Schmerzen zu ertragen. Gebt mir all ihren Schmerz. Lasst mich ihre Schmerzen ertragen." Nun, sie hatte bereits sehr große Schmerzen wegen ihrer Nierenerkrankung, aber hätte sie meine Schmerzen auf sich nehmen können, dann hätte sie das mit Freuden getan. Und ich bin mir sehr sicher, dass es an ihrem Gebet lag, dass ich keine Schmerzen litt, als ich in meinen Körper zurückkam. Welche andere Erklärung könnte es geben?

Glücklicherweise bekam sie meine Schmerzen aber auch nicht. Es geht hier jedoch darum, dass sie nicht nur von ganzem Herzen betete, um meine Schmerzen von mir zu nehmen, sondern dass sie mit Freuden diese Schmerzen auf sich genommen hätte, wenn sie mir dadurch erspart geblieben wären. Das ist die Art von Liebe, die wir meinen, wenn wir über Tonglenpraxis sprechen. Diese Art von intensiver Liebe, die, frei von jedem Gedanken an sich selbst, die größte Wichtigkeit und Priorität auf das Heilen des anderen legt und jeden Gedanken an das eigene Wohlergehen vergessen lässt. Für meine Mutter war das relativ einfach. Einfach deshalb, weil es in der Natur einer jeden Mutter liegt, ihr Kind auf diese Art und Weise zu lieben. Der Dharma verlangt von uns, dass wir alle Wesen ohne Ausnahme auf diese Art und Weise lieben lernen. Wie der Buddha sagte: So wie eine Mutter ihr einziges Kind liebt, so müssen wir unsere Liebe allen Wesen entgegenbringen.

Einer der Vorteile des Mutterseins liegt darin, dass man im richtigen Leben lernt, was das bedeutet. Man kann diese Erfahrung als Grundlage benutzen, um seine Liebe auf alle Wesen auszuweiten. Und genau das sollen wir während der Tonglenpraxis tun. Manche Leute sagen: „Oh, Tonglen ist sehr einfach." Ich kann nur ehrfürchtig staunen über die Tiefe solcher Bodhisattva-Verwirklichung. Ich persönlich meine, es ist alles andere als einfach, dazusitzen und den Schmerz und das Leid anderer in sich aufzunehmen. Es ist sehr interessant, den Geist und die Ebenen von Täuschung zu betrachten, in die man sich begeben kann. Und eben weil wir für Selbsttäuschung so überaus anfällig sind, ist es von umso größerer Bedeutung, so ehrlich wie möglich mit uns selbst zu sein. Nur mit furchtloser Ehrlichkeit können wir die Schichten des Widerstands durchbrechen, die uns davon abhalten, unser Herz zu öffnen.

Viele Praktiken kann man sozusagen auswendig ausführen. Wenn wir die Tonglenpraxis nur automatisch ausführen, ist es einfach, sich hinzusetzen und an all die fühlenden Wesen da draußen als an eine verschwommene Masse zu denken. Wir senden das Licht und unsere Liebe zu ihnen und nehmen all diese Dunkelheit in uns auf. Wir können uns danach sogar sehr mitfühlend und wie wahre Bodhisattvas fühlen. Aber wenn wir einem echten Individuum gegenüberstehen, jemandem, der wirklich krank ist oder stark depressiv, sind wir dann immer noch bereit, deren Leiden auf uns zu nehmen und ihnen all unsere Freude zu überlassen? Es ist eine Praxis, die unseren Geist verwandelt. Ob wir also tatsächlich Fortschritte machen oder nicht, können wir nur an unseren Reaktionen im alltäglichen Leben ablesen. Wenn wir Menschen treffen, die tatsächlich leiden, wie reagieren wir darauf? Öffnet sich unser Herz? Sind wir gütig? Werden wir nach und nach gütiger?

Lassen Sie uns einmal darüber nachdenken, wie diese Praxis funktioniert. Alle Negativität dringt in unser Inneres und attackiert unser Konzept der Eigenliebe. Was bedeutet das nun tatsächlich? Manchmal ist es einfacher, sich in der Ausführung der Visualisierung zu verlieren und den Rest einfach zu vergessen. Wir alle haben dieses dunkle Ding in unserem Herzen, und dann wird es von diesem dunklen Licht getroffen und verwandelt sich in strahlende Helligkeit. Es ist eine sehr schöne Visualisierung, wenn wir uns erst einmal darauf einlassen. Aber während wir das tun, müssen wir uns daran erinnern, wozu das alles gut ist. Wir müssen uns fragen, welche Art von Widerstand unser Ego ins Feld führen würde, wenn das alles wahr wäre. Stellen Sie sich vor, jetzt, in diesem Augenblick, käme jemand und sagte: „Du kannst die Krankheiten und das Leiden dieser Person da drüben haben. Und ich kann dir versprechen, ich kann das wirklich alles auf dich übertragen. Im Tausch dafür bekommt diese Person deine gute Gesundheit und Freude. Na, wie wär's?“ Würden Sie wirklich sagen: „In Ordnung, ich mache es“? Wenn es sich um einen geliebten Menschen handeln würde, vielleicht. Um Ihren Mann oder Ihre Frau, um Ihr Kind oder einen Elternteil oder einen geliebten Lehrer – aber irgendjemand von der Straße?

Dies sind keine einfachen Praktiken. Sie sind weder für die Draufgängerischen noch für die Zaghaften geeignet. Sie sind für Bodhisattvas gedacht. Auf keinen Fall sollten wir solche Praktiken auf die leichte Schulter nehmen. Wir sollten verstehen, was wir tun und wozu diese Übungen gut sind. Zumindest mir scheint das so. Jedes Mal wenn ich etwas über Tonglenpraxis höre oder lese, bin ich erstaunt, was sie eigentlich von uns verlangt. Anderen Leuten scheint das nicht so zu gehen und ich weiß nicht warum. Tonglen scheint mir die frontalste Attacke auf unser Anhaften an das Ego zu sein, die es überhaupt gibt. Scheint

Ihnen das nicht so? Es ist außerdem sehr interessant zu versuchen, sich während der Praxis in bestimmte Situationen zu versetzen. Es können reale oder hypothetische Situationen sein. Wie reagiert der Geist?

Am Ende lösen wir natürlich alles in den ursprünglichen Raum auf. Das ist sehr wichtig. Wir behalten all diese Negativität nicht in unserem Herzen. Wir müssen diese Negativität in unsere Ego-Anhaftung auflösen. In diese Eigenliebe, die uns denken lässt: „Ich bin ja so wichtig und alle anderen sind natürlich weitaus weniger wichtig als ich." Wir lösen dies und alles andere in den weiten offenen Raum auf. Dann fühlen wir wirklich, wie Licht und Freude allen Wesen zuteil werden. Nicht nur in unserer Vorstellung, sondern im täglichen Leben sollten wir in der Lage sein, denen, die leiden, etwas zu geben. Und wenn es nur das ist, dass wir gütig und freundlich sind.

Wenn wir so verschlossen bleiben wie immer, nach wie vor beschäftigt sind mit unseren Freuden, unserer Bequemlichkeit, unserem Wohlergehen, wenn wir andere immer noch als getrennt von uns betrachten, obwohl wir seit zwölf Jahren Tonglen praktizieren, dann hat etwas nicht funktioniert. Es spielt keine Rolle, wie lange wir es tun. Das Wichtige ist, diese Barriere zwischen uns und allen anderen niederzureißen. Wir alle haben diese Barriere und es ist die Haupttäuschung, der wir unterliegen. Tonglen ist eine sehr radikale Praxis, aber wenn wir sie von Herzen praktizieren, dann kann sie uns verwandeln. Ich denke, wir sollten es jetzt einmal tun. Meiner Meinung nach gibt es nichts Weiteres dazu zu sagen.

Fragen

Das Problem für mich liegt darin, dass es so dynamisch ist. Ich kann mir nur schwer vorzustellen, wie ich all diese Dinge in mich aufnehme und transformiere. Ist es in Ordnung, wenn man sich über längere Zeit einfach nur vorstellt, wie man annimmt und annimmt?

Tenzin Palmo: Ich denke, das ist in Ordnung. Ich weiß, was Sie meinen, und Sie haben Recht. Tatsächlich ist es viel besser, sich anfangs nicht so viele Gedanken über das Annehmen zu machen, sondern sich während des Einatmens einfach nach und nach von diesem Konzept des Ego, das wie eine Spinne im Netz sitzt, zu lösen. Wenn sich dann dieses Konzept in weite Offenheit auflöst, dann können wir all dieses Licht aussenden an alle Wesen. Ja, das könnten Sie tun.

Was passiert, wenn man all das angesammelt hat? Löst es sich auf?

Es greift das Gefühl der Eigenliebe im Herzen an und dann löst es sich auf in den offenen Raum, in die Leerheit. Diese ganze Idee von einem „Ich", die uns glauben lässt, so viel wichtiger zu sein als alle anderen, obwohl „Ich" nur einer ist und all die anderen so viele, löst sich auf und wir erlangen den Zustand des offenen, weiten, egolosen Geistes.

Wie weiß man, dass der andere es empfangen hat?

Nun, man kann sich vorstellen, dass der andere es empfangen hat. Und wenn die eigene Konzentration und der Wunsch zu helfen stark genug sind, dann funktioniert es auch. Warum sollte es nicht? Es steckt eine außerordentliche Kraft darin.

Ich war in einer ähnlichen Situation. Meine Mutter sollte an einer Geschwulst operiert werden, die nach Aussage der Ärzte so groß war wie eine Grapefruit. Ich wünschte mir, sie sei nicht da. Ich stellte mir vor, ich sei mächtig genug, sie zum Verschwinden zu bringen. Und als die Ärzte operierten, war nichts da. Damals kam mir nicht in den Sinn, dass ich etwas damit zu tun gehabt haben könnte.

Der Geist hat eine außerordentliche Macht. Er ist das Mächtigste, das es in der Welt gibt. Wir wissen nur nicht, was für ein Potential wir da haben.

Wenn mir der Schmerz eines anderen Angst macht, mache ich Tonglen und das zerstört die Angst. Ich tue das so lange, bis ich mit Mitgefühl an ihren Schmerz denken kann anstatt mit Angst. Ich benutze es wie ein Gegenmittel.

Eine Praxis wie diese kann auf vielen verschiedenen Ebenen angewandt werden, auf die verschiedenste Art und Weise. Da es sich dabei um eine so kraftvolle Praxis handelt, kann sie viele unserer Barrieren durchbrechen. Aus diesem Grund wird sie so hoch geschätzt und aus demselben Grund wurde sie anfangs sehr geheim gehalten. Es ist eine sehr radikale Praxis. Vielen Menschen erscheint sie überaus gefährlich und bedrohlich. Wie ich schon sagte, in den meisten spirituellen Traditionen praktiziert man sie umgekehrt. Irgendjemand sagte einmal, Tonglen sei wie eine menschliche Klimaanlage. Man atmet all die schlechte Luft ein und gibt sie als saubere, frische Luft zurück. Das ist ein nettes Bild!

XI
Die Natur des Geistes

Der Tradition gemäß lässt sich der buddhistische Pfad in drei Stufen einteilen: Sichtweise, Meditation und Verhalten oder Handeln. Zuerst entwickeln wir die rechte Sichtweise, dann meditieren wir darüber und dann setzen wir sie in die Tat um. In der buddhistischen Tradition wird das, was im Sanskrit *Drishti* heißt, im Tibetischen als *Tawa* bezeichnet. Das bedeutet so viel wie „die Art und Weise, wie wir die Dinge betrachten". Diese Sichtweise wird als außerordentlich bedeutsam erachtet. Die vierte Edle Wahrheit, die der Buddha lehrte, ist die Wahrheit des Pfades. Der Pfad, den ich meine, ist der Edle Achtfache Pfad, der mit der rechten oder korrekten Sichtweise beginnt. Wir mögen uns Gedanken darüber machen, warum die Sichtweise zuerst genannt wird. Es liegt daran, dass die grundlegende Art und Weise, wie wir das Leben betrachten, alles, was wir denken und tun, beeinflusst. Selbst Leute, die von sich behaupten, keine Lebensphilosophie zu haben, bestätigen damit nur das Gegenteil. Dieses (Selbst-) Verständnis beeinflusst alles, was sie in ihrem Leben tun, sogar ihre Gedanken. Es ist der Kern von allem. Unsere Sichtweise entscheidet, wie wir die Dinge sehen, was wir als wichtig erachten, was wir für unwichtig halten, bestimmt unsere Vorurteile und Voreingenommenheiten. Sie ist der entscheidende Faktor dafür, ob wir in spirituellen Dingen einen Wert sehen oder nicht, und sie ist die Basis für unsere spirituelle Reise.

Warum sind wir heute hier? Wir sind hier, weil wir alle ein grundlegendes Interesse daran haben, eine spirituelle Dimension unseres Lebens zu finden. Die Tatsache, dass Sie denken, eine spirituelle Dimension zu haben, sei von einer gewissen Wichtigkeit, ist Ihre Sichtweise. Wenn Sie nicht dächten, es sei wichtig, mit dem Geist zu arbeiten, wären Sie nicht hier. Unsere grundlegende Sichtweise ist die Basis, das Fundament. In den tibetischen Schulen des Geistestrainings, wie etwa Mahamudra oder Dzogchen, wird unterschieden zwischen dem zugrunde liegenden Standpunkt, der inneren Geistesentwicklung, die aus diesem Standpunkt entsteht, und der Art und Weise, wie wir dies in unser tägliches Leben einbringen. Einfach nur eine großartige und weite Sichtweise zu haben ist nicht genug. Wenn zwischen der Sichtweise und unserem Verhalten kein Dialog stattfindet, sind wir in Gefahr.

Guru Padmasambhava sagte einmal zu König Trisong Detsen: „Eure Sichtweise muss so hoch und weit sein wie der Himmel, aber euer Verhalten muss so fein sein wie das feinste Gerstenmehl." Es gibt Leute, die eine großartige, weite Sichtweise entwickeln. Sie betrachten alles als Leerheit, als die Weite des Raums und alles, was passiert ist, das Spiel von untrennbarer Freude und Leerheit. Es hört sich wunderbar an. Aber wenn solche Leute dann arrogant sind, unhöflich, unmoralisch oder unehrlich, dann behaupten sie, dass das nichts mache, da ja alles sowieso Leerheit sei. Sie glauben, dass das Tantra ihnen gestattet, alles zu tun, was sie wollen. Es mache keinen Unterschied, sagen sie, denn alles sei ja nichts weiter als der Ausdruck unserer ursprünglichen Natur, was immer das heißen mag. Wir müssen also sehr vorsichtig sein. Natürlich sollen wir unsere Sichtweise so hoch und weit wie möglich machen, aber zur gleichen Zeit müssen wir unser Verhalten vorsichtig und präzise gestalten. Wir müssen es vermeiden, in die Falle zu tappen, die die Tibeter „den Pfad des Schwarzen Dämons" nennen – nämlich anzunehmen, dass es egal sei, wie wir uns verhalten, da ja alles weite, geräumige Leerheit ist.

Mit dem Wort „Sichtweise" meinen wir „das Verstehen der letztendlichen Natur des Geistes". Aus buddhistischer Sicht ist alles ein Ausdruck unseres Geistes. Die westliche Gesellschaft ist ausgesprochen kopflastig. Das macht manches schwierig und wirkt sich auch sehr stark auf unsere Praxis aus. Wenn man mit der Mahamudra- oder Dzogchenpraxis beginnt, fragen die tibetischen Lamas immer zuerst: „Wo ist der Geist?“ Dann fragen sie: „Ist er im Herzen? Ist er im Fuß? Ist er im ganzen Körper? Ist er in uns oder ist er außerhalb von uns?“ Nur selten fragen sie, ob sich der Geist vielleicht im Kopf befindet. Diese Idee kommt ihnen gar nicht in den Sinn. Was für eine dumme Idee! Und doch sagen die meisten Westler: „Das ist doch offensichtlich. Der Geist befindet sich im Kopf!“ Interessant. Wo ist der Geist? Bevor wir die ganze Frage vom Tisch wischen und sagen: „Natürlich ist der Geist im Gehirn“, sollten wir uns Folgendes vergegenwärtigen. Wenn wir zum Beispiel von jemandem beschuldigt werden: „Du hast mein Geld gestohlen! Ich weiß es ganz genau“, dann entgegnen wir: „Was? Meinst du mich?“, und deuten uns dabei mit dem Finger mitten auf die Brust, nicht auf den Kopf. Die meisten unserer Sinnesorgane haben ihren Platz im Kopf, richtig? Die Augen, die Ohren, die Nase, die Zunge. Aber wenn wir ausdrücken wollen etwas gefühlt zu haben, dann deuten wir auf unser Herz. Fragen Sie sich einmal, warum das so ist.

Vom buddhistischen Standpunkt aus betrachtet, ist das Gehirn nur ein Computer. In ihm findet die Programmierung statt. Aber woher kommt die Energie, die diesen Computer antreibt, und welcher Art ist sie? Ohne diese Energie ist der Computer tot. Die Energie, die den Computer antreibt, hat ihren Sitz aber nicht im Computer selbst. Vor kurzem habe ich eine Reihe von Artikeln führender Gehirnchirurgen gelesen. Einer von ihnen bemerkte: „Obwohl wir bereits sehr viel über das Gehirn wissen, haben wir doch den Geist noch immer nicht gefunden.“ Tibeter kennen sich aus mit dem Gehirn. Wenn jemand sehr traditionell ist, sehr in den alten Denkweisen verhaftet ist und es ihm schwer fällt, neue Ideen zu akzeptieren, dann sagen die Tibeter, er habe ein „grünes Gehirn“. Dahinter steht die Vorstellung, dass das Gehirn schimmlig ist. Sie verstehen, dass das Gehirn etwas mit dem Denken zu tun hat, aber Denken ist nicht Geist.

Wenn wir im Buddhismus über Geist sprechen, meinen wir damit nicht nur das intellektuelle Vermögen. Wir beziehen uns auf etwas weit Tiefgründigeres. Tatsächlich sind die Wörter für Geist und Herz austauschbar. Oft sind sie dasselbe Wort. Das zugrunde liegende Wort im Sanskrit ist *Chitta*, im Tibetischen ist es *Sems*. Beides bedeutet sowohl

Geist als auch Herz. Im Herzen konzentrieren wir uns. Von dorther kommt die Energie, der Strom, der den Computer antreibt, ohne den er tot wäre. Wenn wir also meditieren, müssen wir diese Energie im Herzen zusammenziehen.

Aber lassen Sie uns zum Thema Sichtweise zurückkehren. Traditionellerweise sagt die Sichtweise, dass unser ursprünglicher Weisheitsgeist die Einheit von Gewahrsein und Leerheit ist. Wenn wir zur nichtkonditionierten Natur des Geistes durchdringen können, dem grundlegenden Zustand dessen, was wir sind, dann verbleiben wir in nichtdualem Gewahrsein. Wir sind bewusst; das ist, wer wir sind. Wir wissen. Wenn wir nicht wissen, schlafen wir entweder oder wir befinden uns in einem Koma oder wir sind tot. Wir wissen. Wir sind gewahr. Aber dieses Gewahrsein ist nichts Konkretes. Es ist nichts, das wir ergreifen könnten, von dem wir sagen könnten: „Das ist mein Gewahrsein" oder „Das bin ich". Es ist transparent, offen, weit. Im tibetischen Sprachgebrauch ist es „leer". Leer heißt hier „leer wie der Himmel".

Sie sagen, der Geist sei wie der Himmel. Warum sagen sie das? Weil der Himmel, wenn man an einen tiefblauen, klaren und weiten Himmel denkt, allumfassend ist. Er ist da oben, aber zur gleichen Zeit ist er auch hier unten. Wo fängt der Himmel an? Es heißt nicht: „Das ist mein Himmel, hier ist mein Stück, dort ist deines." Er gehört jedem. Er stützt uns. Ohne Raum könnten wir nicht existieren. Die Tibeter vergleichen unseren grundlegenden, ursprünglichen Geist mit dem Himmel oder dem Raum, weil dieser unendlich und weit ist und doch unfassbar. Zur gleichen Zeit ist der Geist auch wiederum nicht wie der Raum, denn er ist bewusst. Wenn wir uns Zugang zu dieser Ebene des Geistes verschaffen, ist es, als wären wir zum ersten Mal wach.

Dieses Gewahrsein ist nicht-dual; es gibt weder ein Subjekt noch ein Objekt. Da gibt es kein Gefühl, keine Vorstellung von einem „Ich", das etwas tut. Da ist nur vollkommenes und totales Gewahrsein, unendlich und weit, jenseits von Zeit und Raum. Das ist es, was allen unseren Gedanken und Emotionen zugrunde liegt. Dies zu verstehen, es gesehen zu haben, wenn auch nur für einen Augenblick, wird als die Sichtweise bezeichnet. Es ist wichtig zu verstehen, dass wir es bereits besitzen. Wir müssen nichts von außen heranbringen. Wir müssen noch nicht einmal etwas entwickeln. Alles, was wir brauchen, haben wir bereits. Wir müssen es nur freilegen. Es war schon immer da. Es ist absolut vollkommen, so wie es ist. Aber wir erkennen es nicht. Es ist, als würden wir im Sonnenschein stehen, dann nach drinnen gehen, die Vorhänge zuziehen und behaupten, es sei dunkel. Aber die Sonne scheint die ganze Zeit. Der natürlich angeborene Weisheitsgeist ist immer präsent. Unser Problem ist, dass wir das nicht erkennen.

Es gibt eine Geschichte von einem großen, aber sehr exzentrischen Lama des letzten Jahrhunderts namens Patrul Rinpoche. Einer seiner langjährigen Schüler war ein Professor der Philosophie. Er war sehr gelehrt und hatte große Hingabe an seinen Lama. Aber nach vielen Jahren des Studierens und Praktizierens hatte er immer noch nicht die Natur des Geistes gesehen. Das deprimierte ihn sehr. Wozu war all das schließlich gut, wenn nicht, um zur Erkenntnis der Natur des Geistes zu führen? Eines Abends, in der Retreathütte von Patrul Rinpoche, sagte dieser: „Lass uns nach draußen gehen, uns hinlegen und ein wenig die Sterne betrachten." Der Professor sagte: „Ja, das ist eine gute Idee." Sie gingen also nach draußen, legten sich auf den Boden und betrachteten die Sterne. Als sie dort lagen, fragte Patrul Rinpoche: „Siehst du die Sterne?", und der Professor antwortete: „Ja, ich sehe sie." Dann bellte in einiger Entfernung ein Hund. Patrul Rinpoche fragte: „Hast du das Geräusch gehört?" Der Professor antwortete: „Ja, da hat ein Hund gebellt." Daraufhin sagte Patrul Rinpoche: „Das ist es", stand auf und ging wieder hinein.

Verstehen Sie? Die Tatsache, dass wir uns des Bellens bewusst sind, das ist es. Aber wir erkennen es nicht. Wir denken, da müsste doch mehr sein. Also suchen wir ständig nach diesem „Mehr". Diesem „Mehr", das noch besser, noch aufregender ist. Einmal bat ich einen der Yogis aus unserem Kloster um die mündliche Übertragung eines berühmten Dzogchentextes von Shabkar Rinpoche. Teile dieses Textes wurden ins Englische übersetzt unter dem Titel *Flight of the Garuda**. Während er

* Von Franz-Karl Ehrhard ins Deutsche übersetzt unter dem Titel *Flügelschläge des Garuda*. (Anm. d. Übers.)

also diese Übertragung gab, hielt er mittendrin inne und sagte: „Wisst ihr, das Problem mit solchen Texten ist, dass es so unglaublich weit weg zu sein scheint, so schwer, obwohl es doch tatsächlich völlig einfach ist. Es ist so einfach und gewöhnlich, dass wir es einfach übersehen." Also müssen wir uns all diesen hunderttausend Niederwerfungen unterziehen und Mandalaopferungen und Millionen von Mantras und all diesen äußerst komplexen Visualisierungen, nur um dorthin zurückzufinden, wo wir schon immer gewesen sind, uns zum ersten Mal zu Hause zu finden und zu erkennen.

Wir haben nun also die Sichtweise hergestellt, dass die Natur unseres Gewahrseins Klarheit und Leerheit ist. Seit anfangsloser Zeit ist es das, was wir sind und immer waren. Mit dieser Sichtweise als Grundlage beginnen wir mit dem Praktizieren. Die Sichtweise ist deshalb so wichtig, weil sie alles, was nach ihr kommt, untermauert. Es ist wichtig zu verstehen, dass wir alles, was wir brauchen, bereits haben. Die Tibeter sprechen vom Beispiel einer Person, die eine unerschöpfliche Schatztruhe, angefüllt mit Juwelen, Gold und allen möglichen anderen Reichtümern, unter ihrer Feuerstelle vergraben hat. Der Schatz ist da, aber der Besitzer ist sich dessen nicht bewusst und lebt deswegen wie ein Bettler und geht täglich hinaus, um ein paar schäbige Münzen zu ergattern.

Wir sind genauso. Wir haben alles, was wir jemals gebrauchen könnten. Wir haben die Buddhanatur. Aber wir fühlen uns so arm. Wir fühlen uns unwürdig. Wir halten uns für gescheiterte Existenzen. Wir fühlen uns entfremdet und ohne Wert. Wir denken: „Andere Leute können all diese wunderbaren Dinge tun, ich kann nichts. Ich bin so dumm. Ich mache alles falsch. Ich hatte diese furchtbare Kindheit und jetzt bin ich völlig verkorkst und ich kann nichts daran ändern. Vielleicht kann mir wenigstens ein Psychiater helfen, all die jammervollen Tage, die noch auf mich zukommen zu ertragen." Und doch sind wir gleichzeitig Buddhas! Während der ganzen Zeit haben wir diese unendliche Weisheit und dieses Mitgefühl in uns. Es ist nur verschüttet und deshalb können wir es nicht finden.

Es ist wichtig zu verstehen, dass wir keine wertlosen Würmer sind. Wir haben das Potential vollständiger Buddhaschaft. Es ist gegenwärtig lediglich etwas verschleiert. Wenn wir zum Beispiel jetzt hinausgehen und versuchen den Himmel zu sehen, werden wir das nicht können, denn es ist im Moment sehr bewölkt. Aber der Himmel ist da. Egal wie dick und dunkel die Wolken auch sein mögen, der Himmel ist immer da. Es ist, als wären wir in einem Flugzeug. Da sind zwar die Wolken, aber dahinter ist dieser unendliche tiefblaue Himmel. Wir alle haben Zugang dazu. Wir sind keine unwissenden Sünder. Auf dem Grund unseres Wesens finden wir unendliche Weisheit und unendliches Mitgefühl. Wir haben das aus den Augen verloren, aber wir können in einer Millisekunde dorthin zurückkehren, so als ob man in einem Raum, der für Jahrhunderte dunkel war, ein Licht anzündet. Nur weil es in diesem Raum jahrhundertelang dunkel war, heißt das nicht, dass es deswegen besonders lange dauert, ein Licht anzuzünden. Wie tief auch immer unsere Unwissenheit sein mag, wie tief unser Gefühl von Wertlosigkeit, wie sehr wir auch von negativen Emotionen überschwemmt sein mögen, wie entfremdet und isoliert wir uns auch fühlen mögen, in dem Augenblick, in dem wir uns Zugang zu der unkonditionierten Natur des Geistes verschaffen, ist all das verschwunden. Erleuchtung ist keine Erfahrung, die man nur ein einziges Mal machen kann, wie viele Leute zu glauben scheinen. Aber dieser Augenblick des Sehens verändert alles. Wir erkennen augenblicklich, dass wir uns immer mit den falschen Dingen identifiziert haben. Das ist es nicht, wer oder was wir sind! Deshalb wird dieser erste Durchbruch in allen buddhistischen Schulen so stark hervorgehoben. Mein Lama sagte immer, sobald man die Natur des Geistes erkannt hat, kann man mit dem Meditieren beginnen. Bevor dem so ist, spielt man eigentlich nur herum und versucht es richtig zu machen. Plötzlich macht man es richtig und da ist dieses Aufblitzen. Jetzt wissen wir, was wir tun! Als Nächstes lernt man, wie man dieses Aufblitzen reproduziert, und dann, wie man es verlängert. Schließlich lernt man, wie man das daraus entstandene Verständnis oder die Einsicht in sein alltägliches Bewusstsein integriert.

Wenn man keinen Lehrer hat, kann es passieren, dass man eventuell einen solchen Durchbruch erlebt und dann glaubt, erleuchtet zu sein. Manche Leute behaupten das dann zumindest von sich. Das liegt daran, dass sie keinen Lehrer haben, der ihnen sagt: „Jawohl, sehr gut, nun sitze weiter." Es gibt eine Geschichte über Gampopa, dem Hauptschüler von Milarepa, dem großen Yogi des elften Jahrhunderts. Nicht nur dass Gampopa ein großer Praktizierender war, er war auch ein großer Gelehrter. Er hatte eine ganze Reihe von Schülern. Die Wichtigsten von ihnen waren Düsum Khyenpa, der erste Karmapa, und Phagmo Drupa. Die Schüler von Phagmo Drupa waren es, die die acht so genannten kleineren Kagyütraditionen oder Schulen begründeten. Es heißt, dass Phagmo Drupa einmal für lange Zeit meditiert hatte und nichts war passiert. Das desillusionierte ihn sehr. Dann meditierte er einmal die ganze Nacht hindurch und hatte einen Durchbruch. Er war darüber sehr erregt. Am frühen Morgen rannte er dann zu Gampopa, um ihm davon zu berichten. Gampopa war gerade beim Frühstück und aß Tsampa, geröstetes Gerstenmehl. Man mischt dieses Mehl mit Butter und Tee und macht einen Teig daraus, der *Pag* genannt wird. Gampopa saß also da und aß seinen Pag. Plötzlich stürmte Phagmo Drupa herein und sagte: „Ich hatte diese Erfahrung. Endlich habe ich es!“ Er beschrieb seine Erfahrung und war völlig aufgeregt. Gampopa saß nur da, aß weiter und sagte schließlich: „Ich glaube, ich ziehe meinen *Pag* deiner Erfahrung vor.“ Also ging der Schüler wieder zurück und setzte sich wieder hin. Das ist es, wozu ein Lehrer gebraucht wird!

Natürlich ist der erste Durchbruch sehr wichtig. Mein Lehrer erklärte es folgendermaßen: „Es ist, als ob du einen langen, gewundenen Bergpfad entlanggehst, hin zu einem bestimmten Ort. Du bist dir nicht ganz sicher, ob der Pfad dich auch wirklich dorthin führt, oder ob der Ort überhaupt existiert. Aber du hast gehört, dass es ihn geben soll. Also vertraust du darauf, dass der Pfad dich schließlich zum Ziel bringt, und gehst weiter. Hier und da erscheinen ein paar Hinweisschilder. Dann, eines Tages, biegst du um eine Ecke und siehst den Ort in der Ferne. Das ist ein enormer Durchbruch auf deiner Reise, denn nun weißt du definitiv, dass es den Ort wirklich gibt. Du weißt nun, dass der Pfad dich wirklich dorthin bringt. Da der Pfad gewunden ist, siehst du den Ort vielleicht nicht immer. Aber jedes Mal, wenn du ihn siehst, bist du ihm ein kleines Stück näher. Du bist jedoch noch nicht da. Du erhaschst nur den einen oder anderen Blick darauf. Aber eines Tages, immer vorausgesetzt, dass du deinen Weg auch fortsetzt, wirst du den Ort erreichen und dich dort niederlassen können. Dann bist du ein Buddha.“

Ein anderes Beispiel kam von einem Zenmeister, der vor Jahren in London lebte. Er sagte, der Geist sei wie ein großer Spiegel. Er ist bedeckt mit Schmutz. Dann nimmt man einen Nagel und macht einen Kratzer in den Schmutz. Durch den Kratzer sieht man den Glanz des Spiegels. Der größte Teil des Spiegels ist nach wie vor mit Schmutz bedeckt, aber dieses winzige Glänzen zeigt uns die wahre Natur des Spiegels. Natürlich sind wir noch weit davon entfernt, den Spiegel vollkommen gesäubert zu haben, aber wir haben bereits einen wichtigen Schritt vorwärts getan. Man sieht, dass sich unter all dem Schmutz ein kleiner Schimmer des Lichts befindet. Unsere Aufgabe ist es nun, diesen anfänglichen Schimmer zu vergrößern oder viele kleine Stellen zu säubern, so lange, bis sie alle miteinander verbunden sind und der ganze Spiegel vollständig sichtbar ist. Deshalb heißt es, dass die erste, anfängliche Einsicht in die Natur des Geistes der erste Durchbruch ist. Das ist ein wichtiger Punkt, in allen Schulen des Buddhismus. In diesem Augenblick hören wir auf, gewöhnliche Menschen zu sein. Im buddhistischen Sprachgebrauch wird man zu einem *Arya*, einem noblen Wesen. Das heißt nicht, dass man bereits fertig ist. Es heißt auch nicht, dass man nun ein Bodhisattva auf einer hohen Stufe ist. Man kann durchaus wieder herabfallen. Nichtsdestotrotz ist es ein großer Durchbruch. Wir verstehen jetzt, was wahr und was nicht wahr ist. Wir brauchen nicht mehr nur darauf zu vertrauen. Es ist eine direkte, nicht-duale Erfahrung. Und – es ist sehr einfach. Es ist nicht schwierig, es ist nichts, was man erst nach vielen Jahren des Praktizierens erlangen könnte.

Unser Haupthindernis ist unsere Unfähigkeit, unseren Geist ausreichend zu entspannen, um für eine solche Erfahrung überhaupt offen zu sein. In unserem Hinterkopf kreist weiterhin der Gedanke, wie schwierig und wie fortgeschritten es doch ist. Aus diesem Grunde erkennen wir nicht, was sich direkt vor unserer Nase befindet. Und genau aus diesem Grund kann ein Lehrer so außerordentlich hilfreich sein. Ein Lehrer, der in dieser Erfahrung lebt, ist in der Lage – vorausgesetzt, der Geist des Schülers ist vollkommen offen –, seine Erfahrung zu übertragen. Wenn wir jedoch zu viele Hoffnungen oder Ängste haben, kann das eine Barriere errichten, die sehr schwer zu beseitigen ist. Es reicht nicht es einfach nur zu wollen.

Ich kannte eine englische Nonne, die bereits in den Siebzigern war. Ihre Tochter, um die Fünfzig, war ebenfalls Nonne. Einmal erzählte sie mir, dass sie zu den Lamatänzen in Tashi Jong war, dem Kloster meines Lama. Das war während der Zeit, als der vorherige Khamtrul Rinpoche noch lebte. Sie war jedoch keine Schülerin von ihm. Ihre Lehrer waren Gelugpa. Sie saß einfach nur da und schaute sich die Tänze an. Mein Lama tanzte auch. Er war ein sehr guter Tänzer und sie schaute ihm zu. Während des Tanzes drehte er sich einmal um und schaute sie ganz direkt an. In diesem Moment zerfiel ihr ganzer Geist und sie realisierte die Natur des Geistes. Sie war nicht seine Schülerin, aber in diesem Augenblick war sie völlig offen, und er wusste das. Wir sind so nahe dran, aber wir sehen es einfach nicht. Daher ist es so hilfreich, einen Lehrer zu haben. Manche Tibeter sagen, es sei fast unmöglich, die Natur des Geistes ohne einen Lehrer zu erkennen. Ich denke, das ist nicht wahr. Manche Leute realisieren die Natur des Geistes ohne Lehrer. Aber einen guten Lehrer zu haben hilft.

Nun gut, ich denke, wir sitzen jetzt einfach eine Viertelstunde. Ich sage Ihnen, was Sie tun sollen. Tun Sie es dann so, wie es Ihnen angenehm ist. Zuerst beginnen wir damit, uns in die Gegenwart zu bringen. Bringen Sie ihren Geist hierher, in diesen Raum. Bringen Sie dann den Geist in Ihren Körper. Mit anderen Worten, seien Sie sich bewusst, wie Sie sitzen. Seien Sie sich Ihrer Haltung bewusst. Seien Sie sich jeder körperlichen Wahrnehmung bewusst. Nehmen Sie einfach nur Kenntnis davon. Dann, ganz ruhig, richten Sie Ihre Aufmerksamkeit auf Ihren Atem. Denken Sie nicht daran. Betrachten Sie den Atem nicht aus der Distanz, als wären Sie irgendwo in Ihrem Kopf und würden auf den Atem herabblicken. Erfahren Sie den Atem einfach nur. Erfahren Sie das Einatmen. Erfahren Sie das Ausatmen.

Während wir das tun, werden Ihnen Gedanken erscheinen. Wir alle denken Gedanken. Gedanken sind nichts weiter als das natürliche Spiel des Geistes. Sie sind wie Wellen auf der Oberfläche eines Sees. Sie sind kein Problem. Es ist die Natur des Geistes, Gedanken zu denken, aber wir müssen ihnen nicht nachhängen. Wir müssen sie nicht mit Energie versorgen. Lassen Sie also alle Gedanken an die Vergangenheit fallen, hören Sie auf, über die Zukunft zu spekulieren, und geben Sie der Gegenwart keine Energie. Seien Sie einfach nur beim Ein- und Ausatmen. Wenn wir Geräusche hören, sind das nur Wellen, die sich auf unser Hörorgan auswirken. Geräusche sind etwas Natürliches. Sie zu hören ist natürlich. Sie sind nicht wichtig. Geben Sie auch diesen Geräuschen keine Energie. Wenn Sie ein Geräusch hören und dann denken: „Oh, was für ein fürchterliches Geräusch“ oder „Ich wünschte, dieses Geräusch würde aufhören“, seien Sie sich nur dieser Gedankenaktivität bewusst und machen Sie weiter. Was auch immer geschieht, es ist in Ordnung. Kein Problem. Was auch immer hochkommt, wir erkennen es, wir akzeptieren es und dann lassen wir es gehen. Sehr simpel. Bleiben Sie bei Ihrem Atem. Wenn Sie ihn verlieren, bringen Sie Ihren Geist sanft darauf zurück. Was auch immer sich einstellt, erkennen Sie es, akzeptieren Sie es, und dann lassen Sie es gehen.

Fragen

Es scheint, als ob sich der Geist spaltet und ein Aspekt davon wird zum Beobachter oder Zeugen. Dieser Aspekt betrachtet den Rest des Geistes dann wie ein Objekt. Wie bringen wir diese beiden Aspekte des Geistes zusammen? Wie stellen wir das Gleichgewicht wieder her?

Tenzin Palmo: Das ist eine gute Frage. In unserem normalen, gewöhnlichen Geisteszustand sind wir vollkommen in unseren Gedanken und Gefühlen versunken. Da ist keinerlei innerer Raum vorhanden. Wenn wir denken, glauben wir, wir seien die Gedanken. Wenn wir fühlen, glauben wir, wir seien die Gefühle. Wir identifizieren uns völlig mit unseren Gedanken und Gefühlen. Wir glauben ihnen völlig. Wir sind vollkommen von ihnen eingeschlossen. Das ist auch einer der Gründe, warum wir so viel leiden. Es ist natürlich nett, wenn unsere Gedanken und Gefühle alle Glück, Freude und Frieden sind. Aber oft sind sie das krasse Gegenteil davon. Sie sind depressiv, wütend, frustriert und als Folge daraus fühlen wir uns vollkommen umnebelt von dunklen Gefühlen. Also leiden wir. Wenn wir mit dem Meditieren beginnen, beginnt sich die Oberfläche unseres Geistes zu beruhigen. Das ist dann etwa so, als wäre ein Teil unseres Geistes einen Schritt zurückgetreten und eine Art Raum oder Distanz sei in unserem Geist entstanden. Ein Teil des Geistes wird zu einem ruhigen, unbewegten Beobachter, der einfach nur weiß. Und dann sind da die Gedanken und Emotionen, derer sich dieser Beobachter bewusst ist. Diese Entwicklung ist in sich selbst bereits äußerst hilfreich. Es ist nicht die letztendliche Realität, aber es ist aus vielen verschiedenen Gründen nützlich. Ein Grund dafür ist, dass wir nicht länger in den Turbulenzen unserer Gedanken und Gefühle zentriert sind, sondern einen Schritt zurück in diesen inneren Raum gemacht haben. Wir haben nun diesen angenehmen inneren Raum, in dem wir uns erholen können.

Dieser innere Raum sieht sehr klar. Er beobachtet nur, er richtet oder bewertet nicht. Wir können nun unsere Gedanken und Emotionen als nichts anderes denn als Gedanken und Emotionen betrachten. Wir glauben nicht mehr an sie, wie wir es zuvor getan haben. Sie sind nicht mehr so fest wie zuvor. Wir identifizieren uns nicht mehr mit ihnen. Wir sehen sie aufsteigen wie Blasen; sie steigen auf, sie werden größer, sie platzen und dann erscheinen neue. Das findet kontinuierlich statt. Es ist die natürliche Aktivität des Geistes. Das ist in Ordnung. Aber wir schwimmen nicht mehr inmitten all dieser Gedanken und Emotionen. Wir erkennen sie als das, was sie sind. Sie beginnen immer brüchiger und zerbrechlicher zu werden. Sie werden immer transparenter. Und wir beginnen etwas von dieser leeren und weiten Qualität zu verstehen, während sie sich entfaltet. Wir beginnen zu verstehen, dass all das wie eine Art Regenbogen ist. Die Gedanken sind tatsächlich transparent. Sie sind nicht real. Man kann einen Gedanken nicht einfangen und in Händen halten.

Diese Art von Geisteszustand zu entwickeln ist für unseren spirituellen Pfad enorm hilfreich. Es ist nicht schwierig. Eigentlich ist es sogar recht einfach. Wir denken immer, diese Dinge seien so schwierig, andere Leute können sie tun, wir aber nicht. In Wirklichkeit ist es wie Fingerschnippen, dann hat man es. Unser Hauptproblem ist dann nur, es auch aufrechtzuerhalten. Es ist sehr leicht, wieder in den alten Zustand zu verfallen. Aber wenn man es einmal erlebt, und wenn es nur für eine

Sekunde ist, dann weiß man, dass es gar nichts Besonderes ist. Es ist lediglich ein Präsentsein im Augenblick, ohne in ihm unterzugehen.

Wir haben also das Subjekt, den Beobachter, und wir haben das oder die Objekte, die Gedanken. Die Frage lautet jetzt: Wie bringen wir diese beiden zusammen? Die gute Nachricht lautet: Das ist gar nicht nötig. An einem bestimmten Punkt, wenn der Geist vollkommen gewahr ist, vollkommen präsent und zur gleichen Zeit vollkommen entspannt, bricht alles in sich zusammen und wir finden uns in einem natürlichen Zustand des nicht-dualen Gewahrseins. Wenn es auch nur für eine Sekunde sein mag, in dieser Sekunde verstehen wir. Wir können nichts tun, um es herbeizuführen. Wir können lediglich die Umstände schaffen, in denen es spontan geschehen kann.

Vor etwa drei Jahren habe ich einmal an einem Yogakurs teilgenommen. Alles wurde mit einem Mal weiter und weiter und das machte mir Angst. Wie geht man mit Angst um?

Tatsache ist, dass der Geist unbegrenzte Möglichkeiten hat, unbegrenztes Potential und viele, viele Zustände. Unser Ego will all das ständig kontrollieren. Wenn das Ego die Kontrolle zu verlieren scheint, reagiert es zunächst mit Angst. Es sieht die diversen Geisteszustände, die sich einstellen können, und versteht nicht, was da vor sich geht. Also entsteht Angst und wir fühlen uns panisch. Wenn Sie bemerken, wie das passiert, ist es gut, sich einfach zu entspannen und mit einer Art innerer Neugierde zu beobachten, was da geschieht und wohin es führt. Der Geist bringt alle möglichen Zustände hervor. Er spielt alle möglichen Spielchen mit uns und wir sollten an keinem von ihnen festhalten. Aber es kommt auch mitunter vor, dass der Geist sich wirklich ausweiten will, über sein gewöhnliches konzeptuelles Denken hinausgehen will. Diesen Raum sollten wir ihm natürlich zugestehen. Die Entspannung bei Yogaübungen kann manchmal dazu führen, dass andere Ebenen des Geistes zum Vorschein kommen oder einem bewusst werden. Ich denke, es ist gut, sich dann zu entspannen und es einfach geschehen zu lassen.

Wenn Sie an etwas Bestimmtes glauben, können Sie darin Zuflucht nehmen. Das wird Sie beschützen. Bevor Tibeter mit dem Meditieren beginnen, und das ist wahrscheinlich bei allen Buddhisten der Fall, nehmen sie Zuflucht zu Buddha, Dharma und Sangha. Tibeter führen auch eine Praxis aus, die Guru-Yoga genannt wird. In dieser Praxis stellt man sich einen der Ur-Buddhas vor, umgeben von allen Lamas ebender Linie, der man angehört. Diese Lamas sind meist chronologisch angeordnet und enden mit dem eigenen Lama. Dann bittet man sie um ihren Segen. Man stellt sich schließlich vor, wie sie, die Linien-Lamas, mit dem eigenen Lama verschmelzen, und dieser verschmilzt dann mit uns selbst. Sein Geist und unser Geist werden untrennbar eins. Der Hauptgrund für diese Art von Praxis ist das Erbitten und Erhalten des Segens der Übertragungslinie, aber es ist auch ein Schutz. Was auch immer während der Meditation geschieht, ist also in Ordnung. Man kann sich dann entspannen und alles, was geschieht, einfach passieren lassen, frei von Ängsten. Wenn etwas auftaucht, das Sie beunruhigt, können Sie die entsprechenden Meister ihrer Linie anrufen. Wenn es etwas Unangenehmes ist, wird es vertrieben.

Die Vorteile, einen Lehrer zu haben, sind mir klar. Und einen Lehrer muss man sich nicht suchen, er wird einen finden. Wie denken Sie darüber, vor allem im Hinblick auf einen Praktizierenden oder einen Schüler, dem sehr daran liegt, fortzuschreiten?

Wenn der Schüler bereit ist, dann wird der Lehrer erscheinen. Aber an dieser Idee kann man auch bis ins Extrem festhalten. Ich kenne Leute, die ihr ganzes Leben damit verbracht haben, auf den idealen Lehrer zu warten. Sie warten darauf, dass der Lehrer erscheint, das richtige Wort sagt und schwupps! sind sie erleuchtet. In der Zwischenzeit haben sie nichts gelernt, nichts getan, denn sie warten ja. Das wäre ein Extrem. Solche Leute glauben, dass der einzige Weg, der zu spirituellem Wissen und Verstehen führt, der perfekte Lehrer ist, den es zu finden gilt. Selbst glauben sie nichts tun zu müssen. Der perfekte Lehrer wird kommen und sie finden. Nun, man könnte sich allerdings auch fragen, warum er sich diese Mühe machen sollte! Auf der anderen Seite ist es aber auch wahr, dass man ohne karmische Verbindung auf der ganzen Welt umherreisen könnte, jeden Guru der Welt treffen könnte und am Ende doch mit nichts dastehen würde. Karma ist dabei ein sehr wichtiger Faktor. Wenn Sie die richtigen karmischen Voraussetzungen haben, werden Sie Ihren Lehrer auch treffen. Wenn nicht, dann nicht. Aber in der Zwischenzeit kann man trotzdem Lehrer aufsuchen und von ihnen Unterweisungen erhalten. Und man kann diese Unterweisungen praktizieren. Es ist durchaus möglich, dass selbst der Buddha uns nicht helfen könnte, ehe wir eine bestimmte Stufe erreicht haben. Wir müssen uns vermutlich darauf vorbereiten, den perfekten Lehrer zu treffen, auf dass er uns auch helfen kann, wenn wir ihn treffen. Es stünde uns allen gut an, jetzt mit dieser Vorbereitung zu beginnen. Wir können lernen, wie man praktiziert, wir können unsere ethischen Ansichten in Ordnung bringen, wir können unsere Motivation reinigen. Es gibt viele Praktiken, durch die man lernen kann, wie man sich konzentriert und den Geist zähmt und subtiler macht, durch die man sich reinigen kann. Dann, wenn wir das Glück haben den perfekten Lehrer zu treffen, werden wir bereit sein für seine authentischen Unterweisungen, anstatt seine Zeit damit zu verschwenden, uns das Alphabet beizubringen, das wir auch ohne ihn gelernt haben könnten.

Wie bekommen wir eine gute Wiedergeburt?

Eine gute Wiedergeburt bekommen wir, indem wir eine gute Motivation haben und tugendhafte Handlungen ausführen. Warum sind wir hier? Wir sind hier um unseren Geist auf allen Ebenen zu kultivieren und zu entwickeln und unser Herz zu öffnen. Wie auch immer wir das tun, es ist etwas Gutes und nicht etwa Zeitverschwendung oder gar die Verschwendung unseres menschlichen Lebens. Wir müssen uns fragen, was diese menschliche Geburt von der als Tier oder Gott oder einer Geburt in den Höllenbereichen oder bei den Hungergeistern unterscheidet. Warum ist eine menschliche Geburt so kostbar? Einer der Gründe ist, dass man als Mensch wählen kann. Wir sind verantwortlich für unsere Handlungen. Wir können auf eine Situation sehr instinktiv reagieren, wie Tiere es tun, oder wir können etwas ausgesucht Menschliches mit einfließen lassen, unsere Intelligenz. Alles, was uns widerfährt, ist eine Gelegenheit, eine verantwortliche Wahl zu treffen. Daher ist es so wunderbar, ein Mensch zu sein. Wenn uns jemand beleidigt, haben wir die Wahl. Wir können ihn ebenfalls beleidigen, wir können auf ihn einschlagen, wir können weggehen und uns erniedrigt fühlen und uns selbst die Schuld geben und glauben, dass wir zu Recht das Objekt der Beleidigungen anderer sind, oder wir können der Situation mit Verständnis und Geduld begegnen ohne dabei irgendjemandem irgendwelche Schuld zuzuweisen. Wir haben die Wahl.

Ein Vorteil der Meditation ist, dass sie unseren Geist klarer macht und wir deshalb nicht mehr reflexartig reagieren müssen, als hätte jemand auf einen bestimmten Knopf gedrückt. Wenn wir eine weise Wahl treffen, können wir uns den Raum geben, die Situation klar zu sehen und angemessen zu reagieren. Wenn wir angemessen und geschickt reagieren, werden wir eine entsprechende Wiedergeburt erlangen. Wir sollten ein ethisch einwandfreies Leben führen. Buddhistische Ethik basiert darauf, anderen keinen Schaden zuzufügen. Natürlich tun wir das trotzdem ständig, aber es ist eine Frage des Maßes. Wenn wir beispielsweise denken: „Jedes Mal wenn ich eine Möhre esse, sterben so viele Insekten, und die Möhre hat ja auch ein Leben“ und so weiter, dann enden wir mit einem riesigen Berg extremer Ansichten, die uns veranlassen, uns überhaupt nicht mehr zu bewegen, und wir hungern uns dann zu Tode. Das wäre wenig hilfreich. Wenn wir buddhistischer Ethik folgen, töten wir nicht. Wir nehmen kein Leben, weil es das Kostbarste ist, was ein Wesen besitzt. Das schließt Insekten mit ein. Auch für ein Insekt ist sein Leben das Kostbarste, was es besitzt. Es ist wichtig, das Recht auf Leben eines jeden Wesens zu respektieren. Wir verursachen so viele Katastrophen auf dieser Erde, weil wir so willkürlich sind. Wir beschließen, dass dieses oder jenes nicht gut ist, und zerstören es einfach. Irgendwann finden wir dann heraus, dass etwas anderes außer Kontrolle gerät, weil es von genau dem kontrolliert wurde, was wir zerstört haben. Die Erde befand sich in einem guten Gleichgewicht, aber mit unserer wirklich abgrundtiefen Dummheit, unserer Vorstellung von Gut und Schlecht und unserer Annahme, einfach alles beseitigen zu können, was uns nicht angenehm erscheint, haben wir immensen Schaden angerichtet. Wir müssen schon respektieren, dass alles seine Funktion hat. Selbst die Dinge, die uns unangenehm sind.

Wir sollten nicht stehlen. Wir mögen es ja auch nicht, bestohlen zu werden. Zu denken, wir hätten das Recht, den Besitz anderer zu nehmen, ist sehr unklug. Es schadet. Wir müssen auch lernen, die Verantwortung für unser sexuelles Verhalten zu übernehmen. In diesen modernen Zeiten sind wir da sehr verantwortungslos. Die hohe Zahl der Abtreibungen ist der Beweis dafür. Wir scheren uns nicht darum, welche Konsequenzen unser Handeln hat, wie es sich auf andere auswirkt, wie es sich auf uns selbst auswirkt oder wie es sich auf die Gesellschaft auswirkt. Wir denken nicht an das ungeborene Kind, das doch auch ein Mensch ist. Es ist uns einfach völlig egal.

Warum sind wir so widerlich? Wir glauben, wenn wir ein perfektes Sex- oder Liebesleben hätten, wären wir glücklich, und doch sind alle so neurotisch, so unglücklich und so unzufrieden. Das liegt daran, dass wir für unsere Handlungen und ihre Folgen keine Verantwortung übernehmen. Wir fügen anderen Schaden zu und schaden uns dabei selbst. Wir lügen und werden belogen. Wir sind weder offen noch ehrlich. Oder nehmen wir den Missbrauch von Alkohol und anderen Drogen. Das schadet sowohl uns selbst als auch anderen und auch der Gesellschaft. Keine dieser ethischen Regeln bezieht sich im Besonderen auf das Leben in Magadha vor 2500 Jahren. Sie sind heute so relevant wie damals, wenn nicht sogar relevanter. Sie haben nichts damit zu tun, dass der Buddha Inder war oder etwa mit dieser Kultur. Sie sind universell anwendbar. Es geht nicht darum, was wir essen oder trinken. Es geht noch nicht einmal darum, mit wem wir schlafen oder nicht. Es geht um das Warum und die Folgen, die daraus entstehen können. Es geht darum, ob sich unsere Handlungen auf irgendjemandem negativ auswirken. Es geht darum, ob wir jemandem Schaden zufügen oder nicht.

Alles dreht sich um die liebevolle Fürsorge. Wenn wir unser Leben mit einem Sinn dafür führen, was der Dalai Lama universelle Verantwortung nennt, kann nichts schief gehen, denn dann erfüllen wir unsere Rolle als Menschen. Meditation hilft uns dabei, die Klarheit zu erlangen, die uns in den Stand setzt, dies zu tun. Ethisches Verhalten unterstützt wiederum die Meditation. Der Buddha sagte immer, dass jemand ohne ethisches Verhalten nicht meditieren kann, da der Geist viel zu zerstreut ist. Wenn wir ethisches Verhalten in uns gefestigt haben, dann wird unser Leben innerlich ruhiger und friedvoller. Unser Geist kann dann viel schneller ruhig werden. Das unterstützt unsere Meditation. Wenn sich der Geist beruhigt, wird er klarer. Verstehen und Weisheit entstehen dann ganz natürlich. Sie gehören zusammen. Das eine erscheint nicht ohne das andere. Es kommt alles in einem.

Die Leute freuen sich immer, etwas über Weisheit zu hören. Und sie freuen sich, etwas über Meditation zu hören. Aber sie sind sehr zögerlich, wenn es um Ethik oder ethisches Verhalten geht. Und doch ist ein gewisses ethisches Verhalten, ein ethischer Codex, die Basis, auf der alles andere aufbaut. Dabei geht es nicht um Sätze wie: „Du darfst dies, aber du darfst jenes nicht!" Es sind keine Gebote. Selbst in den fünf Gelübden heißt es nicht: „Du sollst nicht töten, du sollst nicht stehlen." Es heißt vielmehr: „Ich verpflichte mich, die Übung der Regel des Nicht-Tötens einzuhalten." Solche Regeln müssen geübt werden. Unsere Motivation muss es sein, in dieser Welt zu leben, ohne anderen Wesen Schaden zuzufügen. Wenn den Leuten nur dies eine gelänge, stellen Sie sich vor, in was für einer reinen Welt wir leben würden!

Wie geht man vor, wenn man den Schaden wiedergutmachen will, den man durch unethisches Verhalten verursacht hat?

Da gibt es ganz spezifische Vorgehensweisen. Nehmen wir an, jemand hat etwas wirklich Fürchterliches getan und es tut ihm aufrichtig Leid. In der Tradition des Buddhismus gibt es etwas das die Vier Entgegenwirkenden Kräfte genannt wird. Die erste ist die Kraft der Reue. Man kann nichts bereinigen, wenn es einem nicht wirklich Leid tut. Wenn unsere Grundeinstellung ist: „Hmm, das war ja doch recht clever, das kann nicht jeder", und wir auch noch stolz sind auf das, was wir getan haben, dann gibt es keine Möglichkeit, die Tat zu bereinigen. Es muss uns klar sein, dass eine solche Einstellung ist, als würden wir Gift trinken. Es gibt dieses traditionelle Beispiel, in dem man erst das Gift trinkt und dann denkt: „Oh, du meine Güte, was habe ich getan?"

Das nächste Gegenmittel ist die Kraft der Verlässlichkeit. Das heißt, wir tun etwas, auf das wir uns wirklich verlassen können, um eine Handlung zu bereinigen. In der tibetischen Tradition gibt es eine ganze Reihe spezifischer Reinigungspraktiken. Diejenigen von Ihnen, die mit dem tibetischen Buddhismus vertraut sind, werden sofort an die Vajrasattvapraxis denken. Dann gibt es die Fastenpraxis des Tausendarmigen

Chenresig, auch Quan Yin genannt. Oder die Niederwerfungen vor den Fünfunddreißig Bekenntnis-Buddhas, vor denen man Verfehlungen eingesteht und so weiter. Diese diversen Reinigungspraktiken beschwören die Kraft der Verlässlichkeit herauf.

Dann folgt die Kraft des Gegenmittels. Dabei tut man Gegenteiliges von dem, was man bereits getan hat. Es ist wie ein Gegenmittel gegen ein Gift. Ein Freundin von mir war zum Beispiel im Friedenskorps. Das spezielle Programm, in dem sie arbeitete, hatte den Aufbau von Hühnerfarmen zur Aufgabe. Ihre Motivation war es, so zu helfen, dass die Dorfbewohner mit der Hühnerzucht Geld verdienten und zugleich ausreichend mit Proteinen versorgt waren. Aber als sie dann Buddhistin wurde, wurde ihr klar, dass sie Hunderten von Hühnern den Hals umgedreht und den Tod unzähliger weiterer verursacht hatte. Sie war entsetzt über das, was sie getan hatte. Ihre Motivation war nicht schlecht. Sie hatte persönlich nichts gegen Hühner, aber sie handelte unter dem Einfluss der Täuschung, denn es war ihr nicht klar, dass die Hühner auch ein Leben hatten und dass es nicht richtig ist, irgendeinem Wesen das Kostbarste zu nehmen, was es hat. Das brachte sie völlig aus der Fassung. Seit dieser Zeit, das war vor fünfunddreißig Jahren, rettet sie Leben, wann immer sich eine Gelegenheit dazu bietet. Sie kauft Fische und bringt sie ins Meer zurück. Sie kauft Vögel und lässt sie frei. Sie kauft Schafe, die geschlachtet werden sollen, und gibt sie Leuten, die sich um sie kümmern. Sie benutzt ein sehr bewusstes und unmittelbares Gegenmittel gegen all die Leben, die sie in der Vergangenheit genommen hat. Auch wir können versuchen, das Gegenteil von dem Negativen, das wir in der Vergangenheit getan haben, zu tun.

Die vierte Kraft ist die Kraft des Versprechens, das Negative nie wieder zu tun. Wenn wir etwas tun, von dem wir wissen, dass es schlecht ist, und es dennoch weiterhin tun, dann empfinden wir keine wirkliche Reue. Es kommt nicht von Herzen. Wenn uns wirklich klar wäre, dass wir Gift trinken, dann würden wir uns wenig versucht fühlen, es zu trinken. Die vierte Kraft ist also das Versprechen oder Gelübde, es nicht wieder zu tun. Wenn es wirklich von Herzen kommt, kann es tatsächlich reinigen.

Ich habe bereits daran gedacht, Vögel zu kaufen und sie freizulassen. Noch habe ich es nicht getan, und ich frage mich, ob es manchen nicht besser ginge, wenn sie im Käfig blieben.

Tiere retten oder freilassen ist eine zweischneidige Sache. In Asien ist es eine sehr populäre Praxis. Das führte dazu, dass viele Leute ihren Lebensunterhalt damit verdienen, Vögel zu fangen und sie unter sehr schlimmen Bedingungen zu halten, um sie dann an fromme Buddhisten zu verkaufen, die ab und zu daherkommen, weil sie sie in die Wildnis entlassen wollen. Diese Vögel sind meistens in einem schrecklichen Zustand und werden oft sofort wieder eingefangen. Manche Leute kaufen Schildkröten und stecken sie in die Klosterteiche. Aber die Teiche sind so voll mit Schildkröten, dass sie nun in einer Art Hölle leben. Es ist also nicht sehr gut, geistlos fromm zu sein. Wir müssen schon unsere Intelligenz benutzen. Wenn wir Fische kaufen aus diesen großen Aquarien, die es in chinesischen Restaurants gibt, und diese dann ins Meer freilassen, dann gibt ihnen das eine Chance zu leben. Wenn das getan ist, werden viele Mantras und Gebete für sie gesprochen. In Asien kann man auch Schafe oder Ziegen kaufen, die geschlachtet werden sollen, und sie dann Leuten geben, die sich um sie kümmern. Sie bekommen eine Schleife oder etwas Ähnliches in das Fell gebunden, sodass jeder sehen kann, dass sie gerettet wurden und dass es nicht gestattet ist, sie zu schlachten.

Ich lebe in einem Teil Australiens, in dem es eine bestimmte Sorte Bohrwurm gibt, die jedes Jahr die Bäume befällt. Wenn man nichts gegen sie tut, sterben die Bäume. Wozu würden Sie in einer solchen Situation raten?

Also gut, lassen Sie mich das etwas kontrovers betrachten. Zum einen ist dies Samsara. Der Bereich von Geburt und Tod. Es ist von Natur aus unvollkommen. Und der Buddha hat gesagt, dass ein Leben als Laie voll von Staub ist. Mit anderen Worten, es ist außerordentlich schwierig, reines ethisches Verhalten zu praktizieren, wenn man ein Leben als Laie führt. Ständig muss man Entscheidungen treffen und Kompromisse machen. In diesem Fall müssen Sie sich entscheiden, was Ihnen wichtiger ist, die Bäume oder die Insekten. Es liegt bei Ihnen. Wenn Sie für sich entscheiden, dass Ihnen die Bäume mehr am Herzen liegen als die Insekten, dann ist das Ihre Entscheidung. Ich persönlich würde Ihnen vorschlagen, zuerst mit den Insekten zu sprechen, ehe Sie mit dem Sprühen anfangen. Das mag sich albern anhören. Aber erzählen Sie den Insekten, was Sie zu tun beabsichtigen. Machen Sie ihnen die Optionen klar. Sagen Sie zu ihnen: „Schaut her, es tut mit sehr Leid. Ich weiß, das ist eure Natur und so lebt ihr. Es ist nicht eure Schuld. Aber ich hänge sehr an diesem Baum und will nicht, dass er zerstört wird. Also – es tut mit Leid – werde ich euch töten müssen, wenn ihr nicht verschwindet. Es liegt an euch. Ihr habt achtundvierzig Stunden Zeit, es euch zu überlegen."

Sagen Sie ihnen ganz klar, was passieren wird, sowohl in Gedanken als auch mit Worten. Sagen Sie es ihnen mehrmals. Und geben Sie ihnen eine Chance. Wenn Sie mit den Insekten wirklich kommunizieren können, werden sie wahrscheinlich gehen. Es könnte sein, dass es Ihnen nicht gelingt, mit den Insekten in Kontakt zu treten. Aber Sie sollten es versuchen. Geben Sie ihnen eine faire Chance. Wenn Sie die Insekten dann doch töten müssen, tun Sie es mit Reue und Verantwortungsgefühl. Erfreuen Sie sich nicht daran. Sprechen Sie dann ein paar Gebete für eine bessere Wiedergeburt der Insekten. Sie sind fühlende Wesen. Auch sie haben die Buddhanatur. Sie alle haben das gleiche Potential in zukünftigen Leben, wie wir es haben. Auch sie haben ein Recht, ihr Leben zu leben. Man sollte ihr Leben also nicht fahrlässig nehmen, sondern mit einem Gefühl von Verantwortlichkeit und Reue.

Es gibt ja vielleicht auch Sprays, die die Insekten vertreiben, aber nicht töten.

Ja, das ist wahr. Eine solche Möglichkeit würde ich zuerst in Betracht ziehen. Wir müssen die Entscheidungen treffen. Aber wir sollten zumindest verantwortliche Entscheidungen treffen und keine geistlose.

Worin liegt der Unterschied zwischen Hinayana und Vajrayana hinsichtlich des Essens von Fleisch? Im Vajrayana scheint das Essen von Fleisch recht verbreitet zu sein.

Es scheint recht klar, dass der Buddha Fleisch aß. Nach dem Vinaya, den klösterlichen Regeln, gibt es keine Regel, die das Essen von Fleisch untersagt. Ich selbst bin Vegetarierin, ich verteidige also nicht etwa eine eigene Gewohnheit. Der bösartige Cousin des Buddha, Devadatta, versuchte eine Spaltung des Sangha herbeizuführen. Er empfahl die Regeln des Sangha strenger zu machen. Er wollte, das alle Mönche eine Robe aus Lumpen tragen, wohingegen der Buddha sagte, dass sie das tun können, wenn sie es wollen, es aber nicht notwendig sei, dies zu tun. Und wenn ihnen jemand eine Robe gibt, können sie diese annehmen und tragen. Devadatta sagte, alle Mönche sollten ausschließlich vom Betteln leben, wohingegen der Buddha sagte, dass sie zwar vom Betteln leben sollten, es aber durchaus in Ordnung sei, wenn sie jemand zu einer Mahlzeit einlädt. Devadatta sagte, alle Mönche sollten unter Bäumen leben, wohingegen der Buddha sagte, dass sie zwar unter Bäumen leben können, es aber akzeptabel sei, eine Hütte oder Ähnliches anzunehmen, wenn sie einem angeboten wird. Devadatta wollte, dass alle Mönche strikte Vegetarier seien. Der Buddha sagte, dass sie Vegetarier sein könnten, wenn sie es wollen, aber wenn sie um Almosen betteln, sollten sie akzeptieren, was auch immer ihnen gegeben wird. Am frühen Morgen gingen die Mönche von Haus zu Haus und sammelten gekochtes Essen. Sie sollten, wirklich völlig frei von Ansprüchen oder Vorlieben, alles annehmen, was ihnen gegeben wurde. Daher sind die Mönche in den Ländern des Theravada, wo niemand Vegetarier ist, auch keine Vegetarier. Es ist eine sehr komplexe Situation.

In der Mahayanatradition gibt es Sutras, etwa das *Lankavatarasutra*, in denen kapitelweise Buddhas Schmähreden gegen Fleisch zu finden sind, in erster Linie, weil es unrein ist, weniger aus Mitgefühl mit den Tieren. Das ist interessant. Auf eine gewisse Art entspricht diese Sichtweise sehr der der Hindus. Aber wie auch immer, es gibt eine starke Mahayanaausrichtung gegen das Essen von Fleisch. Aus diesem Grund sind die Mönche und Nonnen in Ländern des Mahayana, wie China und Korea, strikte Vegetarier. Sie sind auch Veganer, denn die Chinesen essen in der Regel auch keine Milchprodukte. Um ausreichend mit Proteinen versorgt zu sein, essen sie sehr viel Tofu. Wenn Sie also Mahayanaklöster besuchen, wird man Ihnen dort immer vegetarisches Essen geben.

Das Vajrayana entwickelte sich in Indien in riesigen klösterlichen Kollegien und deren unmittelbarer Umgebung. Ich könnte mir nun vorstellen, das viele der Mönche dort Brahmanen und Kshatriyas waren, mit anderen Worten Leute aus den höchsten Kasten. Sie folgten dem Mahayana, was bedeutet, dass sie kein Fleisch aßen. Sie waren sehr rein, zölibatär, tranken keinen Alkohol und waren Vegetarier. Vegetarier zu sein verband sich in ihrem Geist mit einem bestimmten spirituellen Pfad. Und dann gab es diese Treffen, fast so etwas wie Hexensabbate, die oft nachts stattfanden, und immer außerhalb des klösterlichen Umfeldes, oft auf Friedhöfen. Warum nun auf Friedhöfen? Zum einen weil es sehr furchterregende Orte waren, zum anderen weil niemand anders in der Nacht dorthin ging. Ihre Anwesenheit dort war und blieb geheim. An diesen Orten taten sie Dinge, mit denen sie alle gängigen Verhaltensmuster über den Haufen warfen. Sie tranken Alkohol. Sie aßen Fleisch. Auch Frauen waren anwesend. Sie sangen. Sie tanzten. Sie brachen mit all den schweren Einschränkungen, die ihrer Meinung nach eine spirituelle Praxis ausmachten. Es war eine Katharsis für sie. Und das alles fand in der an sich schon unglaublichen Atmosphäre dieser Leichenverbrennungsstätten statt. Diese Verbrennungsstätten waren nicht wie die hübschen kleinen Friedhöfe von heute, mit Blumen, Kerzen und Engeln aus Stein. Es waren Orte, an die man Leichname brachte und sie in die Tiefe schleuderte. Es waren furchterregende Orte, an denen sich seltsame Dinge zutrugen. An solch furchterregenden und fragwürdigen Orten konnte man aus allen hemmenden Einschränkungen ausbrechen. In der tibetischen Tradition wird dies durch ein eher halbherziges, alle zwei Monate stattfindendes Ritual repräsentiert, das als *Tsog* bekannt ist. Teil dieses Rituals ist es, unter unzweifelhaften Umständen innerhalb des Klosters oder Dharmazentrums ein kleines bisschen Fleisch und Alkohol zu sich zu nehmen. Dazu singt man dann einen schönen und inspirierenden Vajragesang. Doch das ist nur ein blasser Abklatsch von dem, was auf diesen Verbrennungsstätten stattfand.

Das Vajrayana zielt darauf ab, mit magischen Praktiken unsere Vorstellungen von rein und unrein vollkommen umzudrehen. Vor allem für Inder ist Reinheit geradezu eine fixe Idee. Das Tantra versuchte das aufzulösen. Manche Hinduyogis führen diese ursprünglichen Praktiken noch heute aus. Tantrische Hinduyogis sind sehr interessante Leute. Sie leben tatsächlich in Leichenverbrennungsstätten. Sie sitzen auf Leichen.

Sie essen Leichen. Sie tun das heute noch, um aus allen hemmenden Einschränkungen der Psyche auszubrechen, aus dem ständigen „Das darf ich“ und „Das darf ich nicht“, um Hoffnung und Furcht, Anziehung und Abscheu hinter sich zu lassen. Sie tun all die Dinge, die konventionellerweise als absolut widerwärtig eingestuft werden. Um das und nichts anderes ging es dabei.

Es gibt ein sehr interessantes Buch mit dem Titel *Agora*. Es geht darin um einen modernen Tantrika, der die Hälfte seiner Zeit als Geschäftsmann in Bombay verbringt und die andere Hälfte nackt in Leichenstätten lebt. Es ist ungeheuerlich. Aber wenn man es liest, ist man an das Leben der Mahasiddhas im achten Jahrhundert erinnert. Als der Buddhismus nach Tibet kam, wurde vieles dieser Art vermeintlich „gesäubert“ und viele dieser tantrischen Praktiken wurden zu rein symbolischen Handlungen. Ursprünglich gab es zum Beispiel die so genannten Fünf Arten von Nektar, die ich jetzt nicht beschreiben werde, weil sie ziemlich abscheulich sind. Aber in der alten Zeit machten sie keine Scherze damit. Sie benutzten die echten Zutaten, weil sie wirklich alle geistigen Konzepte darüber, was akzeptabel ist oder nicht, hinter sich lassen wollten. Genau darum geht es im Tantra. Heute ist das Tantra fast alltäglich und vieles ging verloren. Natürlich bringen die Tibeter nach wie vor große erleuchtete Meister hervor, es funktioniert also immer noch. Aber ein Aspekt des Tantra ist verloren.

Aber zurück zum Fleisch. Also, das Fleischessen in den höheren Tantras sollte nur schockieren. Man trinkt Alkohol und man isst Fleisch. Als der Buddhismus zum ersten Mal nach Tibet kam, traf er auf wilde Barbaren, die gerade den größeren Teil Zentralasiens unterworfen hatten. Sie waren sehr kriegerisch. Sie sind es immer noch, und deshalb sind sie so großartige Praktizierende. Sie haben diesen Kriegergeist und werden damit entweder Banditen oder hervorragende Praktizierende. Sie haben eine Menge roher Energie. Als das Tantra schließlich im achten Jahrhundert von Padmasambhava in Tibet eingeführt wurde, waren sie Feuer und Flamme. Nun, nicht sofort. Anfangs waren sie noch skeptisch. Sie hatten bereits einige Erfahrungen mit Mahayanabuddhismus und als der tantrische Buddhismus in Tibet eingeführt wurde, gab es zunächst Kontroversen. Aber nach einer gewissen Zeit akzeptierten sie ihn als gültigen und legitimen spirituellen Pfad. Als sie schließlich sahen, dass er nichts Dämonisches ist, gingen sie mit sehr großem Enthusiasmus ans Werk. Er passte unglaublich gut zum Charakter der Tibeter. Es war wie gemacht für Tibeter.

Jede Religion hat ihre Portion Scheinheiligkeit. Tatsächlich steht nirgendwo im Vajrayana geschrieben, dass man Fleisch zu essen hat. Heute werden immer mehr Lamas Vegetarier, vor allem die jüngeren. Teilweise aus gesundheitlichen Gründen, teilweise aber auch, weil sie die Scheinheiligkeit erkennen, die darin liegt, über universelles Mitgefühl zu sprechen und sich dann über ein Steak oder ein Huhn herzumachen. Ich glaube nicht, dass das irgendetwas mit Erleuchtung zu tun hat. Meiner Meinung nach ist das Schöne am tibetischen Buddhismus, dass man all die Dinge tun kann, die von den meisten religiösen oder spirituellen Traditionen als absolute Tabus angesehen werden. Die Tibeter waren schmutzig. Reinlichkeit ist gleich Göttlichkeit? Vergessen Sie's! Sie essen all die falschen Dinge. Sie essen Fleisch, Zwiebeln und Knoblauch. Sie trinken. Sie tun all die Dinge, die man angeblich nicht tun sollte und sie werden trotzdem erleuchtet! Es ist gut für uns, etwas über diese Dinge zu hören, erinnert es uns doch daran, nicht zu sehr an solchen Vorstellungen und Ansichten zu haften. Es ist gut, kein Fleisch zu essen. Es ist gut, sauber zu sein. Aber diese Dinge haben nichts zu tun mit dem Erlangen von Erleuchtung.

Das ist das erste Mal, dass ich etwas über Zwiebeln und Knoblauch höre. Was für Einwände gibt es gegen Zwiebeln und Knoblauch?

In indischer Tradition essen die Angehörigen der höheren Kasten, etwa die Brahmanen, weder Fleisch noch Zwiebeln. Nach der uralten Wissenschaft von *Ayurveda* gibt es drei *Gunas* oder Qualitäten: *Sattva*, *Rajas* und *Tamas*. Nahrung wird ebenfalls in diese drei Kategorien eingeteilt. Sattva bedeutet rein. Es reinigt den Körper und den Geist. Nahrungsmittel der Kategorie Sattva wären zum Beispiel Milch, reine Körner, Gemüse, Käse und so weiter. Dann haben wir die Kategorie Rajas. Rajas ist etwas Feuriges und Erregendes, etwas was uns anregt und uns Energie gibt. Zwiebeln und Knoblauch, Fisch und Huhn, Tee und Kaffee fallen in diese Kategorie. Diese Nahrungsmittel werden als stimulierend betrachtet und daher als kontraproduktiv für jeden, der ein reines und keusches Leben führen möchte. Und schließlich gibt es die Kategorie Tamas. Nahrungsmittel dieser Kategorie sind schwer und machen den Geist stumpf. Dazu gehören Rindfleisch und Speck, Alkohol und alle frittierten Speisen. Nach der buddhistischen Vinayatradition sollten Mönche und Nonnen weder Zwiebeln noch Knoblauch essen. Also wird auch in der chinesischen Tradition das Essen ohne Zwiebeln und Knoblauch zubereitet.

XII
Die Rolle des spirituellen Meisters

Ich werde über die Rolle des Lehrers sprechen und werde dabei vor allem auf seine Bedeutung im Vajrayana eingehen. Zur Zeit des Buddha war der Lehrer natürlich der Buddha selbst und er war die höchste Autorität. Es wurde aufgezeichnet, dass der Buddha kurz vor dem Dahinscheiden von Ananda gefragt wurde, wer der neue Lehrer sein solle, woraufhin der Buddha antwortete: „Lasst den Dharma selbst euer Lehrer sein." In der Tradition des Mahayana wird der Lehrer als *Kalyanamitra* beschrieben, was so viel bedeutet wie „guter Freund" oder „spiritueller Freund". Eine solche Person muss jemand sein, der bereits ein gutes Stück weiter auf dem Pfad gereist ist als der Schüler. Der Guru muss in hohem Maße Weisheit und Mitgefühl entwickelt haben. Die angemessene Reaktion des Schülers ist tiefe Dankbarkeit gegenüber dem Lehrer sowie tiefes Vertrauen in die Fähigkeiten des Lehrers oder der Lehrerin.

Im Vajrayana, in der tantrischen Schule also, spielt der Lehrer die wichtigste Rolle überhaupt. Ich denke, es gibt dafür zwei Hauptgründe. Zum einen ist ein authentischer Lehrer oder Guru derjenige, der uns die leere, gewahre, klare Natur unseres uranfänglichen Geistes enthüllt, unsere uns angeborene Weisheit und unser Mitgefühl. Dies, die unkonditionierte Natur des Geistes, ist immer bei uns. Es ist der grundlegendste Aspekt unseres Wesens. Ohne Hilfe ist es uns jedoch fast unmöglich,

Zugang dazu zu erlangen. Wir brauchen einen Lehrer, der in der Lage ist, die psychischen Umstände herbeizuführen, die es uns gestatten, einen Einblick in unsere angeborene Natur zu erhalten. Ein wahrer, echter Guru ist also jemand, der uns die Natur des Geistes aufzeigt. Er oder sie ist daher ein sehr wichtiger Mensch in unserem Leben.

Ein traditionelles Beispiel, um die Rolle des Lehrers zu beschreiben, ist das der Sonne. Die Sonne ist riesig und mächtig und erwärmt die ganze Erde. Wenn man jedoch ein Blatt Papier in der Mittagssonne auf den Boden legte, würde es lediglich ein wenig austrocknen und vielleicht etwas zerknittern. Es würde sicherlich nicht Feuer fangen. Platzieren wir aber eine Lupe zwischen Sonne und Papier, werden die Sonnenstrahlen fokussiert und ihre Intensität vervielfacht. Sehr bald würde das Papier braun werden, dann zu rauchen beginnen und schließlich in Flammen aufgehen. Ebenso heißt es, dass der Segen der Buddhas und Bodhisattvas zwar unendlich und unglaublich kraftvoll ist, er uns aber schwerlich direkt verwandeln kann, ohne die Hilfe eines spirituellen Meisters. Das liegt an unseren Verunreinigungen und Verdunklungen. Ein qualifizierter Lehrer verkörpert den Segen, die Inspiration, die Kraft, das Mitgefühl und die Weisheit aller Buddhas in menschlicher Gestalt. Wie ein Vergrößerungsglas kann er, oder sie, diesen Segen verdichten und damit Realisation in einem Schüler entfachen. Das liegt daran, dass der Guru eine menschliche Form hat, und daran, dass eine Übertragung von Geist zu Geist stattfindet. Der Guru gibt uns also nicht etwa etwas. Er oder sie gestattet es lediglich, dass sich die notwendige innere Offenheit einstellt. Wir werden später auf diesen Gedanken zurückkommen.

Des Weiteren kann uns ein Guru Anleitung und Führung geben. Wenn wir allein durch unbekanntes Territorium reisen (und was ist uns unbekannter als unsere eigene Seelenlandschaft?), ist es sehr wahrscheinlich, dass wir uns verlieren, selbst wenn wir eine Karte haben. Wir schreiten also dahin und plötzlich gabelt sich der Pfad. Nehmen wir nun die linke oder die rechte Abzweigung? Wenn wir die Karte zu Rate ziehen, gibt sie uns nicht immer eindeutig Auskunft. Die Karte liefert uns einen groben Überblick, aber die kleinen Seiten- und Schleichwege sind nicht eingezeichnet. Wir könnten uns für die richtige Abzweigung entscheiden, aber auch für die falsche, plötzlich befinden wir uns in einem Sumpf oder in Treibsand!

Ich erinnere mich an eine Begebenheit, als ich mit diesem alten Yogi praktizierte. In jenen Tagen ging ich täglich zu ihm und er gab mir nur recht generelle Anweisungen. Ich erzählte ihm, was ich gerade tat, und er sagte immer etwas wie: „Oh, hmm, ja, in Ordnung.“ Einmal war wirklich etwas geschehen. Ich war ausgesprochen zufrieden mit mir, denn ich hatte endlich eine Erfahrung gehabt! Also ging ich zu ihm und berichtete ihm davon. Er sagte nur: „Hmm“ und wirkte völlig desinteressiert. Dann fragte er: „Ist sonst nichts geschehen?“ Also zermarterte ich mir das Hirn und versuchte mich zu erinnern. Mir fielen noch ein paar Kleinigkeiten ein und ich erzählte ihm jedes Detail. Augenblicklich setzte er sich auf: „Sag das noch mal.“ Ich wiederholte es und erklärte, wie sich dies und das zugetragen hatte. Daraufhin sagte er: „Das ist es! Das ist es, worauf wir gewartet haben. Von jetzt an tue dieses und jenes.“ Er schob mich in eine vollkommen andere Richtung. Ich selbst wäre niemals auf diese Idee gekommen. Ich wusste nicht einmal, was es war, worauf wir gewartet hatten. Mir schien es überhaupt nicht wichtig. Aus diesem Grund brauchen wir einen Lehrer. Mit anderen Worten, wenn wir einen Führer haben, dann können wir mit Vertrauen ausschreiten, denn wir wissen, wir sind mit jemandem zusammen, der den Weg kennt. Wenn wir allein sind, müssen wir sehr langsam gehen. Wir sind sehr zögerlich. Mit einem Führer zur Seite können wir richtig ausschreiten.

Jeder träumt davon, den perfekten Meister zu finden, der ihn unter seine Fittiche nimmt. Von jetzt an keine Probleme mehr! Ha! Es gibt Filme, in denen manche Leute immense Schwierigkeiten auf sich nehmen und nach ihrem Lehrer suchen. Und wenn sie schließlich bei der richtigen Höhle ankommen, sitzt da dieser alte Yogi, sieht sie an und sagt: „Ah, ich habe auf dich gewartet. Was hat denn so lange gedauert?“ Es ist eine weit verbreitete Wunschvorstellung, den perfekten Meister zu finden, der alles für einen arrangiert. Man hätte dann nichts weiter zu tun, als den Anweisungen zu folgen, und die Erleuchtung ist garantiert. Ich kenne sogar Leute, die es ablehnen, irgendetwas selbst zu tun. Sie warten darauf, dass der perfekte Guru irgendwann von irgendwoher auftaucht und die richtigen Worte sagt. Sie stellen sich vor, dass sie dann sofort verstehen und augenblicklich ein für alle Mal und für alle Zeiten erleuchtet sein werden. Und das ohne auch nur einen einzigen eigenen Handschlag tun zu müssen. Sie glauben tatsächlich, dass sie irgendwann diesen Meister treffen werden und er dann die Worte spricht, die für immer und ewig all ihre Probleme lösen.

Was für Voraussetzungen muss denn nun ein wahrhaft qualifizierter Guru haben? Nun, wenn wir Physik studieren, dann wollen wir sicher gehen, dass derjenige, bei dem wir studieren, die Physik auch wirklich verstanden hat. Was immer wir lernen wollen, wir wollen uns sicher sein können, dass unser Lehrer ein wirklicher Meister seines Faches ist. Um wie viel mehr trifft das zu, wenn wir versuchen, etwas derart Bedeutsames wie unsere eigene angeborene erleuchtete Natur zu entdecken! Es ist offensichtlich, das uns niemand den Weg dorthin weisen kann, der diesen Weg nicht bereits für sich selbst gegangen ist.

Die nächste Frage lautet: „Woher wissen wir, ob jemand wahrhaft realisiert und somit qualifiziert ist?“ Die Antwort darauf ist, wir wissen es nicht. Es ist immer ein Glücksspiel. Aber es gibt Hinweise. Wenn ich mir Lehrer anschaue, dann stelle ich mir immer die Frage: „Kommt all das aus ihrer angeborenen Leerheit oder von einem Ego?“ Realisation und Einsicht haben nichts mit Charisma zu tun. Wir lassen uns schnell blenden von charismatischen Persönlichkeiten und von solchen, die sich gut zu präsentieren wissen oder uns intellektuell befriedigen. Aber woher kommt das alles? Kommt es tatsächlich aus leerer Weisheit und wahrem Mitgefühl? Oder steckt nur ein weiteres riesig aufgeblasenes Ego dahinter? Wir müssen sensibel genug sein, das zu fühlen. Ich werde immer stark misstrauisch, wenn ich höre, wie jemand von sich behauptet, erleuchtet zu sein. Ich habe niemals einen tibetischen Lama getroffen, der auch nur im Traum daran denken würde, eine solche Behauptung zu machen. Die meisten Lamas sagen: „Oh, ich bin wie du. Ich praktiziere auch. Ich übe mich. Aber dieser oder jener Lama, er ist wirklich außergewöhnlich. Er kann dieses und jenes tun. Aber ich, ich bin nur ein ganz gewöhnlicher Mensch.“ Das heißt nicht, dass sie kein inneres Selbstvertrauen ausstrahlen können, wenn sie auf einem hohen Thron sitzen. Aber dieses Selbstvertrauen sollte aus dem entstehen, was sie lehren, und nicht aus einem aufgeblasenen Ego. Wir sollten meiner

Meinung nach auch beobachten, wie sie sich benehmen, wenn sie von ihrem Thron herabgestiegen sind. Wir sollten beobachten, wie sie sich benehmen oder geben, wenn sie mit gewöhnlichen Leuten zu tun haben. Wie benehmen sie sich in alltäglichen Situationen? Wie behandeln sie gewöhnliche Leute, die ihnen nicht von Nutzen sind?

Der Dalai Lama sagt, dass wir den Lehrer genau unter die Lupe nehmen müssen. Ich weiß, das ist nicht einfach, aber Westler tendieren dazu, zu vertrauensvoll zu sein, zu leichtgläubig. Asiaten verlangen da sehr viel mehr. Sie haben gewisse Standards, an denen sie ihre spirituellen Lehrer messen. Das liegt wohl daran, dass die spirituelle Lehre bei ihnen schon sehr viel länger besteht. Tibeter sind nicht naiv. Manche Leute halten sie für sehr einfach gestrickt und abergläubisch noch dazu. Aber es sind die Westler, die die Tibeter oft dazu bringen, sich mit offenem Mund über deren Leichtgläubigkeit zu wundern. Der Dalai Lama sagt sogar, wir sollten den Lehrern nachspionieren! Wie verhalten sie sich, wenn sie nicht im Rampenlicht stehen? Sind sie gütig und mitfühlend oder haben sie einfach nur ihren Spaß daran, Leute an der Nase herumzuführen und es sich gut gehen zu lassen. Als ich meinen eigenen Lehrer einmal über etwas kontrovers angesehene Lamas im Westen befragte, sagte er: „Nun, im Augenblick ist das schwer zu sagen. Schau dir in zwanzig Jahren ihre Schüler an." Das ist ein sehr guter Indikator dafür, von welchem Kaliber ein Lehrer ist. Was passiert mit ihren älteren Schülern? Würde man wie sie sein wollen? Wie ist das Umfeld des Guru? Macht es einen gesunden Eindruck? Werden die Schüler manipuliert? Sind sie fähig, Entscheidungen zu treffen, ohne jedes Mal erst zum Guru zu laufen? Sind sie psychisch abhängig von ihrem Lehrer?

Das tibetische Wort „Lama" bedeutet wörtlich so viel wie „hohe Mutter", wobei die Silbe *Ma* weiblich ist. Lama ist also ein weibliches Wort. Die Tibeter erwähnen dies in der Regel nicht. Der Guru ist also wie eine Mutter. Wenn eine Mutter kleine Kinder hat, werden sie von ihr ernährt, umsorgt und angeleitet. Das ist ihre Aufgabe. Kleine Kinder sind von ihrer Mutter abhängig, weil sie selbst noch nichts wissen. Will die Mutter immer noch „Mami" sein, wenn die Kinder bereits großgezogen sind, will sie die Kinder weiterhin in Abhängigkeit halten, dann ist sie nicht länger eine gute Mutter. Eine gute Mutter erzieht ihre Kinder zu immer größerer Selbstständigkeit, sodass sie das Haus verlassen können, wenn sie volljährig sind. Eine gute Mutter erzieht ihre Kinder zu autonomen Wesen, die für sich selbst bestehen und ihrerseits Eltern sein können, wenn die Zeit kommt. Auf die gleiche Art und Weise führt ein authentischer Guru seine Schüler dahin, ihre eigene Weisheit zu entdecken, ihren inneren Guru. Er oder sie führt sie dahin, für sich selbst Entscheidungen treffen zu können. Jeder „Guru", der lediglich einen Zirkel von Schülern schafft, die ihn grenzenlos bewundern, an seinen Lippen hängen, um seine nektargleichen Worte zu empfangen, die zunehmend abhängiger von ihm werden und nur darauf bedacht sind, jeden seiner Wünsche zu erfüllen, ist lediglich in den Gedanken verliebt, Guru zu sein. Ohne seine Schüler wäre so jemand kein Guru mehr. Die Schüler sind seine Machtbasis. Es kann einem ziemlich zu Kopf steigen, wenn man Leuten auftragen kann, etwas zu tun, und diese tun es dann tatsächlich und ohne Widerrede, selbst wenn sie es eigentlich gar nicht wollen. Es kann zu einer Droge werden.

Bei manchen Gurus kann man ein solches Umfeld beobachten. Jahr für Jahr schaffen sie diese symbiotische Beziehung, in der die Schüler immer unselbstständiger und abhängiger von ihm werden und unfähig sind, eine Entscheidung zu treffen, ohne erst nachzufragen, was wohl Guru-ji davon hält. Wenn das passiert, dann läuft etwas ernsthaft falsch. Natürlich wird ein guter Lehrer seinen Schülern zunächst sagen, was zu tun ist, denn er ist ja da, um sie anzuleiten. Aber mit der Zeit wird er Dinge sagen wie: „Nun, was willst du tun? Wie, denkst du, soll es weitergehen?" In zunehmendem Maße spielt er seinen Schülern den Ball wieder zurück, um ihnen zu ermöglichen zu wachsen. Wenn die Zeit gekommen ist, wird der Lehrer seine Schüler wahrscheinlich fortschicken.

Milarepa, der große tibetische Yogi des elften Jahrhunderts, behielt seine Schüler bei sich, entweder in derselben Höhle oder einer benachbarten, bis sie in ihrer Meditationspraxis sicher geworden waren. Dann schickte er sie fort und besuchte sie von Zeit zu Zeit, um zu sehen, wie sie fortschritten. Der Guru soll uns helfen, unsere angeborene Weisheit zu entdecken, damit wir eben nicht ewig auf ihn angewiesen sind. Auch wir müssen unseren Teil dazu tun, indem wir uns reinigen und unseren

Geist zunehmend empfänglicher und offener machen. Wenn wir dann den Meister treffen, sind wir wahrhaft präsent und eine echte Übertragung kann stattfinden.

Was werden wir also jetzt tun? Wir sind hier im Westen. Hier gibt es nicht allzu viele Lehrer. Es gibt zwei Hauptfragen, die mir überall gestellt werden. Wie geht man mit Wut um und wie findet man einen Lehrer. Beide Fragen sind sehr komplex. Es gibt Lehrer und es gibt Lehrer. Da gibt es den Herzenslehrer, der gelobt hat, den Schüler zur Erleuchtung zu führen, in diesem oder in einem zukünftigen Leben. Das ist eine Herzensverpflichtung, die zwischen dem Lehrer und dem Schüler besteht. Es ist eine absolute Verpflichtung, ein Versprechen, das vom Schüler vollkommene Hingabe verlangt. Aus diesem Grund ist es so außerordentlich wichtig, vorsichtig zu sein. Wenn man auf seiner spirituellen Reise einen authentischen Guru findet, ist das der größte Segen, den man in diesem Leben erfahren kann. Wenn man einem falschen Guru aufsitzt, dann springen Lehrer und Schüler, wie die Tibeter sagen, Hand in Hand in den Abgrund. Nach tibetischer Sichtweise führt dies zu einer Wiedergeburt in den Höllen. Außer dem Herzenslehrer gibt es noch viele andere Lehrer. Das bedeutet aber nicht, dass man sich vor jedem, mit dem man eine Verbindung zu spüren glaubt, auf den Boden werfen und sagen muss: „Nimm mich, ich bin dein von jetzt bis zur Erleuchtung."

Im Augenblick sind wir hier. Aber wir wollen lernen, wie wir nach Hause gehen können. Wir wollen lernen, aus dieser enormen Verwirrung zur Einfachheit unserer wahren Natur zurückzukehren. Es gibt viele, die uns auf diesem Weg helfen können. Viele, die uns die Wegweiser zeigen können. Jeder, der uns echte Hilfe und Führung geben kann, ist ein Lehrer. Sie mögen in der Form eines Lehrers erscheinen, der Belehrungen gibt. Andere mögen wir nur ganz kurz treffen. Sie können sogar in der Form eines Verwandten oder Freundes erscheinen. Wer weiß? Jeder, von dem wir etwas lernen, wird zu einem Lehrer, einem spirituellen Freund. Persönlich bin ich der Meinung, wir sollten unsere Aufmerksamkeit von der Suche nach dem Herzensguru auf die Suche nach spirituellen Freunden verlagern. Wenn wir unsere Lehrer als spirituelle Freunde betrachten, dann wird alles sehr viel weiter, denn spirituelle Freunde können wir viele haben. Der Buddha sagte einmal, dass der Dharma unser Lehrer sein solle, und die Lehren haben wir ja. Wir haben die Techniken. Wir haben die Praktiken. Es gibt viele Leute, die diese kennen. Da gibt es diejenigen, die viele Jahre lang praktiziert haben, und viele, die ihr ganzes Leben der Praxis verschrieben haben. Es gibt viele Leute, die sich recht gut auskennen. Hilfe ist also vorhanden. Sie muss nicht unbedingt in der Form von Lehrern erscheinen, die Licht ausstrahlen oder Broschüren verschicken, um uns von ihrer Erleuchtung zu berichten. Lehrer können in sehr simpler Form erscheinen. Aber wenn sie selbst praktiziert haben, wenn sie selbst einem echten Meister gefolgt sind, wenn sie in einer reinen und wahrhaften Linie stehen und die Früchte ihrer Praxis geerntet haben, dann sind sie gültige Lehrer.

Wir alle haben eine Menge zu tun. Wir haben vieles zu bereinigen, noch viel darüber zu lernen, wie man den Geist bezähmt, wie man ihn reinigt, wie man ihn einfacher macht und wie man beginnt, ihn zu verstehen. Wir brauchen keinen Buddha, der ständig vor uns steht. Wir können das selbst leisten, mit Hilfe korrekter Anleitung. Auf den perfekten Lehrer zu warten ist wenig nützlich. Wie bereits gesagt, wenn der perfekte Lehrer plötzlich vor uns stehen würde, wären wir denn bereit für ihn? In der Zwischenzeit bereiten wir uns also darauf vor. Wir können enorm viel tun. Und dann kann es passieren, dass eine winzige Kleinigkeit einen großen Durchbruch auslöst.

Es gibt viele Geschichten aus der Tradition des Zen, in denen irgendwo ein Einsiedler lebt und irgendwann einmal ein Mönch vorbeigewandert kommt. Der Einsiedler gibt einen rätselhaften Ausspruch von sich und der Mönch „kapiert" es. Was uns diese Geschichten nicht berichten – der asiatische Geist setzt dieses Wissen voraus –, ist, dass der Mönch dreißig Jahre auf seiner Matte gesessen hat, bevor ihm jemand den entscheidenden Satz sagte. Der Satz allein ist es nicht, denn wir können diesen Satz lesen und denken: „Und?" Für uns stellt sich dabei keine besondere Einsicht ein. Es war die Vorbereitung, es waren diese unzähligen Stunden, Monate und Jahre des Sitzens, des Anwendens von Gewahrsein in jeder Aktivität, des Erlernens, wie man den Geist präsent macht. Verstehen Sie? Es kann nicht alles vom Guru kommen. Eine ganze Menge muss der Schüler selbst leisten.

Man erzählt sich viele Geschichten vom Leben der Mahasiddhas, der großen Yogis des achten und neunten Jahrhunderts in Indien. Oft waren sie Laien, Schneider, Geschäftsleute, Juweliere. Leute mit den unterschiedlichsten Karrieren, die sich in einer Art spirituellem Sumpf befanden. Sie kamen einfach nicht vom Fleck. Dann kam ein Meister daher und gab ihnen eine kurze Belehrung. Nur eine kleine Belehrung, und dann verschwand er wieder und ward nie wieder gesehen. Aber sie praktizierten diese Belehrung. Sie nahmen sie und transformierten damit ihr alltägliches Leben, bis sie schließlich große Verwirklichung erlangten. Mit anderen Worten, diese Leute lebten nicht mit oder bei ihren Gurus. Vielleicht sahen sie ihren Guru nur ein einziges Mal. Aber sie haben damit gearbeitet. Und sie taten dies hartnäckig und ausdauernd, Tag für Tag, bis sich Verwirklichung einstellte.

Sehen Sie, manchmal ist diese Wunschvorstellung, den perfekten Guru zu finden, nichts weiter als eine andere Form von Faulheit. „Nun, ich habe noch keine Verwirklichung, weil ich meinen Lehrer noch nicht gefunden habe." Aber in der Zwischenzeit gibt es alles Mögliche für uns zu tun. Denn wie ich bereits anfangs gesagt habe, was wir wirklich tun, ist, zu versuchen, mit dem wieder in Verbindung zu treten, was wir schon immer gehabt haben. Wir versuchen unseren inneren Guru zu finden. Wir versuchen mit unserer uranfänglichen Natur, mit unserem Weisheitsgeist, der immer da war, in Verbindung zu treten. Unsere letztendliche Praxis ist die Zufluchtnahme. Als tibetische Buddhistin sollte ich dies vielleicht nicht sagen, aber um ehrlich zu sein, sich einfach nur im „Dunstkreis" eines Lehrers aufzuhalten und unsere Zeit damit zu verbringen, eine bestimmte Position zu erlangen und sicherzustellen, dass der Lehrer uns bemerkt, hat wenig mit Dharma zu tun. Es sind nur dieselben alten weltlichen Emotionen – Gewinn und Verlust, Hoffnung und Furcht, Freude und Leid, Lob und Tadel, Ruhm und Schande. All das kann man im Umfeld mancher Gurus in seiner reinsten Form beobachten. Da gibt es ungezügelte Eifersucht und Konkurrenz. Es wäre besser, einfach nach Hause zu gehen, sich auf sein Kissen zu setzen, gütig zu unserer Familie zu sein und zu lernen, dies zu unserer Dharmapraxis zu machen. Es wäre besser, zu lernen, wie man gegenüber jedem, den man trifft gütig, mitfühlend und geduldig ist. Wenn Leute völlig in ihrem Guru-Trip aufgehen, passiert es sehr oft, dass sie sich völlig dieser einen Organisation verschreiben und eine sehr enge Sichtweise entwickeln. Es gibt nur diesen einen Guru, nur diesen einen Sangha und nur seine Belehrungen. Nicht anderes existiert. Wenn Sie Zweifel an Ihrer Verbindung mit einer bestimmten Gruppe haben, dann schauen Sie sich die Leute an. Machen sie den Eindruck, erleuchteter zu sein als die Leute, denen man jeden Tag auf der Straße begegnet?

Es ist von Vorteil, einen Lehrer zu treffen, der im Besitz wirklicher Weisheit ist, der diese sehr spezielle Präsenz hat, wie sie manche Lamas haben, egal welcher Tradition sie angehören. Da ist eine gewisse egolose Qualität. Wenn man diese spürt, dann weiß man, dass man sich in der Gegenwart eines wahrhaftigen Meisters befindet und nicht bei einem, der nur an Selbstdarstellung interessiert ist. Ein Lehrer, der ganz schlicht und einfach ist und in dessen Gegenwart man doch etwas Spezielles spürt. Wenn man einen solchen Meister trifft, sollte man eine Belehrung von ihm oder ihr erbitten und damit arbeiten. In der Zwischenzeit, wenn man einen solchen Meister also noch nicht getroffen hat, sollte man jede Quelle von Weisheit, von Wissen und Verstehen nutzen, die einem zur Verfügung steht, und von ihr lernen. Wir haben so viel zu tun. Und wir alle können augenblicklich damit anfangen. Wir gewinnen nichts, wenn wir unsere Zeit mit Warten verbringen!

Die Idee des „Guru" kann durchaus schädlich sein. Sie verdreht den Leuten vollkommen den Kopf. Ich hatte einen perfekten Guru, es ist also nicht alles nur idealistisches Gerede. Aber ich denke ehrlich gesagt nicht, das es das ist, was sie brauchen. Was wir alle wirklich brauchen, ist mehr Praxis, nicht diese Phantasie von Shangri-La. Es gibt eine großartige Stelle in dem Film *Kundun*, wo der Dalai Lama sagt: „Sie können mich nicht befreien, General Tan. Nur ich selbst kann mich befreien." Der Buddha sagte, dass nur Buddhas den Weg weisen. Jeder von uns muss den Pfad aber selbst beschreiten. Es mag zwar widersprüchlich klingen, aber wenn wir einen wirklich perfekten Meister treffen, dann kann er oder sie unseren Fortschritt beschleunigen. Darüber gibt es keinen Zweifel. Ich will damit nur noch einmal sagen: Wenn Sie einen solchen Meister treffen, gut für Sie! Und in der Zwischenzeit machen Sie einfach weiter! Vergeuden Sie ihre Zeit nicht mit Warten! Und machen Sie das „Teil sein in einer Guru-Szene" nicht zur Grundlage

Ihres Lebens! Das ist wirklich Zeitverschwendung. Nach meiner eigenen Beobachtung bringt ein solches Umfeld wirklich die niederträchtigsten Seiten in uns zum Vorschein, ohne diese jedoch beizulegen. Manche Gurus führen sich haarsträubend auf und manche von ihnen treiben es wirklich zu weit. Wo ist da das Mitgefühl? Wo sind die geschickten Mittel? Die Leute werden so verwirrt und sagen sich dann: „Das muss eine Belehrung sein." Es ist ein wenig so, als würde man sagen: „Schlag mich fester. Autsch, das tut weh. Deswegen muss es gut für mich sein." Vielleicht ist es aber überhaupt nicht gut für Sie! Vielleicht ziehen Sie sich so nur Blessuren zu! Natürlich ist das nicht immer der Fall. Manche Gurus haben recht nette Leute um sich herum. Aber allzu oft vergeuden die Leute ihre Energie damit, einfach nur in der unmittelbaren Nähe des Guru zu sein und es zu bleiben, anstatt ihren Blick nach innen zu richten und zu entdecken, wer sie sind. Es ist wesentlich besser für uns, wenn wir uns darauf konzentrieren, unser Leben so einfach wie möglich zu halten und eins zu werden mit unserer Praxis, anstatt sich in all diesen anderen Dingen zu verlieren.

Ein geschickter Guru ist wie ein guter Chirurg. Er oder sie weiß ganz genau, wann, wo und wie das Skalpell einzusetzen ist. Und selbst wenn es für einen Augenblick Schmerzen verursachen mag, der Körper weiß doch, dass er geheilt wird. Auf der anderen Seite gibt es unfähige Chirurgen, die nur blind herumstochern und die entscheidende Stelle nie finden. Solche Chirurgen hinterlassen einen verletzten, blutenden und vernarbten Patienten. Schmerz zu verursachen ist nicht Sinn und Zweck der Übung. Zweck der Operation ist es, die entsprechende Stelle des Körpers zu finden, die behandelt werden muss, um so die Heilung des Patienten herbeizuführen.

Letztlich sind wir natürlich alle unsere eigenen Gurus. Letztlich müssen wir uns alle Zugang zu unserer eigenen, uns angeborenen Weisheit verschaffen. Das kann gefährlich sein, denn unser innerer Führer mag uns durchaus die Dinge sagen, die wir gern hören mögen. Wir wissen, dass wir wirklich mit unserem inneren Führer in Verbindung stehen, wenn er uns zu Dingen rät, die wir absolut nicht tun wollen!

Wir alle sind im Besitz innerer Weisheit, und wir sollten allmählich damit immer häufiger mit ihr in Kontakt treten. Wir werden dann eine gewisse innere Haltung erfahren und ein Gefühl von Eigenständigkeit. Schließlich versuchen wir, erwachsen zu werden und nicht auf immer und ewig ein Kind zu bleiben. Der Buddha bezeichnete unerleuchtete Leute als „die Kinder". Manchmal wird das übersetzt als „Narren", aber das heißt es eigentlich nicht. Es bedeutet „diejenigen, die noch unreif sind". Diejenigen unter uns, die auf einem spirituellen Pfad sind, sollten also manchmal zurückblicken, um zu sehen, was mit ihnen geschieht. Stellen wir wirklich eine innere Verwandlung fest? Haben wir wirklich damit begonnen, erwachsen zu werden? Haben wir mehr Verständnis und Verstehen erlangt? Ist unser Inneres, unsere Psyche wirklich einfacher und klarer geworden, offener und weiter? Haben sich unsere negativen Emotionen wie Gier und Begierde, Wut und Aversion, Täuschung und Verwirrung verringert, vermehrt oder sind sie unverändert geblieben?

Palden Atisha, der große bengalische Heilige, der im elften Jahrhundert in Tibet lebte, sagte, der Test, ob eine Praxis erfolgreich ist, bestehe darin, zu prüfen, ob unsere negativen Emotionen abgenommen haben. Wenn dem nicht so ist, ist diese Praxis für uns nutzlos. Ist dem doch so, dann wissen wir, dass wir uns auf dem richtigen Weg befinden. Das können wir alles selbst überprüfen. Wir brauchen dazu niemanden, der es uns sagt. Der Pfad liegt vor uns. Es wurde sehr viel darüber geschrieben. Es gibt Menschen, die diesen Pfad beschritten haben. Sie sind hier unter uns. Wir müssen nicht alles aufgeben und uns auf dem schnellsten Weg nach Indien aufmachen. Hier und jetzt sind für uns der Ort und die Zeit zu praktizieren. Mit unserer Familie, unserem Job, unseren sozialen Verpflichtungen. Wenn wir nicht hier praktizieren können, wo dann? Wir tragen unseren Geist immer mit uns herum, egal wohin wir gehen. Der Geist, den wir in Lismore haben, ist derselbe Geist, den wir im Himalaya haben. Dasselbe Ego. Dieselben Probleme. Warum in den Himalaya reisen? Warum es nicht hier und jetzt angehen? Kein Meister kann das für uns tun. Kein Meister kann jemals unsere Gier, unsere Wut und unsere Eifersucht beseitigen oder von uns nehmen. Jeder von uns muss das schon für sich selbst tun.

Fragen

In welchem Ausmaß sollten wir uns zu unserer Führung auf Texte und auf buddhistische Belehrungen stützen, anstatt uns auf unsere eigenen Erfahrungen und auf die Anweisungen unserer Lehrer zu verlassen?

Tenzin Palmo: Nun, natürlich sind Texte und Bücher wundervoll und sie können wirklich hilfreich sein. Ob man nun einen Lehrer hat oder nicht, es ist sehr wichtig, die gesamte Grundlage der Lehren zu verstehen. Wenn man also einem buddhistischen Pfad folgt, sollte man natürlich buddhistische Texte lesen. Welchem Pfad wir auch folgen mögen, wir sollten so viel wie möglich darüber lesen und versuchen, seine Lehren zu verstehen. Schließlich wollen wir ja unsere Unwissenheit beseitigen. Das Lesen und Studieren von Texten ist sicherlich ein Weg, um mehr Weisheit und Einsicht zu erlangen. In der Tradition des Buddhismus beginnt man mit dem, was als „Hören" bezeichnet wird. Das schließt das Lesen mit ein, denn zur Zeit des Buddha gab es keinen niedergeschriebenen Dharma. Es bedeutet studieren, lesen, hören und untersuchen. Und dann sitzt man und denkt darüber nach. Wenn einem dann Zweifel kommen, geht man zu jemandem, der mehr Wissen und Einsicht hat, und stellt ihm oder ihr Fragen. Es ist wichtig, über das, was wir lesen, nachzudenken, es dann zu hinterfragen und dann so lange zu praktizieren, bis wir es verinnerlicht haben. Man kann es nicht verinnerlichen, wenn man nicht weiß, was man da verinnerlicht. Man muss es also bereits studiert haben. Und dann ist es natürlich gut, jemanden zu treffen, der mehr Wissen hat als man selbst, und ihn oder sie um Anleitung zu bitten.

Als seine Heiligkeit der Dalai Lama hier war, haben sich manchmal Leute vor ihm niedergeworfen und versucht, seine Füße zu berühren und so weiter. Man konnte immer wieder sehen, wie er diesen Leuten sagte, sie sollen aufstehen. Nach einer Weile sagte er zu dem riesigen Publikum: „Verehrt nicht den Lehrer, verehrt die Worte." Das hat mir wirklich sehr viel bedeutet. Aber ich weiß nie so recht, was ich tun soll, wenn ich Freunde treffe, die jetzt entschieden haben, dass der tibe-

tische Buddhismus einfach fabelhaft ist, und die einen Lehrer getroffen haben, den sie für vollkommen wundervoll halten, während ich Zweifel an seiner Authenzität habe.

Das ist schwierig. Wenn Leute einen Lama kennen lernen, ist es manchmal, als würden sie sich verlieben. Es nützt dann wenig, ihnen zu sagen: „Dieser Lama, den du so anhimmelst, ist ein ausgemachter Schurke." Das interessiert sie nicht und sie wollen so etwas nicht hören. Natürlich müssen wir damit auch sehr vorsichtig sein, denn die Person, um die es geht, könnte ja tatsächlich ein Bodhisattva sein. Und es heißt, einen Bodhisattva zu verleumden sei schlimmer, als die Wesen des gesamten dreitausendfachen Universums zu töten. Wir würden uns also sehr viel Ärger aufhalsen! Wenn ich mich in einer Situation befinde, in der ich keinen Respekt für den Lama empfinden kann, dann spreche ich nicht schlecht über ihn oder sie. Aber ich stelle auch sicher, dass ich nicht allzu enthusiastisch erscheine. Ich sage vielleicht: „O ja, sehr schön." Wenn ich später von jemandem gefragt werde, ob ich etwas über diesen Lama weiß, versuche ich weiterhin, ihn nicht zu kritisieren. Bestenfalls sage ich: „Nun, dieser Lehrer ist etwas kontrovers." Es ist nicht an uns, uns negativ über jemanden zu äußern, es sei denn, jemand kommt ganz direkt auf uns zu und sagt: „Schau, ich habe diesen oder jenen Lehrer getroffen. Ich bin ziemlich interessiert, aber ich bin mir nicht ganz sicher. Was denkst du?" Wenn Leute mich auf diese Art und Weise fragen, antworte ich ihnen so diplomatisch, wie ich kann, und rate ihnen vielleicht sogar, sich doch besser fernzuhalten. Aber wenn jemand bereits völlig vernarrt ist, kann man nichts anderes tun, als sich von seinem Enthusiasmus nicht anstecken zu lassen und zu warten, bis sich derjenige wieder beruhigt hat. Es ist weder gütig noch geschickt zu sagen: „Bist du verrückt? Jeder weiß doch, dass dieser Kerl ein Scharlatan ist!" Vielleicht ist dieser Lehrer demjenigen ja eine Hilfe. Vielleicht ist dieser Lehrer genau das, was er zu diesem Zeitpunkt braucht. Offensichtlich haben selbst die dubiosesten Lehrer irgendetwas an sich. Warum sonst würden die Leute zu ihnen hingehen? Ein anderer Guru, den wir als weit reiner betrachten, mag für solche Leute sogar weniger hilfreich sein, wenn er oder sie zu diesem Zeitpunkt nicht die erforderliche karmische Verbindung mit diesen Schülern hat.

Solche Situationen sind wirklich prekär. Es gibt kein einziges klares Zeichen, dass uns sagen könnte, ob wir es mit einem authentischen Guru zu tun haben oder nicht. Und wenn jemand Charisma hat, ist es sehr schwer für manche Leute, sich nicht in einen solchen Lehrer zu verlieben. Und diejenigen, die schon seit Jahren mit einem solchen Lehrer zusammen sind und viel in die Beziehung investiert haben, erlauben sich oft keine Zweifel, sie würden ja wie Idioten dastehen. Manche von ihnen sind sehr erfinderisch, wenn es darum geht zu ignorieren, dass sie die falsche Wahl getroffen haben. Enthusiastisch werben sie neue Anhänger, denn je mehr Menschen ihrem Lehrer folgen, desto mehr bestätigt das ihre eigene Wahl.

Das hört sich an, als wären da noch einige „Dharma-Kraftproben" vonnöten.

Seine Heiligkeit der Dalai Lama ist da sehr klar und deutlich. Er sagt, dass jede Art von unethischem Verhalten, das einem Lehrer zweifelsfrei nachgewiesen werden kann, auch publik gemacht werden sollte.

Ich habe Krishnamurti gelesen. Er sagt, es gäbe keinen äußeren Guru und jeder von uns müsse seinen Weg selbst finden. Wollen Sie das damit sagen?

Krishnamurti sagte mehr oder weniger Folgendes: „Wir wollen Brot backen. Brot ist köstlich. Es hat eine knusprige Kruste und im Inneren ist es schmackhaft und nahrhaft. Es hat mit Mehl und Wasser zu tun. Einen Ofen braucht man auch. Und Hitze. Und Hefe. Okay, dann mal los! Aber wenn du detaillierte Instruktionen über das Brotbacken geben willst, wirst du schales Brot backen." Ich will damit sagen: Natürlich brauchen wir jemanden, der uns Schritt für Schritt Instruktionen gibt wie: „Du brauchst diese Menge Mehl, so viel Wasser und eine Prise Salz. Das vermischst du dann, gibst die Hefe dazu und knetest den Teig. Dann lässt du ihn gehen. Wenn er aufgegangen ist, knetest du ihn wieder. In der Zwischenzeit schaltest du den Ofen ein, denn er soll richtig heiß sein. Dann kommt der Teig in Blechformen. Vergiss nicht die Butter, denn sonst klebt der Teig in der Form. Dann stelle alles in den Ofen."

Niemand hat jemals schales Brot gebacken. Es ist nicht möglich! Es war falsch von Krishnamurti, zu sagen, man hätte eine schale Realisation, wenn einem jemand zeigt, wie man meditiert. Niemand hat jemals eine schale Realisation gehabt. Wenn man echte spirituelle Einsicht erlangt, ist sie so frisch wie die erste spirituelle Einsicht, die sich jemals eingestellt hat. Also sage ich überhaupt nicht, was Krishnamurti sagte. Krishnamurti sagte: „Besteige den Mount Everest. Ohne Führer, ohne Seile, ohne Sauerstoff. Der Weg ist irgendwo dort oben. Also los." Krishnamurti hatte Lehrer. Krishnamurti erhielt Meditationsanweisungen. Krishnamurti empfing viele Instruktionen und wurde selbst ein großer Guru. Er sagte: „Lest keine spirituellen Bücher, lest gar nichts." Dann gründete er ein Verlagshaus, um seine Bücher zu verlegen. Ich liebe Krishnamurti, aber wissen Sie, mitunter ist er wirklich ziemlich ungehörig.

Kann ich Sie etwas über Initiationen fragen? Besonders hier im Westen sind so viele Lamas unterwegs, die eine große Auswahl an Initiationen anbieten. Wenn wir keinen Lama haben, wie können wir dann wissen, zu welcher Initiation wir hingehen sollten und zu welcher nicht?

Ich persönlich glaube, dass es bestimmte Lamas gibt, vor allem unter den älteren, die von jedem in der Dharmaszene als vollkommen erhaben betrachtet werden. Mit ihnen eine Verbindung zu haben wäre sehr gut. Aber es gibt nicht viele solcher Meister. Zuerst würde ich immer versuchen herauszufinden, ob mit der Initiation eine Verpflichtung verbunden ist. Wenn das der Fall ist und man diese Praxis nicht verwendet, also die Verpflichtung nicht einhält, dann kann das Hindernisse hervorrufen. Ich würde mich fragen: „Brauche ich diese Initiation und ist sie für meine Praxis nützlich?" Einfach nur eine Initiation nach der anderen zu nehmen ist unsinnig. Wenn aber ein großer Lehrer kommt und eine Initiation ohne weitere Verpflichtung gibt, dann ist das hervorragend. Dann muss man nicht zögern, sie zu nehmen. Wir sollten uns aber niemals dem Druck der Mehrheit beugen und nur hingehen, weil es scheinbar alle tun.

Vor einigen Jahren war ich in einem Dharmazentrum und der Wurzellama dieses Zentrums war dort. Er war dabei, eine der höchsten

Initiationen des Yogatantra zu geben. Er tat dies mit einer horrenden Verpflichtung und sagte, dass nur jene, die diese Verpflichtung auch einhalten können, die Initiation nehmen sollten. Es gab eine Liste mit den Namen derjenigen, die das wollten. Am ersten Tag waren es etwa sechs Personen, einige Mönche und Nonnen, die ihren Namen auf die Liste setzten. Wahrscheinlich hatten sie diese Initiation ohnehin schon erhalten und führten die Praxis auch regelmäßig aus. Am nächsten Tag waren es etwa zwanzig Namen. Am Tag darauf fünfzig. Am Ende war ich wohl die Einzige, die nicht an der Initiation teilnahm. Es waren Hunderte von Laien anwesend. Sie kamen nicht, weil sie beabsichtigten oder auch nur in der Lage gewesen wären, die Verpflichtungen einzuhalten, sondern wegen des Gruppenzwangs. „Oh, aber Rinpoche gibt diese Initiation sonst nie, das ist eine einmalige Gelegenheit, das solltest du nicht verpassen ..." Man sollte schon urteilen können, denn wenn man eine solche Verpflichtung eingeht, dann sollte man sie sehr ernst nehmen.

Was passiert, wenn man diese Verpflichtungen nicht einhält?

Seine Verpflichtungen nicht einzuhalten wird als Hindernis auf dem Pfad betrachtet. Das beste Mittel, um diese Art von Hindernis aus dem Weg zu räumen, ist, sich darüber klar zu werden, dass alle Gottheiten in ihrer Essenz nicht verschieden voneinander sind. Man sollte sich für eine Praxis entscheiden und dann keine weiteren Verpflichtungen mehr auf sich nehmen. Oder man sollte versuchen, ein Retreat zu machen, und die Mindestanzahl von Mantras rezitieren, um damit die Verpflichtung erfüllt zu haben. Aber es ist nicht gut Verpflichtung auf Verpflichtung zu häufen, wenn man sie nicht einhalten will oder kann. Das ist sinnlos.

Ich habe damit eher gemeint, was passiert, wenn man eine Unterweisung erhält, diese zwölf Jahre lang praktiziert und sich dann entscheidet, damit aufzuhören.

Dann wäre es gut, etwas Vajrasattvapraxis zur Reinigung auszuführen und dann die Praxis mit derjenigen, die man weiterführt, zu kombinieren. Manchmal sammeln die Leute Unmengen von Verpflichtungen an und brauchen dann täglich drei Stunden, um ihnen nachzukommen. Es wird zu einer enormen Bürde. Sie rasen dann so schnell sie können durch die verschiedenen Praktiken, nur um sie hinter sich zu bringen. Eine solche Art von Praxis ist vollkommen nutzlos. Es mag ja wundervoll heroisch sein zu versuchen, so viele Verpflichtungen einzuhalten, aber der Dharma ist nicht dazu da, unser Leben schwerer zu machen und uns noch mehr aufzubürden. Er ist da, um uns das Leben zu erleichtern!

Wie schafft man ein Gleichgewicht zwischen seiner Praxis, den Verpflichtungen, die man hat, und Meditation? Sollte man in etwa die gleiche Zeit mit allen Aspekten verbringen?

Nun, ich denke, das ist einer der Gründe, warum es sinnvoll ist, seine Verpflichtungen relativ einfach zu halten. Es gibt uns den Raum, mehr zu sitzen. Es ist gut, einfach nur ein wenig zu sitzen, ehe man mit seiner Sadhanapraxis beginnt. Das beruhigt den Geist und gibt ihm somit den Raum, die Praxis durchzuführen. Wir führen die Sadhanapraxis aus und am Ende, während der Auflösung, verweilen wir, solange es geht, in einem kontemplativen Zustand. Auf diese Art und Weise bringen wir die verschiedenen Aspekte unserer Praxis zusammen.

Sie haben zuvor von einem „inneren Führer" gesprochen. Können Sie das ein wenig erläutern?

Die Natur des Geistes ist unsere Buddhanatur. Das sind unsere angeborene Weisheit und unser Mitgefühl. Sie sind immer da. Im Augenblick sind sie verborgen, begraben unter all diesen Bergen von Verwirrung, aber sie sind da. Wir müssen lernen, wie wir sie freilegen. Stellen Sie es sich vor wie ein immenses Wasserreservoir unter der Wüste. Wir sind ziemlich ausgetrocknet und da ist weder viel Weisheit noch Mitgefühl. Aber wenn wir beginnen, in die Tiefe zu graben, dann wird der Boden nach einer Weile feucht und wir können das Wasser erahnen. Uns wird klar, dass wir uns langsam Zugang zu tieferen Ebenen verschaffen. Wir graben tiefer und tiefer, bis wir schließlich die Quelle all dieser Weisheit erreicht haben, unsere angeborene Weisheit, unser angeborenes Mitgefühl und Verstehen. Aber selbst bevor wir uns vollen

Zutritt verschafft haben, können wir Anzeichen und Andeutungen davon wahrnehmen. Dieser innere Guru ist der wahre Guru. Jeder authentische äußere Guru versucht nur, uns zu diesem authentischen inneren Guru zu führen.

Dieser innere Führer ist immer in uns. Er ist, wer wir wirklich sind. Er ist unsere wahre Natur. Er ist gewaltig und wissend. Wir haben ihn nur bedeckt mit den Wolken unserer Verwirrung, aber er kommt nicht von außen. Wir können uns zwar vorstellen, wie wir von außen Segen empfangen, der uns dann öffnet, aber in Wirklichkeit teilen sich die Wolken unserer Unwissenheit und geben uns den Blick frei auf den tiefblauen Himmel, der schon immer da war. Wir müssen nichts herbeischaffen oder darauf warten, dass uns jemand etwas gibt. Es geht darum, unseren ursprünglichen Reichtum freizulegen.

Wenn der Geist ruhig und zentriert ist, wenn die Verwirrung sich ein wenig gelegt hat, dann sind da Raum und Stille, die es unserer inneren Weisheit gestatten, ihre Stimme wiederzufinden. In diesem Augenblick wissen wir. Es ist eine sehr tiefgründige Stufe. Es mag noch nicht einmal verbal sein. Da ist einfach nur dieses zeitlose Wissen. Wir wissen, was angemessen ist, was zu tun ist, von Augenblick zu Augenblick. Es hat nichts mit dem Intellekt zu tun, nichts mit Analyse. Es ist einfach ein Wissen, in diesem Augenblick, das aus einer sehr tiefgründigen Quelle in uns kommt, einer Quelle, die immer vorhanden war, von der wir aber im Normalzustand abgeschnitten sind. Das ist es, wer wir wirklich sind. Was wir also sagen, ist, dass uns authentische Praxis zu unserer eigenen uranfänglichen Weisheit zurückführt.

Ist der „äußere Guru“ eine Einheit, ein Wesen, das getrennt ist von dem „inneren Führer“?

Ein authentischer äußerer Führer führt uns zurück zu unserer ursprünglichen Natur. Deshalb begann ich meine Ausführungen damit, dass ein authentischer Lehrer den Funken von Realisation in uns entzünden kann. Man könnte es auch so ausdrücken: Es ist, als ob sie eine innere Öffnung bewirken, vielleicht nur für einen Augenblick, durch die wir einen Blick auf dieses weite Bewusstsein, den unkonditionierten Geist, erhaschen. Das wäre ein authentischer Führer. Diese Weisheit, dieses Sehen, ist vollkommen spontan und vollkommen angemessen. Es ist die Natur von Klarheit und Sehen, von Weisheit, von Wissen, was ist. In unserem alltäglichen Leben können wir manchmal diese große Klarheit ganz plötzlich erfahren und wir wissen dann, obwohl wir keine Ahnung haben, woher das Wissen kommt. Wir nennen es Intuition.

Ist es das, was man „momentane Einsicht" nennt?
Genau. Ein Blitz.

Ein Blitz, der aus einer großen Lichtquelle kommt.
Genau.

Aber es ist nicht stabil.
Nein, ist es nicht.

Und das, was wir suchen, ist Stabilität?
Genau. Wir versuchen völlig eins zu werden mit unserem Weisheitsgeist. Und es beginnt mit diesen Blitzen. Dann werden die Blitze allmählich länger und vervielfachen sich. So könnte man es betrachten.

Sie haben die Wichtigkeit der eigenen Praxis und der Anleitung durch einen Lehrer hervorgehoben. In welchem Maß sind die Rituale des Buddhismus wichtig für unser Wachstum? Oder, um es anders auszudrücken, was für ein Hindernis wäre es für unser Wachstum, wenn wir feststellen, dass uns diese Rituale nicht wirklich helfen?
Nun, die Leute sind verschieden. Manchen Leuten helfen Rituale. Um hilfreich sein zu können, darf Ritual nicht leer sein. Wir müssen verstehen, was wir tun. In tibetischen Ritualen gibt es immer eine Visualisierung, die den Geist vollständig einbindet. Dann gibt es eine verbale Rezitation und physische *Mudras.* Auf diese Art und Weise findet eine Integration von Körper, Sprache und Geist statt. Und das kann, wenn es mit Verstehen und vollständiger Konzentration ausgeführt wird, sehr hilfreich sein. Deshalb praktizieren Tibeter so viele Rituale. Aber für andere Leute sind diese Rituale eher eine Ablenkung und nicht besonders hilfreich, und natürlich ist es vollkommen legitim, keine Rituale

zu praktizieren und statt dessen andere Praktiken auszuführen. Ich kenne Lamas, die überhaupt keine Rituale ausführen, die nur Dzogchenmeditation und Ähnliches praktizieren. Ich kenne aber auch einige große Dzogchenmeister, die viele Rituale ausführen.

XIII
Vajrayana

Nach den Lehren der Hinayanaschule des Buddhismus sind wir gefangen in diesem Bereich von endloser Geburt, Tod, Wiedergeburt und abermaligem Sterben, weil wir Dinge begehren und so fest an ihnen haften. Obwohl uns dieser Zyklus von Leben und weiteren Leben immer wieder so viel Leid beschert, halten wir doch daran fest. Die Hinayanaschule betont die vollständige Beseitigung aller Wurzeln von Begierde, selbst der allerfeinsten. Nach dem Mahayana ist es unsere Unwissenheit, die uns an dieses Rad des Lebens fesselt. Wir halten das für real, was nicht real ist, und wir halten das einzig wirklich Reale für unreal. Was auch immer wir denken und tun, es reflektiert nur unser Unverständnis darüber, wie die Dinge wirklich sind. Daher ist es unsere Aufgabe, „transzendentale Weisheit" zu entwickeln, durch welche die Wurzeln unserer Unwissenheit ausgemerzt werden.

Nach der Vajrayanasichtweise ist die Ursache unseres Gefangenseins in diesem Bereich endloser Wiedergeburten und Tode die Tatsache, dass unsere Wahrnehmung unrein ist. Wir glauben, dass das, was wir sehen, fest ist, gewöhnlich und verunreinigt. Wir sehen uns selbst als unreine Wesen. Das Gegenmittel gegen diese Sichtweise ist es, eine reine Sicht oder Vision zu entwickeln. Wenn wir das verstehen, dann macht der ganze Vajrayanapfad auch Sinn. Die Methode, Samsara hinter sich zu lassen, ist, zu erkennen, dass Samsara schon immer Nirvana war. Es ist unsere grundlegende Unwissenheit, die unsere unreine Sicht der Dinge hervorruft. Aufgrund dieser unreinen Sichtweise erscheint uns alles als gewöhnlich, als Leid, als unrein. Wir müssen erst die „Linse säubern", um sehen zu können, dass das, was uns so gewöhnlich erscheint, tatsächlich ein reiner Bereich von vollkommener Transzendenz ist. Das ist eine der Grundlagen der Sichtweise des Vajrayana, die nur von einem erwachten Geist realisiert werden kann. Eines der Mahayanasutras berichtet von einer Begebenheit, als Ananda den Buddha fragte: „Wie kommt es, dass all diese anderen Buddhas wie Amitabha, Akshobhya und Ratnasambhava reine Bereiche haben, voll von realisierten Wesen, und dein Mandala, dein reines Land, ist voll von unreinen Wesen und abscheulichen Orten? Wie kommt es, dass du ein Buddha bist, und dein reines Land ist doch so unrein?" Der Buddha erwiderte: „An meinem reinen Land ist nichts Falsches. Wenn ich mich umsehe, sehe ich, dass es makellos ist. Das Problem liegt in deiner unreinen Sichtweise, die es als unrein wahrnimmt."

Einmal war Seine Heiligkeit der sechzehnte Karmapa, Oberhaupt aller Kagyülinien, in Delhi sehr krank. Zu dieser Zeit ging ich auch, um Seine Heiligkeit Sakya Trizin zu sehen, der ebenfalls dort war. Sakya Trizin ist das Oberhaupt der Sakyapaschule, einer der vier Traditionen des tibetischen Buddhismus. Ich sagte zu ihm: „Es ist schrecklich, dass Karmapa so krank ist." Er antwortete: „Karmapa ist nicht krank. Karmapa ist jenseits von Geburt und Tod. Es ist nur deine unreine Sicht, die Karmapa als krank wahrnimmt." Und ich sagte: „Nun gut, aber Tai Situ Rinpoche, ein großer Bodhisattva, der, wie ich annehme, eine reine Sicht hat, ist nichtsdestotrotz besorgt, weil Karmapa krank ist." Seine Heiligkeit erwiderte: „Situ Rinpoche ist nicht besorgt. Es ist deine unreine Sicht, die dich Situ Rinpoche als besorgt wahrnehmen lässt." Verstehen Sie? Wir müssen unsere Sichtweise reinigen. Dann werden wir sehen, dass Samsara schon immer Nirvana war. Es ist nur unsere verdrehte Sichtweise, die alle unsere Probleme überhaupt erst entstehen ließ.

Das Vajrayana teilt die Philosophie des Mahayana. Das Vajrayana selbst ist keine Philosophie. Es ist eine Praxistechnik, eine Sichtweise.

Es bezieht seine Philosophie aus dem Mahayana. Die Tibeter sagen, dass die Prasangika-Mahayanaschule die philosophische Grundlage für das Vajrayana ist. Tatsächlich scheint es eine Kombination von Yogachara- und Madhyamikastandpunkten zu sein. Im Mahayana sieht der Pfad der Praxis folgendermaßen aus: Wir sind hier und haben das uns angeborene Potential von Buddhaschaft, Buddhanatur genannt, das wie ein Samen ist. Der Pfad ist die Methode, mit der wir den Samen bewässern und ernähren, bis er wächst und wächst und schließlich zu voller Buddhaschaft gedeiht.

Wir gewöhnlichen, unreinen Wesen haben das Potential für Erleuchtung. Wir alle haben die Buddhanatur in uns, die wir über unendliche Zeitalter hinweg kultivieren. Im Mahayana dauert es eine sehr lange Zeit, bis man ein Buddha wird. Wir müssen den Samen endlose Zeitalter lang bewässern und pflegen, bis er schließlich wächst, Blätter treibt und langsam zu einem ausgewachsenen Baum der Erleuchtung heranwächst. Man kann dies als wundervolle Vision betrachten, aber auch als vollkommen entmutigend. Man könnte denken: „Nun, wenn es Äonen und Äonen dauert, was soll es dann?“ Als Reaktion auf solche Bedenken macht das Vajrayana einen sehr radikalen Schritt: Es dreht den Spieß herum.

Die Sutrayanarichtung des Mahayana wird als der „Pfad der Ursache“ bezeichnet. Das liegt daran, dass wir mit der Ursache, unserer Buddhanatur, beginnen und sie hegen und pflegen, bis sie eine Frucht hervorbringt. Das Vajrayana ist bekannt als der „Pfad der Frucht“. Das kommt daher, dass es die Ansicht vertritt, dass wir schon immer, seit anfangsloser Zeit, Buddhas gewesen sind. Unser Problem liegt darin, dass wir dies nicht erkennen. Warum also nicht unsere angeborene Buddhanatur selbst als den Pfad benutzen? Wir beginnen also mit der Frucht und benutzen diese als den Pfad. Mit anderen Worten, wir starten auf der gegenüberliegenden Seite. Daher betont das Vajrayana solche Praktiken so sehr, in denen wir uns in der Form verschiedener Buddhas oder diverser tantrischer Gottheiten visualisieren. Solche Gottheiten repräsentieren bestimmte Aspekte vollkommen erwachter Buddhaschaft.

Die meisten buddhistischen Meditationsmethoden konzentrieren sich auf den Atem, auf den Geist selbst oder auf ein simples geometrisches Design. Meditation im Vajrayana macht Gebrauch von einer Fähigkeit, die man „kreative Vorstellungskraft“ oder Visualisierung nennt. Das unterscheidet die Praktiken des Vajrayana von anderen buddhistischen Praktiken. Obwohl niemand genau weiß, wann das Vajrayana auf der Bühne buddhistischer Praxis erschien, war es doch bereits in den frühen Jahrhunderten bekannt und verbreitet. Es mag durchaus von Anfang an da gewesen sein. Die Tibeter glauben, dass es von Anfang an da war und vom Buddha selbst gelehrt wurde. Wie dem auch sei, im vierten und fünften Jahrhundert war es bereits weit verbreitet, obwohl es zu jener Zeit noch eine sehr geheime Form von Praxis war.

Zu jener Zeit gab es riesige Klöster, die auch als Universitäten fungierten, wie zum Beispiel Nalanda, Vikramashila und Taxhila. In ihnen gab es Tausende und Abertausende von Gelehrten, die all die verschiedenen philosophischen Schulen des Buddhismus studierten. Innerhalb eines solchen Komplexes gab es auch Meister, die diese Vajrayanalehren praktizierten. Aber sie taten es im Stillen. Es heißt, dass sie äußerlich wie Mönche aussahen, innerlich aber Yogis waren. Sie sprachen nicht darüber und das Vajrayana wurde öffentlich nicht weiter verbreitet – es gab also keine öffentlichen Initiationen und dergleichen –, bis es nach Tibet kam und dort zur Staatsreligion wurde. Ich glaube nicht, dass es jemals beabsichtigt war, das Vajrayana zu einer Staatsreligion zu machen. Es sollte eine Praxis sein, die im Stillen, im Geheimen stattfindet. Etwas, das nur zwischen Lehrer und Schüler stattfindet. Bevor man mit der Praxis des Vajrayana beginnen kann, muss man eine Initiation erhalten. Wenn man sich die frühen Überlieferungen aus alter Zeit in Indien anschaut, dann sieht man, dass es oft Jahre der Prüfung dauern konnte, bis ein Guru seinem Schüler die Initiation gab. Und dann war es eine Übertragung von Geist zu Geist, die nur zwischen Lehrer und Schüler stattfand. Heutzutage gibt Seine Heiligkeit der Dalai Lama Kalachakrainitiationen an Hunderttausende.

Wie ich bereits eingangs erwähnte, macht das Vajrayana intensiven Gebrauch von der kreativen Vorstellungskraft. Für diejenigen unter Ihnen, die so etwas nie zuvor getan haben, will ich ein Beispiel geben. Nehmen wir Guru Padmasambhava, den die Tibeter Guru Rinpoche nennen. Guru Padmasambhava ist hier sehr angemessen, denn er war der Meister, der aus Indien kam und den tantrischen Buddhismus während des achten Jahrhunderts in Tibet einführte und etablierte. Er wurde zu einem Fokus der Hingabe der Massen. Nehmen wir also an, wir führen eine Praxis aus, die sich auf Guru Padmasambhava konzentriert. Was auch immer wir tun, es ist von allergrößter Wichtigkeit, dass wir es mit der korrekten Motivation tun. Diese Motivation ist es, zu unserer unkonditionierten Natur durchzudringen und, nachdem wir uns Zugang zu unserer angeborenen Weisheit und unserem Mitgefühl verschafft haben, Nutzen für andere zu bewirken. Keine andere Motivation ist gültig. Zuerst nehmen wir Zuflucht zum Buddha, zu seiner Lehre und zur Gemeinschaft aller realisierten Praktizierenden. Dann geben wir dem Wunsch Ausdruck, Erleuchtung zum Wohle aller Wesen zu erlangen. An diesem Punkt beginnen wir mit der Meditation.

Wenn wir eine Praxis ausführen, die sich auf Guru Padmasambhava konzentriert, stellen wir uns vor, dass wir sitzen. Dann löst sich unser gewöhnlicher Körper in Leerheit auf. In dieser Leerheit, diesem Raum, entsteht auf der Höhe unseres Herzens eine Silbe – HRI. Wir nennen sie eine Keimsilbe. Diese Silbe HRI strahlt dann Licht aus, in alle Richtungen, welches das ganze Universum reinigt. Das ganze Universum wird dadurch zu einem Bereich makelloser Reinheit und alle Wesen darin werden von ihren Verdunklungen und Verunreinigungen befreit und werden zu Göttern und Göttinnen. Das Licht schmilzt dann zurück in die Silbe HRI, welche sich augenblicklich in die Form von Guru Padmasambhava verwandelt. Man betrachtet sich selbst dann als Guru Padmasambhava, der die Weisheit und das Mitgefühl aller Buddhas verkörpert.

Wenn wir solche Meditationspraktiken ausführen, ist es wichtig, dass wir in sie vertrauen. Nichts davon ist frei erfunden, alles ist exakt und präzise. Ein Problem, dem sich Westler gegenübersehen, ist die Tatsache, dass wir einfach nicht an derart detaillierte Vorstellungen gewöhnt sind. Viele von uns empfinden es als sehr schwierig, zumindest am Anfang. Es gibt aber auch Leute, die eher visuell orientiert sind. Sie haben in der Regel keine großen Probleme damit. Aber noch wichtiger als die sehr detaillierte Visualisierung ist das Vertrauen in ihre Realität. Ohne dieses Vertrauen funktioniert die Praxis nicht. Manche Leute, die solche Praktiken ausführen, denken in Wirklichkeit oft: „Hier bin ich, Patricia, und tue so, als ob ich Guru Padmasambhava wäre. Die Realität ist aber, dass ich Patricia bin. Die Phantasie ist, dass ich jetzt angeblich Guru Padmasambhava bin." Die Wahrheit ist aber, dass wir Guru Padmasambhava sind, der unsere uranfängliche Weisheit und unseren mitfühlenden Geist repräsentiert. Wir sind Guru Padmasambhava, der nur vorgibt Patricia zu sein. Sehen Sie, all diese Formen, die Ihnen recht fremd vorkommen mögen, sind tatsächlich Emanationen unseres Weisheitsgeistes. Sie sind Emanationen unserer angeborenen Buddhanatur, wie sie über die Zeitalter hinweg den realisierten Meistern erschienen sind. Sie entstanden jeweils in einem Geist, der Zugang zu seiner Weisheitsnatur hatte. Daher sind sie ein extrem geschicktes Mittel, um uns zu den tief gründigen Bereichen unserer Psyche zurückzuführen, zu denen wir uns mit logischem, linearem Denken keinen Zugang verschaffen können.

Es gibt sehr subtile Ebenen unserer Psyche, zu denen wir nur mittels erleuchteter Vorstellungskraft Zugang erlangen können. Diese Meditationen, wenn wir wirklich eins werden mit ihnen, öffnen tiefgründige Ebenen des Geistes sehr schnell. Sie haben einen ziemlich außergewöhnlichen Effekt. Die Mühe, die wir darin investieren, ist verschwindend gering, verglichen mit dem enormen Nutzen, der daraus entsteht. Oft sind die Leute darüber sehr erschrocken, denn da ist der Teil von uns, der nicht an all das glaubt, der denkt, wir würden nur Spielchen treiben. Um den Nutzen zu ernten, müssen wir vollkommen in der Praxis aufgehen und diese Dualität – „Ich" führe „diese Praxis" aus – aufgeben. Werden Sie einfach die Praxis. Sobald wir diese Subjekt-Objekt-Zweiteilung hinter uns lassen und selbst zur Praxis werden, stellen sich die Resultate sehr schnell ein. Das ist einer der Gründe dafür, warum der tibetische Buddhismus nach wie vor so populär ist, obwohl er manchen Westlern anfangs doch so fremd vorkommt.

Wir sehen uns nun also als Padmasambhava und wir haben die Gewissheit, Padmasambhava zu sein. Wenn unsere ursprüngliche Weisheitsnatur in diesem Augenblick Form annehmen könnte, würde sie es als Padmasambhava tun. Es ist der Glanz unserer Buddhanatur. Es ist wie ein Regenbogen. Die Visualisierung ist nicht feststofflich. Padmasambhava hat keine Leber oder Gedärme, Lunge oder Nieren. Er besteht aus Regenbogenlicht. Jeder Aspekt hat eine ganz bestimmte Bedeutung.

Seine beiden Arme stehen für Weisheit und Mitgefühl. Er ist eine Ansammlung der Elemente des buddhistischen Pfades, destilliert in eine einzige, bestimmte Form. Das ist es, was wir wirklich sind. Es ist wichtig, das zu wissen. Das ist es, was ich wirklich bin, nicht diese vergängliche Identität, von der ich für gewöhnlich als „ich" denke. Dann sitzen wir und versuchen uns selbst so klar wie möglich als Guru Rinpoche (Padmasambhava) zu sehen. Wir versuchen uns jedes Detail so klar wie nur irgend möglich vorzustellen, Stück für Stück. Padmasambhava sitzt da und strahlt Licht aus. In seinem Herzen ist eine Lotosblüte, auf der sich eine Mondscheibe befindet. Auf der Mondscheibe befindet sich die Silbe HRI, umgeben von den Silben des Mantra. Diese stehen aufrecht. Aus diesen Silben strahlt Licht aus, welches das gesamte Universum reinigt. All die Wesen darin werden natürlich ebenfalls gereinigt, denn nun sind wir ein Buddha.

Das ist es, was ich zuvor beschrieben habe als „die Frucht als Pfad nehmen". Wir sind jetzt Buddhas und als solche haben wir die Fähigkeit und Kapazität, Wesen zu reinigen. In unserem Geist führen wir Aktivitäten aus, die ein Buddha ausführen würde, das heißt, wir strahlen Licht aus in alle Richtungen und zu allen Wesen überall. Mit „Wesen" meinen wir nicht nur menschliche Wesen. „Wesen" schließt Tiere, Insekten, Fische, Geister, solche, die in den Himmeln leben und in den Höllen, mit ein. Alle Wesen im ganzen unglaublich weiten Universum werden befreit. Sie werden sich ihrer Natur von Weisheit und Mitgefühl bewusst und werden nun ihrerseits zu Padmasambhava. Die ganze Welt ist so zu einem makellosen Reinen Land geworden. Dann kommt das Licht zurück, nur um auch gleich wieder auszustrahlen. Dieses Mal bringt es allen Buddhas und Bodhisattvas im Universum, einschließlich aller Wesen, die ja jetzt auch Buddhas sind, Opferungen dar. Das ganze Universum ist ein makelloses reines Land voll von Buddhas. Während wir uns dies vorstellen, wiederholen wir das Mantra. Am Ende stellen wir uns dann vor, wie sich dieses ganze Universum, angefüllt mit unzähligen Buddhas und Bodhisattvas, in Licht auflöst, welches dann mit uns verschmilzt. Wir selbst verschmelzen mit unserer Mitte. Der Lotos und die Mondscheibe in unserem Herzen verschmelzen mit dem Mantra. Das Mantra verschmilzt in die Keimsilbe HRI. Die Keimsilbe löst sich von unten nach oben auf und verschmilzt mit dem so genannten *Nada*. Diese löst sich dann in Leerheit auf. Dann verweilt der Geist in seinem natürlich leeren und makellosen Zustand. Er verweilt solange es geht in diesem Zustand, der jenseits von Gedanken und Konzepten ist. Wenn schließlich wieder Gedanken entstehen, erscheinen wir augenblicklich wieder in der Form von Guru Padmasambhava und widmen den aus der Praxis entstandenen Verdienst dem Wohle aller Wesen.

Schließlich gehen wir unseren alltäglichen Aktivitäten nach. Aber währenddessen sehen wir uns als Padmasambhava. Alle Wesen, die wir wahrnehmen, betrachten wir als Emanationen von Padmasambhava. Sobald wir sie sehen, erkennen wir ihre innewohnende Buddhanatur. All Klänge, die wir hören, sind der Klang des Mantra. Angenehme Geräusche, unangenehme Geräusche, sie alle sind nichts anderes als Mantra. Alle Gedanken – gute Gedanken, schlechte Gedanken, schlaue Gedanken, dumme Gedanken – sind nichts anderes als das Spiel des Weisheitsgeistes von Guru Padmasambhava. Wir versuchen den ganzen Tag hindurch das Bewusstsein aufrechtzuerhalten, dass alle Wesen, die wir treffen, nur vorgeben, gewöhnliche Wesen zu sein. In Wirklichkeit sind sie verborgene Padmasambhavas. Alle Klänge, die wir hören, sind das Echo von OM AH HUM VAJRA GURU PADMA SIDDHI HUM (das Mantra von Padmasambhava). Alle unsere Gedanken sind nichts anderes als die essentielle Natur des leeren Spiels der Weisheit. Nichts worüber man sich sorgen müsste. Wenn wir das den ganzen Tag lang aufrechterhalten können, lernen wir sehr bald, was es heißt, eine reine Wahrnehmung oder Sicht zu entwickeln.

So funktioniert das Vajrayana. Ich habe Ihnen natürlich nur eine sehr stark vereinfachte Illustration gegeben, aber grundsätzlich funktioniert es genauso. Manchmal sind die Leute, wenn sie ihren ersten Kontakt mit dem Vajrayana haben, zunächst etwas eingeschüchtert von seiner scheinbar endlosen Komplexität. Es gibt so viele verschiedene Gottheiten, so viele Ebenen, so viele verschiedene Praktiken und Herangehensweisen, wo soll man da bloß anfangen? Es kann ziemlich überwältigend werden. Aber der essentielle Fokus der Praxis ist ziemlich simpel. Das Problem ist, dass wir es wie bei jeder anderen Praxis auch, einfach tun müssen. Und es reicht nicht aus, es täglich nur zehn Minuten lang zu tun. Wir müssen unsere Praxis in unser tägliches Leben integrieren. Wir müssen unseren Geist transformieren. Es geht nicht darum, mit netten Ideen herumzuspielen. Es geht darum, den Kern unseres Wesens zu verändern. Solange wir die Praxis nicht wirklich in uns aufnehmen, sie aufessen, hinunterschlucken, verdauen und uns von ihr ernähren, anstatt nur manchmal an ihr zu knabbern, solange wird nichts passieren. Manche Leute machen ein kleines bisschen solcher Praxis jeden Tag, und vergessen sie dann prompt wieder. Und dann wundern sie sich, dass nichts passiert. Aber in den Texten steht es klar und deutlich. Diese Art von Praxis ist nicht etwas, das man nur praktiziert, während man auf seiner Matte sitzt. Man muss die Praxis mitnehmen ins alltägliche Leben. Und genau das taten die frühen Meister. Sie verwandelten ihre Sicht in eine reine Sicht, weil sie ihre Praxis ständig ausführten, in allem, was ihnen widerfuhr.

Dann gibt es einen weiteren Aspekt des Vajrayana, der hierauf aufbaut. Dabei geht es um die Manipulation der inneren Energien. Das kann man praktizieren, wenn die Visualisierung stabil geworden ist und man die vorgeschriebene Anzahl von Mantras für eine bestimmte Praxis absolviert hat. Das Mantra wird als die Essenz der Natur einer jeden Gottheit betrachtet. Jeder Buddha und Bodhisattva hat sein eigenes spezifisches Mantra. Auf diesem Wege kann man mit jedem speziellen Aspekt eine Verbindung herstellen und diese Gottheit erfahren. Wenn wir das Mantra mit perfekter Konzentration und Visualisierung wiederholen, können wir dadurch die speziellen Aktivitäten und Qualitäten der entsprechenden Gottheit aktivieren. Diese sind in diesem Mantra eingeschlossen. Das Mantra ist wie ein Code. Wir entschlüsseln es und verschaffen uns Zugang zu diesen Energien durch unsere Meditation, Visualisierung und Rezitation des Mantras. Wenn wir mit perfekter Konzentration rezitieren, wirklich auf die Visualisierung fokussiert und vollkommen einsgerichtet sind in unserer Praxis, dann stellen sich die Resultate sehr schnell ein. Wenn wir Zweifel in unserem Geist beherbergen, dann wird nichts passieren, auch nicht nach Äonen des Praktizierens. In den Texten wird dieser Punkt sehr spezifisch hervorgehoben.

Es gibt so vieles, was man noch sagen könnte, aber ich zögere, denn viele von Ihnen werden niemals eine Vajrayanainitiation erhalten haben. Aber ein Thema, das viele Leute oft verwirrt, will ich kurz erläutern.

Nicht-Vajrayana-Praktizierende, die einen Vajrayanatempel betreten, sind häufig irritiert von all den Repräsentationen seltsamer Gestalten an den Wänden. Sie fragen dann oft: „Was hat das mit Buddhismus zu tun?“ Viele dieser Gestalten sind nackt. Viele von ihnen erscheinen in zornvoller Form und scheinen eher Dämonen zu ähneln. Manche werden sogar in sexueller Vereinigung dargestellt. Aber diese Ikonographie ist bei weitem nicht so bizarr, wie es zunächst erscheint. Diese Darstellungen diverser Gottheiten repräsentieren immer eine von drei grundlegenden Stimmungen. Die erste ist friedvoll, dargestellt in Form von Gottheiten wie Avalokiteshvara, dem Bodhisattva des Mitgefühls; Manjushri, dem Bodhisattva der Weisheit, und Tara, der Erretterin. Diese und ähnliche werden als friedvoll und sanft lächelnd dargestellt. Mit ihnen haben die meisten Leute keine Schwierigkeiten, abgesehen von der Tatsache, dass Tara grün ist oder jemand anders blau. Aber grundsätzlich gibt es hier keine Probleme, denn sie sehen nett aus und freundlich, so als wären sie auf unserer Seite.

Dann kommen wir zur zweiten Stufe, die im Tibetischen als *Shi Ma Tro* bezeichnet wird, was so viel bedeutet wie „weder friedvoll noch zornvoll“. Das sind all die heroischen Gottheiten wie Herukas und Dakinis. Sie repräsentieren die Energie, die vonnöten ist, um Erleuchtung zu erlangen. Ihre spezielle Qualität ist Leidenschaft. In den frühen Formen des Buddhismus wurde Begierde als eines der Haupthindernisse beim Erlangen von Befreiung angesehen. Aber im Mahayana, und im Speziellen im Vajrayana, erkannte man, dass Emotionen wie Wut und Begierde, wenn man sie zu ihrem Ursprung zurückverfolgt, ein Quell immenser Energie sind. An irgendeinem Punkt wurde diese Energie in eine negative Kraft verzerrt. Die Energie selbst jedoch ist klar und weise. Mit anderen Worten, die andere Seite dessen, was uns als negativ erscheint, ist eine Form angeborener Weisheit. Das war eine ziemliche Kehrtwendung in Bezug auf negative Emotionen. Anstatt nun Emotionen wie Wut, Stolz, Eifersucht und Leidenschaft auszumerzen, kann man sie als Brennstoff auf dem Weg zur Erleuchtung verwenden. Diese Emotionen waren nun nicht länger Feinde, die es zu besiegen galt. Sie wurden zu unseren Haupthelfern auf dem Pfad. Das ist ein grundlegendes (Leit-)Motiv, das sich durch das ganze Vajrayana zieht. Wenn wir es verstehen, dann verstehen wir auch die Ikonographie des Vajrayana.

Die tibetischen Texte berichten uns, je größer die negative Emotion, desto größer die Weisheit. Die logische Konsequenz daraus ist, dass es ohne Emotionen keine Weisheit geben kann. Heißt das, dass wir unseren Emotionen wie Gier, Hass und Begierde im Namen spiritueller Praxis freien Lauf lassen können? Manche Leute glauben dies, aber das ist eine falsche Interpretation. Diese negativen Qualitäten, wenn man sie unkontrolliert und uneingeschränkt belässt, sind tatsächlich die Ursache für Samsara. Aber wenn wir sie unter Kontrolle bringen und transformieren, können sie zu dem Treibstoff werden, der uns aus Samsara herausbringt. Das Beispiel, das mir dabei immer einfällt, ist das einer Rakete. Um eine Rakete aus der Anziehungskraft der Erde herauszuschießen, braucht man ungeheuere Mengen Treibstoff. Aber wenn sie erst einmal im All ist, braucht man kaum noch Antriebskraft. Sie wird praktisch selbst-antreibend. So verhält es sich auch mit dem spirituellen Pfad. Die Gravitation unserer gewöhnlichen Natur ist extrem stark. Es ist unglaublich schwierig, den ersten Schritt in die Richtung des Unkonditionierten zu tun, weil unser konditionierter Geist so mächtig ist. Selbst wenn wir gewöhnliche Beruhigungs- und Einsichtsmeditation praktizieren, ist es schwer, einen Durchbruch zu machen. Wir brauchen alle Kraft, die wir aufbringen können, für den ersten Schub.

Das Vajrayana nimmt alles, was wir haben, einschließlich dem Müll, und benutzt es als Brennstoff, um damit den Durchbruch zur unkonditionierten Natur des Geistes zu erreichen. Das ist einer der Gründe dafür, warum es so bedrohlich wirken kann, warum es mitunter sehr gefährlich sein kann und warum wir die Anleitung eines Lehrers brauchen. Die Notwendigkeit eines perfekten Lehrers wird in den Texten des Vajrayana ständig und immer wieder hervorgehoben. Ohne einen solchen kann es ein sehr gefährlicher Pfad sein. Es heißt, dass wir wohl kaum allzu viel Ärger erwarten müssen, wenn wir auf einem Ochsenkarren unterwegs sind. Aber hinter dem Steuer eines Sportwagens müssen wir sehr vorsichtig sein. Man braucht einen wirklich guten Lehrer, ehe man das Steuer selbst in die Hand nehmen kann. Das liegt daran, dass das Vajrayana Gebrauch von unseren Energien macht, speziell der sexuellen Energie. Energien, die im früheren Buddhismus sublimiert oder in wesentlich vornehmerer Form transformiert wurden.

Es ist jedoch ein Missverständnis, zu glauben, dass das Vajrayana uns nun die Berechtigung zu uneingeschränkter sexueller Aktivität gibt, dass es uns gestattet, so wütend zu werden, wie wir wollen, oder uns sinnlos zu betrinken oder uns wie auch immer gehen zu lassen. Im Gegenteil, es ist die diszipliniertеste und kontrollierteste Art von Praxis, die es gibt. Es gibt sehr viele Vajrayanagelübde, die den Geist betreffen. Es ist definitiv kein Pfad der Zugeständnisse. Es ist ein Pfad, der von allem, was wir haben, Gebrauch macht. Es setzt großes Engagement und sehr klare Führung voraus.

Die dritte Kategorie von Gottheiten, die nach den heroischen Gottheiten kommt, ist die der *Trowo*, was so viel bedeutet wie „zornvoll". Man kann den Unterschied zwischen heroischen und zornvollen Repräsentationen erkennen, wenn man sich die Flammen um die Gottheiten herum ansieht. Die friedvollen Formen sind von Auren aus Licht umgeben. Die heroischen haben einen ordentlichen Flammenkranz. Die zornvollen Gottheiten jedoch sind von wilden, lodernden Feuermassen umgeben. Die heroischen Gottheiten basieren auf Lust. Die zornvollen Gottheiten basieren auf Zorn. Sie arbeiten mit allen Emotionen dieser Art, die wir in uns haben. Angefangen bei milder Irritation bis hin zu blinder Rage. Obwohl sie sehr zornvoll aussehen, sind in ihrem Herzen nur vollkommene Liebe, Weisheit und Mitgefühl. In Wirklichkeit sind sie überhaupt nicht zornig. Sie manifestieren sich nur in dieser Form. Es ist die transformierte Wut, der Zorn, der solch große Energie hat. Ich kenne keinen einzigen Lama, der wirklich zornig ist, aber viele von ihnen manifestieren sehr zornvolle Gottheiten in ihrer Meditation. Die Gottheiten, die sich in sexueller Vereinigung mit einem Partner oder einer Partnerin befinden, repräsentieren eine ganze Anzahl von Dingen. Es hat mit der Vereinigung von Gegensätzen zu tun. Wir erfahren sehr viele Gegensätze, aber all diese Gegensätze werden immer in einer höheren Einheit zusammengebracht. Sie repräsentieren die Einheit von Weisheit und Mitgefühl, von Freude und Leerheit und so weiter. Die grundlegende Idee ist immer, dass man zwei Qualitäten des Geistes nimmt, die in einer Einheit zusammengefasst werden. Das wird dann auf sehr graphische Art und Weise dargestellt, in Form der Vereinigung von männlich und weiblich. Es bedeutet nicht, dass in tantrischen Klöstern wilde Orgien gefeiert werden.

Der tibetische Buddhismus legt großes Gewicht, eine starke Betonung, auf den Guru. Der Guru ist ein schwieriges Thema, denn, wie ich bereits zuvor sagte, in den frühen Tagen sowohl in Indien als auch in Tibet war die Beziehung zwischen Lehrer und Schüler eine sehr persönliche. Ein Lehrer hatte meist nur eine kleine Gruppe von engen Schülern. Er kannte sie alle sehr gut und sie kannten ihn. Es gab ein gegenseitiges Vertrauen. Die Praktiken waren sehr individuell. Als ich mit meinem Lehrer in Indien war, hatte er außer seinem Kloster in Tashi Jong und der Gemeinde von tibetischen Laien auch eine kleine Gruppe westlicher Schüler. Wenn Westler zu ihm kamen, schickte er sie normalerweise fort, zu anderen Lamas. Aber manchmal gestattete er einigen wenigen zu bleiben. Und obwohl wir alle mit dem Gleichen begannen, dauerte es nicht lange und wir praktizierten sehr verschiedene Dinge. Ich erhielt niemals Unterweisungen mit anderen zusammen. Da waren auch eine amerikanische Nonne, eine holländische Nonne und eine Nonne aus der Schweiz, die einige Jahre, nachdem ich Nonne geworden bin, gekommen waren. Wir waren Dharmaschwestern. Manchmal erbat eine von uns eine Initiation und mein Lama sagte dann: „Lasst uns warten, bis ihr alle beisammen seid. Ich gebe sie euch dann zusammen." Also erhielten wir die Initiation und die mündliche Übertragung zusammen. Aber Unterweisungen erhielten wir nie zusammen.

Khamtrul Rinpoche trug mir zum Beispiel auf, eine bestimmte Praxis auszuführen, und ich dachte: „Wunderbar, das ist genau, was ich wollte!" Ich erzählte meinen Dharmaschwestern davon und sie sagten: „Oh, hoffentlich trägt er mir das nicht auch auf." Woraufhin ich erwiderte: „Nun, wenn das eure Reaktion ist, dann wird er es bestimmt nicht tun." Und er tat es auch nicht. Ich wusste, dass mein Lama mich besser kannte als ich mich selbst. Er trug mir auf, Dinge zu tun, die mir nie in den Sinn gekommen wären, die aber immer vollkommen richtig und passend waren. Diese Art von Vertrauen ist wichtig. Man bekommt es, wenn man weiß, dass man einen Lehrer hat, der einen vollkommen versteht. Wie könnte man in einen solchen Lehrer kein Vertrauen haben?

Dass das Vajrayana im Westen so populär geworden ist, hat auch zur Folge, dass viele Lamas ständig um die Welt fliegen. Ein Lama kommt zum Beispiel hierher. Er bleibt einige Tage und vielleicht gibt er eine Initiation und einige Belehrungen. Dann ist er schon wieder fort. Vielleicht kommt er erst in fünf Jahren wieder. Das Problem ist nun erstens, wie treten wir mit diesem Lehrer in Kontakt, und zweitens, wie bewerkstelligen wir es, ihn wiederzusehen? Und wie soll er sich daran erinnern, wer wir sind? In den Vajrayanatexten heißt es, dass wir unsere Lehrer, oder vielmehr unsere potentiellen Lehrer, bis zu zwölf Jahre lang prüfen sollen, bevor wir sie als persönliche Lehrer annehmen.

Ein authentischer Guru ist nicht nur für dieses eine Leben. Er ist für alle zukünftigen Lebenszeiten unser Guru. Wir müssen schon darauf vertrauen können, dass er uns zur Erleuchtung bringen kann, weil er eben selbst auf dieser Realisationsstufe ist und sie uns deswegen vermitteln kann. Der authentische Guru ist auch derjenige, der uns die ursprüngliche angeborene Weisheit zeigt, unser Gewahrsein und die Klarheit des Geistes. Das ist der unkonditionierte Zustand, jenseits von Gedanken und Konzepten. Der Guru, der uns diesen Geist zeigt, sodass wir ihn für einen Augenblick sehen können, ist der wahre Guru. Eine solche Verbindung herzustellen ist schwierig, aber es ist nicht unmöglich. In der Zwischenzeit können wir jedoch sehr gut und lange ohne eine solch intensive, enge Beziehung zurechtkommen. Wir können Unterweisungen und Instruktionen von Lamas empfangen, die unser Zentrum besuchen. Lamas, die qualifiziert sind und zu denen wir Vertrauen haben. Es ist nicht notwendig, dass sie die Lamas für den Rest unseres Lebens werden. Wir haben Vertrauen und Hingabe zu ihnen und das ist für den Augenblick genug. Vertrauen und Hingabe zum Lama sind sehr wichtig, denn wenn wir Vajrayana praktizieren, dann ist immer ein Lama im Zentrum. Hingabe kann man nicht heucheln. Man hat sie oder man hat sie nicht.

Ich persönlich denke, dass das Vajrayana nicht jedermanns Sache ist. Ich bin auch der Meinung, dass Sie, wenn Sie dem Pfad des Vajrayana folgen wollen, Ihre Praxis einfach und schlicht halten sollten. Es sei denn, Sie sind bereit, alles aufzugeben und wegzugehen, um lange Retreats zu machen. Diverse Lamas haben mir erzählt, wie schwierig es mitunter selbst für sie ist. Als Linienhalter müssen sie viele verschiedene Praktiken erlernen, haben aber selten die Zeit, auch nur eine davon wirklich zu vertiefen und in ihrer Länge und Breite tatsächlich zu praktizieren. Sie alle stimmen darin überein, dass der wahre Weg zum Erfolg darin liegt, sich auf eine Praxis, die einem wirklich liegt, zu konzentrieren.

Einer der Vorteile des tibetischen Buddhismus ist, dass er wie ein großer spiritueller Supermarkt ist. Wenn man Zen praktizieren will, wird einem gesagt: „Das ist es, wie wir meditieren." Wenn einem das nicht liegt, muss man anderswohin gehen. Wenn man in ein Vipashya-nazentrum geht, bekommt man gesagt: „So praktizieren wir Vipashyana." Wenn man das nicht mag, hat man Pech gehabt. Aber im Vajrayana gibt es so viele verschiedene Praktiken. Da gibt es Vipashyana, es gibt dem Zen ähnliche Meditationen, es gibt Studium, es gibt die gesamte Palette von Visualisierungen in Technicolor, mit Buddhas und Bodhisattvas in jeder möglichen Form- und Farbkombination. Da gibt es für jeden etwas – friedvoll, zornvoll und jede Schattierung dazwischen. Es gibt männliche und weibliche Aspekte, grüne, rote, blaue, weiße. Solche mit vielen Armen und Beinen und solche mit zwei Armen und Beinen. Solche mit vielen Köpfen und solche mit einem Kopf. Manche stehen, andere sitzen oder liegen; was auch immer man will, es gibt etwas Passendes. Es gibt eine große Vielfalt und jeder kann eine Praxis finden, die ihm oder ihr zusagt. Wenn man dann etwas findet, was einem wirklich zusagt, womit man sich identifizieren kann, dann kann man dabei bleiben.

Jeder Lama, der in die Stadt kommt, wird Ihnen erzählen, dass seine spezielle Praxis die speziellste, die geheimste, ultimativste, höchste und am wenigsten verbreitete ist, von der Sie jemals gehört haben. Und Sie werden denken: „Oh, das muss ich haben." In der nächsten Woche kommt jemand anders mit etwas anderem und nach einer Weile sind Sie vollkommen verwirrt und frustriert und, was am schlimmsten ist, fern jeder Realisation! Es ist wichtig, nicht allzu ambitioniert zu sein. Wir müssen zuerst zurück zu den Grundlagen. Als Erstes: die Motivation. Warum tun wir all das überhaupt, wozu ist es gut? Kultivieren Sie ein mitfühlendes Herz, Bodhichitta, den Wunsch, Erleuchtung zum Wohle aller Wesen zu erlangen. Bringen Sie Ihr ethisches Leben unter Kontrolle. Beschäftigen Sie sich damit, keinen Schaden zu verursachen, nicht zu lügen, sich sexuell nicht falsch zu verhalten. Wir müssen realistisch sein. Wenn wir wirklich einen spirituellen Pfad beschreiten wollen, dann müssen wir unser Leben in den Griff bekommen, und das auf einer sehr fundamentalen Ebene. Wir müssen die Verantwortung übernehmen für unsere Handlungen und wir müssen wissen, was rechtschaffen ist und was nicht.

Zuallererst müssen wir unser grundlegendes Dharmaleben in den Griff bekommen. Dann sollten wir eine Praxis machen, die einfach ist und zu der wir Zugang haben. Eine Praxis, die wir in unser alltägliches Leben integrieren können. Dann kann es funktionieren und auch recht erfüllend sein. Wir können dann feststellen, wie sich die Dinge wirklich verwandeln. Aber wir müssen die Fußangel des „zu ambitioniert Werdens" vermeiden! Ich kenne Leute, die um die ganze Welt reisen, um an all diesen hohen Initiationen teilzunehmen. Irgendwann stehen sie dann vor einem Berg von Verpflichtungen. Bei den höheren Initiationen gibt es nun einmal oft gewisse Verpflichtungen. Das heißt, dass man diese spezielle Praxis täglich auszuführen hat. Das kann eine oder auch zwei Stunden in Anspruch nehmen. Wenn man viele solcher Verpflichtungen hat, dann kann man durchaus mit einem täglichen Meditationsprogramm von drei oder vier Stunden enden. Darüber hinaus hat man seinen Job, seine Familie, sein gesellschaftliches Leben und diese schreckliche Angst, in der Hölle wiedergeboren zu werden, wenn man seine Verpflichtungen nicht einhält. Was ursprünglich als eine Transformation ihres Lebens in etwas wirklich Bedeutungsvolles gedacht war, wird am Ende nur zu einer enormen Last. Ich kenne einen Lama, der mir einmal erzählte, dass seine Verpflichtungen täglich etwa drei Stunden in Anspruch nehmen. Wenn es ihm gelang, sehr früh aufzustehen und all das am frühen Morgen zu tun, fühlte er sich enorm erleichtert. Wenn nicht, dann lief er den ganzen Tag mit dieser schweren Last auf den Schultern umher. Mit dem Wissen, dass er am Abend, wenn er müde und erschöpft ist, noch diese drei Stunden Praxis vor sich hat. So etwas ist nicht sonderlich hilfreich, insbesondere nicht für Laien. Mein Lama sagte immer zu mir: „Nimm keine großen Verpflichtungen auf dich. Halte deine Praxis einfach und überschaubar, aber mache sie." Das ist ein sehr guter Ratschlag. Ich war immer sehr klar mit Lamas, die eine Initiation geben. Tut mir Leid, aber diese Verpflichtung werde ich nicht einhalten. Ich sage das immer vor einer Initiation. Der Lama kann dann entscheiden, ob es in Ordnung ist, wenn ich die Initiation nehme, oder nicht. Normalerweise sagen sie, es sei in Ordnung.

Es ist sehr einfach, sich von all diesen Verpflichtungen vereinnahmen zu lassen. Es ist eine Art von Dharmagier. Man will bloß nichts verpassen. Aber der wichtigste Punkt im Vajrayana ist es, seinen Lehrer zu kennen und seinen Pfad. Wir sollten versuchen, alles so schlicht wie möglich zu halten, aber wir sollten es tun! Es sollte uns genug Herausforderung bieten, aber uns nicht überwältigen. Wir sollten in der Lage sein, es kontinuierlich fortzuführen und immer mehr in unser Leben zu integrieren, in unsere Beziehungen und in unsere Arbeit, bis es schließlich keinen Unterschied mehr gibt zwischen den Perioden, in denen wir uns zur Praxis hinsetzen, und unserem alltäglichen Leben.

Fragen

Stecken uns diese Praktiken und Verpflichtungen nicht nur in eine andere Art von Käfig?

Tenzin Palmo: Ja, natürlich, aber wenn man ernsthaft praktiziert, ist das sehr kraftvoll. Es kann allerdings auch starke psychische und psychologische Auswirkungen haben und man sollte sehr vorsichtig sein. Es ist nichts Falsches daran, die Leute ab und zu daran zu erinnern. Manche mögen es sonst allzu leicht nehmen, unter dem falschen Eindruck, dass es ja keinen Unterschied macht. Aber durch all die Zeitalter hindurch wurde immer wieder gezeigt, dass es durchaus einen Unterschied macht. Wir stecken uns damit nicht in einen Käfig. Wir sind nur realistisch. Wenn man die falsche Dosis eines Medikaments einnimmt, oder statt dem richtigen ein falsches Medikament einnimmt, dann kann das schädlich sein. Hier beschäftigen wir uns mit dem Geist, den internen Energien und den diversen Energiezentren des Körpers. Also sollte man Vorsicht walten lassen. Wir sollten wissen, was wir tun. Wir sollten entschlossen sein. Wir sollten einen Lehrer haben, der wirklich Bescheid weiß. Sie sollten Ihre eigene Kapazität kennen und Sie sollten nichts auf sich nehmen, was in Ihrer gegenwärtigen Situation unangemessen wäre. Dies alles sind nur Warnungen, denn oft nehmen die Leute diese Dinge zu leicht. Sie bringen sich selbst gehörig aus dem Gleichgewicht, geben dann aber der Praxis oder dem Lehrer die Schuld dafür.

Wie stellt man sich diese Keimsilben vor?

Zuerst braucht man einen Raum, in den man die Keimsilbe stellt. Aber zuerst löst man alles auf. Sie selbst und die gesamte Umgebung werden zu einem großen, leeren Raum. In diesem Raum beginnen Sie dann mit dem Erschaffen dieser alternativen Realität. Aber zuerst müssen Sie alles andere aus dem Weg räumen. Sie stellen sich vor, wie sich alles auflöst, dann erschaffen Sie es neu.

Ist das dasselbe wie Leerheitsmeditation, oder ist es anders?

Es ist eine andere Art von Leerheit. In der Leerheitsmeditation, wenn es heißt „alle Dharmas sind leer", bedeutet das nicht, das alles verschwindet. Es heißt lediglich, dass alle Phänomene und Erscheinungen frei sind von ihnen innewohnenden Charakteristika. Wenn wir jedoch in einer Vajrayanapraxis sagen, dass alles zu der Natur von Leerheit wird, dann nehmen wir das sehr wörtlich und lösen alles in raumgleiche Leerheit auf.

Normalerweise sind wir sehr auf die vermeintliche Solidität der Dinge fixiert. Es ist das, was wir über unreine Wahrnehmung gesagt haben, darüber, dass wir die Dinge für real halten. Aber selbst die Physik sagt uns, dass Materie größtenteils aus Raum besteht. Die tatsächliche Festigkeit ist verschwindend gering und vielleicht ist auch sie nicht wirklich fest. Wir aber denken, dass die Dinge tatsächlich so sind, wie wir sie wahrnehmen.

Es gibt verschiedene Schichten oder Ebenen von Wahrnehmung. Und jeder von uns glaubt, dass unsere Art und Weise, etwas wahrzunehmen, die einzig richtige ist. Aber dem ist nicht so. Das Vajrayana arbeitet daran, unsere Wahrnehmung zu transformieren, zu reinigen und zu öffnen. Dilgo Khyentse Rinpoche sagte, dass er mit dieser Art von Meditation begann, als er acht Jahre alt war. Er sah, wie die Wände und die Möbel zu beben begannen und dann transparent wurden. Er war ein Rinpoche. Aber Tatsache ist, dass diese Art von Wahrnehmung, die die Dinge wie aus Licht gemacht sieht, näher an der wahren Natur der Dinge ist als unsere Wahrnehmung, die sie für feststofflich hält. Aus diesem Grund sind wir dann auch in der Lage, durch Wände zu gehen, wenn wir die Dinge als transparent wahrnehmen. Nur aufgrund unserer unreinen Sichtweise, die uns sagt: „So sind die Dinge und nicht anders. Und sie können auch gar nicht anders sein", sind wir eben nicht in der Lage, solche Dinge zu tun. Das ist unser unwissender Geist. Das Vajrayana versucht uns in Einklang damit zu bringen, wie die Dinge wirklich sind. Es erfindet nicht etwa irgendetwas Falsches. Es versucht uns mit einer viel tieferen Realität in Einklang zu bringen. Verstehen Sie? Wenn wir diesen himmlischen Palast und das reine Land darum herum erschaffen, tendieren wir dazu zu denken: „Ich tue jetzt einmal, als wäre es so. Natürlich ist es das nicht, aber ich versuche es eben einmal." Aber tatsächlich ist die Visualisierung wesentlich näher an der ursprünglichen Natur der Dinge als unsere gewöhnliche Wahrnehmung, und daher kann sie uns auch so tief beeinflussen. Das liegt daran, dass wir es auf einer sehr tiefgründigen Ebene auch erkennen. Wir wissen, dass es wahr ist.

XIV
Die Gottheit visualisieren

Visualisierungstechniken sind sehr wichtig für die Praxis des tibetischen Buddhismus. Die Visualisierung von Gottheiten ist etwas, das es, innerhalb des Buddhismus, ausschließlich im Vajrayana gibt. Es ist also wichtig, dass wir die Gründe, die hinter dieser Art von Praxis stehen, verstehen. Wenn wir nicht verstehen, was wir tun, können wir unseren Geist noch so geschickt drehen und winden, wir werden den eigentlichen Punkt nicht sehen. Viele von uns mögen diese Visualisierungen sogar mit einer Art von Tagträumen oder Phantasien assoziieren und glauben, dass die Vorstellung, wir seien Buddhas und Bodhisattvas, nur eine andere Form der Unterhaltung für den Geist ist. Es kann uns sogar als Zeitverschwendung erscheinen. Lassen Sie uns also hinter die Kulissen schauen, um herauszufinden, worum es hierbei geht!

Zunächst ist es wichtig, sich über die Stärke kreativer Vorstellungskraft im Klaren zu sein. Sie ist ein sehr kraftvolles Werkzeug, denn der Geist hat so viele Ebenen, und nur die Oberfläche kann durch verbale Logik erreicht werden. Die tieferen und primitiveren Ebenen reagieren eher auf Bilder als auf Worte. Sie verstehen die Bedeutung von etwas Bestimmten nicht im Sinne der wörtlichen Bedeutung, sind aber nichtsdestotrotz sehr empfänglich für Bilder. Diese Bilder filtern durch und verursachen Veränderungen auf wesentlich tieferen Ebenen, als es oberflächliche Konzepte tun könnten. Als Beispiel können wir das Hegen mitfühlender Gedanken nehmen, das Aufunsnehmen des Leidens anderer und der Wunsch, dass alle Wesen glücklich sein mögen. Das ist eine gute Praxis, die uns auf einer gewissen Ebene motiviert, aber diese Motivation sickert nicht durch alle Ebenen des Geistes. Unser sehr primitiver Geist ist an alldem nicht im Geringsten interessiert. Solche Gedanken und Ideen bleiben im Kopf, auf der Ebene des Intellekts. Um den Geist vollkommen zu transformieren, brauchen wir eine Methode, die auch die allertiefsten Schichten erreichen kann. Wir können dies durch den Gebrauch von Bildern erreichen. Das ist zum Beispiel einer der Gründe, warum auch in der Psychologie von C. G. Jung so viel Gebrauch von Bildern gemacht wird. Die Bilder, die in der tibetischen Tradition verwendet werden, sind allerdings nicht willkürlich. Manchmal höre ich Leute sagen: „Diese Buddhas und Bodhisattvas, die wir visualisieren sollen, sind uns doch fremd. Sie sind nicht Teil unserer Kultur. Sie sind nicht Teil des westlichen Bewusstseins. Wir sollten Bilder visualisieren, die eine Bedeutung für uns haben."

Auf einer gewissen Ebene haben sie nicht ganz Unrecht. Aber diese Bilder sind keine willkürlichen. Da hat sich nicht einfach jemand hingesetzt und sie sich mal eben ausgedacht. Sie entstanden aus der Realisation eines erleuchteten Geistes. Und aus diesem Grund können sie uns öffnen für die tiefsten Ebenen des Bewusstseins. Ansonsten könnten wir uns alle hinsetzen und visualisieren, was uns gerade angenehm ist, Mickymaus zum Beispiel. Warum nicht? Sie ist ein Teil unserer Kultur. Und es ist sicherlich viel einfacher, Mickymaus zu visualisieren als Chenresig. Mickymaus hat zum Beispiel nur zwei Arme. Aber dann müssten wir uns fragen: „Aus welchem Geist ist das Bild von Mickymaus entstanden? War es ein erleuchteter Geist? Waren Walt Disney und seine Zeichner erleuchtet? Welche Qualitäten verkörpert Mickymaus?" Wenn wir auf ein Bild meditieren, empfangen wir das, was es repräsentiert. Aus diesem Grund müssen wir das Bild mit Bedacht wählen. Wenn wir erleuchtete Qualitäten empfangen wollen, dann müssen wir sicherstellen, dass wir ein Bild verwenden, das aus einem erleuchteten Geist entstanden ist. Bis wir also vollständig erleuchtete Westler haben, die uns mit den passenden erleuchteten Bildern versorgen können, sollten wir dankbar sein für die tibetischen. Das Ganze geht allerdings von der Annahme aus, dass der westliche Geist grundlegend verschieden ist vom östlichen, was keineswegs unumstritten ist. Diese heiligen Bilder sind als die Produkte sehr tiefgründiger Zustände bekannt. Indem wir Gebrauch von ihnen machen, können auch wir diese profunden Zustände erlangen, ungeachtet kultureller Kontexte.

Ich habe genau diese Frage einmal mit meinem Lama, mit Khamtrul Rinpoche, diskutiert. Ich sagte: „Ich visualisiere Tara und ich habe große Hingabe an sie, aber ich bin überzeugt, dass sie blond ist. Also visualisiere ich sie immer als blond. Wenn ich einmal ein echte Vision von Tara bekomme, welche Farbe wird dann ihr Haar haben?“ Und er sagte: „Schwarz.“ Er wollte mir damit sagen, dass die Erscheinung von Buddhas und Bodhisattvas nicht von unseren vorgefassten Ideen und Geisteszuständen abhängig ist und dass es eine höhere Realität gibt, die in Zusammenhang steht mit unserer inneren Realisation, die aber auch unabhängig davon ist. Es gibt viele Ebenen von Buddhas und Bodhisattvas. Im Osten haben die Leute das Problem, dass sie die Buddhas und Bodhisattvas als außerhalb von sich betrachten, wie Götter oder Göttinnen, die einem Wünsche erfüllen, wenn man Vertrauen in sie hat und zu ihnen betet. Das Problem der Westler geht ins andere Extrem. Wir betrachten sie als reine geistige Konzepte. Chenresig symbolisiert Mitgefühl. Manjushri symbolisiert Weisheit. Und sie sind alle grundsätzlich nur ein Produkt unseres Geistes, eine Methode, mit der wir einen Bezug zu Mitgefühl und Weisheit herstellen können. Wir betrachten sie also vollkommen anders und sie haben immer noch keine Realität außerhalb unseres Geistes. Auf der einen Seite ist das natürlich richtig. Aber letztlich hat überhaupt nichts eine Realität außerhalb unseres Geistes. Wir glauben, dass dieser Tisch feststofflich und real ist, aber auf vielen Ebenen ist er auch nur ein Produkt unseres Geistes. Die wahre Natur des Tisches hat nichts gemein mit der Art und Weise, wie unsere Sinne ihn wahrnehmen oder wie unser Geist diese Wahrnehmungen interpretiert. Aber wir denken der Tisch wäre real, wohingegen Chenresig nicht wirklich real ist.

Wir sollten uns einmal fragen, ob die Wahrheit nicht genau umgekehrt sein könnte. Vielleicht ist ja Chenresig die Realität und alles andere ist ein geistiges Produkt. Schließlich ist Chenresig der Sambhogakaya und seiner Natur nach Dharmakaya. Natürlich kann er in unendlich vielen Formen erscheinen, genauso wie die Jungfrau Maria in verschiedenen Formen erscheint. Jeder, der Vertrauen in sie hat, tendiert dazu, sie in ähnlicher Form zu sehen. Ebenso verhält es sich mit Praktizierenden, die auf Mitgefühl meditieren. Chenresig erscheint ihnen allen in ähnlicher Form. Das ist kein simpler Umstand, denn Chenresig ist nicht wirklich eine Person. Ich sage nicht, dass es da ein reines Sambhogakaya-land gibt und dort jemand lebt, der sich Chenresig nennt. Aber auf der anderen Seite, während Chenresig keine reale Person ist, sind Leute reale Personen? Wir denken uns als nette, individuelle, selbstständige Leute, aber wir sollten wissen, dass das nur eine Täuschung ist. Und mir scheint, dass Chenresig bei weitem realer ist, denn er ist ein echter Ausdruck des Dharmakaya.

Wir müssen lernen, diese beiden Wahrheiten gleichzeitig im Geist zu halten. Chenresig ist ein Ausdruck der mitfühlenden Natur unseres Geistes und zur gleichen Zeit ist er auch eine Kraft außerhalb von uns, denn außen und innen sind nicht-dual. Das Problem besteht nur in unserem der Täuschung unterworfenen Geist. Diese augenscheinliche Spaltung erscheint einzig aufgrund unserer Unwissenheit. Da Chenresig also gleichzeitig in uns und außerhalb von uns existiert, ist er viel eher ein Ausdruck von Realität als unsere gewöhnliche Vorstellung von Leuten, Stühlen, Tischen und einem individuellen Ego.

Während wir uns selbst in der Form einer Gottheit visualisieren, ist es sehr wichtig, nicht etwa zu denken: „Hier sitze ich und gebe vor, Chenresig zu sein. Aber ich bin die Realität und Chenresig ist die Phantasie." Die Realität ist vielmehr, dass wir Chenresig sind und vorgeben, jemand anders zu sein. Wir alle besitzen die Buddhanatur. Wir alle sind ursprünglich rein und perfekt. Unser Problem ist, dass wir den Kontakt verloren haben zu dem, was wir wirklich sind. Unsere wahre Natur ist Chenresig. Es ist nicht mein Chenresig, ihr Chenresig, sein Chenresig, viele Chenresig, sondern einfach nur Chenresig als Dharmakaya. Es ist sowohl das, was uns trennt, als auch das, was uns alle zusammenbringt. Die Natur des Geistes, die Buddhanatur, ist nicht meine Buddhanatur oder Ihre Buddhanatur. Es ist einfach Buddhanatur. Es ist wie der

Himmel. Es ist unendlich und allumfassend. Es ist das, was wir alle in unserer wahren Natur sind. Wir sind nicht getrennt.

Wenn wir also solche Meditationen praktizieren, ist es wichtig, überzeugt zu sein: „Ich bin Chenresig." Das ist sogar wichtiger, als eine klare und detaillierte Visualisierung. Wir müssen die innere Überzeugung entwickeln von „Jetzt bin ich wirklich, wer ich bin", anstelle der vorübergehenden Identifikation, mit der wir ständig herumlaufen. Wenn wir mit diesem Verstehen und dieser Überzeugung Visualisierungen praktizieren, dann können wir uns sehr schnell verwandeln. Wenn wir diese Art von Praxis allerdings als eine Art geistiges Spiel behandeln, dann können wir diese Visualisierungen ewig praktizieren und vielleicht unsere Konzentrationskraft verbessern, aber eine Transformation wird sich nie einstellen. Wenn wir Chenresig vor uns visualisieren, dann ist das eine gute geistige Praxis, um so viele Details wie möglich zu sehen. Aber viel wichtiger ist die Überzeugung, dass er wirklich anwesend ist, jetzt in diesem Augenblick. Denn wenn wir überzeugt sind, all dies in der Gegenwart von Chenresig zu tun, den wir aufgrund unserer Verdunklungen im Augenblick nicht sehen können, dann nimmt alles eine Bedeutung an und alle Methoden zum Ansammeln positiver Qualitäten werden funktionieren. Behandeln wir all das nur wie ein geistiges Spiel, dann funktioniert nichts.

Welche Praxis auch immer wir machen, es ist wichtig, dabei vollkommen aufrichtig zu sein. Es macht nichts, wenn wir nicht sehr gut visualisieren können. Es macht noch nicht einmal allzu viel aus, wenn wir abgelenkt werden und den Geist immer wieder zurückbringen müssen. Das Wichtigste ist, völlig aufrichtig zu sein in dem, was wir tun, sonst kann und wird es nicht funktionieren. Wir müssen festes Vertrauen in die Methode haben. Um der Methode vertrauen zu können, müssen wir auch uns selbst vertrauen. Es macht nichts, dass wir keine Tibeter sind. Es macht nichts, dass wir kein Tibetisch sprechen. Es spielt keine Rolle, ob wir unsere Praxis in der einen oder einer anderen Sprache machen. Es ist wichtig zu wissen, dass wir alle essentiellen Qualitäten, die für diese Praxis, die uns zu unserer wahren Natur zurückbringt, notwendig sind, haben. Wir müssen keine komplizierten Praktiken, esoterischen Yogas oder Ähnliches ausführen.

Die einfachste Praxis, ausgeführt mit echtem Verstehen, das aus dem Herzen kommt, funktioniert.

Visualisierung ist ein sehr tiefgründiges Werkzeug, selbst auf physischer Ebene. Es gibt zum Beispiel eine Praxis namens *Phowa*. Sie wird angewandt, um das Bewusstsein im Augenblick des Todes in ein reines Buddhagefilde zu transferieren und so eine Geburt in einem niederen Bereich zu vermeiden. Um dies zu tun, sehen wir uns in Form einer bestimmten Gottheit mit einem Kanal im Zentrum unseres Körpers. Auf der Höhe des Herzens befindet sich ein perlengleicher Samen. Wir rezitieren eine bestimmte Silbe und visualisieren, wie dieser Samen vom Herzen durch den Kanal nach oben und aus der Scheitelöffnung herauskatapultiert wird ins Herz des Guru, der in Form eines bestimmten Buddha über unserem Kopf sitzt. Da wären wir also, machen seltsame Geräusche und visualisieren diesen Samen, wie er sich in diesem Zentralkanal auf- und abbewegt. Auf der einen Seite ist es vergebliche Liebesmüh. Wir stellen uns vor, wir wären eine Gottheit mit einem Kanal im Kopf und einer kleinen Perle, die sich darin auf- und abbewegt. Das ist keine sonderlich fortgeschrittene yogische Praxis. Selbst meine Mutter hat es gemacht. Gewöhnliche Leute, die niemals in ihrem Leben meditiert haben, machen diese Praxis. Aber am Ende eines Tages, an dem man mehrere Sitzungen dieser Art gemacht hat, beginnt unser Scheitel etwas zu schmerzen, zu jucken oder sich heiß oder kalt anzufühlen. Nach drei Tagen des kontinuierlichen Übens entsteht eine kleine Öffnung auf dem Kopf und etwas Blut oder Lymphe tritt aus. Die Öffnung wird so groß, dass man einen dicken Stängel *Kusha* in den Kopf stecken kann. Man sieht dann all diese gewöhnlichen Praktizierenden, die mit einem kleinen Grasbüschel auf dem Kopf umherlaufen. Es handelt sich dabei nicht um fortgeschrittene Yogis. Es sind gewöhnliche Leute wie Sie und ich. Und doch hat sich ihr Kopf ein wenig geöffnet, einzig und allein durch die Kraft der Visualisierung. Was sagt uns das über die Kraft der Visualisierung? Der Geist ist die mächtigste Kraft, die man sich vorstellen kann. Es ist uns nicht immer klar, wie machtvoll dieser Geist ist. Ein Geist, der geschickt gelenkt wird, kann fast alles vollbringen. Selbst Buddhaschaft. Seien Sie sich darüber im Klaren, dass all diese Praktiken so geschickt angelegt sind, dass sie uns zu sehr tiefgründigen Ebenen des Bewusstseins führen. Wir sollten weder diese Praktiken unterschätzen noch unsere eigenen Fähigkeiten, etwas zu verwirklichen. Jeder, der solche Praktiken regelmäßig aufrichtig ausführt, kann zu Ergebnissen kommen.

Es ist notwendig, regelmäßig zu praktizieren. Wir müssen mit unserer ganzen Aufmerksamkeit praktizieren. Wir müssen vollkommen aufgehen in dem, was wir tun. Wenn wir auf diese Art und Weise praktizieren, dann werden wir Resultate erfahren, die weit über die Mühe, die wir in die Praxis investieren, hinausgehen. Das liegt daran, dass die Praktiken nicht nur geschickt gestaltet sind, sondern weil sie zum anderen auch den Segen der Linie vermitteln. Das heißt von dem Augenblick, an dem sie von einem erleuchteten Geist gestaltet wurden, sind sie von Generation zu Generation bis zum heutigen Tage, in die heutige Zeit, weitergegeben worden. Von einem erleuchteten Geist zu einem anderen. Die Übertragung ist immer noch da. Sie ist immer noch warm, wie es heißt. Es ist nicht so, als wären die Meister ausgestorben, wir hätten das Buch gefunden und würden nun versuchen, die Praxis wiederzubeleben. Die Meister sind niemals ausgestorben. Die Praktiken wurden vom Meister dem Schüler weitergegeben, bis zum heutigen Tag, bis hin zu uns. Wir wissen, dass diese Praktiken in der Vergangenheit funktioniert haben, denn wenn dem nicht so wäre, dann würde sich niemand die Mühe machen, sie weiterzugeben. Wir sollten Respekt haben für die Tatsache, dass diese Praktiken über all diese Zeit hinweg durch ein kostbare Linie von Meistern übertragen wurden. Sie tragen die Gedanken und den Segen all derer in sich, die sie über die Jahrhunderte hinweg praktiziert haben. Sie sind nicht leer. Sie sind äußerst kostbar und während wir selbst praktizieren, sollten wir uns des großen Privilegs bewusst sein, das uns gegeben wurde.

Wir sollten auch verstehen, was wir tun. In der tibetischen Tradition wird dies bezeichnet als „sich an die Reinheiten erinnern". Das bedeutet, dass Figuren wie Chenresig nicht nur oberflächlich sind. Jeder einzelne Teil der Visualisierung hat eine tiefe Bedeutung. Chenresig sitzt zum Beispiel auf einem Lotos. Das symbolisiert, dass er, obwohl er sich in Samsara befindet, nicht davon verunreinigt wird. Er sitzt in Samsara auf die gleiche Art und Weise, wie der Lotos aus dem Schlamm wächst.

Ein Lotos braucht den Schlamm, um dort Wurzeln schlagen zu können. Er braucht den Schlamm und die verrottenden Pflanzen des Teichs, um daraus zu entwachsen und sein makelloses Selbst zu entwickeln. Je schlammiger und schmutziger es ist, desto strahlender wird seine Blüte. Das Gleiche gilt für uns. Wenn unser Leben immer friedlich und ruhig verläuft, ohne jede Aufregung und Anstrengung, dann wird unsere Blüte nur schwach sein. Wir brauchen die Probleme, Konflikte und Schwierigkeiten von Samsara, um uns zu reinigen und Tugenden zu entwickeln. Wir brauchen also unsere Konflikte und Schwierigkeiten und die Leute, die uns Probleme bereiten und beleidigen, denn sie sind die Objekte unserer Praxis. Durch sie lernen wir. Durch sie finden wir heraus, wer wir wirklich sind.

Während wir im Retreat sind, alles gut geht und wir uns friedvoll fühlen, ist es einfach, voller Liebe, Freigebigkeit, guter Gedanken und Mitgefühl zu sein. Wenn das Einzige, was uns stört, das Heulen von ein paar Wölfen irgendwo da draußen ist, dann ist das in Ordnung. Aber wenn wir herauskommen in die „reale" Welt (die in Wirklichkeit kein Stück realer ist, nur anders), dann müssen wir uns mit Widerständen, mit Schwierigkeiten und mit Problemen aller Art beschäftigen und auseinander setzen. Dann finden wir heraus, wie weit wir es wirklich gebracht haben. Die Art und Weise, wie wir auf Druck reagieren und Probleme lösen, zeigt uns, ob wir wirklich Dharma in unserem Herzen haben oder ob er nur in unserem Kopf besteht. Daher ist es, zum Beispiel wenn wir Chenresig praktizieren, auch wenig nützlich, die Praxis nur dann auszuführen, wenn wir auf unserem Kissen sitzen, und sie dann für den Rest des Tages zu vergessen. Wenn wir wirklich unser Leben verändern wollen, dann ist es notwendig, unsere Praxis in unser alltägliches Leben zu bringen.

Es gibt zwei Methoden, wie man das tun kann. Wir können uns selbst als Chenresig sehen, mit zwei, vier oder tausend Armen, und uns darüber klar sein, dass das unsere wahre Natur ist. Zur gleichen Zeit sehen wir alle anderen Wesen ebenfalls als Chenresig. Manche Leute bevorzugen es, alle weiblichen Formen als Tara zu sehen und alle männlichen als Chenresig. Wenn wir dies wirklich täten, stellen Sie sich vor, wie sich unser Weltbild ändern würde! Stellen Sie sich vor, wie sich unsere

Einstellung ändern würde! Es heißt nicht, dass wir uns vor jedem, den wir treffen, niederwerfen und seine Füße mit dem Kopf berühren müssen. Schließlich sind wir ja auch Chenresig. Chenresig trifft Chenresig. Sich selbst und alle anderen als die Gottheit zu sehen bringt den Geist augenblicklich in die Gegenwart und gibt allem, was wir tun, eine tiefgründige Bedeutung. Alles, was wir essen und trinken, ist eine Opferung an die Gottheit, alles, was wir sprechen, ist der Klang von Mantra, alles, was wir denken, ist das Spiel der Dharmakayaweisheit. Wir beginnen damit zum Ende unserer Praxissitzung hin. Nachdem wir alles in uranfängliche Leerheit zurück aufgelöst haben, erscheinen wir nach einer Weile wieder in der Form der Gottheit. Alle Klänge sind Mantra. Alle Gedanken sind ursprüngliche Weisheit. Wir tragen das Wissen in unser tägliches Leben, dass alle „normale" Wahrnehmung aufgrund von Täuschung stattfindet. Es ist nicht die Realität. Es ist unreine Wahrnehmung. Die einzige Absicht des tantrischen Pfades ist es, unsere Sichtweise zu reinigen und uns zu lehren, die Dinge so zu sehen, wie sie wirklich sind.

Die zweite Methode dieser Praxis schlägt uns vor, wie in den Texten beschrieben, Chenresig in unser Herz zu bringen. Wenn wir Chenresig oder den Lama oder, noch besser, den Lama als Chenresig in unser Herz bringen, dann müssen wir in unserem Herzen Raum schaffen, um ihn zu empfangen. Wenn wir einen großen Lama oder den Buddha in unser Haus einladen würden, würden wir schließlich auch erst das Haus gründlich putzen und dann mit schönen Stoffen, Blumen und Ähnlichem schmücken und so weiter. Wir würden nichts Unangenehmes oder Störendes wollen, das die Atmosphäre beeinträchtigen könnte. Auf die gleiche Art und Weise müssen wir, wenn wir die Buddhas einladen wollen, in unserem Herzen Platz zu nehmen, dafür Sorge tragen, dass unser Geist rein ist und würdig, einen Buddha zu empfangen. Daher müssen wir während des Tages darauf achten, was wir denken. Wir müssen in der Lage sein, unnütze Emotionen und Gedanken während ihres Entstehens oder Erscheinens zu erkennen und gehen zu lassen. Wir unterdrücken sie nicht. Wir sehen und erkennen sie, wir akzeptieren sie, aber wir ergreifen sie nicht, wir halten sie nicht fest. Wir lassen sie gehen. Wenn geschickte und hilfreiche Gedanken erscheinen, erkennen wir diese ebenfalls. Wir akzeptieren und ermutigen sie.

Das ist eine weitere geschickte Methode, zu lernen, in der Gegenwart zu leben und unsere Sichtweise oder Wahrnehmung zu reinigen. Nicht nur wir haben Chenresig in unserem Herzen, sondern auch alle anderen. Unter dem Einfluss unseres gewohnheitsmäßigen Sehens oder Wahrnehmens ist unsere Wahrnehmung verschleiert. Aber obwohl wir den Himmel nicht sehen können, weil er bewölkt ist, ist er doch da. Ob wir ihn nun sehen können oder nicht, der Himmel ist immer da. Wie schwarz die Wolken auch immer sein mögen, der Himmel ist immer blau. Wie weiß die Wolken auch immer sein mögen, der Himmel bleibt trotzdem immer blau. Und ebenso ist die Natur des Geistes, wie düster und negativ wir uns auch fühlen mögen, immer makellos und unbeschmutzt. Wie überschwenglich unsere Gedanken auch sein mögen, die Natur des Geistes bleibt immer dieselbe. Sie wird nicht besser, wenn wir gute Gedanken denken. Sie wird auch nicht schlechter, wenn wir schlechte Gedanken denken. Den Lama oder Chenresig im täglichen Leben in unserem Herzen zu visualisieren ist ein großer Schutz.

Als ich etwa achtzehn Jahre alt war, hatte ich in England gerade den tibetischen Buddhismus „entdeckt". Ich hatte etwas gehört von dem Mantra OM MANI PADME HUM. Ich nahm also an, dass man dieses Mantra, OM MANI PADME HUM, ständig rezitieren sollte und ich begann damit, ebendieses zu tun. Ich arbeitete zu dieser Zeit in einer Bibliothek und fing an, kontinuierlich OM MANI PADME HUM zu sagen. Natürlich konnte ich das nicht laut tun, weil da ja ständig alle möglichen Leute waren. Ich tat es in meinem Herzen. Nach nur sehr kurzer Zeit spaltete sich mein Geist und da war dieser ruhige, gelassene und weite Geist, der mit dem OM MANI PADME HUM mitschwang, und das war umgeben vom restlichen, peripheren Geist mit all seinen Gedanken und Emotionen. Dies beiden Teile des Geistes waren getrennt voneinander. Ich war daher in der Lage, mein alltägliches Leben viel effizienter zu regeln, denn ich war immer in der Gegenwart präsent. Aber auf eine losgelöste Art und Weise, mit diesem Raum in meinem Geist. Was sich an der Peripherie abspielte, war wirklich peripher. Das gab meinem Geist eine gewisse Haltung und die Fähigkeit, viel mehr Auswahl unter meinen Gedanken und Emotionen zu treffen, eben weil ich nicht mehr von ihnen überwältigt wurde. Das war ein ziemlicher Durchbruch für mich.

Auf ähnliche Weise schafft die Praxis, einen Buddha im Herzen zu sehen, eine Möglichkeit, inneren Raum zu schaffen. Dieser innere Raum erlaubt es uns, Gedanken und Emotionen aus der Distanz zu betrachten, sogar während sie noch im Entstehen befindlich sind. Das heißt, dass wir uns nicht mehr mit ihnen identifizieren müssen. Normalerweise identifizieren wir uns sehr stark mit ihnen. Weil wir dies tun, erscheinen sie uns so undurchsichtig, fest, schwer und real. Das Vajrayana bietet uns viele geschickte Mittel, um dies zu vermeiden. Eine dieser Methoden ist es, uns mit dem Geist von Chenresig zu identifizieren anstatt mit dem eines gewöhnlichen Wesens. Indem wir so praktizieren und das Mantra im Herzen der Gottheit oder in unserem eigenen sehen, schaffen wir einen Raum und ein Gefühl des Losgelöstseins, was uns wiederum hilft zu erkennen, wer wir sind und welcher Art unsere wahre Natur ist. Das macht unser alltägliches Leben wesentlich angenehmer, denn wir haben diese ruhige, gelassene Mitte, in die wir uns zurückziehen können. Obwohl die Praxis selbst recht einfach ist und jeder sie ausführen kann, kann sie doch einen erstaunlich verwandelnden Effekt haben, wenn man sie gewissenhaft praktiziert. Die Methode selbst ist nicht schwierig. Das Problem liegt lediglich darin, dass wir faul sind und es einfach nicht tun. Ich selbst hatte bereits so viele Gelegenheiten, wie kommt es also, dass ich noch kein Buddha bin? Es liegt nur an meiner Faulheit. Eine andere Entschuldigung gibt es nicht.

Jemand bat einmal einen sehr wundervollen Lama namens Jamgon Kongtrul um Praxisunterweisungen. Er sagte: „Tu es." Diese Praktiken sind nicht wirklich kompliziert. Wir alle können sie machen. Es liegt nur an uns. Niemand zwingt uns dazu. Niemand hält uns davon ab. Wenn wir sie nur halbherzig praktizieren, nur so vor uns hinstolpern, nicht wirklich wissend, was wir da tun, nicht wirklich glaubend, dass es funktioniert, dann ist es sehr unwahrscheinlich, dass sie einen Effekt haben werden. Wir geben die Schuld dann entweder der Praxis oder uns selbst. Wir sollten dankbar sein, dass das Mitgefühl des Buddha uns diese Methoden gegeben hat. Es gibt darunter solche, die wir an jedem Ort anwenden können, und niemand wird jemals wissen, dass wir meditieren.

Wenn wir unser tägliches Leben nicht zum Praktizieren nutzen, dann wird sich niemals etwas ändern. Es reicht nicht, einfach nur Dharmazentren zu besuchen oder sogar eine tägliche Praxis auszuüben. Es ist auch nicht wichtig, wie viel intellektuelles Wissen wir in uns aufsaugen und wie gut wir Konzepte und Ideen verstehen. Die Frage ist doch, ob sich in unserem Inneren etwas verändert. Wird unser Geist von diesen Methoden erhellt? Öffnet sich unser Herz wirklich? Sind wir gütigere Menschen geworden? Empfinden wir echtes Mitgefühl aus der Tiefe unseres Herzens? Wenn die Antwort zu allen diesen Fragen „Nein" lautet, dann spielen wir nur intellektuelle Spielchen.

Als ich 1994 in Nepal war, erhielt ich einen Brief von einem Australier, der fünfzehn oder zwanzig Jahre lang Mönch gewesen war. Der Brief war in etwa elf Seiten lang. Er hatte etwas gelesen, das ich geschrieben hatte, über Westler, die viele Jahre lang den Dharma praktiziert haben, ohne dass sich effektiv etwas in ihrem Leben geändert hätte. Ich hatte erwähnt, dass wenn man sie Jahre später wiedertrifft, sie immer noch dieselben Probleme haben, und hatte gefragt, warum dem so sei. Er schrieb, dass er im Retreat war und dort Chenresig praktizierte, bis er bemerkte, dass er es mehr oder weniger automatisch tat. Die Praxis transformierte seinen Geist nicht das geringste bisschen. Die Visualisierungen fanden nur in seinem Kopf statt. Also ging er zu Seiner Heiligkeit dem Dalai Lama und fragte, ob es ihm gestattet sei, eine Weile für Mutter Teresa zu arbeiten. Seine Heiligkeit erwiderte: „Ja, das ist in Ordnung. Du brauchst auch keine Robe zu tragen. Geh einfach dorthin und arbeite dort."

Der Brief dreht sich in erster Linie um seine Zeit in Kalkutta, seine Arbeit für Mutter Teresa und um Mitgefühl. Es war ein sehr schöner Brief und ich wünsche mir manchmal, ich hätte ihn behalten. Wie er sagte, Mitgefühl hat etwas damit zu tun, jemanden, der verschmutzt und mit Exkrementen und Wunden und Entzündungen übersät ist, zu waschen und zu umsorgen, selbst jemanden, dem es vollkommen egal ist, ob wir das tun oder nicht. Manche Patienten dort sind sehr aggressiv. Sie wollen nicht umsorgt werden. Sie sind ganz gewiss nicht dankbar. Sie verachten unser Mitgefühl. Was ist also unser Mitgefühl unter solchen Umständen? Wo ist es? Er hatte von Mutter Teresa gehört, dass die Nonnen, wenn sie sich um die Kranken und Sterbenden kümmern, diese als Jesus sehen. Mit anderen Worten, sie entwickeln nicht nur Mitleid von der Sorte „Oh, du Armer. Hier bin ich, der große Bodhisattva, um mich um dich zu kümmern." Sie tun es mit tiefem Respekt, mit Liebe und mit einer reinen Sichtweise. Sie sind dankbar für das Privileg, Jesus dienen zu dürfen. Sie kümmern sich um ihre Schützlinge mit großer Freude und einem Gefühl des Privilegiertseins, nicht mit herablassendem Mitleid. Diese Qualität des Geistes ist es, die sie stützt und aufrecht hält. Darüber hinaus verbringen sie natürlich fast mehr als die Hälfte des Tages in Gebet und Kontemplation. Sie gehen nicht ständig durch die Straßen von Kalkutta. Ich denke, das ist ein wichtiger Punkt, über den wir Buddhisten einmal nachdenken sollten. Es ist von absolut essentieller Wichtigkeit, eine formelle Praxis auszuführen und das Verständnis und die Erfahrung zu haben, die aus einer solchen Praxis erwachsen. Aber das ist nicht genug. Dieses Verständnis, dieses Verstehen muss auf unsere alltäglichen Handlungen und Beziehungen mit anderen übertragen werden. Wenn das nicht geschieht, dann läuft etwas Entscheidendes falsch. Auf einem Kissen zu sitzen und über Mitgefühl nachzudenken und uns davon zu überzeugen, dass wir doch nette, fürsorgliche Menschen sind, ist sehr einfach.

Lassen Sie uns nun Arya Chenresig im Zentrum unseres Herzen visualisieren. Er hat in etwa die Größe eines Daumens. Er hat entweder zwei oder vier Arme und sitzt auf einer Mondscheibe, die auf einer Lotosblüte liegt. Er ist die Essenz der Weisheit und des Mitgefühls aller Buddhas. Er ist unser wahre Natur, die Essenz unseres Geistes. In seinem Herzen ist ein Mondscheibe. Auf dem Rand dieser Mondscheibe stehen die Silben OM MA NI PAD ME HUM. Im Zentrum der Mondscheibe befindet sich die weiße Silbe HRI. Von dieser Silbe HRI strahlt Licht aus, welches unseren Körper anfüllt und all unsere Unwissenheit und negativen Emotionen reinigt. Dann strahlt das Licht aus uns heraus und durchdringt das ganze Universum. Es reicht überallhin. Nicht nur zu Menschen und Tieren, sondern zu allen Wesen, den diversen Arten von Geistern, zu den Höllenbereichen und in die Himmel. Es verbreitet sich durch den ganzen Kosmos. Es berührt alle Wesen und sie verwandeln sich ihrerseits in Chenresig.

Bringen Sie nun das Licht zurück zu dem Chenresig in Ihrem Herzen. Von nun an ist alles, was Sie denken oder fühlen, der Ausdruck der Weisheit von Chenresig.

Glossar

(Skrt.) hinter einem Wort bedeutet, dass es aus dem Sanskrit stammt; (Tib.), dass es aus dem Tibetischen stammt.

Akshobhya (Skrt.) *mi bskyod pa* (Tib.) Buddha der östlichen Richtung, repräsentiert den perfekten Zustand von Bewusstsein und die Spiegelgleiche Weisheit. *Siehe auch* **Fünf Erleuchtete Familien.**

Amitabha (Skrt.) *'od pag med* (Tib.) Buddha der westlichen Richtung, repräsentiert den perfekten Zustand von Wahrnehmung und die Unterscheidende Weisheit. *Siehe auch* **Fünf Erleuchtete Familien.**

Anatman (Skrt.) Nicht-Selbst. Ein grundlegender Glaube des Buddhismus, dass es keinen innewohnenden Kern von Selbst oder eine unveränderliche ewige Seele gibt.

Arhat (Skrt.) *dgra bcom pa* (Tib.) Wörtlich: „Feind-Zerstörer." Jemand, der alle karmischen Tendenzen und störenden Emotionen eliminiert hat. Die Arhatschaft ist das Ziel der Hinayanatradition des Buddhismus.

Arhati (Skrt.) Weiblicher Arhat. *Siehe* **Arhat**.

Arya (Skrt.) *,phags pa* (Tib.) Jemand, der direkte Realisation der wahren Natur der Realität erlangt hat. Findet auch Anwendung als „erhaben", „hochstehend", „nobel".

Ashram (Skrt.) Indischer Ort für religiöse Retreats oder Einsiedelei.

Asuras (Skrt.) *lha ma yin* (Tib.) Götter des Begierdebereichs, die von Eifersucht verzehrt werden, speziell auf die Götter eines höheren Bereichs.

Atman (Skrt.) Ein permanentes Selbst, das sich reinkarniert. Buddhisten akzeptieren dieses Konzept eines unveränderlichen und permanenten Selbst nicht. In manchen Schulen wird vertreten, dass es sich hierbei um das Geisteskontinuum handelt, welches der Wiedergeburt unterworfen ist, wie auch der Veränderung und Entwicklung.

Aufzeigen der Essenz *ngo sprod pa* (Tib.) Spezielle (mündliche) Instruktionen, die der Guru dem reifen Schüler gibt, um ihm die wahre Natur des Geistes aufzuzeigen. (Anmerkungen des Übersetzers: bislang gibt es keine zufrieden stellende Übersetzung dieses speziellen tibetischen Terminus ins Deutsche. Diese Art von Instruktion wird vor allem in den Traditionen von Dzogchen und Mahamudra gegeben. Das heißt in erster Linie in den Nyingma- und Kagyüschulen, ist aber nicht exklusiv auf diese beschränkt.)

Avalokiteshvara (Skrt.) *Siehe* **Chenresig.**

Begierdebereich *kamadhatu* (Skrt.) *,dod khams* (Tib.) Nach der buddhistischen Kosmologie gibt es drei Bereiche oder Sphären innerhalb der zyklischen Existenz: den Begierdebereich, den Formbereich und den formlosen Bereich. Die beiden Letzteren sind die Bereiche der Götter. Sie sind zunehmend subtil. Der Begierdebereich besteht aus sechs Unterteilungen: Höllen, Hungergeister *(Pretas)*, Tiere, Menschen, Halbgötter *(Asuras)*, Götter *(Devas)*.

Bodhibaum Der Pipalbaum, unter dem Shakyamuni Buddha Erleuchtung erlangte.

Bodhichitta (Skrt.) *byang chub kyi sems* (Tib.) Auf der relativen Ebene ist dies der Wunsch, Erleuchtung zu erlangen, um dadurch alle Wesen zu Befreiung führen zu können. Auf der absoluten Eben ist es die direkte Einsicht in die Natur aller Erscheinungen und Phänomene.

Bodhisattva (Skrt.) *byang chub sems dpa'* (Tib.) Jemand, der sich auf den Weg zur vollständigen Erleuchtung gemacht und das Gelübde auf sich genommen hat, alle Wesen aus dem endlosen Kreislauf von Tod und Wiedergeburt (Samsara) zu befreien.

Brahmane (Skrt.) *bram ze* (Tib.) Mitglied der Priesterkaste, einer der vier Hauptkasten der Hindugesellschaft.

Buddha (Skrt.) *sangs rgyas* (Tib.) Jemand, der vollständige Erleuchtung erlangt hat. Verweise auf „den Buddha" beziehen sich meist auf Shakyamuni Buddha, der vor etwa 2500 Jahren unter dem Bodhibaum Erleuchtung erlangt hat.

Buddhadharma (Skrt.) *sangs rgyas kyi chos* (Tib.) Die Lehren des Shakyamuni Buddha.

Chakra (Skrt.) *'khor lo* (Tib.) Wörtlich: Rad oder Kreis. Wird verwendet, um sich auf bestimmte Energiezentren im Körper zu beziehen, die während bestimmter Praktiken aktiviert werden.

Chakrasamvara (Skrt.) *‚khor lo sdom pa* (Tib.) Beliebte Meditationsgottheit im tibetischen Buddhismus. Auch als *Heruka* bekannt.

Chang (Tib.) Tibetisches Bier.

Chenresig (Tib.) *Avalokiteshvara* (Skrt.) Meditationsgottheit, die das Mitgefühl aller Buddhas repräsentiert.

Chi (auch *ki*, chinesischen Ursprungs) *srog ,dzin* (Tib.) *Siehe* **Prana**.

Chitta (Skrt.) *sems* (Tib.) Geist, Gedankenprozess, Erkenntnis etc. Dieser Terminus wird wesentlich lockerer benutzt als das westliche Konzept von Geist. Auf einer alltäglichen Ebene schließt es Gefühle und Intuition mit ein.

Dakini (Skrt.) *mkha' 'gro ma* (Tib.) Eine Yogini, die eine hohe Stufe von Realisation erlangt hat. Dakinis können menschliche Wesen sein oder Manifestationen des erleuchteten Geistes. Diese sind weibliche Wesen, die gelobt haben Praktizierende zu unterstützen, indem sie Hindernisse beseitigen und Glück verheißende Umstände schaffen.

Deva (Skrt.) *lha* (Tib.) Götter oder himmlische Wesen, von denen es sechsundzwanzig zunehmend subtiler werdende Kategorien gibt. Angefangen bei den niederen Göttern, die über lange Zeiträume hinweg in großem Luxus leben, bis hin zu den formlosen Göttern des unbegrenzten Bewusstseins. All diese Zustände befinden sich aber nach wie vor in Samsara und müssen einmal zu einem Ende kommen.

Dharma (Skrt.) *chos* (Tib.) Wird in diesem Buch angewandt, um damit die wahre Lehre des Buddha, den Buddhadharma, zu bezeichnen. Manchmal wird es benutzt, um damit generelle Phänomene und Erscheinungen zu bezeichnen. In diesem Fall schreibt es sich *Dharmas.*

Dharmadhatu (Skrt.) *chos kyi dbyings* (Tib.) Die Leerheit der Phänomene und Erscheinungen. Alle Phänomene und Erscheinungen, obwohl auf relativer Ebene existent, sind leer von inhärenter Existenz. Sie existieren nur in Abhängigkeit von Ursachen und Umständen.

Dharmakaya (Skrt.) *chos sku* (Tib.) Die ultimative Natur des vollkommen erleuchteten Geistes.

Drei Kayas *trikaya* (Skrt.) *sku gsum* (Tib.) Die klassische Literatur beschreibt die drei (manchmal auch bis zu fünf) Aspekte des Buddhakörpers. Der Emanationskörper, *Nirmanakaya*, ist für die Wesen sichtbar. Shakyamuni Buddha ist ein Beispiel für einen solchen *Nirmanakaya*. Der freudvolle Körper, *Sambhogakaya*, ist die reine Lichtform des Buddhakörpers und als solche nur für Wesen von allerhöchster Realisation sichtbar. Diese beiden sind auch bekannt als Formkörper, *Rupakaya*. Der dritte Kaya ist bekannt als der *Dharmakaya*, die ultimative Natur des vollkommen erleuchteten Geistes.

Drugpa Kagyü *,brug pa bka' brgyud* (Tib.) Ein Zweig der Kagyütradition, einer der vier Hauptschulen des tibetischen Buddhismus. Begründet von Drogön Tsangpa Gyare im zwölften Jahrhundert.

Duhkha (Skrt.) *sdug bsngal* (Tib.) Leiden. Die Wahrheit des Leidens war die erste der Vier Edlen Wahrheiten, die der Buddha lehrte. Mitunter wird Duhkha auch als „die nicht-zufriedenstellende Natur der Existenz" übersetzt. Es schließt alle Erfahrungen von Unzufriedenheit, Krankheit etc. mit ein. *Siehe auch* **Vier Edle Wahrheiten**.

Dütsi *bdud rtsi* (Tib.) *amrit* (Skt.) Nektar. Bezieht sich mitunter auf eine bestimmte Art von Pillen, die von großen Meistern hergestellt werden, um denen, die sie einnehmen, zu helfen.

Dzogchen *rdzogs chen* (Tib.) *Maha Ati* (Skrt.) Große Perfektion. Ein Zustand, in dem sowohl der Entstehungs- als auch der Vollendungsprozess mühelos präsent sind. Ein Meditationssystem, welches der Nyingmatradition eigen ist. *Siehe auch* **Entstehungsprozess, Vollendungsprozess**.

Entstehung in Abhängigkeit *pratitya samutpada* (Skrt.) *rten ,brel* (Tib.) Dieses Prinzip beruht darauf, dass alles, was existiert, nur existent ist, weil es eine Ansammlung von Ursachen und Umständen ist. Nichts besteht unabhängig nur für sich. Diese Doktrin ist eine der fundamentalen Lehren des Buddhismus und steht in engem Zusammenhang mit dem Gesetz von Ursache und Wirkung (Karma). Diese Lehre beschreibt Zwölf Glieder des Entstehens in Abhängigkeit, welche die Wesen an den Kreislauf der Wiedergeburten (Samsara) ketten.

Entstehungsprozess *utpattikrama* (Skrt.) *bskyed rim* (Tib.) Im Kontext des Vajrayana ist dies der Teil der Meditationspraxis, der sich mit dem Visualisieren von Formen, Klängen und Erscheinungen als Körper, Sprache und Geist der Meditationsgottheit beschäftigt. Diese Phase ist eine Vorbereitung auf den Vollendungsprozess. *Siehe auch* **Vollendungsprozess.**

Fünf Erleuchtete Familien Das Mandala der Fünf Erleuchteten Familien, oder auch Buddhafamilien, ist der perfekte Zustand der fünf Elemente, Aggregate, Sinnesorgane und Sinneswahrnehmungen. Jede Familie wird von einem männlichen Buddha angeführt, der eines der fünf gereinigten Aggregate repräsentiert, und von einer weiblichen Gefährtin, die eines der fünf gereinigten Elemente repräsentiert. Die fünf Aggregate sind: Form, Gefühl, Wahrnehmung, geistige Entstehungsprozesse und Bewusstsein. Die fünf Buddhas sind: Vairocana (weiß, Buddhafamilie), Akshobhya (blau, Vajrafamilie), Ratnasambhava (gelb, Juwelenfamilie), Amitabha (rot, Lotosfamilie) und Amoghasiddhi (grün, Karmafamilie).

Fünfunddreißig Buddhas des Bekennens *ltung bshags kyi lha so lnga* (Tib.) Im Mahayana gibt es eine bestimmte Praxis, während der der Praktizierende diesen Buddhas Verehrung darbringt, um damit negative Handlungen zu bereinigen.

Geist *sems* (Tib.) *chitta* (Skrt.) Wird definiert als das Gewahrsein von Objekten oder Geschehnissen anstelle von „Geistigen Faktoren", welche den Inhalt von Gedanken etc. beinhalten.

Gelug *dge lugs* (Tib.) Eine der vier Hauptschulen des tibetischen Buddhismus. Die anderen sind die Nyingma, Sakya und Kagyü.

Guru (Skrt.) *Siehe* **Lama.**

Guru Rinpoche Der Meister aus Oddiyana, der den Buddhismus im achten Jahrhundert formell in Tibet eingeführt und etabliert hat. Auch bekannt als *Padmasambhava*.

Heruka (Skrt.) *khrag ,thung dpa' bo* (Tib.) Wörtlich: „Bluttrinker". Beschreibt eine zornvolle, männliche Gottheit.

Hinayana (Skrt.) *theg pa chung ba* (Tib.) Wörtlich: das „kleine Fahrzeug", welches den Schwerpunkt auf individuelle Befreiung aus Samsara legt. Steht mit dieser Motivation im Gegensatz zum Mahayana.

Hungergeister *preta* (Skrt.) *yi dwags* (Tib.) Geister, die von unstillbarem Hunger und Durst gequält sind.

Kagyü *bka' brgyud* (Tib.) Eine der vier Hauptschulen des tibetischen Buddhismus.

Kalyanamitra (Skrt.) Spiritueller Freund. Ein Lehrer oder eine andere Person, die uns hilft, auf dem Pfad fortzuschreiten.

Karma (Skrt.) *las* (Tib.) Das Gesetz von Ursache und Wirkung. Es lehrt, dass jede absichtliche Handlung von Körper, Sprache oder Geist eine Folge nach sich zieht.

Karmapa Der Name der Linie von Lamas, die das Oberhaupt der Karma-Kagyütradition des tibetischen Buddhismus sind. Wird als das Oberhaupt aller Kagyülinien anerkannt.

Keimsilbe *bija* (Skrt.) *yig ,bru* (Tib.) Während tantrischer Praktiken entsteht jede Gottheit aus der Leerheit, zunächst in Form einer spezifischen Silbe.

Khampa *khams pa* (Tib.) Bewohner von Kham, einer der drei Provinzen des alten Tibet (vor der chinesischen Invasion und Besetzung). Kham befindet sich im südöstlichen Teil Tibets.

Khata *kha btags* (Tib.) Ein weißer Schal, den man Lamas und hohen Lehrern als Geschenk (oft zu Begrüßung und Abschied) gibt.

Lama *bla ma* (Tib.) *Guru* (Skrt.) Spiritueller Lehrer oder Meister. Der Meister, der dem Schüler die Natur des Geistes aufzeigt. Jeder Lehrer, der den Dharma lehrt.

Leerheit *siehe* **Shunyata.**

Lung *rlung* (Tib.) *vayu* (Skrt.) Wörtlich: Wind. Der Atem und die subtilen Energien des Körpers. Lung-Probleme beziehen sich in diesem Zusammenhang auf ein Ungleichgewicht der subtilen Energien, oder Winde, eines Praktizierenden, die oft aufgrund von Überanstrengung während längerer Retreats hervorgerufen werden können. In der traditionellen tibetischen Medizin bezieht sich Lung auf eines der drei Elemente des Körpers, die sich im Gleichgewicht befinden müssen, um eine gute Gesundheit herzustellen. Im Kontext von Praktiken des Vajrayana sind diese „Winde" die subtilen Energien des Karma, die unser Bewusstsein „tragen". Wenn diese Winde bereinigt sind, werden sie in den zentralen Kanal des physischen Körpers absorbiert.

Madhyamika (Skrt.) *dbu ma* (Tib.) Die buddhistische Philosophie des so genannten Mittleren Weges zwischen Nihilismus (welcher die völlige Nicht-Existenz eines Selbst und aller Phänomene und Erscheinungen vertritt) und Eternalismus (welcher die unabhängige Existenz eines Selbst und aller Phänomene und Erscheinungen vertritt). Eine der vier philosophischen Schule des indischen Buddhismus.

Mahakala (Skrt.) *nag po chen po* (Tib.) Ein Dharmaschützer. Eine zornvolle Manifestation von Avalokiteshvara oder Chenresig, dem Bodhisattva des Mitgefühls.

Mahamudra (Skrt.) *phyag rgya chen po* (Tib.) Wörtlich: das „Große Siegel". Der Zustand von Buddhaschaft, in dem die drei Kayas verwirklicht sind. Ein Meditationssystem, welches der Kagyütradition eigen ist. *Siehe auch* **Drei Kayas.**

Mahaparinirvana (Skrt.) Das Dahinscheiden des physischen Körpers des Buddha.

Mahasiddhas (Skrt.) *grub thob chen po* (Tib.) Jene, die große Verwirklichung erlangt haben. Diese Bezeichung wird oft reserviert für die so genannten Vierundachtzig Mahasiddhas. Sie waren große tantrische Meister in der mittelalterlichen Periode des Buddhismus in Indien.

Mahayana (Skrt.) *theg pa chen po* (Tib.) Wörtlich: das „Große Fahrzeug". Eines der beiden prinzipiellen Fahrzeuge des Buddhismus. Das andere ist das Hinayana oder „Kleine Fahrzeug". Das Mahayana basiert auf der großen Motivation, Buddhaschaft zu erlangen, um sich dadurch in die Lage zu versetzen, alle Wesen aus Samsara zu befreien.

Mandala (Skrt.) *dkhyil,khor* (Tib.) Wörtlich: Zirkel, Kreis, Peripherie. Im tibetischen Buddhismus bezieht es sich oft auf eine diagrammartige Repräsentation eines göttlichen Palastes, in dem eine Meditationsgottheit und ihr Gefolge residieren. Es wird auch metaphorisch benutzt, um die Idee eines Zentrums und seiner Umgebung zu vermitteln. Mandalaopferungen sind eine formelle buddhistische Praxis zur Ansammlung von Verdienst.

Manjushri (Skrt.) *'jam dpal dbyangs* (Tib.) Eine Meditationsgottheit. Der Bodhisattva der Weisheit.

Mantra (Skrt.) *sngags* (Tib.) Eine Ansammlung spezieller, signifikanter Silben, die, wenn sie in bestimmter Sequenz rezitiert werden, die erleuchtete Sprache der Meditationsgottheit repräsentieren.

Momos (Tib.) Tibetische Fleischklöße.

Mudra (Skrt.) *phyag rgya* (Tib.) Bezieht sich hier auf rituelle Handbewegungen, die die Rezitation von Ritualen begleiten können.

Nadi (Skrt.) *rtsa* (Tib.) Die Kanäle des Körpers, durch welche die subtilen lebenserhaltenden Energien *(rlung)* fließen.

Nirvana (Skrt.) *myang ,das* (Tib.) Befreiung aus dem Leiden der zyklischen Existenz. Die vollkommene Beseitigung allen Leidens und aller störenden Emotionen.

Nyingma *rnying ma* (Tib.) Die älteste der vier Hauptschulen des tibetischen Buddhismus.

Padmasambhava (Skrt.) *Siehe* **Guru Rinpoche**.

Pandita (Skrt.) Gelehrter. Traditionellerweise jemand, der die fünf indischen Wissenschaften gemeistert hat: Kunst, Medizin, Grammatik, Logik und Erkenntnistheorie.

Paramita (Skrt.) *phar phyin* (Tib.) Perfektion. Der Sutrapfad basiert zum großen Teil auf den Sechs oder Zehn Paramitas. Erlangen von Buddhaschaft setzt die Meisterschaft in diesen voraus. Die Sechs Paramitas sind: Freigebigkeit, ethisches Verhalten, Geduld, Anstrengung, Meditation und Weisheit.

Phowa *'pho ba* (Tib.) Tantrische Praxis zur Übertragung des Bewusstseins im Augenblick des Sterbens mit dem Ziel, eine positive Wiedergeburt zu erlangen.

Prajnaparamita (Skrt.) *shes rab kyi phar phyin* (Tib.) Die Perfektion der Weisheit. Eine der Sechs Perfektionen. Es gibt diverse philosophische Definitionen dieses Terminus. Prajnaparamita ist auch der Titel einer Serie von Mahayanasutras. Personifiziert wird Prajnaparamita durch eine weibliche Meditationsgottheit.

Prana (Skrt.) *srog ,dzin* (Tib.) Eine der lebenserhaltenden Energien im Körper, die in speziellen tantrischen Praktiken von besonderer

Wichtigkeit ist. Diese „Energie“ ist auch in diversen indischen und taoistischen Praktiken von Bedeutung.

Prasangika Madhyamika (Skrt.) *thal ,gyur ba* (Tib.) Eine der beiden Unterschulen des Madhyamika, die aus einem Disput zwischen Bhavaviveka und Chandrakirti über die Interpretation der Aspekte des philosophischen Argumentierens von Nagarjuna entstand. Prasangika verneint die eigenständige Existenz von sowohl externen Phänomenen als auch subjektivem Bewusstsein.

Pretas (Skrt.) *yi dwags* (Tib.) *Siehe* **Hungergeister**.

Puja (Skrt.) Wörtlich: Opferung. Wird sowohl von den Anhängern des Hinduismus als auch des Buddhismus ganz allgemein zur Bezeichnung aller Arten von religiösen Ritualen angewandt.

Quan Yin Chinesische weibliche oder männliche Gottheit, die der Bodhisattva des Mitgefühls ist. Auch bekannt als *Avalokiteshvara* oder *Chenresig.*

Rinpoche *rin po che* (Tib.) Wörtlich: „kostbar“ oder „von großem Wert“. Wird als Anrede für inkarnierte Lamas oder Lamas von großem Ansehen angewandt.

Rishi (Skrt.) Ein Hindumeister, der eine sehr hohe Stufe meditativer Versenkung erreicht hat.

Ruhiges Verweilen *siehe* **Shamatha**.

Sadhana (Skrt.) *sgrub thabs* (Tib.) Wörtlich: „Methode zum Erlangen von Verwirklichung“. Im Kontext des tibetischen Buddhismus sind dies rituelle Meditationspraktiken, die eher individuell und weniger gemeinschaftlich praktiziert werden. Ihr Zweck ist es, dem initiierten Praktizierenden zu helfen, den Fortschritt auf dem Pfad zur Erleuchtung zu beschleunigen.

Sadhu (Skrt.) Ein indischer Heiliger oder Einsiedler.

Sakya *sa skya* (Tib.) Eine der vier Hauptschulen des tibetischen Buddhismus.

Sakya Trizin Seine Heiligkeit Sakya Trizin, Oberhaupt der Sakyapatradition des tibetischen Buddhismus.

Samadhi (Skrt.) *ting nge ,dzin* (Tib.) Das Erlangen einsgerichteter meditativer Versenkung.

Sambhogakaya (Skrt.) *longs sku* (Tib.) Wörtlich: „freudvoller Körper". Der Lichtkörper eines Buddha, den nur Wesen mit höchster Realisation wahrnehmen können. *Siehe auch* **Drei Kayas**.

Samsara (Skrt.) *,khor ba* (Tib.) Der Kreislauf der Existenzen, in dem die Umstände der Wesen bestimmt werden von ihren vergangenen Handlungen und geistigen Gewohnheiten.

Sangha (Skrt.) *dge ,dun* (Tib.) Traditionellerweise wird dieser Terminus für die Gemeinschaft der Mönche und Nonnen verwandt. Heutzutage wird er eher locker benutzt, besonders im Westen, wo man zum Beispiel oft die Mitglieder eines Dharmazentrums damit bezeichnet. Im Kontext der dreifachen Zuflucht bezieht es sich auf die Arya Sangha, jene, die direkte Realisation von Leerheit erfahren haben.

Shamatha (Skrt.) *zhi gnas* (Tib.) Die Praxis oder Meditation des „ruhigen Verweilens", in der der Praktizierende den Geist auf ein einziges Objekt, ein internes oder externes, fokussiert.

Shariputra (Skrt.) Einer der zehn engsten Schüler des Shakyamuni Buddha. Er war bekannt für seine intellektuelle Brillanz.

Shunyata (Skrt.) *stong pa nyid* (Tib.) Leerheit, das heißt die ultimative Natur der Realität. Das Nicht-Vorhandensein von inhärenter Existenz und objektiven Phänomenen.

Sechs Perfektionen *siehe* **Paramita.**

Sichtweise *lta ba* (Tib.) *drishti* (Skrt.) Die korrekte philosophische Sichtweise zu entwickeln wird als erster notwendiger Schritt für jeden angesehen, der den buddhistischen Pfad betritt.

Sutra (Skrt.) *mdo* (Tib.) Die ursprünglichen Lehrreden des Shakyamuni Buddha, die er fünfundvierzig Jahre lang hielt.

Sutrayana (Skrt.) Eine der beiden Unterteilungen der Mahayanaschule. Dieses System, basierend auf den „Kausalmethoden" der Sutras, betont graduelle Reinigung und Praxis. *Siehe auch* **Vajrayana.**

Tantra (Skrt.) *rgyud* (Tib.) Das Kontinuum von Unwissenheit bis hin zu Erleuchtung. Wird auch benutzt, um bestimmte Strömungen sowohl im Hinduismus als auch im Buddhismus zu bezeichnen, die darauf abzielen, bestimmte Prozesse auf dem Pfad zur Erleuchtung zu beschleunigen. Tantrayana ist ein Teil des Mahayana, dessen Philosophie es teilt. Es unterscheidet sich vom Sutrayana (dem nicht-tantrischen Mahayana) durch die Anwendung spezieller so genannter „geschickter Mittel". Wird auch als Bezeichnung für die als Tantra bekannte Literatur benutzt.

Tantrika (Skrt.) Jemand, der Tantra praktiziert. *Siehe auch* **Tantra.**

Thangka *thang ka* (Tib.) Tibetisches religiöses Rollbild.

Theravada (Pali) *gnas brtan pa sde* (Tib.) Die „Tradition der Älteren". Bezeichnet die buddhistischen Traditionen Süd- und Südostasiens.

Togden *rtogs ldan* (Tib.) Ein fortgeschrittener tantrischer Praktizierender der Kagyütradition, der in Tibet, vor der chinesischen Invasion, in Höhlen lebte. Ihre Linie wird in Indien fortgesetzt.

Togdenma *rtogs ldan ma* (Tib.) Weiblicher Togden.

Tonglen *gtong len* (Tib.) Geben und Nehmen. Eine Meditation, die das Weggeben alles Guten in uns, unsere Freude, Gesundheit, positives Karma etc., an alle Wesen beinhaltet. Im Gegenzug nimmt man all das Leid aller Wesen auf sich. Diese Praxis dient dazu, Bodhichitta zu entwickeln.

Tsampa *rtsam pa* (Tib.) Geröstetes Gerstenmehl, eines der Grundnahrungsmittel der Tibeter.

Tsog *tshogs* (Tib.) Eine religiöse Praxis im tibetischen Buddhismus.

Tulku *sprul sku* (Tib.) *nirmanakaya* (Skrt.) Der Emanationskörper eines Buddha. Dieses Wort wird auch als Bezeichnung für einen inkarnierten Lama benutzt.

Tummo *gtum mo* (Tib.) *chandali* (Skrt.) Wörtlich: „der (oder die) Ungestüme". Wird im Allgemeinen benutzt, um die Praxis innerer Hitze zu beschreiben.

Vajra (Skrt.) *rdo rje* (Tib.) Diamant, unzerstörbar. Oft benutzt, um die Eigenschaften eines Buddha zu beschreiben. Auch ein Ritualzepter.

Vajragesang Ein spezieller Gesang, der manchmal während Tsogopferungen gesungen wird.

Vajrahölle Ein außerordentlich schmerzvoller Höllenbereich, reserviert für tantrische Praktizierende, die ihre Gelübde und Verpflichtungen verletzt und gebrochen haben.

Vajrasattva (Skrt.) *rdo rje sems dpa'* (Tib.) Eine Meditationsgottheit. Die Meditation auf Vajrasattva und die Rezitation seines hundertsilbigen Mantra wird benutzt, um Verunreinigungen zu beseitigen. Im Speziellen die Verunreinigungen von schlechtem Karma und verletzter tantrischer Gelübde.

Vajrayana (Skrt.) *rdo rje theg pa* (Tib.) Wörtlich: „das diamantene Fahrzeug". Auch bekannt als Tantrayana oder Mantrayana. Ein Zweig des Mahayana, welcher spezielle so genannte „geschickte Mittel" anwendet, um das Fortschreiten des Übenden auf dem Pfad zur Erleuchtung zu beschleunigen. Vajrayana ist bekannt als die „Methode des Resultats", da es Visualisierungen, Mantras und andere Techniken anwendet, die es dem Praktizierenden ermöglichen, den tatsächlichen Zustand von Buddhaschaft (das Resultat) als Pfad zu verwenden. *Siehe auch* **Sutrayana**.

Vajrayogini (Skrt.) *rdo rje rnal 'byor ma* (Tib.) Eine weibliche Meditationsgottheit. Gefährtin von **Chakrasamvara** und Königin der Dakinis.

Vier Edle Wahrheiten *catvari aryasatyani* (Skrt.) *‚phags pa'i bden pa bzhi* (Tib.) Die Lehren über die Vier Edlen Wahrheiten gehören zum ersten Drehen des Rades der Lehre. Sie sind die Grundlage des Buddhismus. Sie lauten: die Wahrheit vom Leiden; die Wahrheit von der Ursache des Leidens; die Wahrheit vom Aufhören des Leidens; und die Wahrheit des Pfades, der zum Aufhören des Leidens führt. *Siehe auch* **Duhkha**.

Vihara (Skrt.) Wörtlich: ein „abgeschiedener Ort". Wurde benutzt, um Retreatzentren im Indien zur Zeit des Buddha, in denen man während der Regenzeit praktizierte, zu bezeichnen. Auch buddhistische Klöster in den Ländern des Theravada.

Vipashyana (Skrt.) *vipassana* (Pali) *lhag mthong* (Tib.) Einsichtsmeditation. Eine analytische Meditationspraxis, welche die Natur des untersuchten Objektes völlig durchdringt.

Vollendungsprozess *sampannakrama* (Skrt.) *rdzogs rim* (Tib.) In den Praktiken des Vajrayana folgt dieser dem Entstehungsprozess, in dem die Visualisierung der Gottheit abgeschlossen wird. Der Vollendungsprozess beinhaltet unter anderem die Manipulation psychischer Energien *(Prana)* und Flüssigkeiten innerhalb des Körpers mit dem Zweck, diese Energien in den Zentralkanal zu bringen.

Yama (Skrt.) *gshin rje* (Tib.) Der Herr des Todes.

Yogachara (Skrt.) „Nur Bewusstsein". Eine philosophische Schule des alten Indien, die der Tradition von Maitreya und Asanga folgt.

Yogi *yogin* (Skrt.) *rnal 'byor pa* (Tib.) Jemand, der intensive Meditationspraktiken ausübt, die sowohl geistige als auch körperliche Disziplinen beinhalten können.

Yogini (Skrt.) *rnal 'byor ma* (Tib.) Ein weiblicher Yogi.

Das Kloster Dongyu Gatsal Ling

Das Nonnenkloster Dongyu Gatsal Ling wurde 1999 auf Bitten Seiner Eminenz Khamtrul Rinpoche, dem Oberhaupt des Khampagarklosters, gegründet, um eine Umgebung für junge Frauen aus Tibet und den Himalayagrenzregionen zu schaffen, die dort zum Studium und zur Praxis in der Tradition der Drugpa-Kagyü-Schule des tibetischen Buddhismus zusammengekommen sind.

Diesen jungen Frauen wird hier die Gelegenheit gegeben ihr intellektuelles und spirituelles Potential durch ein ausgewogenes Training, bestehend aus Studium und meditativer Praxis, zu entwickeln. Das Programm umfasst zurzeit das Studium von Philosophie, Ritualen, tibetischer Sprache in Wort und Schrift, Englisch und Handwerk. Täglich kommen die Nonnen zu Zeremonien und Meditationen zusammen.

Das besondere Ziel von Dongyu Gatsal Ling ist es, ein kostbare Linie yogischer Praxis, die im Speziellen in der Drugpa-Kagyü-Tradition praktiziert wird, wieder aufleben zu lassen. Obwohl es noch einige wenige alte Mönche gibt, die zurzeit im Kloster Khampagar leben und die noch im Besitz dieser Linie sind, scheint die weibliche Linie der chinesischen Kulturrevolution zum Opfer gefallen zu sein. Da es sich hierbei um eine mündliche Übertragungslinie handelt, die vom Meister auf den Schüler weitergegeben wird, ist es von essentieller Wichtigkeit, dass diese seltene Praxis weitergegeben wird, solange es noch lebende Meister dieser Linie gibt. Die Yogis des Klosters Khampagar haben sich bereit erklärt, Nonnen, die die notwendigen Qualifikationen und das notwendige Potential mitbringen, zu unterweisen, sobald sie die notwendigen Studien und vorbereitenden Meditationspraktiken absolviert haben.

Wenn Sie das Projekt des Nonnenklosters Dongyu Gatsal Ling unterstützen wollen, kontaktieren Sie uns bitte über die E-Mail-Adresse auf unserer Internetseite unter www.tenzinpalmo.com oder schreiben Sie uns an die folgende Adresse: Dongyu Gatsal Ling Nunnery, Tashi Jong, P.O. Taragarh, Dist. Kangra, H.P. 176081 India.

Tenzin Palmo in Tashi Jong, 2001.
Foto: Angus McDonald

Tenzin Palmo vor ihrer Höhle in Lahul.
Ihr Hab und Gut, durchnässt vom frühlingshaften Tauwetter, liegt ausgebreitet vor der Höhle, um in der Sonne zu trocknen.
Abbildung mit freundlicher Genehmigung von Tenzin Palmo

Tenzin Palmos Meditationskiste im Innern der Höhle.
Abbildung mit freundlicher Genehmigung von Tenzin Palmo

Tenzin Palmo mit Khamtrul Rinpoche in Tashi Jong, 2001.
Foto: Angus McDonald

Tenzin Palmo.
Foto: Angus McDonald

Tenzin Palmo und Nonnen des Klosters Dongyu Gatsal Ling, März 2001.
Foto: Angus McDonald

Tenzin Palmo und einige der Nonnen vor dem neuen Kloster Dongyu Gatsal Ling, März 2001.
Foto: Angus McDonald

Nonnen von Dongyu Gatsal Ling auf dem Gelände des neuen Klosters, März 2001.
Foto: Angus McDonald

Weitere Titel aus dem Arbor Verlag

Patrul Rinpoche

Die Worte meines vollendeten Lehrers

Die Praxis des tibetischen Buddhismus auf dem Weg zur „Großen Vollkommenheit“

Einer der größten tibetischen Meditationsmeister des 19. Jahrhunderts, geachtet und beliebt in allen Schulen des tibetischen Buddhismus, führt in diesem Standardwerk ein in Theorie und Praxis des Vajrayâna. Von den grundlegenden moralischen, ethischen und philosophischen Voraussetzungen über die Vorbereitenden Übungen bis hin zu fortgeschrittenen Praktiken wie der „Opferung des eigenen Körpers“ im Chö-Ritual und der „Bewußtseinsübertragung beim Nahen des Todes“ (Phowa) werden hier alle wesentlichen Aspekte der Praxis zur Vorbereitung auf die „Große Vollkommenheit“ (Dzogchen) erläutert.

Patrul Rinpoche schrieb dieses Buch nicht vorrangig für gelehrte Mönche, sondern vor allem für ein Laienpublikum – was es für den heutigen westlichen Leser besonders zugänglich macht. Zugleich findet seine von der essentiellen Weisheit der „Großen Vollkommenheit“ geprägte Sicht in allen seinen Darlegungen Ausdruck. In dieser einzigartigen Kombination von farbiger Anschaulichkeit und unauslotbarer Tiefgründigkeit weisen die „Worte meines vollendeten Lehrers“ den Weg zu einer authentischen Praxis des tibetischen Buddhismus. Das wegweisende Werk wurde unter Anleitung moderner tibetischer Meister, die zu den Dharma-Erben Patrul Rinpoches gehören, direkt aus dem Tibetischen übertragen.

Hardcover, ISBN 978-3-924195-72-4

Tulku Urgyen Rinpoche

Die Worte des Buddha

Die Worte des Buddha entfaltet den Weg der Erleuchtung – jene allmähliche Enthüllung des erwachten Geistes, der schon jetzt in jedem von uns präsent ist. Dabei betont Tulku Urgyen Rinpoche, dass wir Buddhaschaft nicht außerhalb von uns finden werden. Sie ist kein „Ding", das auf magische Weise zu uns herabsteigt und die Menschen in einen Buddha verwandelt. Es ist unsere persönliche Erfahrung, die uns auf den buddhistischen Weg führt. Ein Weg, aus dem heraus sich unsere Erkenntnis nährt. Diese sehr eigene Art buddhistischer Unterweisung, bekannt geworden als „Instruktion durch persönliche Erfahrung", macht Die Worte des Buddha zu einem kostbaren Begleiter auf jedem Weg spiritueller Praxis. Ein Buch für alle Praktizierenden des Dharma. Auch als Einstieg in Tulku Urgyen Rinpoches Werk geeignet. Präzise, in wenigen Worten und äußerst einfühlsam gelingt es Tulku Urgyen Rinpoche, die praktische Bedeutung der Meditation zu skizzieren – untrennbar verwoben mit den Fragen und Praktiken des täglichen Lebens.

Tulku Urgyen Rinpoche, 1920 in Osttibet geboren, ist einer der angesehensten Meditationsmeister der Dzogchen- und Mahamudra-Traditionen. Er lebte und starb in der Einsiedelei Nagi Gompa in Nepal.

Broschur, ISBN 978-3-924195-84-7

Pema Chödrön

Geh an die Orte, die du fürchtest

Unsere Lebensumstände können uns verhärten, uns ängstlich und abweisend machen, oder sie lehren uns, sanfter, mitfühlender und freundlicher zu werden. Doch unsere gewohnten Strategien, mit Ängsten, Leiden und Schwierigkeiten umzugehen, sind wenig geeignet, diese zu überwinden – stattdessen zementieren sie diese letztlich nur. „Nicht flüchten, sondern anschauen" ist das Motto dieses praktischen Krisenmanagements für Körper, Geist und Seele. Dabei sind Pema Chödröns Ratschläge oft von provokativer Direktheit und fordern den Leser auf, sich voller Neugier auf das weite Feld seiner Schwierigkeiten vorzuwagen.

Hardcover, ISBN 978-3-936855-13-5

Pema Chödrön

Tonglen

Der tibetische Weg, mit sich selbst und anderen Freundschaft zu schließen

Ihr neuestes Buch und die Essenz ihrer Arbeit. Mit Unterweisungen zum Tonglen, zur Sitzmeditation, zur Entwicklung von Maitri, Mitgefühl und Furchtlosigkeit.
Die Anwendungsmöglichkeiten reichen von den kleinen Irritationen und Unannehmlichkeiten des Alltags über Probleme in Familie und Partnerschaft oder den Umgang mit Schmerz, Sucht und Krankheit bis hin zur Begleitung Sterbender und der Übung für Verstorbene. Das Mitgefühl und die Freundlichkeit, die man in diesen Übungen für andere entwickelt, wirken zugleich auf den Übenden zurück, so daß letztlich allen geholfen wird. Ein inspirierendes und wunderbar praktisches kleines Buch.

Hardcover, ISBN 978-3-924195-99-1

Chögyam Trungpa

Erziehung des Herzens

59 herausfordernde Losungen stehen im Mittelpunkt dieses Buches – Losungen, die seit acht Jahrhunderten von tibetischen Lehrern in der Unterweisung von Meditationsschülern genutzt werden. Chögyam Trungpa versteht es, uns die Prinzipien und Praktiken der tibetischen Lojong- und Tonglen-Praxis in einer zeitgemäßen Form nahezubringen.

Hardcover, ISBN 978-3-924195-63-2

Chögyam Trungpa

Weltliche Erleuchtung

Die Weisheit Tibets für den Westen

Eine dichte, allgemeinverständliche und lebendige Zusammenstellung aus den wichtigsten Schriften des wohl bekanntesten Meisters des tibetischen Buddhismus unserer Zeit.

Broschur, ISBN 978-3-924195-54-0

Schmidt, Amy

Dipa Ma

Furchtlose Tochter des Buddha

Die Kraft ihrer spirituellen Unterweisungen machte sie zu einer der wesentlichen Personen des westlichen Buddhismus. Als Lehrerin von Jack Kornfield, Sharon Salzberg und Joseph Goldstein nahm sie wesentlichen Einfluss auf die Verbreitung der Einsichtsmeditation im Westen.
„Dipa Ma – Furchtlose Tochter des Buddha“ präsentiert uns die Lebensgeschichte von Dipa Ma Barua. Eine Sammlung von Geschichten und Erzählungen über eine der wenigen Frauen, die ihr Leben voll und ganz der Meditationspraxis gewidmet haben. Zu ihrer Zeit gab es keine „Frauenbewegung“. Dipa Ma befreite sich schlichtweg selbst, getreu Ihrem Motto: „Die Töchter des Buddha sind furchtlos.“ Als Witwe und alleinstehende Mutter, die den spirituellen Weg innerhalb der Grenzen eines buddhistischen, patriarchalen und hierarchischen Systems ging, zweifelte Dipa Ma niemals daran, das höchste Ziel der Befreiung erreichen zu können.

Broschur, ISBN 978-3-936855-09-8

Linda B. Jones

Das kleine Handbuch der Trauma-Bewältigung

Traumata können uns zeitlebens gefangenhalten – es sei denn, wir finden einen Weg, uns Stück um Stück von ihnen zu befreien. Wie aber sät man die Saat unserer inneren Stärke, die es hierfür braucht?
Sanft, mitfühlend und aufrichtig führt uns Linda B. Jones in ihrem Handbuch für Trauma-Überlebende auf den Weg – mithilfe der jahrhundealten Lojong-Losungen und der Tonglen-Praxis.

Broschur, ISBN 978-3-924195-87-8

Gerne informieren wir Sie über unsere weiteren Veröffentlichungen – nicht nur aus dem Bereich Buddhismus.
Schreiben Sie uns oder besuchen Sie uns im Internet unter:

www.arbor-verlag.de

Hier finden Sie Leseproben, aktuelle Informationen, Links und unseren Buchshop.